すぐに役立つ

366日記念日事典 第5版

一般社団法人 日本記念日協会 編
加瀬清志 著

下巻
（7月〜12月）

創元社

本書の構成

- 1年366日の記念日を日付順に解説しています。記念日の表記は一般社団法人日本記念日協会に正式登録されているものを中心に、社会の認知度などを勘案して掲載しています。
- 年によって日付が移動するもの(たとえば、成人の日：1月第2月曜日)はその月の末尾に記載してあります。ただし、二十四節気と雑節は平均的な日付に基づいて日付順に並べています。これらに関連づけられている記念日も同様です(巻末に令和7〜11年までの二十四節気と雑節の日付を掲載しています)。
- また、「あずきの日(1日)」などのように毎月ある記念日、1年間に離れて複数日ある記念日は、12月以降にまとめて記載しています。
- 由来文は日本記念日協会ホームページの内容をもとに記載していますが、書籍化にともない簡潔にしています。
- 毎月の扉には陰暦の月名やその語源、誕生石、誕生花、星座、国民の祝日を記載しています。また、各所に記念日を横断的にみるコラムを設けています。
- 一般社団法人日本記念日協会と記念日の登録申請については、巻末で紹介しています。

使い方

記念日という日々の日付にこだわった内容は、仕事や勉学、日常生活の話題、雑学、歳時記などに幅広く活用できます。記念日を通して日々の暮らしに潤いを与え、日常生活にアクセントを付けていただければ幸いです。
たとえば、こんな使い方。

- 友人、知人の誕生日が、どのような記念日なのかを知り、ふさわしいプレゼントを贈るなど、人間関係を円滑にすることに役立てられます。毎日の話のネタにも困りません。
- 記念日を知ることで新しいビジネスチャンスを広げたり、自ら記念日を制定することでPR効果を高めることができます。
- 記念日を学習の自由研究の参考資料とすることができます。どんな分野に記念日が多いのか、どんな歴史があるのか、この本を調べ物のきっかけにしてみてください。

contents

7月 July の記念日 ……………………………… 5
8月 August の記念日 …………………………… 45
9月 September の記念日 ……………………… 101
10月 October の記念日 ………………………… 147
11月 November の記念日 ……………………… 211
12月 December の記念日 ……………………… 279
毎月ある記念日 ………………………………… 301
1年間に複数日ある記念日 …………………… 317

* * *

コラム　7　記念日、その三つの大きな効用　44
　　　　8　記念日、その日付の決め方　278
　　　　9　いちばん多く記念日に出会える場所　300
　　　　10　周年記念は歴史の記録と記憶　316

資料編　人生の節目の行事　326
　　　　結婚記念日一覧　328
　　　　賀寿（長寿祝い）一覧　329
　　　　二十四節気および雑節の日付　330
　　　　二十四節気と七十二候一覧　332
　　　　索引　336
　　　　日本記念日協会の記念日登録制度について　357

※本書のデータは、2024年10月1日現在のものを記載しています。

絵：タオカミカ　装丁：濱崎実幸

第5版の刊行にあたって

　2009年4月に第1版を刊行して以来、16年の年月を重ねて第5版を刊行することになりました。

　それは、この間にさらに多くの人が記念日に関心を持ち、企業や団体などが記念日の有用性に気づき、毎年、数多くの記念日が協会に登録されるようになったからです。

　夏休みの自由研究に記念日を書き込んだ手帳を作った中学生。記念日を卒論のテーマに選んだ大学生。記念日をテーマにしたテレビのクイズ番組。自社商品に記念日を制定して売り上げを大きく伸ばした企業。活動内容に関連した記念日を制定して社会にアピールする団体。記念日を設けることで仲間の気持ちをひとつにしたグループなど、記念日があることで人生や社会を豊かにしたい、人とのつながりを大切にしたいと思う人が増えました。

　本書では第4版に掲載後から2024年10月1日までに協会に新たに登録された約940件も含めて、3000件以上の記念日を掲載。記念日の数が多いので1月から6月までの上巻と、7月から12月までの下巻の二巻に分けての刊行です。

　記念日は生活の中にあるものから、ビジネスに役立つもの、社会に貢献するものなど、さまざまなジャンルに制定されていますので、本書を身近に置いて日々の暮らしの中の話題や楽しみ、仕事のヒント、学習の参考など、多目的に活用していただければ幸いです。

　　　　　　　　　　　　　　一般社団法人日本記念日協会　代表理事　加瀬清志

JULY

7月

旧　暦	文月（ふみづき）（「ふづき」とも） 語源：書道など技芸の上達を祈る七夕で、詩歌を献じたりしたことに由来する。
英　名	July 語源：ローマ末期に活躍したガイウス・ユリウス・カエサル（Gaius Julius Caesar）に由来する。ユリウス暦を導入した際、7月に自らの家門名を付した。
異　名	七夕月（たなばたづき）／秋初月（あきはつき）／七夜月（ななよづき）／文披月（ふみひらきづき）／愛合月（めであいつき）／蘭月（らんげつ）／涼月（りょうげつ）
誕生石	ルビー（紅玉）
誕生花	ユリ／トルコ桔梗／蓮
星　座	蟹座（〜7/22頃）／獅子座（7/23頃〜）
国民の祝日	海の日（第3月曜日）

「波の日」「ポニーテールの日」「ビーチの日」「水上バイクの日」など、7月は夏をイメージした記念日が多い。国民の祝日の「海の日」が毎年日付を移動するようになってから注目度を落としているのは残念だが、5月の「母の日」、6月の「父の日」に続き、7月には「親子の日」が制定され、注目を集めつつある。また、「土用の丑の日」のうなぎのように、二十四節気の「大暑」を「天ぷらの日」として天ぷらを食べる習慣が生まれている。

蓮

7/1

内科の日
　(一社)日本内科学会、(一社)日本臨床内科医会が共同で制定。内科は臨床医学の根幹であることから、一人ひとりが自身の健康を考え、その意識を高めるきっかけの日とするのが目的。内科学の知識をわかりやすく伝え、より深く理解できる機会を提供したいという思いが込められている。日付は「な(7)い(1)科」と読む語呂合わせ。

アロマフレグランス「ANNE」の日
　㈱LIBERANOVA（埼玉県熊谷市）が制定。同社のアロマフレグランス「ANNE（アンネ）」の心地よい香りとともに、自由で安寧な毎日を過ごし、新たな一歩を踏み出してもらいたいとの願いが込められている。日付は1年の後半の始まりの日で、同社のミッション「新しいことにチャレンジし、一歩を踏み出す」にふさわしい7月1日とした。

いいWAの日
　(一社)インクルーシブワールド協会（神奈川県藤沢市）が制定。インクルーシブとは、年齢・性別・国籍・人種・障害の有無などで「分け隔てをしない」「仲間はずれにしない」こと。その考え方を広めるのが目的。同協会の英語表記はInstitute Inclusive World Associationで、略すとIIWA（いいわ）。「いい輪」「いい話」「いい和」に通じる。日付は同協会設立のきっかけの汐田眞樹子代表理事の姪の琴美さんの誕生日から。

冷コーの日
　「冷コー（レイコー）」とは、西日本で使われてきたアイスコーヒーを指す言葉。この呼び名を広めるため、ラジオパーソナリティで冷コー愛好家の黒江美咲さんが制定。日付は、梅雨明けからお盆までの頃がアイスコーヒーが最も売れる時期といわれ、夏の到来を感じさせる7月1日とした。

貼り合わせキッチンスポンジ・キクロンAの日
　キクロン㈱（和歌山市）が制定。同社の貼り合わせキッチンスポンジは、食器洗いの定番道具。同社のロングセラー商品の「キクロンA」が、世界で初めてスポンジと不織布を貼り合わせたキッチンスポンジであることを多くの人に知ってもらうのが目的。日付はキクロン㈱の設立日（1966年7月1日）から。

麦チョコの日
　世代を超えて愛される駄菓子「麦チョコ」をPRするため、高岡食品工

業㈱（兵庫県尼崎市）が制定。「麦チョコ」は同社を代表するロングセラー商品で、1972年の発売以来、製法も味も変えていない。日付は「麦チョコ」は夏でも食べやすいチョコレート菓子なので、夏の始まりを意識する7月1日に。

高岡食品工業株式会社の麦チョコ（周年記念）

高岡食品工業㈱（兵庫県尼崎市）の代表的な商品「麦チョコ」は1972年7月に発売開始。冷房が普及していない時代に夏でも売れるチョコレート商品をと約2年の年月をかけて完成した。以来、製法も味も変えず、2022年で発売50周年。香ばしい麦のポン菓子にチョコレートの甘みのベストマッチが人気の秘密。

アマタケサラダチキンの日

「南部どり」「岩手がも」など、鶏肉や鴨肉の加工品を製造販売する㈱アマタケ（岩手県大船渡市）が、サラダチキン市場を盛り上げるために制定。同社はヘルシーな食肉として2001年にサラダチキンを商品化。日付は、同社工場が東日本大震災後、2011年7月1日に復興したこと、サラダチキン専用工場が2016年7月1日に竣工したことによる。

モラエス忌

モラエス研究会（徳島市）が制定。1929年7月1日に徳島でその生涯を閉じたポルトガルの文人、ヴェンセスラウ・ジョゼ・デ・ソーザ・モラエスを偲び、その功績をたたえる日。モラエス翁顕彰会（現・NPO法人モラエス会）を中心に、毎年命日の7月1日に法要を営んでいる。

ポイ活の日

ポイントサイト「ECナビ」を運営する㈱DIGITALIOが制定。インターネット上のポイントサービスを利用してポイントを貯める活動の「ポイ活」は、新しい節約術として注目を集めており、これをさらに広めるのが目的。日付は、ECナビのサービスが開始された2004年7月1日から。

さしみこんにゃくの日

「こんにゃくパーク」の運営でも有名な、こんにゃくメーカーの㈱ヨコオデイリーフーズ（群馬県甘楽町）が制定。同社の「さしみこんにゃく」をPRするのが目的。日付は同社が1999年（卯年）7月1日に「月のうさぎおさしみこんにゃく」を発売したことから。

ファシリティドッグの日

認定NPO法人「シャイン・オン・キッズ」が制定。病院などの医療施設に常勤して、入院中の子どもやその家族に心の安らぎを与えるために特別に訓練された犬「ファシリティドッグ」の存在と意義を広める

のが目的。日付は「ファシリティドッグ」が日本で初めて静岡県立こども病院で導入された2010年7月1日から。

壱岐焼酎(いき)の日
1995年7月1日に国税庁の地理的表示を保護する法律により壱岐焼酎が地理的表示の産地に指定され、その10周年となる2005年に壱岐酒造協同組合が制定。壱岐焼酎のおいしさをアピールが目的。

井村屋あずきバーの日
夏に健康によいあずきを使った「あずきバー」を食べて多くの人に元気になってもらいたいと、井村屋グループ㈱が制定。日付は暑さが増す7月の初日であることと、古くから毎月1日にはあずきを食べる習慣があったことにちなむ。

じゅんさいの日
三種町森岳じゅんさいの里活性化協議会（秋田県三種町）が制定。じゅんさいは古くから食されてきた貴重な水性植物で「幻の農産物」とも言われる。日付は英語で6月の「ジューン」から「じゅん」で、31で「さい」と読む語呂合わせで6月31日。しかし、この日は存在しない「幻の日」なので、6月30日の次の日の7月1日とした。

テレビ時代劇の日
1953年7月1日に日本で初めて時代劇テレビシリーズ「半七捕物帖」がNHKで放送されたことにちなみ、時代劇専門チャンネル（日本映画放送㈱）が制定。テレビ時代劇の魅力を知ってもらうのが目的。この日は「時代劇専門チャンネル」の開局記念日（1998年7月1日）。

ナビの日
詳細な地図データを基にしたコンテンツサービスを提供する㈱ゼンリンデータコムが制定。快適で安全なドライブには最新版の地図データのカーナビやスマホのナビが欠かせないことから、正確に案内をするナビの重要性を認識してもらうのが目的。日付は長距離ドライブの機会が増える夏休み前で、語呂も良いことから7月1日に。

ふくしま夏秋きゅうりの日
⇨「1年間に複数日ある記念日」の項を参照。

7/2

半夏生(はんげしょう)
[年によって変わる] 雑節のひとつ。「半夏」という生薬のもとになるカラスビシャクが生えるころ。

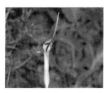

カラスビシャク

おへそケアの日

へそのごまがスポッ！ととれる製品「SPOT JELLY へそごまパック」のPRのため、花王㈱が制定。おへそにこびりついた垢やニオイ汚れをすっきりキレイにして、おへそへの愛を深めてもらいたいとの思いが込められている。日付は、おへそが体の真ん中にあるので、1年の真ん中の7月2日を「おへそをいたわる日」に。

夏の長野県産レタスの日

長野県産レタスの販売促進のため、全国農業協同組合連合会長野県本部（JA全農長野）が制定。生産量全国1位を誇る長野県産レタスは、高原の冷涼な気候を生かして栽培され、みずみずしくシャキシャキとした歯ざわりと甘みが特徴。日付は「な（7）つ（2）」と読む語呂合わせと需要が高まる時期から7月2日に。

CELFの日

ITサービスを提供するSCSK㈱が制定。「CELF（セルフ）」は表計算ソフトのExcelと同じ見た目・操作性で、予算実績管理や販売管理などの業務アプリケーションの作成を簡単に行え、工数削減や生産性向上を図れるノーコードのシステム開発ツール。「CELF」の営業活動やプロモーションに活用するのが目的。日付は「CELF＝セルフ」を7（セ）0（ル）2（フ）と読む語呂合わせ。

北海道米「ななつぼし」の日

北海道を代表するブランド米「ななつぼし」の消費拡大のため、北海道米販売拡大委員会（北海道札幌市）が制定。「ななつぼし」はバランスの取れた味わいで、冷めても美味しいのが特徴。日付は「なな（7）つ（2）ぼし」と読む語呂合わせから。

中央シャッターの日

シャッターの製造販売、修理などを手がける㈱中央シャッターが制定。1970年に市川文胤氏が創業した同社が2020年に創業50周年を迎えたことを記念し、創業の精神「人喜んでこそ商売なり」を受け継いでいくのが目的。日付は社名の「中央」にちなみ一年365日の真ん中の日の7月2日とした。

アマニの日

㈱ニップンが制定。体内で作ることができない必須脂肪酸のひとつオメガ3脂肪酸を豊富に含むアマニを使った料理を食べて、健康管理や生活習慣の改善に取り組む日としてもらうのが目的。日付は一年のほぼ真ん中で雑節の「半夏生」の頃にあたり、夏の健康管理にもふさわしい日であることから7月2日に。

全国なまずサミット・なまずの日

なまずを活用してまちおこしを行っている全国の自治体などで開催する「全国なまずサミット」が制定。関連産業の発展と観光文化の振興を図り、地域の振興に寄与するのが目的。日付は7月2日（702）を「な（7）ま（0）ず（2）」と読む語呂合わせから。

真ん中の日

食品や化粧品の販売、食文化の提案やイベント企画などを行うアッカープランニング（神奈川県横浜市）が制定。1年365日のちょうど真ん中の日を「半分」「シェア」「折り返し」「真ん中」などのキーワードで、みんなで笑顔でお祝いするのが目的。

谷川岳の日

1920年7月1日、藤島敏男氏と森喬氏（日本山岳会）が、土樽の案内人・剣持政吉氏を伴い土樽村から入り仙ノ倉山に至り三ノ沢に下降。翌日に矢場尾根から茂倉岳・谷川岳、天神峠から谷川温泉に下った。この日本登山史に残る谷川岳初登頂の日を記念して谷川岳の麓の群馬県みなかみ町が制定。町のシンボル谷川岳をアピールする。

たわしの日

㈱亀の子束子西尾商店が、自社のたわし製品の販売促進を目的に制定。亀の子束子は丈夫で長持ち、機能的な形と洗い心地の良さから多くの家庭で愛用されている。「亀の子」の名は、形が亀に似ていること、亀は長寿で縁起が良く水に縁があることによる。日付は「亀の子束子」が特許を取得した1915年7月2日から。

7/3

NAOMIの日

パティシエの鎧塚俊彦氏が制定。氏の妻であり女優・タレントとして活躍し、2015年に亡くなった川島なお美さんは生前、自身のブログに「7月3日は703でナオミの日」と書いて楽しんでいた。その気持ちを受け継ぎ、世界中のNAOMIさんに誕生日とは別の記念日が出来れば素敵なこと。記念日をその人のことを思い出す、記憶する日にとの鎧塚氏の思いが込められている。

塩と暮らしの日

塩と暮らしを結ぶ運動推進協議会が制定。人が生きていくのに欠かせない「塩」について、食や文化を含めて楽しく賢く付き合っていく「塩と暮らしを結ぶ運動」（くらしお）のPRが目的。日付は塩の原材料である海水が作り出す波で「な（7）み（3）」の語呂合わせ。

涙の日

ドライアイの研究促進、治療の質の向上と普及活動を行うドライアイ研究会が制定。パソコン、携帯電話の普及により急増しているドライアイの症状と関係の深い「涙」に着目し、ドライアイの正しい理解を社会に広めていくのが目的。日付は「な(7)み(3)だ」と読む語呂合わせから。

波の日

EC運営事業などを手がけるファーストトレード㈱（福井県あわら市）が制定。サーフィン＆波情報サービス「なみある？」の運営を㈱サイバードから事業譲渡により引き継いだことから、記念日も継承した。海やサーフィンに対して関心をもってもらうのが目的。日付は「な(7)み(3)＝波」と読む語呂合わせ。

渚の日

「日本の渚百選」に選ばれ、ホノルルのワイキキビーチと友好姉妹浜の和歌山県白浜町の白良浜。同地の地ビールメーカーのナギサビール㈱が制定。この日にはナギサビールで乾杯し、これから始まる夏を楽しみ、南紀白浜の美しい渚の魅力を知ってもらうのが目的。日付は7と3を「ナギサ」と読む語呂合わせから。

オロナミンCの日

1965年の発売以来「元気ハツラツ！」というメッセージで世代を超えて愛され続けているオロナミンCドリンク。日本中に「元気」をあふれさせたいと大塚製薬㈱が制定。日付は7と3でオロナミンCのナミの語呂合わせから。

七味の日

きな粉、唐辛子などの食品を製造する㈱向井珍味堂（大阪市）が制定。七味はいろいろな料理に合うスパイスで、同社の原料からこだわった香りが命の手作り七味は多くの人に愛されている。記念日の日付は7と3で「七味」と読む語呂合わせから。

7/4

『七つの大罪 黙示録の四騎士』の日

「七つの大罪 黙示録の四騎士」製作委員会が制定。「週刊少年マガジン」に連載された鈴木央・原作の冒険ファンタジーコミック『七つの大罪』の正統続編で、その16年後の物語『黙示録の四騎士』のTV版アニメ放送のプロモーションが目的。日付は『七つの大罪 黙示録の四騎士』に「7」と「4」が含まれることによる。

滝修行の日
全国各地で滝修行を行う富山県高岡市在住の都市交通政策技術者の善光孝氏が制定。禊(みそぎ)や武道の修行だけでなく、自身を変えたいなどの思いで滝修行を行う人が増えていることから、滝修行の歴史や文化を知ってもらうのが目的。日付は7を滝から流れ落ちる水の姿に、4を手を合わせて滝に打たれる人の横からの姿に見立てたもの。

ファッションお直しの日
ファッションリフォーム、リペアサービスなどを手がけるリフォームスタジオ㈱が制定。資源を大切にする環境にやさしい企業として「お直し」で大切な洋服や靴を大事にする心を広めるのが目的。日付は7月4日を0704とし、「お直し」と読む語呂合わせから。

「なんしょん？」の日
岡山放送㈱(岡山市)が制定。月曜日から土曜日まで生放送している同局の人気情報番組「なんしょん？」のPRが目的。日付は「なん(7)しょん(4)」と読む語呂合わせから。

ナナシーの日
パチンコ遊技機の設計・開発・製造および販売を手がける豊丸産業㈱(愛知県名古屋市)が制定。自社のパチンコ機「ナナシー」シリーズのPRが目的。「ナナシー」は1996年に初代を発売して以来、かわいらしいオリジナルキャラクターとわかりやすいゲーム性で愛されてきた機種。日付は7と4で「ナナシー」と読む語呂合わせ。

パソコンお直しの日
パソコン修理やデータ復旧サービスなどを手がける㈱松陰が制定。「もったいない」という考え方や、壊れたものを直す「修理」という考え方を広めることが目的。ノートパソコンの修理教室などを行う。日付は704で「なおし」と読む語呂合わせから。

シーザーサラダの日
キユーピー㈱がシーザーサラダの消費拡大を目的に制定。日付は1924年7月4日にメキシコ・ティファナのホテル「シーザーズプレイス」で、シーザー・カルディーニ氏がロメインレタスをメインにパルメザンチーズやクルトンなどの材料を集めて即興で作ったサラダが評判となり、これが「シーザーサラダ」の起源と言われることから。

恩納もずくの日
恩納村でしか採れない「恩納もずく」のおいしさを多くの人に知って

もらうため、恩納村漁業協同組合（沖縄県恩納村）と、海産加工品の製造を手がける㈱井ゲタ竹内（鳥取県境港市）が制定。日付は2011年7月4日に「恩納もずく」が農林水産省で、もずくやワカメなどの褐藻類として初めて品種登録されたことから。

7/5

ステーブルコインの日
（一社）ブロックチェーン推進協会が制定。ステーブルコインとは法定通貨のように安定した価格で運用できるように設計された暗号資産（仮想通貨）のこと。企業や個人間での決済などでステーブルコインが運用できるように啓発する。日付は同協会が発行した日本初のステーブルコイン「Zen（ゼン）」の発行日（2017年7月5日）による。

切削工具の日
「切削工具の情報サイト タクミセンパイ」が制定。自動車や航空機などの金属部品の多くは切削工具で加工され、日本には優れた切削工具メーカーが多数存在する。同サイトは切削加工業界の変革と活性化、中小企業や若手の人材支援をめざしており、その取り組みを加速させるのが目的。日付は、切削の「切」に「七」が入ってるので7月、工具の「工」（5）を合わせて7月5日としたもの。

とりなんこつの日
冷凍食品の製造販売を手がける㈱味のちぬや（香川県三豊市）が制定。とりの軟骨はビタミンやミネラル、カルシウム、コラーゲンなどを含む人気の食材。家で手軽に食べてもらい食品業界の発展に貢献したいとの思いが込められている。日付は「なん（7）こ（5）つ」と読む語呂合わせから。

信濃毎日新聞（周年記念）
信濃毎日新聞社（長野県長野市・松本市）が制定。前身の「長野新報」は1873年7月5日に第1号を発行。以来、数回の改題を経て1881年6月7日に「信濃毎日新聞」と改称、2023年に創刊150周年を迎えた。同紙は公正で迅速な報道はもとより、読者との双方向性を大切にしながら地域の産業や文化の振興に努め、地域の人々に親しまれ信頼される長野県民の主読紙として人と時代をつなぐ仕事に取り組んでいる。

穴子の日
水産加工品の食品卸売を手がけるハンワフーズ㈱が制定。穴子にはうなぎと同様にビタミンA、ビタミンB類が豊富に含まれており、夏バテや食欲減退防止などの効果が期待できることから「土用の丑の日」の

ように「穴子を食べる日」として定着させることが目的。日付は「あな（7）ご（5）」の語呂合わせから。

江戸切子の日

伝統工芸の江戸切子についてPRするため、江戸切子協同組合が制定。魚子(ななこ)は、10数種類ある代表的なカットパターンのひとつで、職人の技量が試される難しい文様。日付は、魚子を7と5と読む語呂合わせから。

セコムの日

日本で初めての警備保障会社として1962年に創業したセコム㈱が、創立50周年の2012年に制定。企業や家庭、個人に「安全、安心」について考え、意識を高めてもらいたいとの願いが込められている。日付は、7月5日、6日を「7（セ）」「5（コ）」「6（ム）」と読む語呂合わせから。

プラチナエイジの日

(一社)プラチナエイジ振興協会が制定。60歳からの世代をプラチナのように永遠に輝き続ける世代として「プラチナエイジ」と呼び、イキイキとした人生を送ってもらうのが目的。新しい還暦祝いのスタイルとして「プラチナエイジ式」を提案している。日付は7月5日の誕生石がプラチナとされていることから。

7/6

思いやり手洗い洗車の日

車の愛好家によって結成された「洗車雨を浴びる倶楽部」が制定。七夕の前日の7月6日に降る雨は「洗車雨(せんしゃう)」と呼ばれ、七夕伝説の彦星が織姫に会いに行くために牛車を洗っている水が雨として降ってくると言われる。記念日を通して、彦星が大切な人のために一生懸命牛車を洗うように、他者への思いやりの心について洗車から考えてもらうことが目的。日付は「洗車雨」が降る7月6日から。

情報サイト・COMUGICOの日

支援を必要とする子どもたちとその支援をする人々のための情報サイト「COMUGICO」を広く知ってもらうため、(一社) COMUGICOが制定。日付はCOMUGICOが運用を開始した2019年7月6日から。サイト名の由来の、天国へ旅立った運営者夫妻の長男「麦ちゃん」の誕生日でもある。

ナンの日

ピザのパイオニアとして知られる「デルソーレ」ブランドを展開する

㈱デルソーレが制定。ピザづくりで培った生地づくりの技術と経験を活かした「ナン」のおいしさをPRするのが目的。日付は需要の高まる時期であり、7と6を「ナン」と読む語呂合わせから。

サラダ記念日
1987年に歌人の俵万智氏が発表した歌集『サラダ記念日』(河出書房新社) の一首から生まれた日。この日は、記念日という言葉を広く定着させた日とも言われている。

セコムの日
⇨ 7月5日の項を参照。

7/7

小暑（しょうしょ）
[年によって変わる] 二十四節気のひとつ。この頃から夏らしい暑さになる。

七夕
牽牛と織女が天の川を渡って年に一度だけ会うことができたという中国の伝説に登場するのが7月7日。この伝説が日本に伝わり「たなばたひめ」信仰と結びつき、年中行事の七夕へと発展したといわれる。

パチマガスロマガの日
パチンコ・パチスロ情報のウェブサイト「パチマガスロマガモバイル」を運営する㈱プラントピアが制定。2025年でサービス提供開始25周年を迎えたことを記念したもので、パチンコ・パチスロ業界を盛り上げるのが目的。日付は、前身のサイト「パチマガスロマガEz」の立ち上げが2000年の7月で、パチンコ・パチスロにおける最も重要な数字の7がゾロ目になることから7月7日に。

タツノオトシゴの日
伊勢シーパラダイス (伊勢夫婦岩ふれあい水族館シーパラダイス)(三重県伊勢市) が制定。同館はタツノオトシゴの繁殖で知られ、日本屈指の飼育種類を誇る。乱獲による現状と同館の活動を知ってもらうのが目的。日付は、タツノオトシゴが並んで泳ぐ姿が数字の7と7に見えることから、7月7日とした。

リアル脱出ゲームの日
物語体験イベントなどを手がける㈱SCRAP(スクラップ) が制定。「リアル脱出ゲーム」はマンションの1室や廃校、廃病院など、さまざまな場所を舞台に謎を解き「脱出」する体験型ゲーム・イベント。謎解きを通して参加者が物語の主人公になるゲームを多くの人に楽しんでも

らうのが目的。日付は2007年7月7日に初の「リアル脱出ゲーム・謎解きの宴」が開催されたことから。

手織りの日

手織り教室の手織適塾SAORIを全国で展開する㈱SAORI（大阪府和泉市）が制定。手織り文化の認知度の向上と発展が目的。日付は七夕伝説で機織りに秀でた「織姫」が、年に一度「彦星」と逢うために機織りを休む日が七夕の日とされていることから、織姫に代わって手織りをしながら織姫に想いを馳せる日として7月7日に。

ナツコイの日

マッチングエージェント（結婚相談所）事業などを行う㈱エクスマリー（愛知県名古屋市）が制定。夏に出会いや恋愛（夏の恋＝ナツコイ）のきっかけの日を作ることが目的。日付の7月7日は七夕の物語が恋愛への期待を感じさせる日であること、7という数字がラッキーセブンなど好印象を与え覚えやすいことから。

ダヤンの誕生日

ダヤンは、作家の池田あきこ氏が創作した架空の国「わちふぃーるど」の猫で、メインキャラクター。その誕生日をきっかけにダヤンの魅力、世界観を感じてほしいとの思いから、わちふぃーるどライセンシング㈱（埼玉県富士見市）が制定。

ハスカップの日

ハスカップの魅力をPRするため、北海道の美唄市農業協同組合、とまこまい広域農業協同組合厚真町ハスカップ部会、ハスカップ協会が共同で制定。豊富な栄養素をもつ「ハスカップ」は、厚真町が作付面積日本一、美唄市が生産量日本一を誇る。日付は「ハスカップ」は二つの花から一つの実をつけ「愛の契り」の花言葉があり、七夕の織姫と彦星のように離れた二人が出会える日にと7月7日とした。収穫時期が6月下旬から7月中旬であることもその理由。

コンペイトウの日

コンペイトウの製造販売を手がける福岡県八幡市の入江製菓㈱、東京都足立区の（有）エビス堂製菓、大阪府八尾市の（有）緒方製菓、大阪市の大阪糖菓㈱（コンペイトウ王国）の四社による「金平糖deつなぐ会」が制定。コンペイトウの食文化を後世に残し、コンペイトウに夢と希望を感じてもらうのが目的。日付は七夕の日に星の形のコンペイトウを食べてコンペイトウの天の川を作り、織姫と彦星が会えるようにとの思いから7月7日を記念日としたもの。

ソサイチ（7人制サッカー）の日

南米発祥の7人制サッカー「ソサイチ」の普及を目的として、（一社）日本ソサイチ連盟が制定。オフサイドなし、交代自由などのルールの「ソサイチ」は、11人制に比べてメンバーが揃いやすく全員がボールに触れる機会が多いなどの特徴がある。日付は7人対7人で試合することから数字の7が重なる7月7日に。

橋本会計の安心会計の日

歯科医院専門の会計事務所、税理士法人橋本会計が制定。同法人は、顧客が安心して会計業務を任せられる「安心会計宣言」を採択。その思いを経営セミナーや開業セミナーなど、日々の研鑽につなげていくことが目的。日付は、信頼には良い出会いが大切との思いから、年に一度、織姫と彦星が出会う「七夕の日」を記念日とした。

特撮の日

特撮文化推進事業実行委員会（福島県須賀川市）が制定。「特撮」を日本で独自に発展した誇るべき文化として後世に受け継ぎ、より多くの人にその魅力を知ってもらうのが目的。日付は「特撮の神様」とも称される同市出身の円谷英二監督の誕生日（1901年7月7日）から。

みんなで土砂災害の減災を願う日

7月7日『みんなで土砂災害の減災を願う日』記念日推進会（徳島県小松島市、発起人・澤内健司氏）が制定。2018年7月3日から8日にかけて西日本や東海地方を中心に記録的な大雨となり、各地で土砂災害が発生。自分たちの地域のため池や崖などの存在やその危険性を知ることで、少しでも土砂災害が減ることを願ったもの。日付は2018年7月7日に想定外の土砂災害が多発したことと、七夕に大地を踏みしめて安全に夜空を見上げられることを祈って。

笹かまの日

宮城県蒲鉾組合連合会と、水産練り製品を製造販売する㈱紀文食品が共同で制定。笹かま（笹かまぼこ）の全国的な普及推進から練り製品市場の活性化を図るのが目的。日付は七夕に「笹の節句」という呼び名があることから。「笹かまぼこ」の名称は宮城県仙台市の蒲鉾メーカーが仙台藩主伊達氏の家紋「竹に雀」にちなんで命名。

赤しその日

「赤しそふりかけ ゆかり®」を製造販売する㈱三島食品（広島市）が「赤しそ」を尊ぶ日にと制定。日付は赤しその収穫が最盛期を迎えることと、しそは「紫蘇」と書くように蘇るものに由来する伝承があり、七夕の織姫と彦星伝説の1年に一度蘇ることに通じるとの思いから。

カルピスの日
日本初の乳酸飲料「カルピス」が誕生した1919年7月7日を記念して、アサヒ飲料㈱が制定。カルピスは「カラダの健康」だけでなく、おいしさがもたらす笑顔が象徴する「こころの健康」もめざす世界的な人気飲料。日付はその誕生日から。

びっくりぱちんこの日
パチンコ機器メーカーの京楽産業.㈱（愛知県名古屋市）が自社製品機種の「びっくりぱちんこ」をPRするために制定。日付は「7」という数字は確率変動図柄やチャンス図柄で大変縁起の良い数字であり、この日は7が重なるゾロ目の日であることから。

メリーのサマーバレンタインデー
「七夕」の伝説により夏の愛の日とされるこの日を、家族や恋人や友だちなどに愛情や友情、感謝の気持ちを伝えるためにスイーツを贈る日にと㈱メリーチョコレートカムパニーが提案。同社は1958年に「2月14日にチョコレートを贈る」というバレンタインデーの習慣を提唱し、素敵なコミュニケーションの機会を社会に与え続けてきた企業であることから、記念日名に「メリーの」と冠されている。

糸魚川・七夕は笹ずしの日
（一社）糸魚川青年会議所（新潟県糸魚川市）が制定。糸魚川の郷土料理のひとつ「笹ずし」を、地域が一体となり発信していく日。日付は7月7日の七夕が「笹の節句」と言われていることから。

アルティメットの日
フライングディスクを投げ、パスをつないで相手のエンドゾーンでキャッチをすると得点になるニュースポーツのアルティメット。その競技の魅力と楽しさ、認知度の向上などを目的に（一社）日本フライングディスク協会が制定。日付はアルティメットが7人対7人で行う競技であることなどから。

高菜の日
高菜の需要拡大を目的として、全日本漬物協同組合連合会が制定。高菜は塩漬けにして乳酸発酵させるほか、浅漬けにもできる。また、油との相性がよく、高菜炒めや高菜チャーハンなどにも用いられる。日付は「菜（7）っ葉」と「高菜（7）」の2つの言葉から。

ドリカムの日
日本を代表するアーティストのDREAMS COME TRUE（中村正人、吉田美和）が所属するユニバーサルミュージック合同会社が制定。アーティスト名のDREAMS COME TRUEが示すように一年に一度

「夢が叶う」日にとの願いが込められている。

ムーニーちゃんのお誕生日

紙おむつの人気ブランド「ムーニー」を製造販売するユニ・チャーム㈱が制定。小さな女の子のナナちゃんの誕生日にママが作ってくれたクマのぬいぐるみ「ムーニーちゃん」。赤ちゃんの気持ちを大好きなママに伝える「ムーニーちゃん」のことをママと赤ちゃんに知ってもらうのが目的。日付はナナちゃんの誕生日の7月7日から。

ポニーテールの日

健康的でさわやかな髪形のポニーテール。その魅力などを研究している日本ポニーテール協会が1995年に制定。日付は数字の7を二つ並べるとポニーテール姿の横顔に似ていることから。

7/8

汗マネジメントの日

男性化粧品のトップメーカー、㈱マンダム（大阪市）が制定。同社は体臭や汗腺の研究に力を入れており、汗をかきたいシーンでは気持ちよく汗をかき、汗が気になるときはコントロールする「汗マネジメント」の浸透、習慣化が目的。日付は暑くなり始める時期で「夏（7）の発汗（8）」の語呂合わせから。

Come on!! 虎ノ門の日

東京都港区の虎ノ門のために活動する有志団体「カモン虎ノ門製作委員会」を運営するグー・チョキ・パートナーズ㈱が制定。「街への愛着」を育むことが目的。虎ノ門のことについて考え、虎ノ門のことを想う日。日付は虎ノ門の「虎」という漢字に「七」と「八」が入っていることから7月8日とした。

生パスタの日

全国製麺協同組合連合会が制定。素材の風味、味、コシなど、生パスタの魅力を多くの人に知ってもらうのが目的。日付は「生（7）パスタ（8）」と読む語呂合わせから。同連合会では毎月7日と8日も「生パスタの日」としている。

チキン南蛮の日

（一社）延岡観光協会（宮崎県延岡市）が「延岡発祥チキン南蛮党」から継承して制定。昭和30年代頃に延岡市祇園町にあった洋食屋「ロンドン」で修業した料理人がまかない料理にヒントを得て開発した「チキン南蛮」は、同市発祥の名物料理。日付は「チキン南（なん＝7）蛮（ばん＝8）」と読む語呂合わせから。

七転八起の日

キクイモ商品をはじめ、縁起を担ぐ「くまモンの起き上がりこぼし」などを販売する阿蘇壱番屋（熊本県阿蘇市）が制定。熊本地震からの復興の気持ちを込めて、何度でも起き上がる心意気を表す「くまモンの起き上がりこぼし」で多くの人に勇気と励ましを送る。日付は「七（7）転八（8）起」の数字にちなんで。

防犯カメラの日

防犯カメラの開発、販売、アフターサービスまで手がける㈱日本防犯システムが制定。防犯カメラの必要性、重要性を多くの人に考えてもらう機会を作り、防犯カメラの認知度を高めるのが目的。日付は「な（7）くなれ犯（8）罪」と読む語呂合わせから。

中国茶の日

中国から世界中に伝わった「茶」は、ほとんどの国の言葉でも中国語の「茶」を語源としている。飲み物として、文化としての「中国茶」を広い視野で考える日をと、NPO CHINA日本中国茶協会が制定。日付は中国語の「チ＝7」日本語の「ヤ＝8」の組み合わせ。

ナイスバディーの日

「心も体もきれいで健康で、毎日を自分らしく生き生きと生きること」を多くの人たちと約束し合う日をと、パーソナルトレーナーの大西仁美氏が制定。日付は「ナイス（7）バディー（8）」と読む語呂合わせから。

「なわ」の日

NPO法人日本なわとびプロジェクト（愛知県名古屋市）が制定。なわとびを使って人々の基礎体力向上を図ることが目的。日付は7と8で「なわ」と読む語呂合わせで。また、なわとびは両手で持って跳ぶため、10月2日を『跳び』の日」に制定し、二つの記念日により両方の手が「なわを持つ」イメージを表すことで、その定着をめざしている。

豆乳で作ったヨーグルトの日

ポッカサッポロフード＆ビバレッジ㈱が制定。1997年7月8日にトーラク㈱が「豆乳で作ったヨーグルト」を発売。豆乳を乳酸菌で発酵したこの植物性ヨーグルトは、血清コレストロールが低下する効果から2003年に特定保健用食品に認められ、2015年10月からはポッカサッポロフード＆ビバレッジ㈱の商品となった。日付は最初の発売日にちなんで。

7/9

グラフィックＴシャツの日
　グラフィックＴシャツなどの企画、製造、販売などを手がける㈱グラニフが制定。日本の暑い夏に「自分の個性をアピールできるグラフィックＴシャツを着よう！」と呼びかけることが目的。日付はＴシャツ１枚で過ごせる夏日が多い７月で、グラフィック（graphic）の「g」の形が数字の９に似ていることから７月９日に。

おなかキレイの日
　おなかをキレイにするサプリメントなどを製造販売するTHE LOVESTORY STUDIO㈱（愛知県名古屋市）が制定。おなかをキレイにすることでストレスが軽減され、幸せを感じてとの願いが込められている。日付は７月９日を0709として「おなか（07）キ（9）レイ（0）」と読む語呂合わせ。

7/10

日本ヒートアイランド対策協議会の日
　（一社）日本ヒートアイランド対策協議会（兵庫県加古川市）が制定。地球温暖化が進むなか、都市部のヒートアイランド現象はますます深刻化している。その対策を専門的な工事の分野でめざす同協議会の記念日を制定することで、意識の啓蒙を図るのが目的。日付は暑さが厳しくなり熱中症が急増する時期で、「ヒー（7）ト（10）」の語呂合わせから７月10日としたもの。

巻き爪を知る！治す！予防する！日
　皮膚科学に特化した製薬会社のマルホ㈱（大阪市）が制定。巻き爪とはどんな病態かを「知る」、痛みを我慢せずに「治す」、その後のケアで再び巻き爪になるのを「予防する」ことの重要性を知ってもらうのが目的。日付は素足の露出が増える７月で、数字の10を時計回りに90度横にすると、正面からは爪が巻いてない形に見えることから７月10日に。

生理学の日
　（一社）日本生理学会が制定。生理学とは、体に反応が起こるときに何が起こっているのかを究明する学問。体の基本的な機能と仕組みを解き明かしていくことで、健康的な体づくりや病気の理解、治療、予防に役立てる。日付は、日本生理学会第１回大会が開かれた1922年７月10日から。

ブラックジンジャーの日

丸善製薬㈱（広島県尾道市）が制定。機能性表示食品向け素材としてのブラックジンジャーを多くの人に知ってもらうのが目的。日付は、同社がブラックジンジャーについての食薬区分の申請を行い、厚生労働省医薬食品局長より正式に食品としての使用が許可された2013年7月10日から。

名入れギフトの日

名入れ雑貨や記念品の販売などを手がける㈱ジョリオ（福岡県北九州市）が制定。記念日を通して両親や名付け親に対して感謝の気持ちをあらわす「名入れギフト」を贈る文化を定着させ、名入れ文化の継承やギフト業界全体を活性化させることが目的。日付は710で「な（7）い（1）れ（0）」と読む語呂合わせから。

オイルフィルターの日

自動車のオイルフィルターの定期的な交換を推奨するため、自動車用オイルフィルターなどの製造販売会社などで構成される日本フィルターエレメント工業会が制定。日付は710という数字を180度回転させることで英単語のOIL（オイル）となることから。

Stop！迷惑メールの日

（一財）日本データ通信協会「迷惑メール相談センター」が制定。近年、架空請求メール、詐欺メールなどの迷惑メールが増加し犯罪被害が拡大していることから、その予防のために利用者のリテラシーの向上と、防止技術の普及と促進を図るのが目的。日付は同センターが開設された2002年7月10日から。

岡山県牛窓産 冬瓜（とうがん）の日

7月と8月に生産される岡山県の野菜のうち出荷量ナンバーワンを誇る夏野菜の冬瓜。その主生産地である瀬戸内市の「JA岡山 牛窓冬瓜・そうめん南瓜部会」が制定。おいしい牛窓産の冬瓜をより多くの人に食べてもらうことが目的。日付は7と10で「夏（なつ＝7）は冬瓜（とうがん＝10）」の語呂合わせから。

ウルトラマンの日

ウルトラマンシリーズの制作を手がける㈱円谷プロダクションが制定。日付は、空想特撮シリーズ「ウルトラマン」のテレビ初放映日1966年7月10日にちなむ。

潤滑油の日

潤滑油は産業活動から家庭生活まで広く使われている基礎資源。適切に使用すれば省エネ・省資源効果も期待できることから、潤滑油につ

いての知識の普及浸透を図ろうと全国石油工業協同組合が制定。日付は潤滑油の通称OIL（オイル）を180度回転させると710＝7（月）10（日）となることから。

ブナピーの日
2002年の7月10日、ブナシメジを品種改良したホワイトぶなしめじ「ブナピー」がホクト㈱（長野市）から発売されたことを記念して同社が制定。「ブナピー」はその食感の良さとほのかな甘みで、サラダや和え物、炒め物、味噌汁、カレーなど、いろいろな料理に合うため、きのこの苦手な子どもにも人気がある。

くにさき七島藺の日
畳表や加工品の材料の七島藺。その全国唯一の生産地である大分県国東市が制定。耐久性はイ草の数倍と言われ、若草のような優しい香りをもつ七島藺をPRして産地の振興を図るのが目的。生産者、大分県、国東市などで「くにさき七島藺振興会」を設立、生産農家の拡大や広報活動などを行う。日付は七島藺を国東地方では「しっとう」と呼ぶことから7（しっ）10（とう）の語呂合わせ。

ナオトの日
南米インカの言葉で「太陽の祭り」を意味する「インティライミ」をアーティスト名に冠するシンガーソングライターのナオト・インティライミ。2011年から毎年7月10日に「ナオトの日」と題した完全ノープランのワンマンライブを行っており、その特別なイベントをさらに心に深く残るイベントにと、所属事務所の㈱エンジンが制定。日付は7と10で「ナオト」と読む語呂合わせから。

ドットわん・犬の納豆の日
ペット向け自然食の企画、製造、販売を手がける㈱ピュアボックス（岡山市）が制定。自然食品の納豆を犬に与えることで、愛犬の健康には食が大切なことに気づいてほしいとの思いから。日付は「なっ（7）とう（10）」と読む語呂合わせ。

クリエイトの日
求人広告のパイオニアとして知られる㈱クリエイトが、1968年7月10日に東京都千代田区に設立されたことから同社が制定。「奉仕」「積極進取」「創意」の経営理念のもと、新聞折込求人紙「クリエイト求人特集」、転職求人サイト「ジョブターミナル」などをはじめ、人材育成ビジネスや宣伝広告業など幅広い事業を手がける自社のPRが目的。日付は創業日から。

7/11

血管内皮の日
　血管内皮機能を測定するFMD検査装置などの開発と販売を手がける㈱ユネクス（愛知県名古屋市）が制定。動脈硬化は動脈の一番内側にある内皮細胞の機能低下から始まるので、血管内皮の機能を保つことが健康寿命の延伸につながる。この血管内皮機能に関心をもち、健康な血管を維持してもらうのが目的。日付は7と11で「な（7）い（1）ひ（1）」と読む語呂合わせから。

大都技研の日
　ぱちんこ・スロットの開発、製造、販売などを手がける㈱大都技研が制定。「付加価値創造への挑戦」を掲げ、ぱちんこ・スロット業界で挑戦を続ける同社の認知度向上とファンへ感謝の気持ちを伝える日。日付は同社の代表機「吉宗」のビッグボーナスが711枚であり、「押忍！番長」がホールに初めて出たのが2005年7月11日で711に縁があることから。

セブン-イレブンの日
　㈱セブン・イレブン・ジャパンが制定。日本全国にコンビニチェーンを展開するセブン・イレブンはその抜群の認知度と、社名がそのまま日付に置き換えられる明解さで、毎年7月11日に話題となることから、記念日登録でさらなる情報発信をするのが目的。

ロコモコ開きの日
　ハワイ州観光局が制定。暑い日本の夏を乗り切るために、疲労回復、スタミナアップに役立つハワイの料理「ロコモコ」を多くの人に食べてもらうのが目的。日付は7と11で「夏（7）のいい（11）日」の語呂合わせから。ロコモコはご飯の上にハンバーグ、目玉焼きなどを乗せ、肉汁を元にしたソースなどをかけた人気料理。

UDF（ユニバーサルデザインフード）の日
　日本介護食品協議会が制定。介護食品を「ユニバーサルデザインフード（UDF）」と命名し、会員企業が共通してこの名称と「UDFロゴマーク」を使用することで、利用者に安心して選んでもらうのが目的。日付は2003年7月11日にこの名称とロゴマークが商標登録を受けたことから。

ラーメンの日
　（一社）日本ラーメン協会が制定。ラーメン産業の振興・発展とともに、日本独自のラーメン文化を支えるのが目的。日付は7をレンゲに、11

を箸に見立て、また、ラーメンを最初に食べた人物とされる水戸黄門（水戸光圀公）の誕生日（新暦1628年7月11日）から。

アルカリイオン水の日

アルカリイオン整水器協議会が制定。アルカリイオン水とその整水器を身近なものに感じてもらうのが目的。日付は7月11日を「0711」として「お（0）な（7）かにいい（11）水」と読む語呂合わせから。

7/12

国際CAVAデー

伝統的な製法でつくられるスペイン産スパークリングワイン「CAVA（カバ）」に関わるすべてを統制しているカバ原産地呼称統制委員会日本事務局が制定。スペインのカバ原産地呼称統制委員会が7月12日をInternational Cava Dayと定めており、この日を日本でも広めるのが目的。

人間ドックの日

（公社）日本人間ドック・予防医療学会が制定。多くの人に「人間ドック」の受診を促して病気の早期発見につなげ、国民の健康増進に寄与するのが目的。はじめは「短期入院精密身体検査」と呼ばれていたが、新聞記事が「人間ドック」（船を修理する設備のdockから）と伝えたことからこの呼び方が定着した。日付は1954年7月12日に国立東京第一病院（現・国立国際医療研究センター病院）で初めての人間ドックが行われたことから。

デコレーションケーキの日

デコレーションケーキの普及や技術の向上、ケーキデコレーター、ケーキデザイナーの育成などをめざす（一社）日本ケーキデコレーション協会が制定。デコレーションケーキの美しさ、楽しさ、おいしさを広めるのが目的。日付は同協会の設立日2013年7月12日から。

ひかわ銅剣の日

1984年7月12日、島根県斐川町（現・出雲市）の荒神谷から弥生時代の銅剣が発見された。その数は全国最多の358本に達し、そのすべてが国宝に指定されたことから、斐川町が制定した。

洋食器の日

日本金属洋食器工業組合（新潟県燕市）が洋食器の優れた機能や役割のPRを目的に制定。日付は、その代表的な洋食器のナイフ（712）の語呂合わせから。

宇佐からあげの日(USA☆宇佐からあげ合衆国建国記念日)

からあげ専門店発祥の地として知られる大分県宇佐市で、宇佐市からあげ探検隊が2012年7月12日に「USA☆からあげ合衆国」を建国、「宇佐からあげ」を広めるべく記念日に制定した。「からあげによるまちづくり」を進めている。

ドゥーワップの日

アメリカ生まれのコーラス・スタイル「ドゥーワップ」を愛する人々「クログロドゥーワップ団」が制定。ドゥーワップの魅力とその名称を次世代につなげるのが目的。日付は「第1回ジャパンドゥーワップカーニバル」が開催された1981年7月12日から。

調性で音楽を楽しむ日

⇨「1年間に複数日ある記念日」の項を参照。

7/13

ナイススティックの日

1977年発売のロングセラー菓子パン「ナイススティック」のPRのため、山崎製パン㈱が制定。長さ約30センチのパンに濃厚なミルククリームをたっぷりと挟んだパンは、同社の代表商品のひとつ。日付は「ナ(7)イ(1)ス(3)スティック」の語呂合わせ。

もつ焼の日

食肉や牛、豚などのもつホルモンを扱う㈱丸協食産(長崎県佐世保市)が制定。もつ焼のおいしさ、動物からもたらされる資源の有効活用を広めるのが目的。日付は7と13で「内臓(ナイゾウ)」の語呂合わせから。また、11月7日は「もつ鍋の日」となっている。

水上バイクの日

日本海マリンクラブ(新潟市)が制定。同クラブではクルージングやツーリング、講習会などを通して海難事故の防止や社会奉仕事業を行っている。記念日には水上バイクの乗船会などを予定。日付は7と13で「な(7)み(3)=波」の間に「／(1)」で「波を切る」と読み、水上バイクの爽快感を表している。

ふくしま桃の日

⇨「1年間に複数日ある記念日」の項を参照。

7/14

新学社・全日本家庭教育研究会の「家庭教育を考える日」

　学習教材の出版などを行う㈱新学社（京都市）が制定。小・中学生の家庭学習教材誌『月刊ポピー』を出版する全日本家庭教育研究会とともに、親子の寄り添いを軸とした家庭教育の大切さを再認識してもらい、社会全体が家庭教育について考える日。日付は全日本家庭教育研究会の発足日1973年7月14日から。

内臓脂肪の日

　内臓脂肪の蓄積は将来の健康リスクに繋がるため、自身の健康を見つめ直す機会にしてほしいと、㈱ファンケル（神奈川県横浜市）が制定。日付は7と1と4で「内臓脂肪」の頭文字「な（7）い（1）し（4）」と読む語呂合わせ。

平田村あじさい記念日

　福島県平田村が制定。同村の公園施設「ジュピアランドひらた」には約2万7000株のあじさいが植えられており、2018年7月14日には372品種が開花し「展示されたあじさいの最多品種数」としてギネス世界記録に認定された。日付はギネス世界記録になった日で、園内のあじさいの開花の最盛期にあたる。

内視鏡の日

　内視鏡は1950年に日本で、世界で初めて胃カメラによる胃内撮影に成功して以来、医学の各分野で高く評価され、診断・治療に役立てられてきた。内視鏡医学のさらなる発展と普及を願い、（公財）内視鏡医学研究振興財団が制定。日付は7と14で「内視」と読む語呂合わせ。

ゼラチンの日

　さまざまな用途で使われるゼラチンの特性を広く知ってもらおうと、日本ゼラチン・コラーゲン工業組合が制定。日付はゼラチンがフランス菓子と料理によく使われるためフランス革命の7月14日に。ゼラチンやゼリーの消費量が増える時期でもある。

ゼリーの日

　ゼラチンで作ったゼリーのおいしさ、作る楽しさをより多くの人に知ってもらおうと、日本ゼラチン・コラーゲン工業組合が制定。日付は「ゼラチンの日」である7月14日に。

月でひろった卵の日

　「果子乃季」の屋号で山口県内で和洋菓子を販売する、あさひ製菓㈱（柳井市）が制定。日付は第

1号店の開業日で、看板商品「月でひろった卵」を発売した1987年7月14日。「月でひろった卵」はクリーム入りの蒸しカステラで、まろやかで優しい味わいが特徴。

しんぶん配達の日

早朝から雨の日も雪の日も新聞を配達する新聞配達所の所長、従業員にスポットライトを当てたいと、(公社)日本新聞販売協会が制定。日付は、日本初の気象衛星「ひまわり」の打ち上げ日1977年7月14日にちなむ。気象衛星が地球を周回して情報をもたらすことと、新聞の戸別配達が社会の知識、情報を提供することを重ね合わせた。

7/15

中元

中元の習慣は中国から伝わったもので、正月15日を上元、7月15日を中元、10月15日を下元とする三元からきたもの。日本では盂蘭盆と重なり、祖先を供養し、両親らに食べ物を贈る風習が、現在のような形になったという。上司、恩人などに贈り物をし、日頃の感謝を表す日。

ウィルキンソンの日

アサヒ飲料㈱が制定。同社の炭酸水「ウィルキンソン タンサン」は1904年に誕生。伝統と信頼のブランド「ウィルキンソン」を多くの人に飲んでもらうのが目的。日付は創始者ジョン・クリフォード・ウィルキンソン氏の誕生日(1852年7月15日)から。

ネオンサインの日

(公社)日本サイン協会が制定。小売店や企業広告などの分野で普及し、日本の経済成長や都市の発展に寄与してきたネオンサイン。その技術の継承と、魅力のPRが目的。日付は、1926年7月15日東京の日比谷公園で開催された納涼大会の会場の入り口ゲートに、幅11メートルの国産初のネオンサインが飾られ、点灯したことにちなむ。

うらかわ夏いちごの日

牧場とサラブレッドで有名な北海道浦河町が制定。町の特産品「夏いちご(品種・すずあかね)」のPRが目的。「夏いちご」はブランドいちごとして主に首都圏に出荷され、有名菓子メーカーやケーキ店で使われている。日付は「夏(7)いちご(15)」と読む語呂合わせ。

世界ありがとうの日

Q&Aサイト「OKWave」をはじめとして各種のQ&Aサービスで知られる㈱オウケイウェイヴが制定。同社の企業理念である「世界中の人と人を信頼と満足でつないで、ありがとうを生み出していく」を実

践し、世界中を感謝の気持ちでつないでいくのが目的。日付は同社の創業日1999年7月15日から。

ホッピーの日
麦芽を使った麦酒様清涼飲料水「ホッピー」を製造販売するホッピービバレッジ㈱が制定。ホッピーは「生よりうまいホッピービア」と言われるほど多くのファンを獲得しているミキサードリンク（アルコール飲料と割って飲む清涼飲料水）の代表的存在。日付は製造販売を開始した1948年7月15日から。

内航船の日
島国日本の国内物流で重要な役割を果たしている内航船。その業務を担う人々で結成された全日本内航船員の会が制定。内航船の存在を社会にアピールし、海上勤務の船員からも陸上社会とつながり、海上物流の社会的な意義を再確認するのが目的。日付は内航船を応援したいという人々からインターネット内で提案された7と15を「内航（ナイコウ）」と読む語呂合わせから。

7/16

夏を色どるネイルの日
出張ネイルなどを手がける㈱アジャスティーワンの久保美和氏が制定。ネイルは家事がしにくいなどのネガティブなイメージをもっている人にも、ネイルをすることで見た目が良くなり楽しくなるなどの効果を知ってもらうのが目的。日付は716で「夏（7）を色（16）どる」の語呂合わせと、夏は足のネイルをする人も増えるため。

ZEPPET STOREの日
X JAPANのギタリストのhide氏に音楽センスを高く評価されたバンドZEPPET STOREの結成30周年（2019年）を記念して、バンド公認のファンによるクラウドファンディング「ナナイチロクプロジェクト」が制定。日付はhide氏がZEPPET STOREのために設立したレーベルLEMONedからリリースされたアルバム「716」に由来。

長瀞観光の日
（一社）長瀞町観光協会（埼玉県秩父郡）が制定。四季折々に魅力的な観光を楽しめる長瀞町の素晴らしさを広め、多くの人に訪れてもらうのが目的。日付は「なが（7）と（10）ろ（6）」の語呂合わせ。

からしの日
日本からし協同組合が制定。代表的な香辛料「からし」の認知度をさらに高め、その豊かな活用方法を広めるのが目的。日付は日本からし

協同組合の前身、全国芥子粉工業協同組合が設立された1957年7月16日から。

虹の日
7と16で「ナナイロ＝七色」と読む語呂合わせと、梅雨明けのこの時期には空に大きな虹が出ることが多いことから、この日を人と人、人と自然などが、七色の虹のように結びつく日にしようとデザイナーの山内康弘氏が制定。先輩世代が後輩世代をサポートする日にとの意味合いもあり、音楽を中心としたイベントなども展開する。

7/17

喜多方ラーメンの日
日本三大ラーメンのひとつに数えられる「喜多方ラーメン」の認知度向上のため、福島県喜多方市が制定。市民の「ラーメンのまち喜多方」意識の高揚、「喜多方ラーメンブランド」を全世界に発信する。日付は、喜多方の「喜」は草書体では「㐂」と表し、それは「七十七」とも読めることと、「喜寿」にもあやかり、7月17日とした。

セントラル浄水器の日
㈱アクアス総研（群馬県桐生市）が制定。同社は1990年に家中の水道水をまるごと浄水するセントラル浄水器を開発。セントラル浄水器のパイオニアとしてその良さを広めることが目的。日付は同社の設立日である1990年7月17日から。

理学療法の日
1966年7月17日に有資格理学療法士110名により、日本理学療法士協会が設立されたことから同協会が制定。理学療法とは、病気、けが、高齢、障害などによって運動機能が低下した状態にある人々に対し、運動機能の維持・改善を目的に運動、温熱、電気、水、光線などの物理的手段を用いて行われる治療法のこと。

7/18

ミールキット（Kit Oisix）の日
レシピと食材がセットになった「ミールキット」の認知度向上のため、オイシックス・ラ・大地㈱が制定。ミールキットは、料理が苦手、栄養バランスが気になる、買い物に行けない、食材を余らせたくないなどの悩みを解決し、サポートするもの。日付は国内の「ミールキット」のパイオニアともいえる同社が初めて「ミールキット（Kit Oisix）」を販売した2013年7月18日から。

カナデルチカラの日
楽器・音楽用品の販売、音楽スタジオの運営などを手がける㈱池部楽器店が制定。2020年の新型コロナウイルスの感染拡大にともない、音楽の力でポジティブに過ごしてほしいとの思いから同社が立ち上げた「カナデルチカラプロジェクト」。そこには音楽を奏でる力で笑顔でつながり、人々の心の健康を守りたいとの願いが込められている。日付は同社の創業記念日である1975年7月18日から。

7/19

知育菓子の日
知育菓子のPRのため、食品・菓子を製造販売するクラシエ㈱が制定。知育菓子は「個性を伸ばす」「失敗を楽しむ」「違いを尊重する」の3つの価値を提供して子どもたちの自信を育む。日付は夏休みに子どもたちに成長してもらいたいとの思いと、7(しち)と19で「ち(7)いく(19)」と読む語呂合わせから。

おいしいラーメン 神座の日
ラーメンレストランを展開する㈱どうとんぼり神座(大阪市)が制定。秘伝のスープにこだわりの白菜と豚バラ肉を加えてあみ出した唯一無二の「おいしいラーメン」を多くの人に味わってもらうのが目的。日付は同社が創業し、1号店の道頓堀店がオープンした1986年7月19日から。

サイボーグ009の日
漫画家・石ノ森章太郎氏の代表作「サイボーグ009」が『週刊少年キング』で連載を開始した1964年7月19日を記念して、㈱石森プロが制定。2009年には、「サイボーグ009YEAR」と銘打っての数々の企画が行われた。

やまなし桃の日
全国一の生産量を誇る山梨県の桃をアピールしようと(公社)山梨県果樹園芸会が制定。日付は「百百」をモモと読み、1月1日から数えて200日目(百が2つで二百)に当たることの多い7月19日としたもの。またおいしい桃の出荷時期にも当たる。

愛知のいちじくの日
⇨「1年間に複数日ある記念日」の項を参照。

カープ黄金時代の幕開けの日
1975年7月19日の阪神甲子園球場でのオールスターゲームで、山本浩二選手と衣笠祥雄選手が二打席連続アベックホームランを放ち、これ

を機にカープは初優勝へと突き進んだ。「カープ黄金時代」の幕開けとなったのがこの日であるとの思いから、広島東洋カープ球団公認の出版物を手がける㈱ザメディアジョン（広島市）が制定。

7/20

昭和かすみ草の日
会津よつば農業協同組合（福島県会津若松市）が制定。「昭和かすみ草」は、白い花に染料を吸わせる染め上げや、独特のにおいを抑制する処理などが施されたブランドかすみ草で、福島県は日本三大生産地のひとつ。日付は「昭和かすみ草」が地理的表示（GI）保護制度に登録となった日（2023年7月20日）から。

塚田牛乳SENDの日
牛乳・乳製品の製造販売を手がける㈱塚田牛乳（新潟市、1901年創業）が制定。同社のプレミアム牛乳「SEND720」を多くの人に飲んでもらい、健康になってもらうのが目的。SENDとは鮮度のことで、75℃で15分かけて殺菌することで生乳本来の風味とおいしさを味わえる。日付は容量の720mlにちなんで7月20日に。

ハンバーガーの日
1971年7月20日に東京・銀座にマクドナルドの日本第1号店がオープンしたことを記念して、日本マクドナルド㈱が1996年7月20日に制定。

7/21

神前結婚式の日
東京大神宮（東京都千代田区）の宮司、松山文彦氏が制定。神様の前で結婚の誓いを立てる神前結婚式は、日本の伝統文化であり未来に伝えていく大切な様式。神前結婚式の歴史は1900年に当時皇太子であった大正天皇の御結婚の礼が皇居内の賢所の御神前で行われたことに始まる。この御儀を記念して日比谷大神宮（現在の東京大神宮）が1901年7月21日に神社では初となる一般の人に向けた神前結婚式を執り行ったことから7月21日を記念日としたもの。

ナツイチの日
㈱集英社が制定。「ナツイチ」とは集英社文庫が「夏休みに一冊、中高生にも文庫を手に取ってほしい」と毎年行っているキャンペーンで、読書習慣の普及を目的とする。日付は7と21で「ナ（7）21（ツイチ）」と読む語呂合わせとキャンペーン期間中から。

烏骨鶏の日

「薬膳食材の王様」といわれる烏骨鶏を手がける岐阜県大垣市の㈱デリカスイト、㈱烏骨鶏本舗、香川県東かがわ市の東かがわ烏骨鶏ファーム㈱、香川県さぬき市の(有)松本ファームの4社が制定。美容・健康に良く、栄養価に優れている烏骨鶏の魅力を多くの人に知ってもらうのが目的。日付は烏骨鶏が1942年7月21日に主産地で天然記念物に指定されたことから。

日本三景の日

江戸時代の儒学者・林鵞峰（春斎）が『日本国事跡考』で絶賛した3つの景観「松島」「天橋立」「宮島」の日本三景。いずれも海に面していて海とともに松の深い緑の景観が美しい。この三景を広くPRするために日本三景観光連絡協議会が制定。日付は、青い海と深い緑が際立つ夏の時期であり、鵞峰の誕生日の1618（元和4）年から。

宮島　厳島神社

ウェディングビデオの日

日本で最も歴史があり、国内最大のウェディング映像会社の日本綜合テレビ㈱が制定。この日に懐かしいウェディングビデオを夫婦や家族で見て、絆を深めて幸せや感動を再発見してもらうことが目的。日付は同社の設立日1976年7月21日から。

7/22

塩っぺの日

ブンセン㈱（兵庫県たつの市）が制定。同社の「塩っぺ」は1961年に発売、2021年に60周年を迎えた塩ふき昆布。食物繊維とミネラルが豊富な肉厚の昆布を乾燥させた「塩っぺ」ブランドの商品と同社のファンになってもらうのが目的。日付は夏に欠かせない塩分補給にも役立つので、2021年の大暑の日である7月22日に。

夏ふーふースープカレーの日

食品の製造販売を手がけるベル食品㈱（北海道札幌市）が制定。同社のスープカレー商品の需要期の夏に、ふーふー汗をかきながらスープカレーを食べてもらい、おいしさを知ってもらうのが目的。日付は7と22で「夏（7）ふーふー（22）」の語呂合わせから。

ディスコの日

音楽に合わせて踊りを楽しむディスコの魅力を広く伝えるため、

DISCO DJのスペシャリスト、DJ OSSHYが制定。日付は、ディスコブームのきっかけとなった映画「サタデー・ナイト・フィーバー」が日本で初公開された1978年7月22日から。

ONE PIECEの日

尾田栄一郎氏による海洋冒険ロマン漫画「ONE PIECE」(『週刊少年ジャンプ』連載)の連載20周年を記念して㈱集英社が制定。同作は、日本の漫画の最高発行部数などの記録をもつ国民的漫画で、世界中にファンをもつ。日付は、連載開始の1997年7月22日から。

7/23

大暑(たいしょ)

[年によって変わる] 二十四節気のひとつ。夏の暑さが盛りを迎える頃にあたる。夏の土用から立秋の前日までの期間が暑中。

ナッツミルクの日

ナッツミルクブランド「137ディグリーズ」など飲料のブランド・マネジメントを行うHARUNA㈱が制定。ナッツ類由来の植物性ミルクを多くの人に知ってもらうのが目的。日付は「ナッ(7)ツ(2)ミ(3)ルク」と読む語呂合わせから。

鮮度保持の日

野菜の鮮度を長持ちさせる高鮮度保持フィルム「オーラパック」を製造販売する㈱ベルグリーンワイズ(愛知県名古屋市)が制定。食品の鮮度を保つことは安全性や栄養価、味と香りの保持など、さまざまな利点があることをPRするのが目的。日付は鮮度が落ちやすい1年でいちばん暑い時期の「大暑」となることが多い7月23日に。

天ぷらの日

[大暑・年によって変わる] 夏の暑さにバテないために、大暑の日に天ぷらを食べて元気に過ごそうというもの。

カシスの日

大暑の頃に収穫される果実のカシス。その成分であるカシスポリフェノールには末梢血流の改善作用があるという。人々の健康に寄与するカシスへの関心を高めてもらおうと、(一社)日本カシス協会が2006年に制定。日付は、大暑となることが多い7月23日に。

7/24

卒業アルバムの日

文化放送で放送されていた「秋元真夏 卒業アルバムに1人はいそう

な人を探すラジオサンデー」と、年間約100万冊もの卒業アルバムを制作するダイコロ㈱（大阪府枚方市）が共同で制定。保育園・幼稚園から専門学校・大学までの思い出を刻む「卒業アルバム」を一年に一度見返す日にとの思いから。日付は「な（7）つ（2）かし（4）い＝懐かしい」と読む語呂合わせ。

ドローンサッカーの日

(一社) 日本ドローンサッカー連盟（大分県別府市）が制定。ドローンサッカーは韓国発祥の競技で、専用ドローンボールを使用して5対5で戦う戦略型チームスポーツ。老若男女、障がいの有無を問わずプレーできるバリアフリースポーツとして育ってほしいとの願いが込められている。日付は、日本初の国際基準サイズを満たしたドローンサッカー場「ADEドローンサッカーアリーナ」が2020年7月24日に大分県別府市にオープンした日から。

セルフメディケーションの日

OTC医薬品（一般用医薬品）のメーカーの団体、日本OTC医薬品協会が制定。「セルフメディケーション」とは日常生活での体の不調やケガのうち、自己判断可能な軽い症状をOTC医薬品を使って自分で手当てすること。その意識と行動を促すのが目的。日付はこの取り組みは1週間で7日間、1日で24時間行うものなので7月24日に。

スポーツアロマの日

NPO法人日本スポーツアロマトレーナー協会が制定。スポーツアロママッサージを通して、スポーツをする子どもたち、競技者、スポーツ愛好家の人たちのケガの予防、スポーツケアの大切さを普及させるのが目的。日付は、延期となったが2020年7月24日に予定されていた「東京オリンピック」開幕日から。

7/25

伍代夏子の日

艶のある歌声と美しさ、明るく人情味あふれる性格で多くのファンをもつ演歌歌手の伍代夏子。彼女の所属事務所である㈱ボイスミュージックが制定。1987年のデビュー以来、数々のヒット曲を放ち、社会福祉活動、国際交流活動などでも知られ、和服で演歌を歌い続ける彼女の魅力を知ってもらうのが目的。日付は名前の夏子（725）の語呂合わせ。

ワキ汗治療の日

レーザー機器やワキ汗治療器「miraDry（ミラドライ）」などを製造販

売する㈱ジェイメックが制定。原発性腋窩多汗症（ワキ汗）が薬だけでなく機器を用いた治療があることを知ってもらうのが目的。日付は「夏（7）」にワキ汗の悩みを解消し、「笑顔（ニコニコ＝25）」になってもらえるようにと7月25日に。

なつこの日

7月25日にコンサート「725の会（なつこのかい）」を開催する㈱officeIKDが制定。全国の「なつこ」さんが自分の名前を大切にし、名付けてくれた人へ感謝して「なつこ」という名前に誇りをもってもらうのが目的。「725の会」は2人のソプラノ歌手、赤嶺奈津子氏と山本夏子氏が自分たちの名前「なつこ」から企画。日付は「な（7）つ（2）こ（5）」の語呂合わせから。

ナブコの日

建物・産業用自動ドア、プラットホームドア、福祉機器などを手がけるナブテスコ㈱住環境カンパニーが制定。自動ドアの国内ナンバーワンシェアをもつ自動ドアブランドの「NABCO（ナブコ）」をより多くの人に知ってもらうのが目的。日付は「ナ（7）ブコ（25）」の語呂合わせから。

はんだ付けの日

はんだ付けの素晴らしい技術と有用性を広く知らしめるため、NPO法人日本はんだ付け協会が制定。日付は、はんだの7つの成分元素、Sn（錫）・Pb（パラジウム）・In（インジウム）・Ag（銀）・Cd（カドミウム）・Bi（ビスマス）・Sb（アンチモン）にちなんで7月、最適な合金属を形成する温度の250度から25日とした。

うま味調味料の日

日本うま味調味料協会が制定。東京帝国大学（現・東京大学）の池田菊苗博士が昆布だしのおいしさの素がグルタミン酸にあることを突き止め、この味を「うま味」と名付けた。これを家庭でも手軽に使えるようにしたのがうま味調味料で、その正しい理解とその調味料の普及を目的としている。日付は博士が「グルタミン酸塩を主成分とする調味料製造法」で特許を取得した1908年7月25日から。

7/26

つるむらさきの日

えひめ南農業協同組合（JAえひめ南、愛媛県宇和島市）が制定。同地で盛んに栽培される「つるむらさき」は、βカロテンやビタミンC、カルシウムなどを豊富に含む緑黄色野菜。加熱すると粘りが出るのが特

徴で、お浸しや和え物などで食べられることが多い「つるむらさき」の知名度向上と販売促進が目的。日付は夏野菜なので「夏（な＝7つ）のつ（2）るむ（6）らさき」の語呂合わせから。

うな次郎の日

うなぎの蒲焼きをイメージした魚のすり身で作った練り製品「うなる美味しさうな次郎」をPRするため、一正蒲鉾㈱（新潟市）が制定。日付は0726で「う（0）な（7）次（2）郎（6）」と読む語呂合わせから。夏の土用の丑の日も近く、同商品を食べて元気にとの願いも込められている。

ナプロアースの日

自動車部品の販売、使用済み車輌の適正処理などを行う㈱ナプロアース（福島県伊達市）が制定。同社は福島第一原子力発電所の事故のため、本社を福島県浪江町から伊達市に移転。残った社員と新しい社員で復興を果たしたこの日を、事故と昔の社員の功労を忘れない日とした。会社創業の原点に戻る日であり、7と26で社名の「ナプロ」にもなっている。

ふくしま桃の日

⇨「1年間に複数日ある記念日」の項を参照。

7/27

もえぴな記念日

インターネットラジオステーション〈音泉〉を運営するタブリエ・コミュニケーションズ㈱が制定。同社が配信する「佐藤日向・小泉萌香のバトってダイナソー☆」は、「もえぴな」（佐藤日向さんと小泉萌香さんの通称）の二人がパーソナリティを務めるウェブラジオ番組。「もえぴな」と番組がより多くの人に愛されることが目的。日付は同番組の初回配信日2020年7月27日から。

ニキビケアの日

ニキビケアを見直し、肌トラブルをなくす正しい手入れの方法を啓蒙するため、ニキビ予防のスキンケア商品「薬用アクネコントロールシリーズ」を展開する㈱ディーエイチシーが制定。女性にニキビのない肌で楽しく過ごしてほしいとの願いが込められている。日付は「しっ（7）かりとニ（2）キビをな（7）くそう」の語呂合わせ。

7/28

低用量ピルで生理ケアの日
　オンラインピル診療サービスを提供するmederi㈱が制定。女性の生理痛やPMSと呼ばれる生理前の不快症状の対処法に、低用量ピルという選択肢があることを認知してもらうのが目的。同社では産婦人科医によるオンライン診療でピルを処方し、服用中のサポートも行う。日付は低用量ピルの多くが1シート28日間周期で構成され、7日間ごとに錠剤が配置されていることにちなみ、7月28日に。

シュタゲの日
　「シュタゲ」とは、アドベンチャーゲーム「STEINS;GATE（シュタインズ・ゲート）」の略称で、シリーズ販売累計が100万本を突破する大ヒット作品。同作を手がけた㈱MAGES.が制定。アニメ化を機に、同作品のさらなる認知向上とファン同士が語り合える日とすることが目的。日付は作品の物語が始まる7月28日から。

なにやろう？自由研究の日
　「進研ゼミ」の通信教育や出版事業などを行う㈱ベネッセコーポレーション（岡山市）が、夏休みの宿題の定番である自由研究に取り組むきっかけの日にと制定。日付は「な（7）にや（28）ろう？」の語呂合わせと夏休みの前半であることから。

7/29

謎肉の日
　日清食品ホールディングス㈱が制定。「謎肉」とはカップヌードルシリーズに不定期に入っている人気具材。謎肉について毎年ファンと一緒に盛り上がる機会をつくり、まだ謎肉のことを知らない人にも知ってもらいファンになってもらうのが目的。日付は「な（7）ぞにく（29）」の語呂合わせ。

白だしの日
　白しょうゆに「だし」を加えた調味料「白だし」を日本で初めて開発、1978年に発売した、七福醸造㈱（愛知県安城市）が制定。日付は7と29で「ヒチフク」と読む語呂合わせから。

福神漬の日
　福神漬などの漬け物、惣菜、調味料などを製造販売する㈱新進が制定。日付は福神漬という縁起の良い名前は七種類の野菜が使われていることから七福神との結びつきがあり、7と29で「七福」と読む語呂合わせ

と、カレーに添えられている福神漬を食べて夏バテを防いでもらおうとの願いから。

永くつながる生前整理の日

(一社)生前整理普及協会(愛知県名古屋市)が制定。幸せなエンディングを迎えるための片づけから始める、あたたかい生前整理を広めることが目的。今まで歩んだ人生を振り返りながら物・心・情報を整理することで、家族と永くつながってほしいとの願いが込められている。日付は「永(7)くつ(2)なぐ(9)」と読む語呂合わせと、同協会の設立日2013年7月29日から。

七福神の日

群馬県前橋市に前橋本店、東京都中央区に銀座本店を構える㈱幸煎餅(さいわいせんべい)が制定。せんべい造り100年を超える同社の人気商品「七福神せんべい」「七福神あられ」「銀座七福神」を多くの人に味わってもらうのが目的。日付は7と29で「七福(しちふく)」の語呂合わせから。

7/30

サンダルバイバイの日

NPO法人AQUAkids safety project(大阪市)が制定。毎年、流されたサンダルなどを追いかけて溺れる子どもの水難事故が起きている。「流されたサンダルは追いかけない」という意味の「サンダルバイバイ」を水辺の安全キーワードに、大人と子どもで話し合い水難事故防止につなげるのが目的。日付は「流(7)されたサン(3)ダルは追い(0)かけない」の語呂合わせと夏休み中の7月30日に。

お母さんが夢に乾杯する日

子育て情報紙「お母さん業界新聞」を発行する㈱お母さん業界新聞社(神奈川県横浜市)が制定。日本中のお母さんがつながり、お母さんであることの喜びを共感し、7月30日午後7時30分に一斉に乾杯して「孤育て(孤立した子育て)をなくし、お母さんの笑顔をつなぐ」日。日付は夏休み中の7月下旬で、同紙の前身紙名がフランス語で30代を意味する「トランタン新聞」だったことにちなむ。

消費生活協同組合の日

日本生活協同組合連合会が制定。同連合会は1951年3月20日に創立、2021年に70周年を迎えたことを記念したもので、生協の認知度をさらに高めるのが目的。日付は1948年7月30日に「消費生活協同組合法」が公布されたことから。記念日の通称は「生協の日」。

生サーモンの日

サケ、マス類などの養殖、加工、販売などを手がける㈱モウイジャパンが制定。同社の「モウイ・サーモン」は最高品種のノルウェー産アトランティックサーモンのブランド魚。生のまま日本に届けられる絶品サーモンのおいしさを多くの人に知ってもらうのが目的。日付は「生（7）サーモン（30）」の語呂合わせから。

梅干の日

7月30日は土用干の梅干が終わり、新物の梅干が食べられることから、日本有数の梅干の産地、和歌山県みなべ町の㈱東農園が制定。梅干は健康に良いため、古くから「難が去る」と言われ、7と30で「ナンガサル」の語呂合わせにもなっている。

7/31

ハリー・ポッターの誕生日

映画『ハリー・ポッター』シリーズの配給元ワーナー ブラザース ジャパン合同会社が制定。2024年からワーナー・ブラザース・ディスカバリー社が全世界で公式にハリー・ポッターの誕生日を「Harry's Birthday」として祝うことになった。日付は、同シリーズの主人公ハリー・ポッターの誕生日1980年7月31日から。

ビーチの日

NPO法人日本ビーチ文化振興協会が制定。海と陸の境目のビーチ（砂浜）が通年で利用され活性化するよう、その大切さを多くの人に知らせるのが目的。日付は、ビーチは波によって形成、浄化されることから、「波（73）がい（1）い」と読む語呂合わせ。

クールジャパンの日

外国人から見たかっこいい日本をテーマにするNHK BS1の人気番組「クールジャパン」を制作する、㈱クリエイティブネクサスが制定。日本の良さ、かっこ良さを再認識してもらう日。日付は第1回の放送日（2005年7月31日）から。

土地家屋調査士の日

土地家屋調査士は、土地や建物の調査・測量、図面の作成や不動産登記の申請手続きなどを行う登記の専門家。国家資格者として「不動産に係る国民の権利の明確化」に寄与する社会的使命と、制度のPRを目的に日本土地家屋調査士会連合会が制定。日付は、土地家屋調査士法の施行日1950年7月31日から。

トゥインクルレースの日

1986年7月31日に、日本国内初のナイター競馬として「トゥインクルレース」が開催されたことにちなみ、その主催者の特別区競馬組合が制定。東京・品川区にある大井競馬場（愛称「東京シティ競馬（TCK）」）で行われるトゥインクルレースはその迫力と美しさでデートコースとしても人気を集めている。

菜の日

⇨「1年間に複数日ある記念日」の項を参照。

年によって日付が変わる記念日

7月第1金曜日

アペロを楽しむ日

通販ブランド「A TABLE! ~EPICERIE FINE~」を運営する㈱富士物産（山梨県富士河口湖町）が制定。「アペロ」は食前酒アペリティフの略で、夕食前にお酒を飲みながらおしゃべりを楽しむフランスの習慣。アペロの習慣を取り入れ、生活に彩りを添えてもらうのが目的。日付は屋外でのアペロが気軽に楽しめ、夏の幕開けを感じさせる7月第1週の金曜日に。

7月第3月曜日

海の日（国民の祝日）

1876年7月20日、明治天皇が東北巡行を終え、船で横浜に着いたことから設けられた「海の記念日」。その後、1996年に「海の日」として国民の祝日になるが、2003年の祝日法改正により7月の第3月曜日となった。

水難訓練の日

㈱岡崎竜城スイミングクラブ（愛知県岡崎市）が制定。同クラブでは水難訓練として「着衣泳」にも力を入れており、その普及や着衣泳訓練士の育成などを進めるのが目的。日付は海に関する国民の祝日で、水難ついても連想しやすい7月の第3月曜日の「海の日」に。

漁師の日

（一社）全国漁業就業者確保育成センターが制定。食料の安定供給や和食文化の継承に重要な漁師という職業を多くの人がリスペクトし、挑

戦する若者を増やすことが目的。日付は、漁師にとって海は生きる舞台なので、「海の日」と同じ7月第3月曜日に。国民の祝日なので現役の漁師には家族とともに過ごせる日にとの思いも。

性教育を考える日

助産師などで構成される、日本いのち心アカデミー協会（宮崎県延岡市）が制定。妊娠や出産に関わる直接的な性行動だけでなく、ジェンダーや人権、人との関係性などの広義の性教育の啓蒙活動を行い、理解を促すことが目的。日付は「海の日」の漢字を変えると「産みの日」となるので「海の日」と同じ7月の第3月曜日に。

発泡スチロールの日

発泡スチロールの効用を広くアピールするため、発泡スチロール再資源化協会が制定。発泡スチロールは日本の食生活に欠かせない海の恵である魚介を運ぶ容器として活躍していることから「海の日」と同じ日とされた。

マドレーヌの日

(有)高原のパンやさん（長野県小海町）が制定。小海町の町名にちなみ、貝の形をした日本一大きなマドレーヌ「小海の玉手箱」を製造販売している同店。「海の日」に家族でこのマドレーヌを食べて、健康で笑顔になってもらいたいとの願いが込められている。

夏チョコの日

夏でも溶けないと人気のチョコレート、焼きチョコ「BAKE（ベイク）」を2003年から発売している森永製菓㈱が制定。本格的な夏の幕開けともいえる7月の第3月曜日（「海の日」）を、焼きチョコ「BAKE」などの夏向けチョコレートの季節の到来を告げる日としてPRを行う。つまりこの日は「夏チョコ開きの日」。

7月第3火曜日

ゆとりうむの日

ゆとりうむ事務局が制定。暮らしを見直し、工夫して「生活にゆとりを生む」に由来した「ゆとりうむ」。家事には工夫次第で時間を生み出す「時産」のチャンスがあることを知ってもらい、生み出したゆとりの時間を楽しんでもらうのが目的。日付は子どもの夏休みが始まり、家事が忙しくなる時期にあたる「海の日」の翌日、7月第3火曜日に。

7月第4日曜日

兄弟姉妹の絆の日
㈱明治が制定。「お菓子」というさまざまな思い出のある食べ物を兄弟姉妹で贈り合ったり、一緒に食べることでコミュニケーションを取って、その絆を深めてほしいとの願いが込められている。日付は5月第2日曜日の「母の日」、6月第3日曜日の「父の日」に続く、家族に関係する記念日の流れとして7月第4日曜日としたもの。

親子の日
親と子の関係を見つめ、生をうけたことを感謝できる社会を築こうと、長年親子の姿を撮影し続けてきた写真家のブルース・オズボーン氏が代表をつとめる「親子の日」普及推進委員会が制定。5月の第2日曜日が「母の日」、6月の第3日曜日が「父の日」なので、7月の第4日曜日をその記念日に。

7月最終金曜日

システム管理者感謝の日
コンピュータのシステム管理者に日頃の感謝の意を表わす日。アメリカ・シカゴのシステム管理者Ted Kekatos氏が提唱した日で7月の最終金曜日。「ITシステム運用を支えている人達を応援します。」というスローガンを掲げる㈱ユニリタが制定。

土用丑の日

土用丑の日
江戸時代、夏場に鰻が売れないと嘆く鰻屋のために、平賀源内が「土用の丑の日に鰻を食べると精がつく」という宣伝文句を考案したとか。この日に「う」がつくものを食べると夏バテしないという民間伝承とも言われるが、鰻はビタミンB類が豊富のためそうした効果も期待できる。土用の期間は18日または19日なのに対し、丑の日は12日に1回あるので、「土用の丑の日」が土用の期間に2回ある年も。

コラム7

記念日、その三つの大きな効用

　日本記念日協会では記念日の大きな効用として次の三つを掲げている。
　ひとつめは「記念日は日付のある文化」だということ。
　どんな記念日にも何月何日、もしくは何月の第何何曜日、さらにはその年の二十四節気や雑節などの暦に合わせた日など、さまざまな理由で定められた日付というものがあり、それを社会や人々の記憶に深く定着させていくことで大きな広がりになっていく。
　もちろん、ただ単に大勢の人に知られるようになったものだけが記念日というわけではない。ひとつの業界や企業、団体、グループや個人にとってかけがえのない日も大切な日付をもった記念日である。
　そして、その記念日が社会的・産業的・歴史的・教育的・個人的など、それぞれどのような分野であれ、文化として成立していることが大事。
　そしてふたつめが「記念日は毎年やってくるビジネスチャンス」だということ。
　記念日を自ら制定し、日本記念日協会に認定登録を求めて申請してくる人の多くは、そのPR効果の高さを期待している。
　しかもその年だけでなく記念日は毎年毎年必ずやってくるので、何年にもわたって継続的にビジネスチャンスを生み出すことができ、PR企画のアイデアを進化させてアピールし続けられるなどコストパフォーマンスがものすごく良い。
　さらに対外的なPRだけでなく、自分たちの記念日をもっているということで、企業や団体などの組織内の結びつきが強まったり、誇りと責任感を醸成することができる。
　三つめは「記念日は歴史を記憶する最高の装置」だということ。
　世の中ではさまざまな出来事が日々起こってきたし、これからも起きていく。そのすべてを記憶に留めておくことは不可能である。しかし、大切なことが起きた日、忘れてはいけない日は、記念日という日付とともに記憶することで思い出すことができ、その歴史を何年でも何度でも語り継ぐことができ、そこから何かしら学びとることができる。

AUGUST

旧 暦 葉月(はづき)
語源:落葉の時期であることから「葉月」になったというが、異説もあり。

英 名 August
語源:ローマ帝国の初代皇帝アウグストゥス(Augustus)にちなむ。アウグストゥスがユリウス暦を修正した際に自分の名前を冠した。

異 名 萩月(はぎづき)/秋風月(あきかぜつき)/草津月(くさつつき)/桂月(けいげつ)/木染月(こそめつき)/素月(そげつ)/月見月(つきみつき)

誕生石 ペリドット(橄欖石)/サードオニキス(紅縞瑪瑙)

誕生花 ヒマワリ/ユリ

星 座 獅子座(〜8/22頃)/乙女座(8/23頃〜)

国民の祝日 山の日(11日)

8月はお盆の月。広島と長崎の原爆忌や終戦記念日もあり、鎮魂の意味合いを持つ記念日が少なくない。また、数字の8は「は」「ば」「パ」などと読めるために語呂合わせに使いやすく、さまざまな記念日が生まれている。「バナナ」「ハンコ」「はも」「橋」「はしご車」「パイナップル」「野球」など。とくに8日は8と8の語呂合わせや形、音などから「葉っぱの日」「プチプチの日」「そろばんの日」「ベーグルの日」など数多く制定され、記念日が1年の中でもとても多い特異日となっている。

ヒマワリ

8/1

水の日
「限りある資源を大切にしよう」と国土庁が1977年に設けた日。8月は1年の間でも水の使用量が多い月なので、この日から1週間を「水の週間」として節水を呼びかけている。現在は国土交通省が実施。

緑茶ハイを楽しむ日
すっきりとした飲み口で、悪酔いや二日酔いになりにくいといわれる緑茶ハイ（焼酎の緑茶割り）を多くの人に楽しんでもらうため、おいしい緑茶割り普及協会（大阪市）が制定。日付は、緑茶ハイが真夏にも飲みやすいお酒であることと、「緑茶ハ（8）イ（1）」と読む語呂合わせから。

配管くんの日
㈱KOEI（山形市）が制定。「配管くん」とは、同社が立命館大学と共同で開発した配管内点検ロボットで、カメラと位置計測センサーを搭載し、排水管やガス管内の劣化度などを調査できる。配管点検の重要性と建設設備業界の地位向上と認知度を高めるのが目的。日付は「は（8）い（1）かん」の語呂合わせ。

エイの日
世界最大の淡水エイ「ヒマンチュラ・チャオプラヤ」を国内で唯一飼育展示している板橋区立熱帯環境植物館が制定。海水淡水を問わず、エイ類が環境問題などにより減少している現状を伝え、海や自然環境への関心をもってもらうことが目的。日付は「エ（8）イ（1）」と読む語呂合わせ。

ネオバターロールの日
フジパン㈱（愛知県名古屋市）の日本一売れるロールパン「ネオバターロール」のPRのため、同社が制定。ロールパンのなかにマーガリンが入ったパンは、その手軽さと美味しさが人気。日付は「ネオバターロール」が1997年8月1日に発売されたことから。

フルタ製菓株式会社（周年記念）
フルタ製菓㈱（大阪市）は1952年8月1日に創業。創業者の古田三兄弟が「古田栄養研究所」として会社を立ち上げて以来、「アイデアルチョコ」「ハイエイトチョコ」「セコイヤチョコレート」などのロングセラー商品のほか、クッキー、パイ、キャンディー、ゼリーなどを製造販売している。これからも「おいしさと夢と健康」をスローガンとして、お客様に笑顔を届けるという創業の精神を継承する。

コンケンの日
　「環境価値創造企業」をめざす㈱コンケン（岡山市）が制定。創業日を迎えられることに感謝し、地元に対して貢献できることを考え、藤クリーンリサイクルセンター内の産業廃棄物を再利用したコンケンガーデン、セラピーガーデンを通じて、環境について知ってもらうことが目的。日付は同社の創業記念日1968年8月1日で、子会社の藤クリーン㈱が環境活動への取り組みを開始した日。

配置薬の日
　(一社)全国配置薬協会（富山市）が制定。配置薬はセルフメディケーションの先駆けとして、医薬の普及が十分ではなかった江戸時代から300年以上にわたり地域の人々の健康維持・増進を支えてきた。「先用後利」という有用性、利便性、経済性に優れた配置薬をさらに普及拡大することが目的。日付は「は（8）いち（1）」と読む語呂合わせ。

ハイビスカスの日
　宮古島あかばなぁ（ハイビスカス）産業化協議会が制定。沖縄県宮古島で育ったハイビスカスを農産物として展開するため、その認知度を高めるのが目的。日付はハイビスカスは夏に最盛期を迎えることと、ハイビスカスの「ハ（8）イ（1）」の語呂合わせで、気持ちも「ハイ」になるイメージから。

ゲーム・オブ・スローンズの日
　テレビドラマシリーズ「ゲーム・オブ・スローンズ」を手がけるワーナーブラザース ジャパン合同会社が制定。ひとつの玉座を巡って争奪を繰り広げるファンタジー小説を映像化した同ドラマの魅力を多くの人に知ってもらうのが目的。日付は原作の「A Game of Thrones」（George. R. R. Martin著）が初めてイギリスで出版された1996年8月1日から。

リゾ婚の日
　国内外のブライダル事業を手がけるワタベウェディング㈱が制定。リゾ婚（リゾート地でのウェディング）の魅力をより多くの人に知ってもらうのが目的。日付は温かい気候やバカンス休暇などリゾートのイメージを想起する8月の最初の日であり、同社のリゾ婚メインエリアのハワイから「ハワイ（8）いい（1）」の語呂合わせ。

ホームパイの日
　洋菓子などの製造販売で知られる㈱不二家が制定。サクサクとした食感が魅力のパイ・ナンバーワンブランドの「ホームパイ」をより多くの人に味わってもらうのが目的。日付は「パ（8）イ（1）」と読む語呂合わせから。

リゾートウェディングの日

国内外のブライダル事業を手がけるワタベウェディング㈱が制定。リゾート地でのウェディング（リゾ婚）の魅力を多くの人に知ってもらうのが目的。日付は温かい気候やバカンス休暇などリゾートのイメージのある8月の最初の日で、同社のリゾートウェディングのメインエリアのハワイから「ハワイ（8）いい（1）」の語呂合わせ。

バイキングの日

1958年の8月1日、帝国ホテルが新しいレストラン「インペリアルバイキング」をオープンさせたことにちなみ、2008年4月に㈱帝国ホテルが制定。その店名は社内公募され、当時上映中だった映画「バイキング」の宴会シーンが新しいレストランの食のスタイルのイメージにふさわしいことから名付けられたという。

ドール・スウィーティオパインの日

糖度が高く栄養価もすぐれたドール・スウィーティオパインをアピールするために、㈱ドールが制定。日付は、「パ（8）」「イン（1）」の語呂合わせ。

ハイチオールの日

シミ、そばかすを飲んで治す医薬品「ハイチオールC」の発売35周年を記念して、発売元のエスエス製薬㈱が2007年に制定。シミ、そばかすのない美肌づくりを応援するキャンペーンなどを展開。日付は8と1でハイチオールの「ハイチ」の語呂合わせから。また、美肌に関心が高まる夏の日でもあることもその理由のひとつ。

宮島水族館の日

厳島神社などの世界遺産の島として知られる広島県廿日市市の宮島。この島に「みやじマリン」の愛称でグランドオープンした宮島水族館の魅力をより多くの人に伝えたいと廿日市市が制定。同館は瀬戸内海の魚をはじめとして、スナメリ、アシカ、ペンギンなどの水生動物を多数展示する中国地方最大級の水族館。日付はグランドオープンした日（2011年8月1日）から。

カフェオーレの日

コーヒーとミルクの割合が50対50のバランスで作られている「カフェオーレ」を製造販売する、江崎グリコ㈱が制定。日付は6月1日が国際連合食糧農業機関（FAO）が制定した「世界牛乳の日」であり、10月1日が（一社）全日本コーヒー協会が制定した「コーヒーの日」であることから、その真ん中の日とした。また、八と一が製品の容器の形状に似ていることも理由のひとつ。

やっぱり家の日

「家が世界で一番大切な場所」と考えるホームファニッシングカンパニーのイケア・ジャパン㈱が制定。日付はより多くの人に「や（8）っぱりイ（1）エがいちばん」と家の大切さを再認識する機会をもってほしいという語呂合わせ。

麻雀の日

全国麻雀業組合総連合会（全雀連＝ゼンジャンレン、神奈川県横浜市）が制定。多くの人に麻雀の特性といえる、コミュニケーションづくり、ストレス解消、ボケ防止、憩いの場所と時間の提供などの魅力を知らせ、楽しんでもらうのが目的。日付は8と1で麻雀牌の「牌」と読む語呂合わせ。

「歯が命」の日

歯や骨の主成分でもあるハイドロキシアパタイトを基軸に、さまざまな製品の研究開発を行う㈱サンギが制定。「芸能人は歯が命」というキャッチコピーで有名な高機能美白ハミガキ剤「アパガード」などを通じて、歯とオーラルケアの大切さを理解してもらうのが目的。日付は「歯（8）が命（1）」の語呂合わせ。

パーマの日

ヘアスタイルの美しさを引き出し、美容師の技術の向上のために活動をしている日本パーマ協会が制定。全国のヘアサロンが一体となって、パーマ（カールヘアスタイル）の魅力を発信するのが目的。日付は「パーマ（8）いいね（1）」と読む語呂合わせ。

はっぴの日

オリジナルはっぴ専門店を運営する㈱バンテックが制定。お祭りのときだけでなく、販促活動や応援グッズ、お土産など、さまざまなシーンで活躍している「はっぴ」。この日本の伝統文化のひとつである「はっぴ」の魅力を、日本のみならず世界に向けて伝えることが目的。日付は8と1で「はっぴ」と読む語呂合わせ。

ふくしま夏秋きゅうりの日

⇨「1年間に複数日ある記念日」の項を参照。

8/2

ハッピーパーツデー

さまざまな商品のパーツなどを扱う商社のモリト㈱（大阪市）が制定。暮らしを支えているパーツに誇りをもち、新商品の開発を手がける企業、研究者の存在とともに、日本のパーツの素晴らしさを多くの人に

知ってもらうのが目的。日付は「パー（8）ツ（2）」の語呂合わせ。いつも脇役のパーツを主役にする日という意味で「ハッピーバースデー」に掛けた記念日名に。

ワニ山さんの日

食玩を中心にさまざまなお菓子を販売する㈱バンダイのキャンディ事業部が制定。アニメ「クレヨンしんちゃん」に登場する「チョコビ」はしんちゃんの大好物のお菓子。そのパッケージに描かれているオリジナルキャラクターの「ワニ山さん」に親しんでもらうのが目的。日付は「ワ（8）ニ（2）」と読む語呂合わせ。

ワコールのパンツの日

㈱ワコール（京都市）が制定。記念日を通して日常生活の中で「パンツ」への意識を高めてもらうことが目的。心地よさはもちろん、シルエットやデザイン、機能性など、自身に合うワコールスタイルの「パンツ」を選んで、履いて、気分を上げてもらいたいとの願いが込められている。日付は8と2で「パンツ」と読む語呂合わせ。

ハラスメントフリーの日

パワーハラスメントという言葉をつくり、長年にわたりハラスメント対策にかかわってきた㈱クオレ・シー・キューブが制定。組織と従業員の双方にメリットをもたらす、ハラスメントから解放された「ハラスメントフリー」な職場づくりを啓発、推進していくことが目的。日付は「ハ（8）ラスメントフ（2）リー」の語呂合わせ。

バブの日

炭酸ガスによる血行促進で、疲労・肩こり・腰痛などに効く薬用入浴剤シリーズ「バブ」のPRのため、花王㈱が制定。シャワーで済ませがちな暑い夏でも「バブ」を活用して疲労回復をはかり、健やかな毎日を過ごしてほしいとの同社の願いが込められている。日付は8と2で「バブ」と読む語呂合わせ。

ハープの日

プロのハープ奏者やハープ愛好家が集う日本ハープ協会が制定。ハープという楽器をより多くの人に理解してもらい、その魅力を知ってもらうのが目的。日付は「ハー（8）プ（2）」と読む語呂合わせ。同協会ではコンサートなどを開催して発展、普及に努めている。

ベビースターの日

㈱おやつカンパニー（三重県津市）が制定。同社を代表するお菓子で、パリッ、ポリッとした食感、コクのある風味、深みのある香ばしさで人気の「ベビースターラーメン」がますます多くの人に愛されるよう

にとの願いが込められている。日付は「おや（8）つ（2）カンパニー」の語呂合わせ。

空き家ゼロにの日

空き家を資産にかえる「空き家買取専科」を運営する㈱Sweets Investment（静岡市）が制定。空き家の買取、リノベーションにより地域の不動産の価値を高め、循環を促していくのが目的。日付は空き家をなくしたいとの思いから「空き家（08）ゼロに（02）」と読む語呂合わせ。

赤からの日

外食チェーン店を運営する㈱甲羅（愛知県豊橋市）が制定。名古屋味噌と赤唐辛子をブレンドした秘伝のスープで味わう「赤から鍋」や「鶏セセリ焼」などを提供する居酒屋「赤から」をさらに多くの人に知ってもらうのが目的。日付は「赤から」1号店の開業日2003年8月2日から。

ハブの日

㈱南都（沖縄県南城市）が制定。同社の観光施設、おきなわワールドにはハブ博物公園があり、ハブについて知ってもらうことが目的。また、同社の南都酒造所では捕獲されたハブを活用してハブ酒を製造販売している。日付は「ハ（8）ブ（2）」と読む語呂合わせ。

ハーブの日

エスビー食品㈱が制定。心と身体に潤いをもたらすハーブの素晴らしさと、そのおいしさを広めるのが目的。日付は「ハー（8）ブ（2）」と読む語呂合わせ。

おやつの日

おやつ文化の向上をめざして、その普及活動を行う（一社）日本おやつ協会が制定。おやつとは一日二食が一般的だったころ「八つ時（午後2時から3時頃）」にとっていた小腹を満たす間食のこと。現在ではコミュニケーションツールとして注目される「おやつの力」を広めるのが目的。日付は「おや（8）つ（2）」の語呂合わせ。

金銀の日

1928年のこの日、第9回オリンピック・アムステルダム大会で、陸上三段跳びの織田幹雄選手が日本初の金メダルを、陸上女子800メートルで人見絹枝選手が銀メダルを獲得。この快挙を記念して（有）環境デザイン研究所が制定。

ビーズの日

ビーズアクセサリーキットのトップメーカー、㈱lifeit（ライフイット）

が制定。ビーズやビーズアクセサリーの素晴らしさ、手作りアクセサリーの楽しさを多くの人に知ってもらうのが目的。日付は8と2がB2（ビーツー＝ビーズ）に見えることから。

帆布の日

高島帆布で知られる滋賀県高島市で、産業用資材基布・道着の製造販売などを手がける駒田織布㈱が制定。帆船の帆を起源とし、工業資材や生活雑貨などさまざまな分野で使われる帆布について、より多くの人に知ってもらうのが目的。日付は帆布には10番糸（8＋2）を使うことと、「はん（8）ぷ（2）」と読む語呂合わせ。

オートパーツの日

（一社）日本自動車用品・部品アフターマーケット振興会（NAPAC）が制定。毎年この日を目安としてオートパーツを点検し、消耗したパーツを取り替えることを提案、車の安全走行に寄与することが目的。また、オートパーツをカスタマイズ＆アップグレードすることでカーライフの楽しさが広がると呼びかけている。日付は8月（August）を「オート」、8月2日を「パーツ」と読む語呂合わせ。

8/3

やさしごはんの日

イオントップバリュ㈱（千葉市）が制定。「トップバリュ やさしごはん」シリーズは、特定原材料8品目（卵、乳、小麦、くるみ、えび、かに、そば、落花生）を使用しない、食物アレルギーに配慮した商品で、美味しさと徹底した品質管理を追求して作られている。食物アレルギーの有無にかかわらず、みんなで同じ食事を楽しめる食卓を提案するのが目的。日付は「や（8）さ（3）し（4）」の語呂合わせで8月3日と8月4日が記念日。

山佐の日

パチスロなどのアミューズメント用機械の開発・製造・販売を手がける山佐グループの山佐ネクスト㈱（岡山市）が制定。記念日を通して多くの人に「遊び心」と「こだわり」の山佐ブランドを知ってもらい、山佐のパチスロ機種を楽しんでもらうのが目的。日付は「や（8）ま（0）さ（3）」と読む語呂合わせ。

ホウ酸処理の日

ホウ酸処理施工に関する技術開発や施工指導などを行い、ホウ酸施工士、ホウ酸処理アドバイザーなどを育成する（一社）日本ホウ酸処理協会が制定。空気を汚さないため安全性が高く、効果が長時間持続する

ホウ酸を使った木造建築物のシロアリ、腐れ対策の認知度向上が目的。日付は「ホウ（8）酸（3）」の語呂合わせ。

「共創する未来」の日

㈱東京個別指導学院が制定。「未来はやって来るものではく、多様な人々が集い、ともにビジョンを描き、ともに創りだすもの」と意識することで未来がより良くなるとの考えから、そのシンボル的な日とするのが目的。日付は未来と成長を表す末広がりの「八」と、「三方良し」の「三」を組み合わせて8月3日に。

文具はさみの日

文具はさみのトップメーカー、プラス㈱が制定。文具はさみに親しんでもらい、目的に合った商品を選んで役立ててほしいとの願いが込められている。日付は夏休みの工作で文具はさみを使う子どもが増える時期であること、はさみを横に置いたときのハンドルと刃の形が数字の83に似ていること、数字の8を真ん中で切ると右側が3になること、「は（8）さ（3）み」と読む語呂合わせから。

八丁味噌の日

江戸時代から岡崎市八帖町（旧八丁村）で造られている八丁味噌のおいしさと奥深さを知ってもらうため、八丁味噌協同組合（愛知県岡崎市）が制定。八丁味噌は、木桶に大豆麹と塩、少ない水分で仕込み、2年以上（二夏二冬）天然醸造で熟成される。日付は「八（8）丁味（3）噌」の語呂合わせ。また、夏場にも使いやすい味噌なので。

ビーチサンダルの日

ビーチサンダルをひとつひとつ丁寧に、昔ながらの製法で手作りをしている㈱TSUKUMOが制定。日本発祥のビーチサンダルを常時生産している唯一の企業として、ビーチサンダルをより多くの人に履いてもらい、足元から夏を楽しんでもらうのが目的。日付は8月の8をビーチのBに、3日をサンダルの3に見立てて。

パールミルクティーの日

日本で初めてタピオカ専用工場を作った㈱ネットタワーが制定。2003年8月から同社で運営するタピオカドリンク専門店「パールレディ」と、人気メニューの「パールミルクティー」のPRが目的。日付は「パール（8）ミルクティー（3）」の語呂合わせから。

サガミの八味唐がらしの日

和食麺類のファミリーレストランチェーンを展開する㈱サガミホールディングス（愛知県名古屋市）が制定。同社は独自ブレンドの七味唐がらしに、麺つゆとの相性が良いコショウを合わせた「八味唐がらし」を

開発。その「八味唐がらし」の普及、促進を目的としている。日付は「八（8）味（3）」の語呂合わせ。

はもの日

徳島の活鱧料理をブランドとして全国にアピールするため、徳島県漁業協同組合連合会が制定。日付は鱧の語源が鋭い歯と強い顎を象徴する「はむ」「はみ」などが訛って「はも」と呼ばれるようになったとされることから、「は（8）み（3）」の語呂合わせ。

ハイサワーの日

炭酸水に果汁が入った割り用飲料の「ハイサワー」は1980年の発売以来高い人気を誇る。誕生30周年を記念して2010年に製造元の㈱博水社が制定。日付は2代目の田中秀一社長が「我が輩が作ったサワー」から「輩サワー」と名付けたことから8を「輩」3を「サワー」と読む語呂合わせ。

8/4

栄養の日

(公社)日本栄養士会が制定。栄養を学び、体感することをコンセプトに、食生活を考える日。日付は「栄（8）養（4）」と読む語呂合わせ。

ヤシノミ洗剤の日

家庭用洗剤などを手がけるサラヤ㈱（大阪市）が制定。同社は生物多様性保全活動に取り組み、RSPO（持続可能なパーム油のための円卓会議）に加盟し、環境と人権に配慮して生産されたRSPO認証パーム油の普及を支援している。ヤシノミ洗剤を製造する企業としてパーム油にまつわる問題を広く消費者と共有し、改善活動を継続、啓発していくのが目的。日付は8と4で「ヤシ」と読む語呂合わせ。

パラソーラの日

スプレー状の日焼け止め「パラソーラ フレグランス UVスプレー」を販売する㈱ナリス化粧品（大阪市）が制定。同商品が2018年度に864万本を超える売上を記録したことを記念し、今後も世界ブランドとして多くの人に提供していくことが目的。日付は紫外線が強い季節であり、スプレー状の日焼け止めを使用するシーンを「パ（8）ラソーラで、シュ（4）ーッ」の語呂合わせで表したもの。

アニバーサリースカイダイビングの日

スカイダイビングの魅力を多くの人に知ってもらうことを目的にIVYプロパティーズ合同会社が制定。また結婚10周年の記念に、この日に夫婦でスカイダイビングをする「アニバーサリースカイダイビング」を提唱。日付は「山の日」の8月11日から週間カレンダーで真上にくる8月4日を山の上にある空と捉え、スカイダイビングのイメージにふさわしいことから。

走ろうの日

金栗四三氏を初代名誉会長として「遅いあなたが主役です」をスローガンに、健康マラソンの会として1972年に発足した「熊本走ろう会」（熊本市）が制定。2010年からこの日にみんなで走る「走ろうの日」を始めた。健康で元気に走れることへの願いと感謝の心を全国のランナーと共有するのが目的。日付は「走（は＝8・し＝4）ろう」の語呂合わせ。

買促の日

セールスプロモーションのパイオニアとして知られる内海産業㈱が制定。一年間でいちばん楽しい買い物をする日となるのが目的。日付は「楽しい買い物」を直英訳で「ハッピーショッピング」とし、「ハッピー（8）ショッピング（4）」の語呂合わせから。「買促」とは「購買促進」の略で同社が商標登録をしている。

朝活の日

日本最大級の朝をテーマとしたライフスタイルマガジン「朝時間.jp」を運営するアイランド㈱が制定。一日のスタートである朝をもっと楽しく、もっと効果的に活用するアイデアや情報を提供する「朝時間.jp」で朝活の魅力を広めるのが目的。日付は朝のあいさつ「おは（8）よ（4）う」にちなんで。

ビヤホールの日

㈱サッポロライオンが制定。ビヤホールのもつ、明るい雰囲気、親しみやすさを多くの人に味わってもらうのが目的。日付は日本で最初の「ビヤホール」として、同社の1号店「恵比壽ビヤホール」が東京に開店した1899年8月4日から。

橋の日

湯浅利彦氏の提唱により生まれ、宮崎「橋の日」実行委員会が制定。郷土のシンボルである河川と、そこに架かる橋を通して、ふるさとを愛する心と河川の浄化を図るのが目的で、その活動は全国の都道府県に広がっている。日付は8と4を「橋」と読む語呂合わせ。

吊り橋の日

日本屈指の長さを誇る「谷瀬の吊り橋」から、小さな吊り橋まで約60ヵ所もの吊り橋があり、その数は日本一といわれる奈良県十津川村が制定。村の急峻な地形が生んだ吊り橋は、人々にとって切っても切れない命の道。毎年この日は谷瀬の吊り橋の上で太鼓を叩く「揺れ太鼓」という「つり橋まつり」を行い、吊り橋に感謝をする日としている。日付は8と4で「橋」と読む語呂合わせ。

パチスロの日

パチンコ店などに設置されるスロットマシンのパチスロ。正式名称を回胴式遊技機というこの大人の娯楽を広く社会にアピールし、全国のパチスロファンに感謝する日をと、業界団体の日本電動式遊技機工業協同組合と回胴式遊技機商業協同組合が制定。日付は8と4で「パチスロ」と読む語呂合わせ。

ヤマヨシの日

「わさビーフ」「マヨビーフ」などの人気のポテトチップスや、スナック菓子を製造販売している山芳製菓㈱(兵庫県朝来市)が制定。おいしい山芳ブランドの商品を大いにアピールするのが目的。日付は8と4で「山芳」と読む語呂合わせ。

ハジ→の日

『おまえに。』『ずっと。』『for YOU。』など、心に響くラブソングで知られるシンガーソングライターのハジ→。その魅力を多くの人に知ってもらうことを目的に所属するユニバーサルミュージック合同会社が制定。日付は8と4でハジ→と読む語呂合わせから。ハジ→のファンがハジ→を広める活動を行う「ハジ活」でも知られる。

北海道ばれいしょの日

北海道産馬鈴薯の消費拡大を目的に、ホクレン農業協同組合連合会(北海道札幌市)が制定。日本一の馬鈴薯産地である北海道では8月から本格的に馬鈴薯の収穫・流通が始まることから、新物を収穫できる喜び、新物を消費者に届けられることに感謝する日としている。日付は「馬(8)鈴(0)しょ(4)」と読む語呂合わせ。

箸の日

箸などの製造、卸、販売を手がける㈱藤本商會本店(愛知県名古屋市)が制定。毎日の食事のときに欠かせない箸への感謝を表すことが目的。同社は愛知県豊橋市の龍拈寺に「箸塚」の石碑を建立し、30年以上にわ

たり使い古された箸を供養する「箸供養」を行っている。日付は「ハ(8)シ(4)」と読む語呂合わせ。

パーシーの日

自動販売機の総合オペレーターを営む㈱和光ベンディング（新潟市）が制定。同社のキャラクター「パーシー」を通じて無機質に感じられる自動販売機を、より温かく、より面白く、より身近に感じてもらうのが目的。日付は、パーシーの誕生日であり、8と4で「パーシー」と読む語呂合わせから。

やさしごはんの日

⇨8月3日の項を参照。

8/5

AsReaderの日

㈱アスタリスク（大阪市）が制定。同社が提供する「AsReader」は、モバイル端末で利用できるバーコードやRFID、画像認識、AIなどの商品やサービスのことで、多様な企業の業務自動化の一翼を担う。「AsReader」による「モノ認識」と「モバイル」を使った業務改革を認知してもらうのが目的。日付は「AsReader」の最初の商標登録申請の日（2013年8月5日）から。

リコピンリッチの日

リコピンはトマトの色素で、さまざまな健康効果が期待できる。リコピン含有量が多いデルモンテ「リコピンリッチシリーズ」のPRのため、キッコーマン食品㈱が制定。日付は「リコピンリッチトマトケチャップ」が発売された日（2013年8月5日）から。

パソコン工房の日

パソコン専門店「パソコン工房」ブランドの認知度向上と、パソコンの活用による地域社会の活性化のため、㈱ユニットコム（大阪市）が制定。同社では、パソコンとその周辺機器、ソフトウェアなどの販売、サポート、修理、買取などを手がける。日付は「パ(8)ソコ(5)ン」と読む語呂合わせ。

夜光貝の日

南国の温かい海域で生息する夜光貝を加工し、アクセサリーなどを制作する工房「夜光貝Y's studio」（沖縄県石垣市）が制定。その美しさから沖縄の特産品として名高い夜光貝の作品を全国の人に知ってもらうのが目的。日付は夜光貝の「夜＝や(8)光＝こう(5)」と読む語呂合わせ。

パピコの日

　2本連結のチューブ型のアイス「パピコ」を製造する江崎グリコ㈱（大阪市）が制定。パピコと一緒に前向きで明るい気持ちも分け合ってほしいとの願いを込めて「大切な人とパピコを分け合う日」。日付は「パピ（8）コ（5）」の語呂合わせと、パピコ1本の形は数字の「8」に、パピコを2本に分けると漢数字の「八」に見えること、パピコを2人で「はんぶんこ（5）」してほしいことから。

みんなの親孝行の日

　「親孝行を日本の文化に」と活動する日本親孝行協会が制定。親孝行をすることで日本中の人が幸せになってほしいとの思いから、この日を親孝行を行うきっかけの日にとの願いが込められている。日付は「親＝おや（8）子＝こ（5）」の語呂合わせ。

山ごはんの日

　㈱新潮社が制定。同社のウェブコミックサイト「くらげバンチ」の人気作品『山と食欲と私』（信濃川日出雄著）のヒットにより、山の上で食べるご飯「山ごはん」が注目を集めている。「山ごはん」のおいしさと楽しさをより多くの人に体験してもらうのが目的。日付は「やま（8）ごはん（5）」と読む語呂合わせ。

親子丼の日

　関西鶏卵流通協議会が制定。鶏肉協会と協同して、たまごと鶏肉を使った代表的な料理である「親子丼」のおいしさをさらに多くの人に知ってもらうのが目的。日付は8月5日を「085（親子）」と読む語呂合わせと、夏場の消費が落ち込む時期にスタミナ食として食べてもらいたいとの思いが込められている。

奴（やっこ）の日

　半世紀にわたり豆腐の製造、卸、販売を行っている㈱カンショク（香川県観音寺市）が制定。全国の食卓で健康食品として親しまれている豆腐を、夏には冷たくておいしい奴豆腐で食べてもらうのが目的。日付は「や（8）っこ（5）」と読む語呂合わせ。

ハコボーイ！の日

　人気ゲームソフト「星のカービィ」シリーズなどを手がける㈱ハル研究所が制定。2015年1月15日に発売したニンテンドー3DSダウンロード専用ソフトのハコを使ったひらめきアクションパズルゲーム「ハコボーイ！」シリーズのPRが目的。日付は「ハ（8）コ（5）」と読む語呂合わせ。

ぱりんこの日

米菓を中心とした食品を製造、販売する三幸製菓㈱(新潟市)が制定。同社の人気商品で口どけのよいソフトな食感とまろやかな塩味のサラダせんべい「ぱりんこ」を、より多くの人に味わってもらうのが目的。日付は「ぱ(8)りんこ(5)」と読む語呂合わせ。

ハンコの日

印章(ハンコ)の重要性をPRするため、印判総合商社のモテギ㈱(山梨県甲府市)が制定。日付は8と5をハンコと読む語呂合わせ。全国の印章業者に呼びかけて「ハンコの日」のPRを展開する。

はしご車の日

8と5を「はしご」と読む語呂合わせから、国内の90%のはしご車の製造、販売を行っている㈱モリタホールディングスが制定。同社では、国内初の屈折式はしご車をはじめ、最新型のはしご車などを開発している。

ハードコアテクノの日

ハードコアテクノレーベルのHARDCOREOSAKAが中心となって制定。HARDCOREOSAKAでは、国内のハードコアテクノアーティストによる音源を制作し、ライブ活動や日本のハードコアテクノを海外に紹介する活動を行う。

発酵の日

「日本のあたたかさ、未来へ。」をコーポレートメッセージとするマルコメ㈱(長野市)が制定。日本の古くからの食文化である味噌、醤油などの発酵させた食べ物の良さをさらに広めるのが目的。日付は8と5で「発酵」と読む語呂合わせ。

パン粉の日

日本を代表するパン粉メーカーのフライスター㈱(神奈川県横浜市)が制定。パン粉を使った料理を広くPRするのが目的。日付は「パン(8)粉(5)」と読む語呂合わせ。

ハハとコドモの日

母と子どもの絆の大切さを考える日にと、子どもを大切に思う母の思いを形にした新しい保険を開発した、朝日生命保険相互会社が制定。日付は8と5で「ハハコ(母子)」と読む語呂合わせ。

箱そばの日

小田急線沿線を中心にそば店「箱根そば」を運営する㈱小田急レストランシステムが制定。「箱そば」の愛称で親しまれている「箱根そば」

の創業50周年を記念し、お客様への日頃の感謝の気持ちを表すことが目的。日付は1965年8月に「箱根そば」の第1号店が東京・新宿に開業したことと、8と5で「箱」と読む語呂合わせから。

エコリングの日

全国各地で「なんでも買い取り」にこだわった店舗を展開する㈱エコリング（兵庫県姫路市）が制定。廃棄せずに買い取ることで環境にやさしくエコを意識した活動をする同社の魅力を知ってもらうのが目的。日付は「エ（8）コ（5）」と読む語呂合わせ。

8/6

VAM（バム）の日

業務用カット野菜の加工、販売などを手がけるGF㈱（大阪市）が制定。VAMとは同社が開発した野菜を主原料にした包装用容器、緩衝材のことで、100％の生分解の特性をもつため、生態系に与える影響の軽減などが図れる。VAMの認知度を高め、環境意識を喚起するのが目的。日付は「バ（8）ム（6）」と読む語呂合わせ。

バルーンの日

バルーンを通じた電報や記念日のお祝い、イベントでのバルーン装飾などを手がける㈱アップビートバルーン（岡山市）が制定。ふだんはなかなか言葉にして伝えることができない人へバルーンを使ってメッセージを届け、笑顔あふれる一日にしたいとの願いが込められている。日付は「バ（8）ルー（6）ン」の語呂合わせ。

平和記念日（広島市）

1945年8月6日午前8時15分、アメリカ軍のB29爆撃機エノラ・ゲイ号によって原子爆弾が広島に投下され、一瞬にして約14万人もの生命が奪われた。この歴史的悲劇から人類は目をそむけることなく、犠牲となった多くの人々の霊を慰め、世界平和を祈る日として、広島市では「平和記念日」としている。

巻寿司の日

[立秋の前日、年によって変わる] ⇨「1年間に複数日ある記念日」の項を参照。

南郷トマトの日

⇨「1年間に複数日ある記念日」の項を参照。

ヤムヤムズの日

1989年にアメリカのホールマーク社で生まれたキャラクター「yumyums（ヤムヤムズ）」が2014年に誕生から25周年を迎えたことを記念して、グリーティングカード関連商品の企画、製造、販売などを手がける㈱日本ホールマークが制定。yumyumsの魅力を日本でより広く知ってもらうことが目的。日付は「ヤ（8）ム（6）」と読む語呂合わせ。

8/7

立秋（りっしゅう）

[年によって変わる]二十四節気のひとつ。暦の上ではこの頃から秋風が吹くとされるが、実際の気候的には1年で最も暑い時期にあたる。

鼻の日

8月7日の「はな」の語呂合わせから生まれた記念日で、日本耳鼻咽喉科学会が1961年に制定。各地で専門医による鼻についての相談会などが催される。

自分を愛してハッピーデー

プラスサイズモデルでタレントの桃果愛（ももかあい）さんが制定。自分を愛すること（セルフラブ）の活動を広めるのが目的。ありのままの自分が素晴らしい存在と感じられるようなイベントなどを行い、多くの人が自分を好きになり、ハッピーに過ごせるきっかけにとの思いがある。日付は「花＝は（8）な（7）」と読む語呂合わせから「自分の心にも花を」というコンセプトで8月7日に。

一緒に話そう！お金の日

ファイナンシャルプランニング業務などを手がける㈱人生のミカタ（大阪府和泉市）の森次美尊氏が制定。家族などの大切な人と明るく前向きにお金の話をするきっかけの日にしてもらい、お金についてオープンな会話ができる文化を根付かせるのが目的。家族が経済的な目標とお互いの思いを共有し、理解を深めることを願っている。日付は「一緒に話（はな＝87）そう」の語呂合わせから。

スロット・ハナビの日

パチスロ・パチンコ機の製造・販売などを手がける㈱ユニバーサルエンターテインメントが制定。同社を代表するスロット機種「HANABIシリーズ」と、最新機種「新ハナビ」の販売・稼働促進が目的。HANABIシリーズの初代は1998年に発売された「ハナビ」で、同シリーズは20年以上にわたり多くのファンから愛されている。日付は「ハ（8）ナ（7）ビ（日）」の語呂合わせ。

話す日
　出版業やウェブサイト制作などを行う㈱まる出版の「聞こう話そう委員会」が制定。「身近にいる大切な人と、もっとコミュニケーションをとろう」と発信するのが目的。同社は2020年5月に大切な人を失って初めて気づいた「あのとき〜しておけばよかった」が綴られたエッセイ集『大切なあの人に 聞けばよかった 話せばよかった』を刊行。日付は「は(8)な(7)す=話す」の語呂合わせ。

東京ばな奈の日
　洋菓子・和菓子の製造販売などを手がける㈱グレープストーンが制定。同社の代表的なお菓子「東京ばな奈」をお土産に選んでくれる人たちに感謝の気持ちを伝えるのが目的。もっといい思い出を作って笑顔になってもらうために、毎年この時期に多くの人に楽しんでもらえる企画を行う。日付は「バ(8)ナナ(7)」の語呂合わせ。

花文化の日
　NPO法人花文化を無形文化遺産に推める会(愛知県名古屋市)が制定。花見、華道、園芸、フラワー装飾、花きの生産など、さまざまな日本の花文化をユネスコの世界無形文化遺産登録をめざしてアピールする。日付は「は(8)な(7)」と読む語呂合わせ。

はなまるうどんの日
　㈱はなまるが制定。同社は2000年に讃岐うどんの本場の香川県高松市で創業。以来、国内外に讃岐うどんチェーン「はなまるうどん」を展開している。讃岐うどんやセルフうどんのおいしさ、楽しさを広く情報発信するのが目的。日付は「はなまる」の「は(8)な(7)」と読む語呂合わせ。

おもちゃ花火の日
　(公社)日本煙火協会が制定。世界に誇る日本の芸術文化である花火。その中でも手軽に楽しめる線香花火やススキ花火、ねずみ花火などの「おもちゃ花火」をもっと多くの人に楽しんでもらうとともに、マナーの向上を図るのが目的。日付は「ハ(8)ナ(7)ビ(日)」と読む語呂合わせ。

花泡香の日
　酒造メーカーの大関㈱(兵庫県西宮市)が制定。繊細でやわらかい泡立ちのスパークリングタイプの日本酒「花泡香」のおいしさをより多くの人に知ってもらうのが目的。日付は「花泡香」の「ハ(8)ナ(7)」と読む語呂合わせと、さわやかな泡が真夏の乾いたのどを潤すのにふさわしいことから。

パチ7の日
パチンコ業界に特化した広告会社のゲンダイエージェンシー㈱が制定。同社が運営するパチンコ・パチスロを楽しむための情報サイト「パチ7（セブン）」をさらにアピールするのが目的。日付はサイトをオープンした日（2014年8月7日）と、「パチ（8）7（セブン）」と読む語呂合わせから。

バナナの日
果物で一番の輸入量を誇り、健康にも良いバナナを食べて暑い夏を元気に乗り切ってもらいたいと、日本バナナ輸入組合が制定。日付の由来は8と7で「バナナ」と読む語呂合わせ。

パチスロ・ハナハナの日
パチスロ機の製造、販売を手がける㈱パイオニア（大阪府東大阪市）が自社の人気パチスロ「ハナハナ」シリーズをPRするために制定。日付は8と7でシリーズ名の「ハナハナ」と読む語呂合わせと、機種イメージが夏であることから。機種名の「ハナハナ」の語源は沖縄の言葉で「乾杯」を意味している。

自分史の日
（一社）自分史活用推進協議会が制定。自分史をテーマとした講座などを行い、自分史の普及に努めるのが目的。日付は8月は終戦記念日、広島と長崎の原爆忌など日本にとって時代を超えて記憶を語り継いでいくべき日があり、お盆は自分のルーツを思い、祖先に語りかける時季であり、かけがえのない人生体験を「は（8）な（7）し」伝えていくことの大切さを思う日とすることから。

オクラの日
岩手県盛岡市で青果業を営み「やおやささき」の屋号で知られる佐々木雄一・しげ子夫妻が制定。オクラの切り口が星形をしていることから、旧の七夕の日とされる8月7日にオクラを食べると短冊に書いた願いごとが叶うのではと発想。この時期に旬を迎えるオクラを食べて夏バテを防いでもらいたとの願いも込められている。

花慶の日
「花慶」の愛称で知られるパチンコの人気機種「CR花の慶次」シリーズの販売を手がける㈱ニューギン販売が制定。日付は8と7を「花の慶次」の「はな」と読む語呂合わせ。

パートナーの日
専任のコンシェルジュ制度など、さまざまな結婚情報サービスを展開するタメニー㈱が制定。「パートナー」の存在の大切さをより多くの人

に認識してもらうことが目的。日付は8と7で「パートナー」と読む語呂合わせ。

花やしきの日

1853（嘉永6）年に開園し、日本最古の遊園地といわれる「浅草はなやしき」。2013年で開園160周年を迎えたことを記念して運営する㈱花やしきが制定。浅草はなやしきは国産初で日本最古のローラーコースターなどのアトラクションで有名。日付は「は（8）な（7）」やしきの語呂合わせ。

8/8

そろばんの日

(公社) 全国珠算教育連盟が、そろばんの普及とその優れた機能をアピールするために1968年に制定。そろばんをはじくとき、パチパチと音をたてるところから8月8日としたもので、毎年全国日本珠算選手権大会を開いている。

ATHREE CANVASの日

長野県を中心にパチンコホールなどを運営する㈱ATHREE CANVASが制定。前身の㈱三公商事が創業50年を迎え社名を変更。真っ白なキャンバスを彩るようにATHREE CANVASを通じて、お客さまと従業員を鮮やかに彩るのが目的。日付は新社名に変更した2024年8月8日から。

DMMぱちタウンの日

合同会社DMM.comが制定。同社が運営するパチンコ・パチスロの総合情報メディア「DMMぱちタウン」を活用して、ユーザー、ホール、メーカーを繋ぎ、業界を盛り上げるのが目的。日付は「DMMぱちタウン」がリリースされた2013年8月8日からで、「ぱちタウン」の「ぱち」から数字の「8」を重ねた8月8日に。

パチパチパニックの日

アトリオン製菓㈱（長野県須坂市）が制定。同社の人気商品「パチパチパニック」は炭酸ガスを高圧で封じ込め、なめるとパチパチと音を立てながら口の中ではじけるキャンディ。その販売促進と、はじけるキャンディの食文化浸透が目的。日付は、キャンディが「パチ（8）パチ（8）」とはじける音から8月8日を記念日に。

夏トマトの日

全国農業協同組合連合会岐阜県本部（JA全農岐阜）が制定。全国で生産される夏トマトのPRと消費拡大が目的。夏トマトは熱中症を予防す

るカリウム、マグネシウムなどのミネラルが豊富で、夏バテ防止に効果のあるリコピンやクエン酸も含む。日付は8月上旬は全国でトマトの出荷が盛んになり、8と8はトマトが鈴なりになった様子にも見えることから8月8日に。

ハッピーリボンデー

全国初のハンドメイドリボンの協会を運営する(一社)M-StyleLuxe（愛知県名古屋市）が制定。身につけるだけでハッピーな気分にしてくれるリボンを、一人でも多くの人に身につけてもらい、ハッピーになってほしいという願いが込められている。日付は8月の8はハッピーを表し、8日の8を横にするとリボンの形に見えることから。

デルぱち君の誕生日

パチンコ・スロット遊技場DELGRAND（デルグランド）を運営する㈱ブレス（栃木県宇都宮市）が制定。同社のマスコットキャラクター、ハチの妖精「デルぱち君」とともに、上質なトータルサービスを徹底し、居心地の良い快適空間を提供。地域で最も愛される「最高の場所」づくりをめざす。日付は「デルぱち君」の誕生日（2012年8月8日）から。

アンコンシャスバイアスに気づこう！の日

(一社)アンコンシャスバイアス研究所が制定。アンコンシャスバイアスとは無意識の思い込みのこと。多くの人にこの思い込みに気づいてもらうのが目的。日付は8は末広がりのイメージや横にすると無限大の記号（∞）となるなど「アンコンシャスバイアス？」と気づき、可能性を広げる数字で、それが重なる日なので8月8日に。同研究所の設立日（2018年8月8日）でもある。

oggi ottoの日

「魔法のシャンプー®」と呼ばれる「oggi otto（オッジィ オット）セラム」など、本物志向の美容製品を製造販売しているテクノエイト㈱（大阪市）が制定。多くの人にoggi ottoを知ってもらい、魅力を感じてもらうのが目的。日付はイタリア語でoggiは「今日」、ottoは「8」意味し、社名にも「エイト」があること、8は横にすると∞（無限大）を表し「今日という素晴らしい一日に無限の可能性を」との願いから8月8日に。

リユースの日

(一社)日本リユース業協会が制定。リユースとは使わなくなった製品をごみにしないで繰り返し使ったり、他の製品の一部に使用するなど資源を大切に使う取り組み。リユース業の社会的認知度向上とリユー

ス人口の増加、リユース業界の発展、持続可能な循環型社会の形成に貢献するのが目的。日付は循環をイメージする8が並ぶ日に。

デジタルノマドの日

(一社) 日本デジタルノマド協会 (秋田県三種町) が制定。デジタルノマドとはインターネットを活用してさまざまな場所を行き来して仕事をしながら旅をする人のこと。デジタルノマドのライフスタイルや文化を広めるのが目的。日付はデジタルノマドが生み出す無限の可能性への期待から、∞ (無限大) を思い起こさせる8が並ぶ日に。

スタンプラリーの日

スタンプラリーのトータルプロデュースを手がけるシヤチハタ㈱ (愛知県名古屋市) が制定。スタンプラリーの楽しさを多くの人に知ってもらい、地域の活性化や思い出作りに役立ててもらうのが目的。日付は数字の「8」は「スタンプラリー」の巡ることを連想させ、漢字の「八」は字の形が人と人とがつながって栄える「末広がり」の意味から8月8日に。

ビスコの日

江崎グリコ㈱ (大阪市) が制定。1933年に発売された「ビスコ」は乳酸菌入りクリームをビスケットでサンドした同社の看板商品。子どもの成長を考えた栄養と家族で楽しめるおいしさで、多くの親子が笑顔になるようにとの願いが込められている。日付は8と8で笑い声の「ハッハ」の語呂合わせと、「ビスコ」はカタカナ3文字で8画であり末広がりの縁起の良い画数となることなどから8月8日に。

KIRISHIMA No.8の日

霧島酒造㈱ (宮崎県都城市) が制定。「KIRISHIMA No.8」は、自社単独育種から生まれたさつまいも (霧島8) を使用し、芋の果実感を実現した同社の本格芋焼酎で、ボトルを冷やして炭酸で割り、シャンパングラスで楽しむのがオススメ。日付は、さつまいもの育種番号No.8から8が重なる日に。

サステナブルファッションの日

ファッションアパレルリユース事業などを手がける㈱ベクトル (岡山市) が制定。同社は多くの企業とアライアンスを組み、ファッションアパレルを中心としたリユースを普及させることでSDGs達成に貢献をめざしており、リユース率の向上を図り、サステナブルファッションの普及を加速させることが目的。日付は永遠を意味しサステナブルを予感させる∞マークを縦にすると数字の8となり、単体でなく共に取り組もうという思いを込めて8が二つ並ぶ日に。

トイドローンを楽しむ日
　トイドローンを使ったスポーツ「ドローンファイト」を考案し、全国各地でドローン体験会を行っている（一社）日本ドローンファイト協会が制定。小型で機体は軽く、価格も手頃なトイドローンの楽しさをより多くの人に知ってもらうのが目的。日付はトイドローンの形状が8を並べた形（88）に似ており、その8を横にすると∞（無限大）となることからトイドローンの無限の可能性を示そうと8月8日に。

ポテコなげわの日
　カリッとした食感でじゃがいもの味わいが引き立つ「ポテコ」、サクッとした食感で香ばしい「なげわ」を製造販売する㈱東ハトが制定。どちらも1973年に誕生し、2023年で50周年となるポテトリングスナックで、これからも記念日を通してより多くの人に味わってもらうのが目的。日付はリング状の「ポテコ」「なげわ」は縦に組み合わせると「8」に見えることから8が並ぶ日に。

福が留まる福の日
　食品加工メーカーの福留ハム㈱（広島市）が制定。平成八年八月八日に新生・福留ハムの「心の誕生日」としてこの日を「福の日」と名付け、社名のごとく福が地球上に留まり続けることを念願しようと、当時の社長が社員に呼びかけた。「福が留まる福の日」を記念日登録することで福を留める手立てについて考え、人々とその精神を共にすることが目的。日付は末広がりの八を福と見立てて8月8日に。

親バカ愛の日
　「日本中に親子の笑顔の花を咲かせる」をビジョンに掲げ、子育て支援イベントや全国親バカ大会の開催などを行う、（一社）ひといくが制定。記念日を通して、親の愛で子どもの可能性を無限に広げる親バカ愛を確認し合い、親子の絆を深め幸せな人生をともに歩んでいってほしいという願いが込められている。日付は「パ（8）パ（8）」と「は（8）は（8）」（母）と読む語呂合わせ。

ガシャポンの日
　㈱バンダイが制定。1977年に販売を開始したガシャポンは、ハンドルを「ガシャ」っと回すと中からおもちゃが「ポン」と出てくることから名付けられたカプセルトイ。記念日を通してガシャポンをさらに多くの人に知ってもらうことが目的。日付は「8」がカプセルを2つ積み重ねた形に似ていることと、一年でもっとも「丸＝カプセル」が多い日であることから8月8日に。

MOMO尻の日

「もっとキレイに、もぎたてボディへ。」をコンセプトに作られた、美しく健康でいたい女性のためのプロテイン「マイルーティーンMOMO」を製造、販売する㈱ウエニ貿易が制定。記念日を通して、日ごろから理想のカラダづくりに励み、美尻をめざすすべての人々を応援することが目的。日付は「8」がキュッと美しく丸みのある桃のような美尻ラインのイメージを想起させることから8月8日に。

湾宝の日

長万部漁業協同組合(北海道長万部町)が制定。同組合ではプランクトンなどの養分が豊富な長万部沖で育つ天然素材のホタテを「シャマンのほたて 湾宝」として2022年にブランド化。これを多くの人に知ってもらうのが目的。日付は、8月がホタテの貝柱が最も濃厚で大きく育つ時期で、「8」がホタテの貝が開いた形に見えることから8月8日に。

meviyの日

部品調達のアナログプロセスをデジタルで解決し、大幅な時間削減を実現するサービス「meviy（メビー）」を運営する㈱ミスミが制定。削減した時間を創造的な活動に当ててもらうことで、ものづくり業界全体を活性化させるのが目的。日付は「meviy」のブランド名に込められた思いである∞（無限大、メビウスの輪）を8に見立てて「∞×∞＝創造性の開放」という意味付けから8月8日に。

MOTHERチャレンジの日

(一社) MOTHERが制定。同法人が行う発信力があるママたちと企業がコラボレーションして、商品開発からPRまでサポート、その売上の一部を慈善団体等に寄付する活動「MOTHERチャレンジ®」を多くの人に知ってもらうのが目的。日付は8と8で「ハハ（母）」と読む語呂合わせ。8は∞（無限大）との解釈もでき、ママたちが能動的に活動し、世界に広げていく日としてふさわしいとの思いも。

野島(のしま)の日

防府市離島活性化実行委員会(山口県防府市)が制定。野島（のしま）は防府市の東南約15kmの瀬戸内海にある周囲約3kmの離島。記念日を中心にイベントを開催して、さらなる交流人口の増加と地域の振興が目的。日付は「いつまでも笑いを忘れずに楽しく暮らしたい」との願いを込めて笑い声のハ・ハ・ハにちなみ平成8年8月8日に住民により「大笑い観音」が建立されたことから。

田主丸・河童の日

九千坊本山田主丸河童族(福岡県久留米市田主丸)が制定。1955年、芥

川賞作家の火野葦平らが九千坊本山田主丸河童族を結成。その思いは引き継がれ、現在でも同地は河童伝説が息づく町として知られる。親愛なる河童を広め、河童伝説がある地域と交流するが目的。日付は、八は末広がりで縁起が良く、88の「はっぱ」が「かっぱ」となり、8月8日に「河童大明神夏の大祭」を開催していることから。

挑人の日

挑戦を続ける人を「挑人」と呼び、その人たちにスポットを当てた「ものづくりの挑人たち」という番組を制作する日本テクノロジーソリューション㈱（兵庫県神戸市）が制定。「新しいこと」に挑戦している人を応援し、人類の無限（∞）の可能性を引き出して、世の中に新しい無限（∞）な価値を広げるのが目的。日付は8を横にすると無限マーク（∞）に見えることから8が並んだ日に。

三陸たこせんの日

スギ製菓㈱（愛知県碧南市）と海鮮せんべい塩竈㈱（宮城県塩竈市）が共同で制定。東北の震災復興支援として三陸産のたこを使用した「三陸たこせんべい」（三陸たこせん）を製造販売し、海鮮せんべい業界の発展と一次産業や二次産業の活性化を図るのが目的。「三陸たこせんべい」を通じて、多くの幸（多幸＝たこ）が訪れるようにとの願いも。日付はタコの足が8本で、8がせんべいの形で、8がつくる2つの円や輪を、縁や和につなげていくなどで8月8日に。

アンドリューのエッグタルトの日

エッグタルト専門店「アンドリューのエッグタルト」を運営するケンズパス㈱（大阪市）が制定。エッグタルトを文化・カルチャーとして日本に根付かせるのが目的。同社は1999年の創業以来エッグタルトを製造販売、サクサクのパイ生地と濃厚でなめらかなカスタードクリームが人気。日付はエッグタルトの丸い形が4つの8月8日。

阿波尾鶏の日

徳島の地鶏「阿波尾鶏」の安全性や美味しさをPRするため、徳島県阿波尾鶏ブランド確立対策協議会（徳島市）が制定。日付は全国的に有名な「阿波おどり」が、徳島県内の先陣を切って8月9日に鳴門市で行われることから、その前日に抗疲労効果のあるイミダゾールジペプチドを多く含む「阿波尾鶏」を食べ、「阿波おどり」を精一杯楽しんでもらいたいとの願いから8月8日に。

Dr.シーバのエラスチンの日

㈱Dr.シーバ（静岡県焼津市）が制定。同社はマグロの頭の加工分野で日本有数を誇る清弘水産㈱も営んでおり、マグロの海洋性エラスチン

などのたんぱく質を抽出して基礎化粧品を開発、販売している。エラスチンは肌の弾力（バネ）やハリを支える成分で、その知名度を高めるのが目的。日付はバネ（8）、ハリ（8）の語呂合わせと、同社のロゴマークが8を横にした「∞」であることから。

ありあけハーバーの日

洋菓子の製造、販売などを手がける㈱ありあけ（神奈川県横浜市）が制定。同社の「ハーバー」は船の形をした洋菓子で、60年以上にわたり横浜を代表するお土産菓子として有名。ハーバーの記念日を設けてイベントなどを企画し、横浜を盛り立てて社会貢献するのが目的。日付は「ハー（8）バー（8）」と読む語呂合わせ。

パブスタの日

さまざまな飲食店を経営する㈱セクションエイトが制定。同社が経営する時間無制限飲み放題のバー「The Public Stand」（通称・パブスタ）を多くの人に知ってもらうのが目的。日付は時間無制限飲み放題ということで店内に∞（無限大）のデザインを多用していることから、∞と似た形の数字である8が並んだ8月8日とした。また、社名にエイト（8）が入っていることもその理由。

LOVOTの日

家族型ロボット「LOVOT（らぼっと）」のPRのため、GROOVE X㈱が制定。LOVOTは「命はないのに、あたたかい。それは、あなたに愛されるために生まれてきた」をコンセプトとし、感情を表す動きと大きな瞳の表情でコミュニケーションができる。日付はその姿が数字の8に似ていることと、2体で協調して動く特徴があることから8が2つ並んだ日に。

小浜水産グループ・カンパチの日

カンパチの養殖を30年以上にわたり行っている㈱小浜水産グループ（鹿児島県垂水市）が制定。カンパチという魚とそのおいしさを広く全国に知らせるのが目的。日付はカンパチの名称の由来である、漢数字の「八」のように見える頭部の模様から八が並ぶ日に。また、養殖の一年の出荷スタートが8月であることから。

しろたんの日

たてごとあざらしのキャラクター「しろたん」などの企画製造販売を手がける㈱クリエイティブヨーコ（長野市）が制定。1999年のデビュー以来、子どもから大人まで幅広く愛されている「しろたん」。その癒やしの魅力をさらに多くの人に知ってもらうのが目的。日付は「しろたん」の誕生日である8月8日から。

パパの日

妊娠中のプレママや育児中のママ向けの情報サイト「カラダノートママ部」や育児に役立つアプリなどを運営する㈱カラダノートが制定。夫婦間のコミュニケーションとパパの育児への関心を高めることが目的。日付は8と8で「パパ」の語呂合わせ。

クラッピーの日

エンターテイメントロボットづくりを行うバイバイワールド㈱が制定。人が近づくと拍手と音声で迎えてくれる「ビッグクラッピー」などの拍手ロボットの認知度向上と、多くの人に触れてもらい笑顔を増やすのが目的。日付は拍手の音「パチ（8）パチ（8）」から。

4Cの日

世界最高水準のダイヤモンド「ラザール ダイヤモンド」の販売代理店であるプリモ・ジャパン㈱が制定。ダイヤモンドの世界的評価基準である「4C」（カラット、カラー、クラリティ、カットの頭文字から）の普及が目的。日付は8月8日の8と8はCを4つ重ねたように見え、「4C」となることから。

ペアリングの日

カップルで着用するペアリングを中心とする「THE KISS」ブランドをはじめとして、ジュエリー・アクセサリーのショップを全国展開する㈱ザ・キッスが制定。「ふたりの宝物」のペアリングの普及が目的。日付は数字の8が2本のリング（指輪）を重ねたように見えることから8が並ぶ日に。

コルセットの日

Salon Corset Nightを主宰する中嶋拓美氏が制定。コルセットのファッションとしての魅力を伝えるとともに、コルセット着用がドレスコードのイベントのPRなどが目的。日付は数字の8は中央がくびれていて、コルセットを着用した姿と似ていることから8が並んだ日に。

エプロンの日

オリジナルのエプロンを製造販売する㈱エレグランスが制定。日常を少し華やかに、心豊かにしてくれるエプロンは着る人を元気にし、見る人を笑顔にしてくれる。エプロンを使う楽しさ、選ぶ楽しさをより多くの人に広めて幸せになってもらうのが目的。日付はハッピーの「ハ（8）」とエプロンの「エ（8＝エイト）」を合わせて。

ドアリースの日

花の資材メーカーや販売会社などで構成され、「ひろげよう、ドアリースの環 Door Wreath Project〈ドアリースプロジェクト〉」を展開す

るドアリース普及委員会が制定。季節毎に物語性のあるリースを玄関ドアに飾り、暮らしに彩りと新しいおもてなしの文化を育むのが目的。日付は数字の8はリースのように途切れない形であることと、8月8日は一年で一番環が多いことから。

潤う瞳の日

化粧品、化粧雑貨、服飾雑貨、キャラクター雑貨、コンタクトレンズなどの事業を展開する粧美堂㈱が制定。コスメコンタクトやアイラッシュなど目元を美しくする人気商品で知られる同社の、多くの女性に潤った美しい瞳になってほしいとの願いが込められている。日付は8と8で「ぱちぱち」のまばたきの音から。

こうじの日

ハナマルキ㈱（長野県伊那市）が制定。古くから食べられてきた味噌や醬油などの発酵食品の原料となる「麴」を広めるのが目的。日付は「麴」の文字の中に「米」の字があり、「米」の字を分解すると「八十八」になることから、8を重ねた8月8日に。

爬虫類の日

爬虫類専門店「THE・爬虫類」（沖縄市）を経営する稲福昇氏が制定。ワニ、ヘビ、トカゲ、カメなどの爬虫類の魅力をより多くの人に知ってもらうのが目的。日付は爬虫類の「ハ」にちなんで同氏が沖縄県初の爬虫類専門店を開いた平成8年8月8日から。

プチプチの日

商品などのクッション材として使われる気泡シート「プチプチ」のPRと、その用途の広がりを図ることを目的に、その専門メーカーである川上産業㈱が制定。日付は数字の8が「プチプチ」の粒々の配列を連想させることと、8をパチと読むとプチと似ていることから。

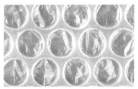

発酵食品の日

チーズや納豆などの発酵食品は、保存や味覚、栄養に優れた食品。発酵食品の大切さをPRする日として、1994年11月に万田発酵㈱が制定。日付は発酵の8（ハチ）と、末広がりの八で、発酵食品の無限（∞）の可能性を示すことから8月8日に。

ドール・フィリピン産パパイヤの日

甘く、ビタミンCが豊富で、栄養価も高いフィリピン産のパパイヤにもっと親しんでもらおうと、㈱ドールが制定。日付は8と8で「パパイヤ」と読む語呂合わせ。

屋根の日
漢字の「八」が屋根の形に似ていることや、屋根の屋（ヤ＝8）を重ねるのが瓦を重ねることに通じるなどの理由から、（一社）全日本瓦工事業連盟が制定。

歯並びの日
正しい矯正歯科治療の普及を目指して（公社）日本臨床矯正歯科医会が制定。日付は8と8で歯（8）並びの語呂合わせと、笑いの声の「ハッハッハッ」のイメージが健康をテーマとした矯正歯科にふさわしいことから。

洋食の日
福岡県北九州市でホテルを経営する㈱千草が制定。日付は洋食の代表的な料理ハヤシライスの「ハヤ」を語呂合わせとしたもので、ビーフシチュー、ハンバーグなどの洋食文化をアピールする日。

葉っぱの日
野菜不足を手軽に補うことのできる青汁を毎日飲んで、健康で快適な生活を送ってもらおうと、青汁商品を扱うヤクルトヘルスフーズ㈱が制定。日付は青汁の主原料であるケール、大麦若葉から「葉っぱ」の語呂合わせで8月8日に。

おばあさんの日
8と8でおばあさんの愛称である「ばあば」の語呂合わせから、おばあさんに感謝する日をと、伊藤忠食品㈱が制定。高齢化が進むなか「敬老の日」だけでなく「母の日」のようにアピールをしていく。

ベーグルの日
「おいしい本物のベーグル」を全国販売している㈱Eightが制定。16世紀のポーランドではベーグルは安産のお守りとして作られ「終わることのない人生の輪」を意味していたという説があり、数字の無限大を示す∞の形と似ている8が重なる日に。

マルちゃん焼そばの日
「焼そば3人前」「昔ながらのソース焼そば」など、マルちゃんの焼そばシリーズのPRのため、東洋水産㈱が制定。日付は、夏は焼そばを食べる機会が増え、8は○（マル）を重ねた形で「マルちゃん」に通じ、さらに焼そばの「ヤ」が8に通じることから。

夢ケーキの日
家族で夢を語り合い、親が本気で生きる姿を子どもたちに見せることで世の中が明るくなるとの思いから、㈱菓匠shimizu（長野県伊那市）の清水慎一氏が制定。毎年この日に子どもたちや家族の夢を絵にしてもらい、それをケーキにしてプレゼントしている。

がま口の日

熟練の職人が手作りする、がま口の専門店「あやの小路」を運営する秀和㈱(京都市)が制定。同店こだわりのがま口の袋物は現代のライフスタイルにも適し、その機能性やかわいらしさが人気。日付はがま口を閉める音がパチン(8)と鳴ることから、8が重なる日に。

ぱちんこの日

身近で手軽な大衆娯楽として発展を続けるぱちんこ遊技のPRを目的として、ぱちんこ遊技機などを製造する企業で構成する日本遊技機工業組合が制定。日付は昭和の初期に「ガチャンコ」「パチパチ」と呼ばれていた「ぱちんこ」の名前の由来となった玉を弾く音から、8と8を「パチパチ」と読む語呂合わせで。

醬油豆の日

香川県醬油豆協議会が制定。醬油豆は香川県の郷土料理で、香ばしく煎ったそら豆を醬油や砂糖などでつくった調味液に漬け込んだもの。四国八十八ヵ所巡りのお遍路さんへの接待や弘法大師にゆかりがあることから、八十八ヵ所にちなんで8月8日を記念日に。

ブルーベリーの日

目の働きを助ける効果のあるブルーベリーを摂取して健康な生活を送ってほしいとの思いから、サプリメントの研究、企画販売を手がける㈱わかさ生活(京都市)が制定。日付はBlue BerryのBBが88に似ていることと、ブルーベリーの収穫時期に当たることから。

パインアメの日

「パインアメ」のPRのため、キャンディなどを製造販売するパイン㈱(大阪市)が制定。日付は、パイナップルが夏の果物であることと、パインアメの形は缶詰に入っている輪切りのパイナップルをモチーフにしてることから、輪(O)の形が4つそろう8月8日に。

チャーハンの日

㈱ニチレイフーズが制定。チャーハンは夏場に需要が高まることから、中華料理業界全体でチャーハンを盛り上げていくのが目的。日付はおいしいチャーハンの特徴の「パラ(8)パラ(8)」の語呂合わせと、残暑が厳しく食欲や体力が減退する時期に、お米のパワーが詰まった熱いチャーハンで元気になってもらいたいとの願いから。

チョコラBBの日

エーザイ㈱が制定。肌あれ・ニキビ・口内炎・しみ・そばかすなどの

症状を緩和することで、人々のキレイと元気を応援し続けてきた同社の「チョコラBB」ブランドが、記念日を通してさらなるエールを送ることが目的。日付は、チョコラBBのBが数字の8に似ていることから8が重なる日に。

はんざき祭りの日

(一社)湯原観光協会・湯原町旅館協同組合(岡山県真庭市)が制定。「はんざき」とは、国の特別天然記念物のオオサンショウウオのことで、湯原は生息地として国の指定を受けている。生態を研究する「はんざきセンター」もあり、はんざきの山車や踊りで賑わう8月8日の「はんざき祭り」を通じて、湯原を多くの人に知ってもらう。

ふくしま桃の日

⇨「1年間に複数日ある記念日」の項を参照。

8/9

愛と平和のわくわくワークスDay

財務コンサルティング事業などを手がける㈱パラダイムシフトIDNetwork's(大阪府高槻市)が制定。仕事のやり方を変えて世界を変えるために、リアルとオンラインが融合する新時代の幕開けを祈念するのが目的。日付は社名にあるwork'sから「ワ(8)ーク(9)」と「は(8)たらく(9)」の両方の語呂合わせから8月9日に。

エナジードリンクBARKの日

関東地方でスーパーマーケットを展開する㈱ベルク(埼玉県鶴ヶ島市)が制定。同社のPB商品「エナジードリンクBARK」は爽やかな柑橘系の味で、カフェイン量が多いのに低価格で人気。「くらしにベルクBARK」のブランド化と認知度向上が目的。日付は「バー(8)ク(9)」と読む語呂合わせ。また、吠え続ける狼のモチーフから夏の暑さに負けないでとのメッセージも。

抱きまくらの日

枕を中心とした寝具のインターネット販売などを手がける「まくら㈱」(千葉県柏市)が制定。抱きまくらは、いびきの予防や体圧の分散、妊婦の寝姿勢のサポートに効果がある。抱きまくらの機能や使い方を多くの人に知ってもらうのが目的。日付は抱きまくらを「ハグピロー」と呼ぶときの「ハ(8)グ(9)」から。

バックカメラで事故防止の日

自動車による交通事故を防ぎたいとの思いから、㈱コシダテックが制定。バックカメラは自動車の後方を映すカメラで、バック駐車や左折

時の運転をサポートする。日付は「バッ（8）ク（9）」の語呂合わせで、帰省などで自動車を利用する機会が増える時期でもある。

箔装飾の日
伝統工芸や美術品、建築の装飾などで重用される「箔」とその職人について知ってもらうため、堀金箔紛㈱（京都市）が制定。同社の創業は1711年で、初代は徳川幕府下の金座付箔師という歴史をもつ。日付は箔（は＝8、く＝9）の語呂合わせ。

沖縄長生薬草の「薬草の日」
(有)沖縄長生薬草本社（沖縄県南城市）が制定。薬草の魅力と効能をより多くの人に知ってもらい、健康増進の一助としてもらうことが目的。日付は8月は薬草畑やハーブ畑が青々と元気に育っていることと、「や（8）く（9）＝薬」草の語呂合わせから。

ロングライフ紙パックの日
飲料や食品などの紙パックのトップシェア企業、日本テトラパック㈱が制定。ロングライフ紙パックはアセプティック（無菌）充填により常温で長期保存ができ、環境負荷も小さい。環境に配慮した食品ロスの少ないライフスタイルを届けるのが目的。日付はロングライフ紙パックの「パ（8）ック（9）」の語呂合わせ。

ぱくぱくの日
キユーピー㈱が制定。噛んだり飲み込んだりする食べる力の変化は、毎日の動作だけに気づきにくい。少子高齢化でより一人ひとりの健康が重要になるなか、自身や大切な人の食べる力を見直すきっかけにしてもらうのが目的。日付は夏休みの時期で帰省する人が増えることから、ふだん会えない家族の食べる力の変化に着目してほしいとの思いと、「ぱ（8）く（9）ぱ（8）く（9）」の語呂合わせから。

ムーミンの日
日本における「ムーミン」のライセンス管理などを行う㈱ライツ・アンド・ブランズが制定。ムーミンはフィンランドの作家・画家のトーベ・ヤンソンによって生み出された作品。ムーミンの魅力をさらに多くの人へ伝えるとともに、親しみをもってもらうことが目的。日付はトーベ・ヤンソンの誕生日（1914年8月9日）にちなんで。

セルフハグでもっと自分を好きになる日
（一社）日本セルフエスティーム普及協会が制定。同協会では「自分を愛することから始めるラブ・マイセルフ 100万人プロジェクト」に取り組んでおり、記念日を制定して活動を広めるのが目的。自分を抱きしめて（セルフハグ）もっと自分を好きになってほしいとの願いが込

められている。日付は「ハ(8)グ(9)」の語呂合わせ。

パグの日

大きな目と垂れ耳が魅力的な小型犬「パグ」を愛する小林健介氏が制定。「パグの日」にはパグがほっかむりをした写真をSNSに投稿して、世界中にその愛らしさとユーモアを届け、パグの健康と平和を願うのが目的。日付は「パ(8)グ(9)」と読む語呂合わせ。

ハグ〜ンの日

子ども用紙おむつ「GOO.N(グ〜ン)」を販売する大王製紙㈱が制定。同商品のオリジナルキャラクターであるおむつの妖精「ハグ〜ン」には「ハグをすることで赤ちゃんにグ〜ンと育ってほしい」という思いが込められており、赤ちゃんの健やかな成長を応援していくのが目的。日付は「ハ(8)グ〜(9)ン」と読む語呂合わせ。

ながさき平和の日(長崎市)

1945年8月9日午前11時2分、アメリカ軍のB29爆撃機ボックス・カー号により原子爆弾が長崎に投下され、約7万人もの尊い命が奪われた。この原子爆弾により犠牲となった多くの人々の霊を慰め、世界平和を祈る日。

パークの日(駐車場の日)

路上駐車の問題を解決し、快適な車社会を築くために、かつドライバー自身に駐車場の利用意識を高めてもらうために、駐車場経営のパーク24㈱が制定。日付は8と9で「パーク」と読む語呂合わせ。

野球の日

野球のさらなる発展を目的として、スポーツ用品のミズノ㈱の直営店・MIZUNO TOKYOが制定。8と9で野球と読む語呂合わせ。また、全国高校野球選手権大会の期間中であることによる。

はり(鍼)・きゅう(灸)・マッサージの日

鍼灸マッサージの普及のため、(公社)全日本鍼灸マッサージ師会が制定。記念日にあわせて全国各地で東洋鍼灸(はり・きゅう・マッサージ)や有資格者のPRなどを行う。日付は「はり(8)」「きゅう(9)」と読む語呂合わせ。

ハンバーグの日

冷凍食品の製造販売を手がける㈱味のちぬや(香川県三豊市)が制定。子どもから大人まで幅広く愛されているハンバーグを、夏休みの期間中でもあるこの日に、さらに食べてもらいたいとの願いが込められている。ハ(8)ンバーグ(9)と読む語呂合わせからも。

かばんの日

かばん産業の事業者で組織される（一社）日本かばん協会が制定。日本製のかばんの優れた品質、高い技術力などを広く知ってもらうとともに、かばん産業の振興、発展を図る。日付は8と9で、英語で「かばん」を意味する「バッグ」の語呂合わせ。

美白の女神の日

素肌美研究家で「美白の女神(ミューズ)」として知られる㈱クリスタルジェミーの中島香里氏が制定。より多くの人に美肌への意識を高めてもらうのが目的。日付は8と9で「美白(はく)」の白の語呂合わせ。

ソフトウェアバグの日

ソフトウェアの品質保証、テスト事業を手がける㈱SHIFTが制定。ソフトウェアのバグ（不具合や欠陥）による品質低下の問題について再認識し、ソフトウェア、アプリケーション、システム等の品質向上について考える日。日付は「バ（8）グ（9）」の語呂合わせ。

8/10

道の日

1986年に建設省が制定したもので、1920年のこの日、日本で最初の道路整備計画が実施されたことに由来する。また、8月は「道路を守る月間」でもあるため、その期間内に設けるという意味合いも。現在は国土交通省が実施。

ハートつながるキッドビクスの日

（一社）日本こどもフィットネス協会が制定。同協会のオリジナルプログラムのキッドビクスとは、ボールやフープなどを使いエアロビクスやダンスの要素を取り入れた全身運動で、正しい姿勢、リズム感、持久力、柔軟性などが養われる。キッドビクスの周知と普及が目的。日付は、キッドビクスでは親子で心がときめく、ワクワクすることを大切にしているので、「ハ（8）ート（10）」と読める8月10日に。

ブロックス（Blokus）の日

玩具や遊戯用具の輸入販売を手がけるマテル・インターナショナル㈱が制定。同社が扱う「ブロックス（Blokus）」は年齢を問わず、幅広い世代間でのコミュニケーションツールとしても楽しめる知育戦略ゲーム。ブロックスの教育的価値の認知拡大が目的。日付はBLOKUSのBを数字の8、LOを10と見立てて、8月10日に。

フルハイトドアの日

室内ドアの専門メーカー、神谷コーポレーション湘南㈱（神奈川県伊勢原市）が制定。「フルハイトドア」は同社が2005年に開発した天井高フルサイズの室内ドア。デザイン、機能、品質にこだわったドアで毎日の生活をより豊かにしてほしいとの思いが込められている。日付は「フルハ（8）イ（1）ト（0）」の語呂合わせ。

雪の宿の日

せんべい「雪の宿」を製造販売する三幸製菓㈱（新潟市）が制定。より多くの人に「雪の宿」ブランドを知ってもらい、味わってもらうことが目的。日付は「や（8）ど（10）」の語呂合わせ。

Touch your heartの日

「Touch your heart ～"ありがとう"の数だけ、私たちがいる～」をコンセプトに給食・サービスを提供するエームサービス㈱が制定。相手を思いやることと、相手の心に響く体験を提供することに務め、従業員の意識の啓蒙と、お客様とのコミュニケーションの創出、提供価値の向上が目的。日付は「ハ（8）ート（10）」の語呂合わせと「パ（8）ート（10）」社員への感謝の気持ちから。

レゲエミュージックの日

レゲエミュージックのさらなる魅力を伝えるため、(有) カエルスタジオミュージック（大阪市）が制定。レゲエミュージックは元来、「パトワ」と呼ばれるジャマイカ独自の言語を用いて歌われ、その独特なイントネーションは音楽の大きな要素にもなっている。日付は「パ（8）トワ（10）」と読む語呂合わせ。

家族クイズで円満相続の日

ウェブメディア「円満相続ラボ」を運営する㈱サステナブルスタイルが制定。家族クイズとは、家族同士が好きなものなどをクイズ形式で出し合い理解を深める取り組み。家族クイズを楽しむことで家族円満になり、円満相続が普通の社会にしていくのが目的。日付は家族円満・円満相続を連想させる「ハー（8）ト（10）」の語呂合わせ。

ハット(小屋)の日

日本ピザハット・コーポレーション㈱と㈱リンガーハットが連名で記念日を制定。両社の社名に共通する「Hut（ハット）」は「小屋」という意味の英単語。社名以外にも「食を通してお客様に楽しく豊かな時間を提供したい」という想いも共通している。夏休みのこの時期に競合の垣根を超えた活動を行い、日本を楽しく元気にすることが目的。日付は「ハッ（8）ト（10）」と読む語呂合わせ。

8月

八天堂の日
看板商品の「くりーむパン」で知られる㈱八天堂（広島県三原市）が制定。八天堂をさらに多くの人に知ってもらうとともに、日頃の感謝の気持ちを表すのが目的。日付は「はっ（8）てん・どう（10）」と読む語呂合わせ。

ウエディングフォトの日
結婚準備情報サイト「ウエディングパーク」を運営する㈱ウエディングパークが制定。結婚写真（ウエディングフォト）を撮影するきっかけをつくり、すでに結婚写真を撮影したカップルが写真を見返して互いに感謝を伝える日とすることで、結婚に対する憧れや共感を生む機会をつくるのが目的。日付は、愛情や結婚を連想させる「ハー（8）ト（10）」「パー（8）ト（10）ナー」の語呂合わせ。

誕生日は母と写真を撮る日
写真スタジオの運営、家族写真の撮影などを手がける㈱美光写苑が制定。つわりや陣痛などの困難を乗り越えて自分を生んでくれたお母さんに感謝を込めて、自分の誕生日にお母さんと一緒に写真を撮る文化を広めるのが目的。日付は新しい命（心）が誕生したシンボル的な日にとの意味で「ハー（8）ト（10）」と読む語呂合わせから。

バナナの神様・バナナジュースの日
バナナジュース専門店「バナナの神様」を運営するバナナの神様㈱が制定。同社では凍結解凍覚醒技術によって栽培された高い糖度と豊富な栄養素を誇るバナナを使用したジュースを提供している。日付は「バナナ（8）ジュース（10）」の語呂合わせ。

夏の恋を熱くするラブラブハートの日
結婚相談サービスなどを行うハピ婚相談所が制定。花火大会やお祭りなどで男女のコミュニケーションが活発になる夏。その出会いや恋愛を後押しし、交際をスタートする、結婚をするカップルがお互いの熱い意思を固める日とするのが目的。また、すでに交際、結婚しているカップルにはその熱いハートをキープし続け、お祝いをしてほしいとの想いも。日付は8と10で「ハート」と読む語呂合わせ。

鳩の日
「鳩サブレー」の製造販売を行う㈱豊島屋（神奈川県鎌倉市）が制定。鳩サブレーは鳩をモチーフとした焼き菓子で、鳩への敬愛を表したもの。平和の象徴である鳩についてより多くの人に知ってもらうことと、鳩を愛する人にその気持ちを深めるきっかけの日としてもらうのが目的。日付は「は（8）と（10）」と読む語呂合わせ。

スモアの日

マシュマロなどの製造販売を行う㈱エイワ（長野県安曇野市）が制定。「スモア」とは、焼いたマシュマロをチョコレートと一緒にクラッカーなどで挟んだデザート。そのおいしさから思わず「some more（おかわり）」と言ってしまうため、その短縮形で「S'more（スモア）」と呼ばれている。日付はアメリカで定着している記念日「National S'mores Day」と同日。

イエローハット（黄色い帽子）の日

カー用品などの販売を手がける㈱イエローハットが制定。同社の社名は通学時に児童が交通事故にあわないようにかぶる「黄色い帽子」に由来し、すべての人への交通安全を願う思いが込められている。記念日は夏休みやお盆で交通量の増える時期に交通安全を願うのが目的。日付は「ハッ（8）ト（10）」の語呂合わせ。

手（ハンド）の日

手についての研究を進め、手に関する疾病や傷害などの医療を手がける（一社）日本手外科学会が制定。健康な手をもっていることへの感謝、手の不自由な人々に対する社会的な関心、手の怪我、病気などの改善に従事している手外科の存在を知ってもらうのが目的。日付は手を英語で「HAND＝ハ（8）ンド（10）」と読む語呂合わせ。

HADOの日

テクノスポーツHADO（ハドー）の開発と運営などを行う㈱meleapが制定。HADOとは、ヘッドマウントディスプレイとアームセンサーを装着し、AR（拡張現実）技術によってまるで魔法の世界にいるかのように動きまわり競うことができる新しいスポーツ。多くの人にHADOとその魅力について知ってもらうのが目的。日付は8と10で「ハドー」と読む語呂合わせ。

日本バドミントン専門店会の日

全国のバドミントンのプロショップで結成された日本バドミントン専門店会（京都市）が制定。バドミントン界の発展に寄与するために、協会、連盟、スポーツ用品メーカー、小売店、競技者、愛好家など、バドミントンに関わる人々がバドミントンを楽しむ日にするのが目的。日付は「バ（8）ド（10）」と読む語呂合わせと、シャトルコック（鳥の羽）の「バー（8）ド（10）＝鳥」から。

服部植物研究所・コケの日

コケ専門の研究機関、（公社）服部植物研究所（宮崎県日南市）が制定。コケへの関心の喚起と蘚苔類学の普及と発展を願う。日付は同研究所

を設立した初代所長の服部新佐博士の誕生日（1915年8月10日）と二代目所長の岩月善之助博士の誕生日（1929年8月10日）から。

パトレイバーの日

1988年に漫画とオリジナルビデオアニメーション（OVA）で始まった「機動警察パトレイバー」。その権利者である㈱HEADGEARが制定。作品の30周年を記念し、ファンに感謝の気持ちを伝えるとともに、定期的にイベントを行い、「機動警察パトレイバー」の象徴的な日とする。日付は「パ（8）ト（10）」と読む語呂合わせ。

よさこい祭りの日

よさこい祭り振興会、よさこい祭り競演場連合会、（公社）高知市観光協会、高知市、高知県、よさこいチームが共同で制定。市民の健康と繁栄を祈願し、商店街の振興を促進するために始まった「よさこい祭り」は、2万人の踊り子が参加する高知県を代表する祭り。この祭りを県全体でさらに盛り上げ、未来へつないでいくことが目的。日付は第一回「よさこい祭り」が開催された1954年8月10日から。

ダノンBIOの日

チルド乳製品の製造販売などを手がけるダノンジャパン㈱が制定。同社のヨーグルト「ダノンBIO（ビオ）」のおいしさを多くの人に楽しんでもらうことが目的。日付は、ブランドロゴの「BIO」が数字の「810」と見えることから。

鳥と人との共生の日

鳥害対策総合コンサルタントとして全国で活動をする㈱フジナガ（兵庫県尼崎市）が制定。鳥を傷つけることなく防鳥対策を行い、鳥と人との生活スペースに境界線を作り共生するのが目的。日付は代表的な鳥の「鳩＝ハ（8）ト（10）」の語呂合わせ。

イトーヨーカドーの日

㈱イトーヨーカ堂が制定。より多くの人にイトーヨーカドーに親しみをもってもらうのが目的。日付は1958年から「幸せをお届けする白いハト」として、鳩のロゴマークを制定しているため、「ハ（8）ト（10）」と読む語呂合わせ。

ハーゲンダッツの日

ハーゲンダッツジャパン㈱が制定。日々の生活をちょっとステキな日にランクアップしてくれるハーゲンダッツのアイスクリームを、さらに多くの人に味わってもらうのが目的。日付は同社の創業日（1984年8月10日）から。

ブレーキパッドの日

オートバイや自転車用のブレーキパッド、ブレーキシューなどを製造販売するタカラ㈱が制定。命にかかわる大切な部品であるブレーキパッド、ブレーキシューの残量を確認・点検し、安全に乗ってほしいとの願いが込められている。日付はブレーキパッドの「パッ（8）ド（10）」と読む語呂合わせ。

パーソナルトレーナーの日

パーソナルトレーナーのための総合サービスを展開する㈱レバレッジが制定。パーソナルトレーナーの活動を広め、支援するのが目的。日付は薄着になり、体のラインが気になる時期の8月上旬で、「パー（8）ソナルト（10）レーナー」と読む語呂合わせ。

かっぱえびせんの日

スナック菓子「かっぱえびせん」のPRのため、カルビー㈱が制定。香ばしいえびの香りとサクサクした食感で人気の「かっぱえびせん」は1964年発売のロングセラー。日付はキャッチコピーの「や（8）められないと（10）まらない」から8月10日に。

バリ取りの日

金属やプラスチックなどの素材を加工する際に出る素材の出っ張りである「バリ」。その「バリ」を取る「バリ取り」を独自開発の技術で自動化、効率化を進めている㈱ジーベックテクノロジーが制定。「バリ取り」に対する意識改革を推進するのが目的。日付は「バ（8）リ取（10）り」と読む語呂合わせ。

東洋羽毛・羽毛ふとんの日

東洋羽毛工業㈱（神奈川県相模原市）が制定。吸湿発散性に優れ、寝苦しい夏にも快適な羽毛ふとんの普及を図る。同社は日本初の羽毛寝具量産工場としてスタートし、高品質の羽毛ふとん作りを続けている。日付は同社の創立記念日（1954年8月10日）から。

シャウエッセンの日

日本ハム㈱が制定。旨みとコクがたっぷりの本格あらびきウインナー「シャウエッセン」のおいしさをより多くの人に楽しんでもらうのが目的。日付は8と10でシャウエッセンのおいしさを象徴する「パ（8）リッ！と（10）」した歯ごたえと、食べた時の「パリッ！と」こころがはじける瞬間を表している。

ハートの日

インターネットギフトショップ「ハートギフト」を営むキャリアデザイン・インターナショナル㈱が制定。「ありがとう」「ごめんね」「元気

ですか？」など、ふだんはなかなか伝えられない気持ち（ハート）を伝える日。日付は8と10で「ハート」と読む語呂合わせ。

焼き鳥の日

「焼き鳥の父」と呼ばれる根本忠雄氏を創業者にもつ、㈱鮒忠が制定。日本の食文化「焼き鳥」に感謝し、その魅力を伝える日。日付は8と10で「焼き鳥」と読む語呂合わせと、焼き鳥の最高の友のビールがおいしい真夏の日から。

はとむぎの日

栄養成分が豊富で、穀物の王様ともいわれる「はとむぎ」について多くの人に知ってもらおうと、はとむぎ製品を手がける太陽食品㈱（奈良市）が制定。日付は8と10で「はとむぎ」と読む語呂合わせ。はとむぎは化粧品の原料にも使われ、「はとむぎ美人」という言葉もあるほど。

「はっと」の日

宮城県気仙沼地方の郷土料理「はっと」は、小麦粉を練って茹であげたうどんのようなもの。気仙沼唯一の製麺会社の㈱丸光製麺（宮城県気仙沼市）が知名度とおいしさをアピールするために制定。同社は東日本大震災で被災し、岩手県一関市で新工場を稼働させて以来、地域の復興のために「はっと」の販売や食べ方の提案イベントなど行っている。日付は8と10で「はっと」と読む語呂合わせ。

ハートトラストの日

資産承継信託「ハートトラスト 心の信託」を取り扱う㈱りそな銀行が制定。万一のときに必要な資金の受け取り、医療費の払い出しを大切な人に届ける信託商品をPRするのが目的。日付はお盆の時期を家族で「資産の遺し方」を相談する機会にとの思いと、8と10で「ハート」と読む語呂合わせから。

ハイボールの日

ウイスキーをソーダで割って作る「ハイボール」の知名度向上と普及のため、サントリー㈱が制定。日付は「ハ（8）イ（1）ボール（0）」と読む語呂合わせと、ハイボールは夏に一段とおいしく感じられることから。

ばねの日

精密ばねを製造販売する五光発條㈱（神奈川県横浜市）が制定。動作を伴う大切な機構部品である「ばね」の重要性を多くの人に知ってもらうのが目的。日付はばねやぜんまいのことを発条(はつじょう)と呼ぶことから「はつ（8）じょう（10）」と読む語呂合わせ。

バイトルの日

アルバイトを探している人、アルバイトをしている人を応援する日にと、日本最大級のアルバイト求人情報サイト「バイトルドットコム」を運営するディップ㈱が制定。日付は「バ（8）イ（1）ト（0）ル」の語呂合わせ。また、冨田英揮社長がサイト名を「バイトルドットコム」と命名した日から。

発炎筒の日

発炎筒の製造販売を行う企業で構成する日本保安炎筒工業会が制定。自動車運転中の故障、事故などのときに使用する発炎筒の認知度を高め、二次被害の防止を図ることが目的。自動車教習所、交通安全教室などでの体験会などを企画している。日付は「はつ（8）えんとう（10）」の語呂合わせ。

豊後高田市全力発展の日

大分県豊後高田市が制定。市民一人ひとりが全力で物事に取り組んでいく気持ちを表す同市のブランドイメージ「全力発展中」をアピールするのが目的。日付は「発（8）展（10）」と読む語呂合わせ。地方創生に向けて、同市の挑戦する思いが込められている。

8/11

山の日（国民の祝日）

2016年から施行された国民の祝日で、その趣旨は「山に親しむ機会を得て、山の恩恵に感謝する」。日付にとくに意味はなく、盆休みと連続させやすいことから選ばれたという。

あびばのんのんの日

㈱ワーナーミュージックジャパン傘下のレーベル・unBORDEに所属する三人組ロックバンド「Tempalay」が制定。Tempalayの楽曲「あびばのんのん」のPRと、「あびばのんのん」というフレーズと日本の風呂文化の発展が目的。日付は同曲のデジタル配信が2021年8月11日であることと、「あびば（8）」で8月、「のんのん」の「の」はカタカナで「ノ」で数字の1に似ていることから11日。

前畑ガンバレの日

前畑秀子・古川勝顕彰活動委員会（和歌山県橋本市）が制定。同市出身で日本人女性初のオリンピック金メダリストの前畑秀子さんの偉業を後世に伝えていくのが目的。前畑さんはベルリンオリンピックの競泳

女子200メートル平泳ぎで金メダルを獲得。日付はそのレースと実況が行われた日（1936年8月11日）から。

きのこの山の日

㈱明治が制定。2種類のチョコレートとサクサクのクラッカーの絶妙な食感が人気の「きのこの山」を多くの人に味わってもらうのが目的。日付はチョコレートの部分を縦に2つ並べると「8」に、クラッカーの部分を2つ横に並べると「11」になることと、国民の祝日の「山の日」に合わせて「山」がつく同商品に親しんでもらうため。

マッシュルームの日

マッシュルーム販売の専門店として知られる㈱ワキュウトレーディング（東京都町田市）が制定。マッシュルームのおいしさ、栄養成分などをアピールして、多くの人に食べてもらうのが目的。日付は日本で初めてマッシュルームの栽培に成功し、キノコ栽培の父と呼ばれる森本彦三郎氏の誕生日（1886年8月11日）にちなんで。

8/12

ハイチュウの日

国内外で人気のソフトキャンディ「ハイチュウ」のPRのため、森永製菓㈱が制定。夏の需要期を盛り上げる意図もある。日付は8と12で「ハイチュウ」と読む語呂合わせ。

アルプスの少女ハイジの日（ハイジの日）

アニメーションのキャラクターとして絶大な人気を誇る「アルプスの少女ハイジ」。その魅力を多くの人に伝えるため、ハイジの著作権などの管理を手がける㈱サンクリエートが制定。日付は8と12で「ハイジ」と読む語呂合わせ。制定日はアニメーション「アルプスの少女ハイジ」のもと（原案）となった児童文学「HEIDI」の作者、ヨハンナ・シュピリの誕生日（6月12日）。

8/13

盆迎え火

盆の迎え火は、家を浄めるとともに先祖の霊に家のありかを知らせるためのもので、苧殻（おがら）を門口で燃やし、精霊が来臨するのを待つ。13日の夕方に行うのが習わしだが、7月に行う地域もある。

ペッカー・山ちゃんのリズムの日

音楽を使った研修プログラムを手がける㈱ビートオブサクセスが制定。リズムの恩恵に感謝し、リズムを楽しみ、リズムで世の中を良くする

日として「トントン拍子」「生活リズム」などリズムに関する言葉に触れているのを感じてもらうのが目的。記念日名には、パーカッション界の草分けで第一人者・橋田"ペッカー"正人氏と、ボディーパーカッション教育の考案者・山田俊之氏の名を冠した。日付は二人の誕生日。

怪談の日
「怪談」をエンターテインメントとして確立した稲川淳二氏が、自身の「MYSTERY NIGHT TOUR 稲川淳二の怪談ナイト」20周年連続公演を記念して制定。日付は第1回の公演が1993年8月13日にクラブチッタ川崎で開催されたことから。

8/14

水泳の日
(公社)日本水泳連盟が制定。水泳競技人口の裾野を広げて競技力の向上をめざすとともに、「命を守ることができるスポーツ」としての水泳を普及、発展させ、国民全員が泳げるようになることで水難事故を減らすのが目標。1953年に制定した「国民皆泳の日」(8月14日)を引き継ぎ、2014年に「水泳の日」に改称したもの。

裸石の日
宝石ルース販売などを行う㈱東洋(埼玉県北本市)が制定。「裸石」はジュエリー製品になる前のカットや研磨が施されただけの石のことで、「ルース」とも呼ばれる。宝飾業界の活性化と、個人でも裸石が購入できることを知ってもらうことが目的。日付は「裸石=は(8)だかいし(14)」と読む語呂合わせ。

ハッピーサマーバレンタインデー
人気漫画『テニスの王子様』『新テニスの王子様』のキャラクターたちには、毎年多くのバレンタインチョコレートが贈られてくる。そのお返しの日をと、原作者の許斐剛氏が制定。日付はバレンタインデーには伝えられなかった気持ちも、夏ならチョコレートのように溶けやすいよ、との思いから半年後の8月14日に。

廃車リサイクルの日
自動車および自動車部品の販売、使用済み車両の適正処理などを手がける㈱ナプロアース(福島県伊達市)が制定。廃車をリサイクルすることでゴミを資源にし、買い取ることで商品価値を生み出す「もったいないからもったいあるへ」という同社の精神のもと、廃車のリサイクル活動を広めるのが目的。日付は8と14で「廃車(は・い・しゃ)」と読む語呂合わせ。

8/15

盆
盆は盂蘭盆会の略で、祖先の霊を慰める年中行事のひとつ。祭壇に胡瓜や茄子で牛や馬の形を作り供えるのは、先祖の霊が馬に乗り、牛に荷物を引かせて帰ってくると信じられていたことによる。7月に行う地域もある。

終戦の日
1945年のこの日、天皇による戦争終結の放送が行われ、3年8ヵ月に及んだ太平洋戦争が終わった。政府主催の「全国戦没者追悼式」が初めて行われたのは、戦後18年たった1963年。現在ではこの日を「戦没者を追悼し、平和を祈念する日」とも呼ぶ。

すいとんで平和を学ぶ日
愛知県犬山市で草の根の平和活動を行っている「すいとんの会」が制定。子どもたちに戦争や原爆の愚かさや悲惨さについて語り、戦時の代用食とされた「すいとん」を食べながら食糧難のことなどを話して平和の尊さを伝える。日付は1945年8月15日の「終戦の日」は現在まで続く平和の始まりの日でもあるとして、平和を学ぶのにふさわしい日との思いから。

8/16

盆送り火
8月13日に迎えた精霊を送り出すためのもの。焚いた送り火の煙に精霊が乗って帰るとされる。また、祭壇に供えた物は、精霊舟に乗せて川や海に流す。7月に行う地域もある。

キップ パイロールの日
医薬品などの製造販売を行うキップ薬品㈱が制定。軽度のやけど、切り傷や擦り傷などの常備薬として使われてきた軟膏剤「キップ パイロール」。常備している家庭では使用期限や残り具合を確認してもらい、まだ知らない人には記念日をきっかけに知ってもらうのが目的。日付は「パ(8)イロ(16)ール」と読む語呂合わせ。

電子コミックの日
国内最大級の電子コミックサイト「コミックシーモア」のサービス開始10周年を記念して、NTTソルマーレ㈱(大阪市)が制定。電子コミックを通じて日本を元気にするのが目的。日付は「コミックシーモア」のサービス開始日2004年8月16日から。

8/17

ハテナの塔の日
　家庭用ゲームやアプリ開発などを手がける㈱タストαが制定。同社が開発するゲームソフト「ハテナの塔 -The Tower of Children-」は、果ての無い塔の上に住む子どもたちが地上にある楽園をめざすサバイバルローグライクアドベンチャー。ファンとの継続的なコミュニケーションを図り、作品を盛り上げていくのが目的。日付はタイトル名にも含まれ、ゲーム内でも重要なワードの「ハ（8）テ（10）ナ（7）」の語呂合わせから8月17日に。

地域と共に成長の日
　(公社)宜野湾青年会議所（沖縄県宜野湾市）が制定。不登校や引きこもりなど、生きづらさを抱えた子どもたちを地域で見守り支えていくことが目的。日付は同会議所が日本青年会議所より会員として認められた1978年8月17日から。地域と共に成長し子どもたちの未来を考える活動も持続的に行っていくとの思いも。

Dream Zoneのラジオを楽しむ日
　ラジオのPRを行うラジオアイドルDream Zoneの所属事務所㈱Dream Stageが制定。民放ラジオ局6社の共同企画として結成された「Dream Zone」を通して、ラジオに慣れ親しみ、ラジオの良さ、楽しさをあらためて実感してもらうのが目的。日付はDream Zoneの結成日2019年8月17日から。

パイナップルの日
　パイナップルのリーディングカンパニーである㈱ドールが制定。パイナップルのおいしさをPRするのが目的。日付は「パ（8）イ（1）ナ（7）ップル」と読む語呂合わせ。

8/18

やまとことばの日
　うまし国やまとことばの会（大阪府八尾市）が制定。自然と調和し豊かに生きる心を育む日本独自の「やまとことば」を、日本文化とともに守り継承し伝えていくことで、子どもたちが自分を肯定して育ってとの願いが込められている。日付は「や（8）まと（10）ことば（8）」の語呂合わせ。

世界に一つだけの晴れの国リンドウ記念日
　岡山産のリンドウのPRのため、晴れの国岡山農業協同組合（岡山県倉

敷市）が制定。リンドウは鮮やかな花色とまっすぐに伸びた草姿が人気で、「晴れの国」の岡山県は全国的に名高い生産地として知られる。日付は「晴れの国」の「晴（8）れ」から8月、18日を「いい（1）花（8）」と読む語呂合わせから。

エクサガンハイパーの日

美容・健康関連機器を製造販売する㈱ドリームファクトリー（大阪市）が制定。同社の「エクサガンハイパー」は小型軽量ながらハイパワーのマッサージツール。同製品のPRと、同製品で身体を労わってもらうのが目的。日付は「エクサガンハイパー」のハイパーを「ハ（8）イ（1）パー（8）」と読む語呂合わせから8月18日に。

カーセキュリティVIPERの日

自動車盗難防止装置や位置検索システムの開発・販売などを手がける加藤電機㈱（愛知県半田市）が制定。同社は1993年に米国のD.E.I.社と契約し、自動車盗難防止装置「VIPER」を日本で販売している。カーセキュリティの重要性をあらためて意識してもらうのが目的。日付は「バ（8）イ（1）パー（8）」と読む語呂合わせ。

オリザの米油の日

米油を中心にさまざまな事業を展開するオリザ油化㈱（愛知県一宮市）が制定。米の副産物からできる環境に優しい米油の可能性と機能性を追求し、その魅力を広く伝えていくことが目的。日付は漢字の「米」は「八十八」と分けられることから8月18日に。

産業用ワイパーの日

産業用ワイパーの開発、販売を行う日本製紙クレシア㈱が制定。産業分野で発生する油汚れ、不純物等の拭き取りに使われ、モノづくりに必要不可欠な産業用ワイパーの存在を多くの人に知ってもらうのが目的。日付は「ワ（8）イ（1）パー（8）」と読む語呂合わせ。

糸ようじの日

歯間清掃具「糸ようじ」が2017年に発売30周年を迎えたことを記念して、小林製薬㈱（大阪市）が制定。歯間清掃を習慣化してもらうことで、健康的な口腔環境を維持してほしいとの願いが込められている。日付は8と18で「歯（8）と歯（8）の間に糸（1）」が通っているように見えることから。

ハイエイトチョコの日

チョコレート菓子「ハイエイトチョコ」のPRのため、フルタ製菓㈱（大阪市）が制定。ハイエイトチョコは1967年発売のロングセラー商品で、カラフルな丸いチョコの粒を8の字型の容器にパックしたメガネ

のような形が人気。日付は「ハ（8）イ（1）エイト（8）」と読む語呂合わせ。

ビーフンの日

ビーフン（米粉）はお米でできた麺。大切なお米に感謝の気持ちを込めて八十八を組み合わせた「米」の字に由来する8月18日を記念日としたのはビーフン協会。ビーフンのもつ栄養価や食感の良さをアピールする日。

約束の日

保険情報サイト「保険市場（いちば）」を運営する㈱アドバンスクリエイト（大阪市）が制定。保険市場と芸人・鉄拳とのコラボレートで誕生したパラパラ漫画「約束」は、家族の大切さを表現し、家族愛、絆から交わされる約束を描いた作品。日付は、その「約束」がYouTubeで配信開始された日（2013年8月18日）に。

健康食育の日

穀物（とくにお米）を軸にした日本型食生活を推進し、健康で元気な人を増やすことをめざす（一社）日本健康食育協会が制定。食の大切さを伝える食育活動を「健康食育」として普及させるのが目的。日付は8と18で八十八＝米という漢字になることから。健康食育の専門家の育成なども行う。

エスロハイパーの日

水道管などに使用される耐震性、耐久性に優れたポリエチレン管「エスロハイパー」を製造販売する積水化学工業㈱が制定。暮らしを支える水道用ライフライン管材「エスロハイパー」の高性能と誕生20周年をアピールするのが目的。日付は水の需要が増す夏であること、8と18で「ハイパー」と読む語呂合わせから。

8/19

ウイルソン・バドミントン・キセキの日

テニス、バドミントンの世界的ブランド「ウイルソン」を展開するアメアスポーツジャパン㈱が制定。同ブランドの契約選手である松友美佐紀選手が髙橋礼華選手と共に世界一の称号を得るに至る快挙を語り継ぎ、バドミントン競技の魅力をより多くの人々に体感してもらうのが目的。日付は松友選手がウイルソンとの現役生涯契約を決めた2016年8月19日から。松友選手の努力やスタッフの支援、そしてラケットを創り上げたウイルソンの軌跡を心に刻む日。

愛知のいちじくの日
⇨「1年間に複数日ある記念日」の項を参照。
ハイキュー!!の日
高校のバレーボール部を舞台にした人気テレビアニメ「ハイキュー!!」を製作する「ハイキュー!!」製作委員会が制定。日付は8と19で「ハイキュー!!」と読む語呂合わせ。古舘春一氏原作の漫画『ハイキュー!!』は「週刊少年ジャンプ」で連載。
俳句記念日
俳句作家の上野貴子氏が主宰する「おしゃべりHAIKUの会」が制定。句会などをとおして、俳句の楽しさ、奥深さ、季節感の大切さなどを知ってもらうのが目的。記念日に合わせてイベントや大会などを行う。日付は8と19で「はいく」と読む語呂合わせ。

8/20

リーブ21・発毛の日
抜け毛・薄毛・脱毛に悩む人たちに、発毛を通じて自信と喜びを取り戻してもらいたいとの願いを込めて、㈱毛髪クリニック リーブ21(大阪市)が制定。日付は同社の創業日(1976年8月20日)であり、「は(8)つ(2)もう(0)」と読む語呂合わせから。
誕生記念筆の日(赤ちゃん筆の日)
赤ちゃんの産毛(毛髪)で誕生の記念筆を作成している赤ちゃん筆センター㈱が、1999年に制定。日付の由来は、8月をハッピー、20日を筆、つまり「ハッピーな筆」と読む語呂合わせから。
親父の日
ファミリービジネスの事業継承、組織の世代交代を賢く進めるためのコーチ型親父塾を主宰する㈱トップコーチングスタジアム(大阪市)が制定。日付は8月20日を「0820」として「親父(オヤジ)」と読む語呂合わせ。
瑠璃カレーの日
飲食事業などを展開する新九協同㈱(福岡県北九州市)が制定。北九州発祥の元祖生カレーを生んだ同社の総料理長の名を冠した「瑠璃カレー」を多くの人に食べてもらい、まちおこしやボランティア支援に活かすのが目的。日付は敬意を表して総料理長の誕生日から。

8/21

治療アプリの日
医療機器プログラム「治療アプリ」を開発する㈱CureAppが制定。「治

療アプリ」は従来の医薬品やハードウェア医療機器では治療効果が不十分だった病気を治すためのアプリ。同アプリを多くの人に知ってもらい、活用してもらうのが目的。日付は同社の「ニコチン依存症向け治療アプリ」が厚生労働省から日本国内で最初に治療アプリとして製造販売承認（薬事承認）を取得した2020年8月21日から。

女子大生の日
国立大学法人東北大学（宮城県仙台市）が制定。明治末頃の日本の大学は旧制高校を卒業した男子学生のための学校で、女性が正規の学生として入学することは考えられなかった。しかし、理念のひとつに「門戸開放」を掲げた創立間もない東北帝国大学（現・東北大学）は独自の判断で3人の女性の入学を許可し、1913年8月21日付の官報で発表。ここに日本初の「女子大生」が誕生した。日付は官報で発表した日。

おいしいバターの日
お菓子作りの材料などを扱う㈱富澤商店が制定。日本でいちばんバターの取り扱い種類が多い小売店として、おいしいバターを多くの人に使ってもらうのが目的。日付は1877年8月21日に東京の上野公園で開かれた第一回内国勧業博覧会で、バターを作るための「犬力機」が出品されバターの存在を多くの人が知ることになったから。

北本トマトカレーの日
大正時代からトマトの栽培が行われてきた埼玉県北本市の北本トマトカレーの会が制定。「北本トマトカレー」は2011年8月21日に開催された「きたもとご当地グルメ開発コンテスト」でグランプリを受賞。その開催日を記念日とした。

パーフェクトの日
1970年の8月21日、プロボウラーの中山律子選手が東京の府中スターレーンで開催されたプロ月例会の優勝決定戦で、女子プロボウラー初のパーフェクトゲームを達成したことから、㈱マザーランドが制定。

イージーパンツの日
パンツスタイルを今まで以上に気楽に楽しんでもらいたいという願いを込めて、㈱ユニクロが制定。スタイリッシュなのに履き心地が楽で、カラーバリエーションも豊富に取り揃える自社製品のイージーパンツをPRすることが目的。日付は「パ（8）ンツ（2）イー（1）ジー」と読む語呂合わせ。

ホワイトティースデー
デンタルケア用品などを製造販売しているデンタルプロ㈱（大阪府八尾市）が制定。いちばん身近な健康ツールである歯ブラシなどを通し

て、人々の口中健康を守るのが目的。白い歯（ホワイトティース）は健康な歯の象徴であることから記念日名とし、日付は8と21で「歯にいい、歯に一番」などの語呂合わせ。

8/22

みんなのあんバターの日

㈱ベンヌに所属し、あんバターマニアでインスタグラマーの「うさもぐ」と「うさもぐwithクラウドファンディング支援者一同」が制定。あんバターあふれる1日をみんなで作りたいという思いからで、その美味しさを多くの人に知ってほしいとの願いが込められている。日付は、あんバターは、あんこ（あずき）とバターを組み合わせた食べ物なので、毎月1日の「あずきの日」と、8月21日の「おいしいバターの日」の2つの日付を組み合わせて8月22日に。

はいチーズ！の日

インターネット写真サービス「はいチーズ！」を運営する千㈱が制定。「はいチーズ！」では、カメラマンが保育園や幼稚園の行事などを撮影した写真を家族が見たり買ったりできる。日付は8月22日を8/22として、写真を撮るための掛け声「は（8）い（1＝／）チ（2）ーズ（2）！」の語呂合わせから。

8/23

処暑

［年によって変わる］二十四節気のひとつ。暑かった季節もようやくおさまる頃とされるが、地方によってはまだ残暑が厳しい頃でもある。

はつみ（823）の日

運送事業、倉庫事業などを手がける㈱初見運輸倉庫（茨城県古河市）が制定。「従業員と従業員の家族を幸せにすること」をめざし、福利厚生面の充実や働きやすい職場環境づくりを心掛けてきた同社が、「ありがとう」と感謝の気持ちを会社から従業員やその家族に、また管理者から現場に、さらに従業員同士で伝える日。日付は「は（8）、つー（2）、み（3）」と読む語呂合わせから。

湖池屋ポテトチップスの日

1962年8月23日、日本人の味覚にマッチしたオリジナルのポテトチップス「コイケヤポテトチップスのり塩」を発売した㈱湖池屋が制定。コイケヤポテトチップスには、のり塩をはじめとしてガーリック、金のコンソメ、のり醤油など、人気商品が多数ある。

油の日

　日常生活で不可欠な油について考えるきっかけの日になることを願い、京都府大山崎町の離宮八幡宮と、油脂事業を展開するカネダ㈱が共同で制定。離宮八幡宮は、同宮の神主が「長木」と呼ばれる油を搾る道具を発明したことから、日本の製油発祥の地といわれる。日付は貞観元(859)年8月23日に清和天皇の勅命により、九州にあった宇佐八幡宮が大山崎に遷宮されたことから。

8/24

ジャパンパラリンピックデー

　(公財)日本パラスポーツ協会日本パラリンピック委員会が制定。パラリンピックが東京で開催されたことを心に深く留めてもらい、パラスポーツ、パラアスリートへの関心を高めて、パラリンピック・ムーブメントをレガシーとして発展させることが目的。日付は「東京2020パラリンピック競技大会」開幕日の2021年8月24日から。

フルハーネス型安全帯普及の日

　日本安全帯研究会が制定。高所作業で用いられるフルハーネス型墜落制止用器具(フルハーネス型安全帯)の普及を推進し、適切な取り扱い、使用条件、器具選択などの案内をするのが目的。日付は「ハーネス」を英語の発音では「ハァー(8)ニィ(2)ス(4)」となることと、お盆休み明けは事故増加の傾向があることから、注意喚起の意味も込めて8月24日に。

バニラヨーグルトの日

　発酵乳・乳酸菌飲料などを製造販売する日本ルナ㈱(京都府八幡市)が制定。1993年から発売し、アイスクリームのような味わいと大好評のバニラヨーグルトのPRが目的。日付は8と24で「バニラヨーグルト」と読む語呂合わせ。また、暑さが厳しい時期に栄養価の高いヨーグルトを食べて、元気に過ごしてほしいとの願いも。

歯ブラシの日

　歯ブラシをはじめとする予防歯科のための口腔ケア商品の開発、販売などを行う㈱オーラルケアが制定。歯ブラシでの歯みがきをもっと普及させて、口腔ケアへの関心を高めてもらうことが目的。日付は「歯(8)ブ(2)ラシ(4)」の語呂合わせ。

ドレッシングの日

　ドレッシングの新しい利用方法をアピールするため、ケンコーマヨネーズ㈱が制定。日付はドレッシングは野菜にかけて使うことが多いの

で、週間カレンダーの「野菜の日」(8月31日)の真上にくる日とした。また、夏場の食欲不振の時期にドレッシングをかけたサラダを食べて健康にとの思いも。

8/25

ヒカリをカナタに届ける日

「届けましょうヒカリを、遥かカナタまで」を合言葉とする認定NPO法人ヒカリカナタ基金(岡山市)が制定。同法人は、経済的な理由などで手術を受けられない途上国の目が不自由な子どもたちに、治療費を送ることで視力を改善して光り輝く人生を送ってもらうことをめざしている。キルギスやミャンマーなどで多くの子どもたちの視力の回復を手助けした実績をもつ同法人の活動を知ってもらうのが目的。日付は同法人が設立登記された2017年8月25日から。

パステル和(NAGOMI)アートの日

誰でもきれいに簡単に絵が描け、心が穏やかに、元気になるパステル和(NAGOMI)アートの普及をめざす、日本パステルホープアート協会が制定。日付は2007年8月25日にスクーリングを行ったことから。

パラスポーツの日

2020年8月25日に開幕する予定だった東京パラリンピック。その日を「パラスポーツの日」にと、障害者スポーツを支援するNPO法人アダプテッドスポーツ・サポートセンター(大阪市)が制定。障害者スポーツの振興と障害者への理解を深める機会とするのが目的。

8/26

TMS・感動ハネムーンの日

「私たちは感動を提案します」をモットーにオリジナルハネムーンツアーなどを手がける㈱トラベルマネジメントシステム(TMS)(愛知県名古屋市)が制定。二人の大切な思い出となる「ハネムーン」を文化として残したい、これから始まる二人の人生という旅で「ハネムーン」を楽しく思い出す一助となりたいとの願いが込められている。日付は8と26でハネムーンの「ハ(8)」と「ハニー(2)ムーン(6)=蜜月」の語呂合わせから。

オリジナルジグソーパズルの日

シャフト㈱(東京都調布市)が制定。同社が製造、販売を手がけるオリジナルジグソーパズルは、写真から世界でたったひとつのジグソーパズルを製作するもので、その魅力を多くの人に知ってもらうことが目的。日付は「パ(8)ズ(2)ル(6)」と読む語呂合わせ。

パワプロの日
ゲーム「実況パワフルプロ野球」シリーズ（パワプロ）を制作する㈱コナミデジタルエンタテインメントが制定。進化を続ける「パワプロ」をいつまでも多くのファンに楽しんでもらうのが目的。日付は「パワ（8）プロ（26）をパワ（8）フル（26）」に楽しんでいただくという語呂合わせ。

イギリスの名車Miniバースデーの日
世界中で愛され続けているイギリスの小型車Mini（ミニ）が誕生したのは1959年8月26日。これからもMiniが愛され続け、永遠の名車であることを願い、Miniの専門店・(有)キングスロード（愛知県小牧市）がMiniの誕生日を記念日として制定。

バブルランの日
スポーツイベントの企画運営などを手がける㈱スポーツワンが制定。バブル（泡）を浴びながら楽しく走る「バブルラン」のことを多くの人に知ってもらい、体験してもらうことが目的。同社では楽しみながら運動できるイベントが広まる活動を行っている。日付は「バ（8）ブル（26）」と読む語呂合わせ。

8/27

ジェラートの日
日本ジェラート協会が制定。ジェラートの魅力を伝え、より多くの人にそのおいしさを感じてもらうことが目的。映画「ローマの休日」のなかで、オードリー・ヘプバーン演じるアン王女がスペイン階段でジェラートを頬張るシーンは、ジェラートを世界中の人々に知らしめ、ローマを訪れる観光客の憧れのデザートとなった。日付は映画がアメリカで公開された1953年8月27日から。

8/28

福山城築城記念日
広島県福山市が制定。同市は2022年の福山城築城400年を契機に、先人たちの歩みや大切にしてきた思いを振り返り、市民の心を一つにする機会として記念事業を行っている。市民がより一層、福山城に愛着をもち、福山城が市民の誇りとなることが目的。日付は福山城の完成を幕府に報告したとされる1622年8月28日から。

汗の日
汗の疾患啓発や治療など、汗に関する正しい情報を発信するため、日

本発汗学会が制定。発汗はヒトの体温調節においてきわめて重要な働きをもつ一方、病的に汗が多い多汗症、汗が出ない無汗症、汗の臭いが気になるなど、汗について悩んでいる人は多い。日付は1993年8月28日に第1回日本発汗研究会が開催されたことにちなむ。

河内こんだ・埴輪の日

大蔵印刷工業㈱が運営する「河内こんだハニワの里 大蔵屋」（大阪府羽曳野市誉田）が制定。同社の周囲には世界文化遺産に登録された百舌鳥・古市古墳群があることから、この地域の古墳についてより知識を深めて未来へ継承していくことが目的。日付は「は（8）に（2）わ（8）」と読む語呂合わせから。

民放テレビスタートの日

1953年の8月28日、日本テレビが民間放送として初のテレビ放送を正式に始めた。このとき、テレビコマーシャルの第1号も誕生している。その作品は「精工舎の時計が正午をお知らせします」という30秒スポット。

一太郎の日

㈱ジャストシステムが、日本語ワードプロセッサ「一太郎」の発売25周年を記念して2010年に制定。一太郎は縦書き機能や挿入、書式などが充実していて使いやすいことなどから、文章作成などに優れた特徴があり、初代の一太郎は情報処理技術遺産に認定されている。日付は初代バージョンの発売日1985年8月28日から。

キャラディネートの日

アパレルメーカーの㈱グレイスが制定。同社が商標登録済みの、ファッションの中にキャラクターを上手にとりいれたコーディネート「キャラディネート」をPRするのが目的。日付は「8（ファッション）2（TO）8（ファッション）」と読み、ファッションとファッションをつなぐ架け橋という意味から。

8/29

馬肉を愛する日

1919年に創業、馬刺しなど馬肉製品の加工、販売などを手がける㈱若丸（長野県飯島町）が制定。馬肉食は日本各地で古くから食文化として伝わっており、近年は低カロリーで低脂肪、高タンパクな健康食肉として人気が高い。記念日を通して日本の食文化としての馬肉を多くの人に愛してもらうのが目的。日付は「馬＝ば（8）肉＝にく（29）」と読む語呂合わせから。

おかねを学ぶ日

ファイナンシャルコンサルティング事業などを手がける㈱ABCash Technologiesが制定。高校の授業に「資産形成」が取り入れられるなど金融教育の必要性が高まっていることから、その活動をサポートするのが目的。日付は歴史書『続日本記』などにおいて、日本初の流通貨幣・和同開珎が発行されたのが西暦708年8月29日（和銅元年8月10日）とされているため。

宮崎ぎょうざの日

宮崎餃子の魅力を発信するため、宮崎県ひなた餃子連合会が制定。宮崎県では購入した餃子を持ち帰って食べる文化が根づいており、宮崎市は2021年に餃子の消費金額、購入頻度で日本一となった。日付は、8月の肉の日の29日、宮崎の「み（3）」と「餃子の形の（0）」を組み合わせた30日、野菜の日の8月31日の3日間。宮崎県産の肉と野菜などもアピールする。

オーガビッツの日

1841（天保12）年創業の繊維専門商社、豊島㈱（愛知県名古屋市）が制定。同社が推進する「オーガビッツ」は多くのアパレルブランドが参加するオーガニックコットン普及プロジェクト。オーガニックコットンを通じ地球環境に貢献するのが目的。日付は慈善団体への寄付金の贈呈日であり、8月の英語「オーガスト（August）」と29の「ニック」で「オーガニック」と読む語呂合わせから。

オーガニック化粧品の日

㈱ネイチャーズウェイが制定（愛知県名古屋市）。日本におけるオーガニック化粧品のパイオニアとしてオーガニック化粧品の認知拡大が目的。日付は8月の英語「オーガスト（August）」と29の「ニック」で「オーガニック」と読む語呂合わせから。

8/30

宮崎ぎょうざの日

⇨ 8月29日の項を参照。

中津ハモの日

中津のハモをPRするため、地方卸売市場中津魚市場（大分県中津市）が制定。大分県のハモ漁獲量は全国有数を誇り、中津市にはハモ料理を提供する飲食店が数多くある。日付はハモの脂の乗りが最高になる8月から「ハ」。30日の3を左に90度回転させて「m」に見立てると30は「m0」となり「モ」と読めば合わせて「ハモ」となる。

8/31

野菜の日
　野菜の栄養価やおいしさを見直してもらおうと、全国青果物商業協同組合連合会や（社団）食料品流通改善協会（現・(公財)食品等流通合理化促進機構）など9団体により1983年に制定。日付は「や（8）さ（3）い（1）」の語呂合わせから。

血管内破砕術（IVL）の日
　Shockwave Medical Japan㈱が制定。虚血性心疾患は心血管にカルシウムなどの石灰が沈着して硬くなると治療が困難になることが知られている。石灰化した動脈硬化の新しい治療法の「血管内破砕術（Intravascular Lithotripsy：IVL）」の有効性と安全性を多くの医療機関関係者、患者に知ってもらうのが目的。日付は破砕＝「は（8）さ（3）い（1）」の語呂合わせ。

宮崎ぎょうざの日
　⇨8月29日の項を参照。

空き家整理の日
　空き家整理の事業を行う㈱ワンズライフ（神奈川県川崎市）が制定。増え続ける空き家は地域社会にとって大きな問題になっていることから、空き家やその家財の整理に関心をもってもらうのが目的。日付は「家（ヤ＝8）整（セイ＝31）理」と読む語呂合わせと、夏の終わりに空き家の整理を考えてもらいたいとの思いから。

I Love Youの日
　8月31日の「831」は8つのアルファベットと3つの単語、そして1つの意味を示している。英語圏では「831」＝I Love Youは広く知られていることから、青雲舎㈱（愛知県安城市）が制定。

菜の日
　⇨「1年間に複数日ある記念日」の項を参照。

SEPTEMBER

旧　暦　長月(ながつき)
　　　　語源：夜が長くなる「夜長月」が由来とされる。
英　名　September
　　　　語源：もともとは「7番目」を意味するラテン語が語源だが、改暦の際に名称を変更したなかったことからズレが生じているとされる。
異　名　菊月(きくづき)／色取月(いろどりづき)／詠月(えいげつ)／祝月(しゅくげつ)／青女月(せいじょづき)／寝覚月(ねざめ)／紅葉月(もみじづき)
誕生石　ブルー・サファイア（青玉）
誕生花　リンドウ／芙蓉
星　座　乙女座（〜9/23頃）／天秤座（9/24頃〜）
国民の祝日　敬老の日（第3月曜日）、秋分の日（秋分日、23日ごろ）

9月は1年の中で記念日の数が少ない月。国民の祝日の「敬老の日」も「秋分の日」も、シンボリックなものがないために話題性に欠けるところがある。「重陽の節句」も、3月の「桃の節句」や5月の「端午の節句」に比べると地味な印象はいなめない。本来は健康長寿を祝う節句なので「敬老の日」とからめて健康志向の人に向けた企画が生まれれば大きな話題になることだろう。しかし、9と6で「黒」と読む語呂合わせから生まれた6日だけは元気だ。「黒豆」「黒酢」「黒牛・黒豚」など、黒を名付けたものがいくつも記念日となっている。色をテーマとした記念日は覚えられやすく効果も高い。

リンドウ

9/1

二百十日(にひゃくとおか)

[年によって変わる]立春から数えて210日目の日。江戸時代の暦学者・渋川春海が釣師から二百十日は海が荒れると教えられ、自ら編纂した貞享暦に厄日として載せたことから広く知られるようになったという。

防災の日

1923年の9月1日午前11時58分、関東地方をマグニチュード7.9の大地震が襲い、死者・行方不明者14万人という大災害となった。この日を忘れることなく災害に備えようと、1960年から防災の日が制定された。

クレイ美容の日

㈱I-ne（大阪市）が制定。同社のブランドDROASは「泥の恵みで、明日の美しさを育む」をコンセプトにしたクレイビューティーブランド。泥の機能を活かしたクレイ美容の良さをより多くの人に広めることが目的。日付は「ク（9）レイ（01）」の語呂合わせ。

喫煙所サイネージの日

㈱ニューステクノロジーが制定。同社は㈱コソドと共同でオフィスビルなどの喫煙所に設置したモニターを通して動画広告などを配信するサイネージメディアTHE SMOKING ROOM VISION BREAKを展開。このサイネージ事業のPRと活用の促進が目的。日付はサービスの開始日2021年9月1日から。

イオンタウンの日

イオンタウン㈱（千葉市）が制定。同社の経営理念を実現するために「イオンタウンと地域がこれからのまちづくりや交流についてともに考える日」。日付は、運営元のロック開発㈱がイオンタウン㈱に社名変更した2011年9月1日から。

モンモリロナイトの日

国産粘土（クレイ）モンモリロナイトを基材とした商品を製造販売する㈱粘土科学研究所が制定。モンモリロナイトは汚れを落とし、潤いをもたらし、乾燥から守る力があり、スキンケアとの相性が良い。モンモリロナイトクレイの魅力を多くの人に知ってもらうのが目的。日付は901で「ク（9）レ（0）イ（1）」と読む語呂合わせ。

九一庵(きゅういちあん)の日

九一庵食品協業組合（長崎県大村市）が、組合名の認知度向上のために制定。同組合は1995年に「九州で一番の豆腐屋さんになろう！」を合言葉に、県内の豆腐業者5社が合併して誕生。「一粒の大豆から命をつな

ぐ」を理念として、素材・水・味・健康にこだわった安全でおいしい豆腐を毎日届けている。日付は九一庵から9月1日に。

だじゃれの日

(一社) 日本だじゃれ活用協会が制定。「ク(9)リエイティブかつイ(1)ンパクト」があるだじゃれは、交流をより豊かにする「無形文化遊具」であり、だじゃれが秘める無限の「吸(9)引(1)力」を活かし、生活に彩りと潤いをもたらすことで世の中に「救(9)い(1)」を届けたいとの願いが込められている。日付はこれらの語呂合わせ。また同協会の設立日(2014年)でもある。

大腸がん検診の日

大腸がんに関する調査研究事業、検診の受診啓発事業などを行うNPO法人ブレイブサークル運営委員会が制定。大腸がんはがんによる死亡原因の上位だが、早期発見・早期治療で95%以上の人が治るといわれ、年に1度の検診でその命を守ることができる。記念日を通じて大腸がん検診についての理解を深め、受診してもらうことが目的。日付は、日本対がん協会が提唱する「がん征圧月間」が9月であることにちなみ、その初日の9月1日とした。

CROの日

(一社) 日本CRO協会が制定。CROとはContract Research Organizationの略で、製薬会社が行う医薬品の臨床試験や承認審査などについて受託、代行を行う医薬品開発受託機関。CROの意義を会員が再認識し、今後の発展に寄与することが目的。日付は同協会の発足日1994年9月1日から。

しゃぶしゃぶ・日本料理 木曽路の日

数多くの飲食理店を全国で展開する㈱木曽路(愛知県名古屋市)が制定。「しゃぶしゃぶ・日本料理 木曽路」が提供する料理の魅力をより多くの人に知ってもらうのが目的。日付は同店の1号店がオープンした1966年9月1日から。

防災用品点検の日

⇨「1年間に複数日ある記念日」の項を参照。

キウイの日

夏の暑さで疲れがたまっている体や弱った肌をいやすキウイフルーツ。その記念日を9と1の語呂合わせからこの日としたのはニュージーランド産キウイフルーツの輸入、製品管理、マーケティング活動などを行っているゼスプリ インターナショナルジャパン㈱。

ファミ通の日

ファミコン雑誌の『週刊ファミ通』が制定。日付は「ファミ通」の語呂合わせでは8月32日となることから32日を9月1日と見て、この日を記念日とした。

マテ茶の日

マテ茶の生産国アルゼンチンでは、その年の収穫祭が9月1日に行われることから、日本マテ茶協会が制定。紅茶、コーヒーとともに、世界三大飲物のひとつとされるマテ茶の普及を目的としている。

こいまろ茶の日

㈱宇治田原製茶場(京都府宇治田原町)が制定。濃い緑色とまろやかな味の両立を独自の技術と製法で実現した自社製品の「こいまろ茶」のPRが目的。日付は「急(9)須で淹れるお茶で一(1)番親しまれる」ことをめざした語呂合わせと、2003年9月1日に発売を開始したことから。

ふくしま夏秋きゅうりの日

⇨「1年間に複数日ある記念日」の項を参照。

ねんどの日

さまざまな形に細工ができる粘土を使って、子どもたちの創造力や想像力を育むための活動を行っている粘土アーティストで「ねんドル」と呼ばれる岡田ひとみさんが制定。岡田さんは粘土のミニチュアフード作りなどで知られる。日付は9と01で「クレイ」(英語で粘土の意味)と読む語呂合わせ。

ギリシャヨーグルトの日

森永乳業㈱が制定。ギリシャヨーグルトは水切り製法でヨーグルトの水分を取り除いた濃厚な味わいが特長。日付は同社から日本初のギリシャヨーグルト「濃密ギリシャヨーグルト パルテノ」が発売された2011年9月1日から。

えいようかんの日

⇨「1年間に複数日ある記念日」の項を参照。

9/2

根張星(ねばりスター)の日

㈱ワタリ(東京都府中市)が制定。北海道のJA十勝池田町で栽培され、濃厚なうま味と強い粘りが特徴のブランド山芋「根張星(ねばりスタ

ー）」のPRと販売促進が目的。生産地での安定的な営農を支援し、健康長寿な社会づくりに貢献することをめざす。日付は「根張星」のロゴマークが商標登録された2011年9月2日から。

くず餅の日

1805年に創業し「くず餅」などを製造販売する㈱船橋屋が制定。小麦澱粉を発酵させて作るくず餅は、適度なやわらかさとしなやかな歯ざわりが特徴で、和菓子唯一の発酵食品。くず餅の美味しさをさらに多くの人に知ってもらうのが目的。日付は「く（9）ず（2）」と読む語呂合わせ。

カーサキューブの日

元祖キューブ型住宅の「casa cube（カーサキューブ）」のPRのため、住宅開発などを展開するカーサ・プロジェクト㈱が制定。日付は「カーサキュー（9）ブ（2）」と読む語呂合わせ。

那須塩原市牛乳の日

那須塩原市畜産振興会（栃木県那須塩原市）が制定。同市が本州一の生乳生産額を誇り、全国でも有数の酪農のまちであることを知ってもらい、牛乳や乳製品により親しみをもってもらうのが目的。日付は「牛＝ぎゅう（9）乳＝にゅう（2）」と読む語呂合わせ。

おおきにの日

おおきにコーヒー㈱（大阪市）が制定。世界中の人に笑顔をと、関西弁で「ありがとう」の意味をもつ「おおきに！」を発信するのが目的。2013年から「おおきにプロジェクト」をスタートし、「おおきに感謝祭」などのイベントを開催。日付を0092と見立て、「お（0）お（0）き（9）に（2）」と読む語呂合わせ。

ダイアナの靴の日

婦人靴の専門店ダイアナ㈱の谷口秀夫氏が制定した日で、ダイアナの靴の素晴らしさをより多くの人に知ってもらおうという日。日付は9と2で「靴」の語呂合わせ。

9/3

クレイ沖縄のクワンソウの日

㈱クレイ沖縄（沖縄県那覇市）が制定。同社では沖縄の伝統野菜「クワンソウ」から抽出した成分を使った睡眠改善サプリを機能性表示食品として販売。葉や茎なども料理に使える「クワンソウ」を沖縄の食文化のひとつとしてPRすることが目的。日付は日本睡眠学会が9月3日を「睡眠の日」としていることや、「ク（9）ワンソ（3）ウ」の語呂合わせなどから。

アフタヌーンティー文化の日

(一社) 日英アフタヌーンティー協会が制定。アフタヌーンティーは19世紀にイギリスの貴族社会で生まれ、交友を深めたり、リラックスの場として現代でも愛されている。アフタヌーンティーの歴史やマナーを学び、この文化を大切にすることが目的。日付はアフタヌーンティーの習慣を始めたとされている第7代ベッドフォード侯爵夫人アンナマリアの誕生日 (1783年9月3日) から。

S-903納豆菌の日

「おかめ納豆」で知られるタカノフーズ㈱が制定。S-903納豆菌は同社が保有する2000種以上の納豆菌のなかでも健康作用が高い菌。S-903納豆菌を採用した「すごい納豆S-903」を多くの人に味わってもらうのが目的。日付はS-903の9と3から9月3日に。

草の日

小型草刈機の国内トップメーカーの㈱オーレック (福岡県広川町) が制定。草の適切な管理により、草の力を活かして自然の力を引き出すとの観点から、草の重要性を多くの人に知らせるのが目的。日付は9と3で「草」と読む語呂合わせ。

ベッドの日 (good sleep day)

ベッドによる心地良い睡眠を広くアピールすることを目的に全日本ベッド工業会が制定。グッドスリープはグッスリ。その語呂合わせで9月3日を記念日としたもの。

クエン酸の日

レモン果汁を創業商品とするポッカサッポロフード&ビバレッジ㈱が制定。レモン果実に多く含まれ、疲労物質を減らす天然クエン酸に着目して制定。日付は夏バテで疲れが出やすくなる時期と、9と3で「クエン酸」の語呂合わせ。

琉球もろみ酢の日

もろみ酢公正取引協議会 (沖縄県那覇市) が制定。「琉球もろみ酢」は、泡盛の蒸留後にできる「もろみ」を活かした沖縄を代表するクエン酸飲料。有機類やアミノ酸を豊富に含み、美容と健康に役立つ。日付は9と3で「クエン酸」の語呂合わせ。

グミの日

世界中で親しまれているお菓子の「グミ」のおいしさ、素晴らしさをもっと多くの人に知ってもらいたいと、UHA味覚糖㈱が制定。「グミを噛んで元気生活!」などのキャンペーンを行う。日付は9と3で「グミ」と読む語呂合わせ。

組踊の日
　琉球王朝時代より伝わる「組踊」は2010年にユネスコ無形文化遺産リストに登録された沖縄の伝統芸能。この組踊の普及と発展を目的に沖縄県浦添市が制定。日付は9と3で「組踊」の「くみ」と読む語呂合わせ。浦添市では「国立劇場おきなわ」を中心に定期的に上演するなど、組踊の文化振興事業を行っている。

9/4

くじらの日
　水産資源の適切な管理・利用への寄与を目的に、鯨類などの試験研究などを行う（一財）日本鯨類研究所が制定。鯨と日本人の共生を考える日とするのが目的。日付は9と4で「くじら」と読む語呂合わせ。

マッサージクッションの日
　マッサージクッションは手軽に体のさまざまな部分をほぐせるクッションのような小型のマッサージ器。発売15周年を記念し、㈱アテックス（大阪市）が2024年に制定。日付は同商品の発売が2009年9月であることと、「クッ（9）ション（4）」の語呂合わせ。

カクレシアワセの日
　日本製紙クレシア㈱が制定。同社は日々の暮らしのなかで感じるささやかな幸せを「カクレシアワセ」と命名し、フォトコンテストなどを通じて「カクレシアワセ」を拡げる活動を行っている。当たり前と思っている何気ない幸せに気づき、毎日が少しでもハッピーと感じる人を増やすことが目的。日付は「カクレシアワセ」のなかに隠れている「ク（9）」と「シ（4）」の語呂合わせ。

一刻者（いっこもん）の日
　全量芋焼酎の「一刻者」の育成と芋焼酎市場全体の活性化のため、宝酒造㈱（京都市）が制定。「一刻者」とは南九州の言葉で「頑固者」を意味する。頑固なまでに芋の美味さにこだわり、麹まで芋で造った「一刻者」は、芋本来の華やかな香りと上品ですっきりとした味わいが特徴。日付は発売開始の2001年9月4日から。

串カツ記念日
　（一社）日本串カツ協会（大阪市）が制定。串カツ店が日頃の感謝の気持ちをこめて「一串入魂」で串カツを提供することで、お客様に「カツ力（活力）」がみなぎり、アゲアゲで笑顔あふれる日になってほしいとの

願いが込められている。日付は9と4で「くし」と読む語呂合わせと、「串カツを食って(9)幸せ(4)に」との意味合いも。また、同協会の設立日(2020年9月4日)でもある。

おおいた和牛の日
県内統一ブランド「おおいた和牛」の認知度向上と販売促進、生産者への還元を目的として、大分県豊後牛流通促進対策協議会が制定。1918年に始まった造成から全国和牛能力共進会で幾度となく日本一に輝いてきた豊後牛。「おおいた和牛」はその100年の節目となる2018年9月4日に発表された。日付はその発表日から。

串家物語の日
外食事業を展開する㈱フジオフードシステム(大阪市)が制定。自社のブランドのひとつで、材料を選び自分で揚げるシステムが全国で人気の串揚げ店「串家物語」の魅力をPRするのが目的。日付は「串＝く(9)し(4)」と読む語呂合わせ。

供養の日
㈱メモリアートの大野屋が制定し、(一社)供養の日普及推進協会が活動を担っている日。お彼岸やお盆など、墓参りや先祖供養に対して意識の高まる時季とは別に、供養の大切さを提案、啓発することで供養文化の浸透、習慣化を図る。日付は「供(9)養(4)」と読む語呂合わせ。

ミールオンデマンドの給食サービスの日
⇨「1年間に複数日ある記念日」の項を参照。

心を注ぐ急須の日
急須のある生活で、人々の心に愛情という潤いを注ぎ、家族のなごみの時間を増やしてもらおうと、宇治茶の製造卸直販店、京都ほっこり庵七之進(京都市伏見区)の畠山友晴氏が制定。日付は9と4で「急須」と読む語呂合わせ。急須でお茶を飲む文化の普及と、人と人との温かいコミュニケーションの拡大をめざす。

串の日
各種冷凍食品の製造販売を手がける㈱味のちぬや(香川県三豊市)が制定。運動会やお祭り、イベントで出かけることの多いこの季節に、片手でも手軽に食べられる串ものを食べてもらいたいとの願いが込められている。日付は9と4で「串」と読む語呂合わせ。

9/5

石炭の日「クリーン・コール・デー」

エネルギー源としての石炭を広く認識してもらおうと、通商産業省（現・経済産業省）のエネルギー政策に沿って、石炭関連団体で構成するクリーン・コール・デー実行委員会が1992年に制定。9と5で「クリーンコール」の語呂合わせ。

球根で求婚記念日

球根や観葉植物の販売を行うフラワーガーデン花恋（大阪市）が制定。男性から女性へ求婚（プロポーズ）をするきっかけ作りとして球根のプレゼントを提案している。記念日を通して多くのカップルが誕生し、幸せな家庭を育んでもらうことが目的。日付は9「きゅう（9）こん（5）」（球根、求婚）と読む語呂合わせ。

KUKKIAの日

㈱赤い帽子が制定。「KUKKIA（クッキア）」は同社を代表する商品シリーズのひとつで、クッキーとゴーフレットでチョコをはさんだお菓子。発売から約20年にわたり愛されてきたロングセラー商品。これからも多くの人に愛され続ける商品にとの願いが込められている。日付はク（9）ッキーで9月、ゴ（5）ーフレットで5日。

ライトニング・マックィーンデイ

ウォルト・ディズニー・ジャパン㈱が制定。ライトニング・マックィーンは、ディズニー・ピクサーのアニメ「カーズ」に登場する天才レーサー。彼を通じて作品の魅力をさらに多くの人に知ってもらうのが目的。日付はマックィーンのゼッケンナンバー95から。

計画と実行の日

「計画と実行」を理念に事業支援を行う㈱ピー・アンド・イー・ディレクションズが制定。計画を立てて、実行（Execution）することの大切さを広めるのが目的。日付は計画の計の字が9画であり、Executionの頭文字Eがアルファベットの5番目であることと、同社の設立日（2001年9月5日）から。

9/6

モノマネを楽しむ日

誰もがモノマネを楽しむ日として、ものまねタレントのJPと、モノマネ芸人のビスケッティ佐竹が制定。この日をきっかけに多くのイベントが開催され、全国のモノマネ芸人、ものまねタレントが活躍し、た

くさんの笑いを届けられる世の中にとの願いが込められている。日付は9が6にモノマネをしているように見えることから。

ピカールのクロワッサンの日

フランスの冷凍食品専門店「Picard（ピカール）」の日本国内における経営、販売を担うイオンサヴール㈱が制定。Picardで一番人気のクロワッサンの品質の高さ、風味の豊かさなどの魅力を知ってもらい、その人気を祝うことが目的。日付は「ク（9）ロ（6）ワッサン」と読む語呂合わせから。

X-BLEND CURRYの日

スパイスが織りなす絶妙な香りと旨みを味わえる「X-BLEND CURRY（クロスブレンドカレー）」のPRのため、ハウス食品㈱が制定。同商品は「バーモントカレー」「ジャワカレー」「こくまろ」と並ぶ大箱ルウカレーブランド。日付は9と6でクロスブレンドカレーの「クロ」の語呂合わせ。

ぐるぐるグルコサミンの日

㈱世田谷自然食品が制定。グルコサミンが関節に必要な成分であること、歩行能力の向上を助ける可能性があることを知らせるとともに、即効性のものではないので深刻な症状になる前に継続的に摂取する習慣が大切なことを呼びかけている。日付は9と6で「グルコサミン」の「グ（9）ル（6）」の語呂合わせ。

岩室温泉・黒湯の日

湯に硫黄鉄が含まれ、「黒湯」として有名な岩室温泉のPRのため、岩室温泉旅館組合（新潟市）が制定。同温泉は開湯から300年以上の歴史を誇り、切り傷、冷え性、アトピー性皮膚炎などに効能があり、肌もつるつるになることで知られる。日付は「く（9）ろ（6）」と読む語呂合わせから。

黒舞茸の日

㈱大平きのこ研究所（埼玉県飯能市）が制定。天然の舞茸は色の違いによってシロフ（白）、トラフ（茶）、クロフ（黒）の3種類があり、なかでもクロフは香りや旨味が最もよいといわれる。同社では独自の製法により天然のクロフにきわめて近い黒舞茸を栽培、一般流通で購入できるようにした。黒舞茸の美味しさ、栄養価について知ってもらうのが目的。日付は「く（9）ろ（6）」と読む語呂合わせ。

ブラックウルフ・黒髪の日

大正製薬㈱が制定。同社では黒髪をしっかりケアするためのヘアケアブランド「ブラックウルフ」を2021年に発売。記念日を通じて黒髪がも

つ「力強さ」や「美しさ」を啓発し、今ある髪の大切さについて考えるきっかけにとの願いが込められている。日付は「ク（9）ロ（6）＝黒」と読む語呂合わせ。

へべすの日

日向のへべす消費拡大プロジェクト会議（宮崎県日向市）が制定。「へべす」とは日向市発祥の皮が薄くて種が少なく果汁がたっぷりで、まろやかな酸味とさわやかな香りが特徴の柑橘類。日向地域特産の「へべす」の認知度を高め、地域産業の発展と経済循環の促進をめざす。日付は「へべす」の収穫の旬が9月であること、旬の時期に木に実った「へべす」の形が「9」や「6」の形に似ていることから。

黒霧島の日

本格芋焼酎「黒霧島」のPRのため、霧島酒造㈱（宮崎県都城市）が制定。同社の「黒霧島」は黒麹仕込み由来のトロッとした濃厚なコクとあまみ、キリッとした後切れが特徴で、さまざまなジャンルの料理と響きあう焼酎として1998年の発売以来愛されている。日付は「く（9）ろ（6）」と読む語呂合せから。

ブラックサンダーの日

「ブラックサンダー」のPRのため、有楽製菓㈱（東京都小平市）が制定。ブラックサンダーはココアのほろ苦さとチョコレートの甘みが絶妙で、ザクザクとした食べ応えのある食感が人気。日付は商品名の「ブラック」と見た目の黒さにちなみ、「く（9）ろ（6）」の語呂合わせ。

のどぐろ感謝の日

島根県の「のどぐろ」の存在とその価値、美味しさなどを多くの人に知ってもらうため、㈲日本海（島根県出雲市）が制定。また、記念日には漁師や海へ感謝を込めて美味しい「のどぐろ」を味わって欲しいとの願いが込められている。日付は9と6で「のどぐろ」の「ぐろ」と読む語呂合わせ。のどぐろ漁が始まる時期でもある。

スライドシャフトの日

㈱YSK（大阪府八尾市）が制定。スライドシャフトとは、機械の上下運動や直線運動部分に使われる部品。この部品の認知度を高め、直動部品業界全体を盛り上げていくことが目的。日付はスライドシャフトの一般的な公差がg6で「96」に見えることと、シャフトを50音表で見ると、「シ」が12番目、「ヤ」が36番目、「フ」が28番目、「ト」が20番目で、数字を合算すると96となることから。

クロコくんの日

日本ガイシ㈱（愛知県名古屋市）の公式キャラクター「クロコくん」の

認知度アップと社内モチベーションの向上のために同社が制定。いつも世の中の役に立ちたいと思っているクロコくんは、社会を支える黒衣(くろこ)として「世界中で活躍するものづくり」をめざす同社の象徴。日付は「ク(9)ロ(6)コ」の語呂合わせ。

Dcollection・黒スキニーの日

メンズアパレルネットショップDcollection(ディーコレクション)を展開する㈱ドラフト(福井県あわら市)が制定。同社の主力商品「黒スキニー」の魅力をさらに多くの人に知ってもらい、オシャレをすることで人生を豊かにしてもらいたいとの願いが込められている。日付は9と6で「黒」の語呂合わせ。

飴(あめ)の日

長野県松本市内の老舗飴屋三店(山屋御飴所、(有)新橋屋飴店、(有)飯田屋製菓)で結成した「松本飴プロジェクト」が制定。古代より親しまれてきた飴の文化や歴史を後世に伝え、日本の飴産業の発展につなげていくのが目的。日付は『日本書紀』の神武天皇記の一説に9月6日に飴を作ったと推察される記述があることから。

クルージングの日

日本の景観の素晴らしさを海から伝えるクルージングの魅力をPRするため、東京湾アニバーサリークルーズを運営する㈱SPICE SERVEが制定。日付は「ク(9)ル(6)ージング」と読む語呂合わせと「クルクル」で多くの人が来る(クル)ことを願って。

回転レストランの日

回転レストランを有するリーガロイヤルホテル京都(京都市)とセンチュリーロイヤルホテル(北海道札幌市、2024年閉館)が共同で制定。フロアがゆっくりと回転し、360度の眺望を楽しみながら食事ができる回転レストランのPRが目的。日付は回転にちなみ、9と6を「ク(9)ル(6)ク(9)ル(6)」と読んで9月6日に。

スポーツボランティアの日

NPO法人日本スポーツボランティア・アソシエーション(NSVA)が制定。世界的なスポーツ大会では、スポーツボランティアの協力が不可欠。記念日制定によりスポーツボランティアの育成と拡大をめざす。日付は、当初、東京パラリンピックの閉会式(2020年9月6日)のあとに、スポーツボランティアの大切さを後世に伝える「福島・復興五輪:オリ・パラ後夜祭」が予定されていたことから。

クロレッツの日

「息スッキリ」のブレスフレッシュガムとして人気の「クロレッツ」を

販売するモンデリーズ・ジャパン㈱が制定。独自の製法で味が長続きする「クロレッツ」の良さを多くの人に知ってもらうのが目的。日付は「ク（9）ロ（6）レッツ」の語呂合わせ。

黒にんにくの日

協同組合青森県黒にんにく協会（青森県おいらせ町）が制定。優良な黒にんにくづくりに努め、世界へ「日本の黒にんにく」として健康を届けることが目的。この日に「世界黒にんにくサミット」を開催。日付は9と6で「黒にんにく」の「黒」と読む語呂合わせ。

生クリームの日

明治初年から乳製品などの製造販売を行っている中沢乳業㈱が制定。Nakazawaの生クリームのおいしさをより多くの人に知ってもらうのが目的。日付は「ク（9）リーム（6）」と読む語呂合わせ。

キョロちゃんの日（森永チョコボールの日）

1967年9月の発売以来、多くの人に親しまれている「チョコボール」。そのチョコボールのおいしさをアピールするため、発売元の森永製菓㈱が制定。日付は発売開始が9月ということと、9と6で「キョロちゃん」の語呂合わせ。

鹿児島黒牛・黒豚の日

特産の鹿児島黒牛、鹿児島黒豚の銘柄の確立と消費の拡大を図るため、鹿児島黒牛黒豚銘柄販売促進協議会が1998年に制定。日付は9と6で「黒」の語呂合わせから。おいしい鹿児島黒牛・黒豚をPRする。

黒豆の日

健康食品として注目を集めている黒豆の記念日を制定したのは、黒豆などを扱っている菊池食品工業㈱。日付は9と6で「黒」の語呂合わせから。正月のお節料理などで知られる黒豆は身体に良いポリフェノールを多く含み、ゆで汁などの人気も高い。

妹の日

姉妹型研究の第一人者である畑田国男氏が提唱した日で、妹の可憐さを象徴する星座、乙女座の中間日の前日が適切との判断から9月6日となった。

ソフティモ・黒パックの日

コーセーコスメポート㈱が「ソフティモ角栓すっきりスーパー黒パック」のPRのために制定。夏にたまった小鼻の角栓を取り、きれいになってもらおうとの願いから。日付は9と6で黒の語呂合わせ。

甲斐の銘菓「くろ玉」の日

1911年開業の和洋菓子の㈱澤田屋（山梨県甲府市）が制定。「くろ玉」

は1929年に発売された山梨県を代表する伝統の銘菓。黒砂糖を羊羹に仕立てた真っ黒な外側と、青えんどう豆を使ったうぐいす餡の絶妙な味のバランスと、黒い玉状の形で人気。日付は9と6で「くろ」の語呂合わせ。

シェリーの日

シェリーは、スペイン・アンダルシア地方の白ワイン。その専門店でスペイン料理店でもある「しぇりークラブ」代表の高橋美智子氏が制定。日付はシェリーに使われるぶどうの収穫期が9月第1週頃で、シェリーをグラスに注ぐベネンシアとよばれる道具の形が数字の9に似ており、注ぐときには数字の6のように見えることから。

クロレラの日

5億4000万年前から地球に生息し、多くの生きものを支えてきた植物のクロレラ。栄養バランスに富んだこのクロレラを、多くの人の健康に役立てていきたいと、㈱サン・クロレラ（京都市）が制定。日付は9と6の語呂合わせから。

まがたまの日

⇨「1年間に複数日ある記念日」の項を参照。

黒酢の日

9と6で「黒」の語呂合わせから「黒酢の日」を制定したのは、㈱Mizkan（愛知県半田市）。黒酢をはじめとした飲用向けの食酢や食酢入り飲料の記念日として、広くPR活動を行っている。

クレームの日

ネガティブに捉えられがちなクレームを相手からのありがたい問題提案として捉え、有効な人間関係を築くための対応力を高める日として、㈱マネジメントサポートが制定。9と6で「クレーム」と読む語呂合わせ。

黒い真珠・三次ピオーネの日

農事組合法人三次ピオーネ生産組合（広島県三次市）が制定。三次ピオーネは大粒で黒い色が特色の高級ぶどうで、そのおいしさと色合いから「黒い真珠」と呼ばれている。日付は露地ものの出回る時期であり、「黒い真珠」の「黒」にちなんだ9と6の語呂合わせ。

黒あめの日

春日井製菓㈱（愛知県名古屋市）の看板商品「黒あめ」の販売促進のため、同社が制定。同社の「黒あめ」は沖縄産の黒糖を直火で炊きあげた、のどにまろやかな「黒あめ」として多くの人々に愛される人気商品。日付は9と6で「黒」と読む語呂合わせ。

9696(クログロ)の日
増毛について広く知ってもらうため、㈱アデランスが制定。日付は増毛で頭が「クロ(96)グロ(96)」になるという語呂合わせ。

松崎しげるの日
日に焼けた肌で多くの人に親しまれているアーティストの松崎しげる。2015年にデビュー45周年を記念して所属先の㈱オフィスウォーカーが制定。日付は、トレードマークの日に焼けた肌が黒く見えることにちなみ、「ク(9)ロ(6)」の語呂合わせ。

カラスの日
全国のカラス好きが集い、日本初とされるカラス雑誌『CROW'S』を発行する「カラス友の会」が制定。ふだんは嫌われがちなカラスも、意外と愛らしい、意外と面白いと気づいてもらうきっかけの日とするとともに、カラスを愛する人にエールを送るのが目的。日付は9と6で英語でカラスを意味するクロー=CROWと読む語呂合わせ。

浅田飴の日
㈱浅田飴が制定。1887年発売の浅田飴の「良薬にして口に甘し」の精神を知ってもらい、のどを労わってもらうのが目的。日付は風邪が流行るシーズンを前に、同社の主力製品「固形浅田飴クールS」の「クール」を9と6で読む語呂合わせ。

黒の日
大口酒造㈱(鹿児島県伊佐市)が制定。白麹での焼酎造りが主流だった1987年に、特有のコク、甘味をもつ黒麹を使用した「黒伊佐錦」を発売。黒という文字を入れることで力強さを表現し、黒牛、黒豚、黒酢など鹿児島を代表する黒文化の先駆けとなった。黒伊佐錦の発売30年を記念し、よりいっそうの黒文化を楽しんでもらうことが目的。日付は9と6で「黒」と読む語呂合わせ。

クロイサの日
大口酒造㈱(鹿児島県伊佐市)が制定。1987年発売の黒麹で仕上げた「黒伊佐錦」は「黒」の文字を入れることで力強さを表現した人気焼酎。黒伊佐錦の発売30年を記念し、その華やかな香りと、コクのあるまろやかな口あたりのPRが目的。日付は9と6で「クロイサ」の「黒(クロ)」と読む語呂合わせ。

MBSラジオの日
日本初の民間放送局である㈱MBSラジオ（大阪市）が制定。AMラジオ（周波数1179kHz）に加えて、2016年3月にはワイドFM（FM補完放送・周波数90.6MHz）も放送を開始。クリアで聴きやすいFMラジオをPRする。日付は周波数から。

9/7

近江ちゃんぽんの日
近江ちゃんぽん亭を運営するドリームフーズ㈱（滋賀県彦根市）が制定。「近江ちゃんぽん」は黄金だしとたっぷりの野菜を味わえる滋賀県県民のソウルフード。その美味しさを多くの人に知ってもらい、地域に貢献するのが目的。日付は、近江ちゃんぽんは野菜をたっぷり載せていることにちなみ、カレンダーで8月31日の「野菜の日」の真下にくる9月7日とした。

97の日
Z世代起業家の今瀧健登氏が制定。1990年代後半から2000年代前半に生まれたZ世代。その中心的な役割を担うであろう1997年生まれの発展をめざし、同年生まれが力を合わせて未来を創っていく決意を表したもの。記念日名は「97の日」で「きゅうななのひ」と読み、日付は1997年生まれの97（きゅうなな）から。

クリーナーの日
メガネクリーナー、メガネクロスなどの製造販売を手がける㈱パールが「メガネをきれいにして美しい視生活を」と提唱した日。日付は9と7でクリーナーの語呂合わせ。

9/8

白露（はくろ）
[年によって変わる]二十四節気のひとつ。いよいよ秋の気配も本格的となり、野草に白い露が宿りはじめる頃。

クリープハイプの日
2012年に「死ぬまで一生愛されてると思ってたよ」でメジャーデビューした尾崎世界観、長谷川カオナシ、小川幸慈、小泉拓の4人組ロックバンド「クリープハイプ」が制定。ボーカルの尾崎のハイトーンボイスと独特な歌詞・曲調で人気を集めている。記念日にイベントを行ったり、ファンとお祝いしたりすることが目的。日付は「9（クリープ）8（ハイプ）」と読む語呂合わせ。

よくばり脱毛の日
　ルミナス・ビー・ジャパン㈱が制定。「よくばり脱毛」は、2種類のレーザー波長を連続照射することで、効果的かつスピーディーに脱毛できる施術で、臭いと痛みも軽減。そのPRと、医療脱毛の特徴、安全に施術を受けるための注意喚起が目的。日付は「よく(9)ば(8)り」の語呂合わせ。

ドンペンの日
　驚安の殿堂ドン・キホーテなどを展開する㈱パン・パシフィック・インターナショナルホールディングスが制定。「ドンペン」はドン・キホーテのマスコットキャラクターで、1998年にドン・キホーテのお店を手伝うことになった南極生まれ東京育ちのペンギン。世界中の人に「ドンペン」のことを知ってもらい、長く愛してもらうことが目的。日付は「ドンペン」の誕生日の9月8日から。

いずし時の記念日
　但馬の小京都・出石のシンボル「辰鼓楼」をPRするため、NPO法人但馬國出石観光協会（兵庫県豊岡市）が制定。辰鼓楼は1871年に太鼓櫓として建てられたが、1881年に藩医・池口忠恕が機械式大時計を寄贈、以後は時計台として時を告げ続けている。日付は、辰鼓楼の初号機が動き出した1881年9月8日から。

ハヤシの日
　洋食シリーズ「新厨房楽」を製造、販売する㈱丸善ジュンク堂書店が制定。ハヤシライスは、同社の前身・丸善㈱の創業者、早矢仕有的氏が考案したとされ、その事績と文化を伝えていくことが目的。日付は早矢仕有的氏の誕生日（1837年9月8日）から。

桑の日
　桑の高い栄養価や長い栽培の歴史、効能効果に対する知識を深め、桑に感謝する日として、㈱お茶村（福岡県八女市）が制定。日付は9月8日で「桑」と読む語呂合わせ。

クータ・バインディングの日

　手で押さえなくても閉じない製本方法「クータ・バインディング」。この製法を開発した㈱渋谷文泉閣（長野市）がその普及を目的に制定。教科書や説明書など幅広い用途に使える製本の方法として注目を集めている。日付は読書シーズンの秋と、9と8で「クータ」と「バインディング」の頭文字の語呂合わせ。

クレバリーホームの日

人生で一度あるかないかの大仕事である家づくりを賢く（cleverly）選んでほしいとの願いを込めて、㈱クレバリーホーム（千葉県君津市）が制定。同社のタイル貼り住宅は、デザインと耐久性に優れた高品質な住宅として知られる。日付は9月8日を「クレバ（908）」と読む語呂合わせ。

クーパー靱帯の日

㈱ワコール（京都市）が制定。女性のバストを支える大切な組織であるクーパー靱帯。身体に合った正しいブラジャーを着けて、このクーパー靱帯を守る大切さをアピールすることが目的。日付は9と8でクーパー靱帯の「クーパー」と読む語呂合わせ。

クレバの日（908DAY）

ヒップホップアーティストのKREVAの記念日として、所属事務所での㈱KOUJOUSHINが制定。KREVAは2004年9月8日に「音色」でメジャーデビューして以来、毎年9月8日を「クレバ（908）」と読む語呂合わせから、アルバムをリリースするなどしている。

新聞折込求人広告の日

新聞折込求人紙「クリエイト求人特集」などを手がける㈱クリエイトが、新聞折込求人広告の振興と発展のために制定。日付は1969年9月8日に、日本で初めてひとつの紙面に複数の企業広告を載せた連合形式の新聞折込求人広告を同社が発案し、企画発行したことから。

Cook happinessの日

エースコック㈱（大阪府吹田市）が制定。「食」を創る仕事を通して社会に貢献するという経営理念をもつ同社のスローガンとして「Cook happiness」が制定されたことを記念したもの。日付は「Cook＝クック（9）・happiness＝ハピネス（8）」の語呂合わせ。

マスカラの日

化粧品、化粧雑貨などの企画・製造・販売を手がける㈱ディー・アップが制定。自社のマスカラ商品の販売促進と、マスカラを使って女性たちにもっと美しくなってもらうことが目的。日付はまつげにマスカラを塗ることで目が印象的になり大きく見えることから、目元「クッキリ（9）ぱっちり（8）」の語呂合わせで。

スペインワインの日

スペインワインの魅力を伝え、その認知度を向上させるため、スペインワイン協会が制定。日付はスペインの現在のワイン原産地呼称統制法のもととなる「ワイン法（Estatuto del Vino）」が1932年9月8日に現地で政令として承認されたことから。

ファイバードラムの日

日本で初めてファイバードラムを開発・製造し、国内トップシェアを誇る太陽シールパック㈱（和歌山市）が制定。主に粉体状のものを入れ産業用包装資材として幅広く利用されている紙製のドラム缶、ファイバードラムをより多くの人に知ってもらうのが目的。日付は同社の設立日が1955年9月8日から。

休養の日

回復を目的とした積極的な「休養＝リカバリー」への取り組みを行う（一社）日本リカバリー協会が制定。「積極的休養」の考え方を広く普及し、休養の大切さ再認識してもらうのが目的。日付は「休（9）養（8）」と読む語呂合わせ。

9/9

救急の日

9月9日でキューキューの語呂合わせから、救急医療の大切さを理解してもらおうと設けられた日。1982年に厚生省（現・厚生労働省）が制定したもので、救急処置の講習会などが開かれる。

SIAA抗菌の日

（一社）抗菌製品技術協議会（SIAA）が制定。同協議会は、抗菌加工製品の品質や安全性のルールの整備、適合製品における安心のシンボル「SIAAマーク」の表示を認めるなどの活動を行う。日付は、抗菌効果があるとされるのは生菌数が99％以上減少した場合であることから99％＝9月9日に。

カリフォルニアワインの日（California Wine Day）

カリフォルニアワイン協会（本部・サンフランシスコ）が制定。プレミアムワインとして世界中で認知されている同ワインを、日本でもさらに知ってもらうことが目的。日付はカリフォルニアがアメリカ合衆国の31番目の州として編入された1850年9月9日から。

人工内耳の日

人工内耳について一般の人々に理解を深めてもらうため、（一社）人工内耳友の会ACITAが制定。同会では医療関係者や機器メーカーと連携して、人工内耳装用者に対する福祉の充実をめざすとともに、装用者同士の交流、人工内耳の普及活動などを行っている。日付は、3月3日が「耳の日」、6月6日が「補聴器の日」であることから、9月9日とした。

おうちで美顔器の日

ヤーマン㈱が制定。従来サロンで提供されてきたケアを自宅で行える美顔器。美顔器を継続して使い、自信をもって人生を切り拓いてもらうことが目的。美顔器は肌をキュッと磨き、キュッと顔の印象を上げ、キュッと引き締めることから、「キュッ（9）キュッ（9）」の語呂合わせで9月9日に。

チョロQの日

㈱タカラトミーが制定。「チョロQ」はプルバック式ぜんまいで走るミニカー。1980年12月にチョロQとして発売、長く愛されてきた。その楽しさ、面白さをさらに多くの人に知ってもらうのが目的。日付は、チョロQの「Q（キュー＝9）」から9月9日。

ペットも救急の日

琉球大学地域創生総合研究棟内にある地区防災研究所が開設したペットBLSトレーニングセンター（沖縄県）が制定。ペットの防災や救急についての知識の普及を図り、その大切さを社会にPRすることが目的。日付は「救急の日」である9月9日に。

魅学アカデミーのミューズの日

（一社）魅学アカデミー協会（大分市）が制定。同協会では9月9日に9名の女神（ミューズ）を選ぶ「お洒落の祭典ミューズコンテスト」を企画、女性が気兼ねなくお洒落を楽しむ日として広く浸透させることが目的。日付は、ギリシャ神話に登場する芸術を司る9人の女神「ミューズ」にちなみ、9が重なる9月9日に。

日本の食文化・燻製（スモーク）の日

燻製商品の製造販売を手がける㈱ヒラオ（大阪府寝屋川市）が制定。燻製をブームで終わらせずに日本の食文化のひとつとして根付かせるとともに、燻製文化を通して魚介類の消費拡大にもつなげていくのが目的。日付は、燻製を作るときの燻煙をイメージした「モク（9）モク（9）」から。

美肌へ導く、化粧水の日

資生堂ジャパン㈱の中四国営業本部が制定。健やかで美しい肌になりたいすべての人を応援し、化粧水の良さや使い方を多くの人に伝えるのが目的。日付は、平安時代の頃から重陽の節句に菊に綿を被せて朝露を染み込ませ、その綿で顔や体を拭い健康や長寿を願う「着せ綿」という風習があり、これが現代の化粧水に通じるとの思いから重陽の節句にあたる9月9日としたもの。

二桁かけざん九九の日
　元そろばん塾経営者の村上邦男氏が制定。村上氏は数字の読み方などのルールを決め、1の段から99の段までの二桁の掛け算を覚える「二桁かけざん九九」を提唱、その普及が目的。日付は「九九」と読む語呂合わせ。

ワクワクの日
　㈱WAKWACWAQの桜木隼人氏が制定。見たり聞いたりするだけで気分が前向きになり元気になる「ワクワク」という言葉を通して、世の中がポジティブになるきっかけを作るのが目的。日付は「0」を「輪」と読み、0909を「ワクワク」とする語呂合わせ。

グーグーの日
　NPO法人みなと子ども食堂と、ノーペコラボ（㈱電通内に設立されたラボ）が制定。誰もが子どもと食の問題について考え、楽しく行動するきっかけの日とすることが目的。多くの人や企業と協働することで、持続可能な活動として盛り上げ世の中へ浸透させていく。日付は「グーグー」という空腹時の音から9月9日に。

JDDA・ダンスミュージックの日
　（一社）JDDA (Japan Dance Music & DJ Association)が制定。音楽家、選曲家、DJの社会的・文化的価値をさらに高めるとともに、ダンスミュージックにおける芸術文化の普及、DJの演奏技術の向上を図る。日付は9と9がターンテーブルのアームとレコードが2つ並んだ形状に似ており、DJや選曲家がレコードをプレイしている姿に見えることから。

健康美脚の日
　スポーツの普及促進活動、アスリートの引退後の支援などを行う（一社）スポーツリパブリックが制定。競技の魅力とアスリートならではの鍛えられた健康的な美脚に注目してもらうことで、プレーする選手の美しさを伝えることが目的。日付は健康的な美しい脚は「キュッ（9）としている」ことと、9と9が脚の形に似ていることから。

オオサンショウウオの日
　京都水族館（京都市）が制定。京都の自然を象徴し、国の特別天然記念物に指定されているオオサンショウウオの愛らしい魅力をさらに多くの人に伝えるのが目的。日付は、オオサンショウウオが繁殖期に入り行動が活発になる9月上旬であることと、その姿が数字の9に似ていることから9月9日とした。

救缶鳥の日

㈱パン・アキモト（栃木県那須塩原市）が制定。同社が開発した、賞味期限3年の災害時用非常食の缶入りパン「救缶鳥」を多くの人に知ってもらうのが目的。賞味期限が残り1年となったときに案内を出し回収された救缶鳥は、災害にあった国や地域に運ばれ、活用される。日付は、救缶鳥が誕生した2009年9月9日から。

カーネルズ・デー

ケンタッキーフライドチキンの創業者カーネル・サンダースの誕生日、1890年9月9日を記念して、日本ケンタッキー・フライド・チキン㈱が制定。食べることの大切さと楽しみをお客様とともに考える日とすることが目的。日本デビューは1970年の大阪万博。

手巻寿司の日

水産加工品製造の㈱スギヨ（石川県七尾市）が制定。9を「くる」と読み、9月9日を「くるくるする日」として家族で手巻寿司を食べるアットホームな日になってほしいとの願いが込められている。

秋のロールケーキの日

スイーツを製造販売する㈱モンテールが制定。人気商品「手巻きロール」シリーズをより身近なおやつにしたいとの願いから生まれた日で、日付は9と9で「くるくる」「キュッキュッ」とロールケーキを手で巻いたイメージと、ロールケーキが9の字に見えることから。

九九の日

九九は算数の基礎であり、日常生活でも良く使われる。その意味から九九を物事の基礎、基本ととらえ、多くの人に「もう一度、基礎、基本を見直して、初心に戻って物事に取り組んでもらう日」をと、石川県の西満憲氏が制定。日付は9と9で「九九」だが、学校の夏休み明けでもあり、九九を学ぶ日にふさわしいのではとの思いから。

食べものを大切にする日

「食べもの大切運動」に取り組む（一財）ベターホーム協会が制定。食べものを捨てることなく食べきることが健康にも通じると、健康長寿を祝う重陽の節句にあたる9月9日としたもの。また、食べものを「捨てないん（ナイン）」「残さないん（ナイン）」の語呂合わせも。

きゅうりのキューちゃんの日

東海漬物㈱（愛知県豊橋市）が制定。1962年の発売以来、ロングセラーを続ける同社の人気商品「きゅうりのキューちゃん」をPRするのが目

的。「きゅうりのキューちゃん」は良質な素材を、風味豊かな専用の醬油で味付け、パリポリっとした食感のおいしい漬物。日付は「きゅうり」の9と、「キューちゃん」の9の語呂合わせ。

骨盤臓器脱 克服の日

女性の尿失禁、骨盤臓器脱の元患者で結成する「ひまわり会」(大阪市)が制定。骨盤臓器脱への認識を高め、あきらめずに治療し、克服してもらうことが目的。骨盤臓器脱とは、出産や加齢などによって骨盤内臓器を支えている骨盤底筋が弛緩することで、膀胱や子宮などが膣から突出してしまう病気。日付は骨盤臓器脱の英語表記Pelvic Organ Prolapseの頭文字POPと909の形が似ていることから。

ポップコーンの日

ジャパンフリトレー㈱が制定。記念日を通じてポップコーンのおいしさ、楽しさを多くの人に再認識してもらうのが目的。日付は、英字のポップコーン(POPCORN)の「POP」を左右反転の鏡文字にすると「909」に見えることから。

知恵の輪の日

知恵の輪の魅力を知るきっかけの日にと、岐阜県在住でオリジナルな知恵の輪を手作り販売する愛好家が制定。日付は最も易しい知恵の輪のひとつに9の形の二つを組み合わせたものがあり、難しいことで知られる知恵の輪に「九連環」というのがあることから。

肌トラブル救急(QQ)の日

㈱ドクターフィルコスメティクスが制定。肌トラブルに特化したスキンケアシリーズ「QQ」をブランドの主軸として展開するドクターズコスメ・フォルミュールのPRと、肌トラブルに悩む女性を救うことが目的。日付は、肌トラブルは早く解決したいので、9と9で「救急」、そして「QQ」と読む語呂合わせ。

9/10

BARTHナイトルーティンの日

アース製薬㈱が制定。入浴や睡眠など夜の過ごし方をワンランク上のナイトルーティンにすることで人生を豊かに出来ること、そのナイトルーティンに関わる数々の製品を同社のBARTHブランドが提供していることを知ってもらうのが目的。日付はナイト(ナイン=9)とルーティン(テン=10)の語呂合わせから。

コラーゲン・トリペプチドの日

ゼライス㈱（宮城県多賀城市）が制定。コラーゲン・トリペプチドとは、同社で長年研究を続けてきた酒井康夫博士が発明した世界初の特許技術から作り出されるコラーゲンの最小単位。膝関節のサポートや肌の弾力性の改善などが期待できる。健康と美容に貢献することが目的。日付は特許出願日の1993年9月10日から。

屋外広告の日

（一社）日本屋外広告業団体連合会が制定。屋外広告業界の健全な発展と屋外広告物制度に関する知識の普及活動を行い、記念日を通じて屋外広告業の振興を図るのが目的。日付は1973年9月10日に屋外広告物法の一部改正案が国会で可決成立したことから。

ストウブ・ココットの日

ツヴィリングJ.A.ヘンケルスジャパン㈱（岐阜県関市）が制定。同社が扱う「STAUB（ストウブ）」ブランドのココットは、熱伝導や保温性に優れ、豊富なサイズや美しい色合いが魅力のフランス生まれの鋳物ホーロー鍋。ココット鍋で作った温かい料理とともに、食卓での楽しいひとときを過ごしてもらうのが目的。日付は、温かい料理への興味が生まれる時期の9月で、ココットの「ココッ」を9に「ト」を10に置き換えて9月10日に。

グルテンフリーライフの日

（一社）グルテンフリーライフ協会が制定。食には多くの選択肢があり、好みや健康状態、ライフスタイル、体質などに合わせて、自分に合った食生活をすることがそれぞれの幸せにつながる。そんな食の多様性の一環としてグルテンフリーな食生活の普及・促進を呼びかけることが目的。日付はグル（9）テン（10）と読む語呂合わせ。

愛する小倉トーストの日

小倉トースト普及委員会（愛知県名古屋市）が制定。「小倉トースト」とは、トーストにバターやマーガリンとあんこをのせた名古屋生まれの喫茶店の名物。小倉トーストの普及を通して、喫茶店・カフェ文化の発展に貢献するのが目的。日付は小倉トーストの略称「オ（0）グ（9）トー（10）」から9月10日に。

球都桐生の日

群馬県桐生市が制定。織物のまち「織都」、野球のまち「球都」と呼ばれていた同市。とくに野球は市内の5校が甲子園出場を果たしており、1999年の夏の大会では桐生第一高校が全国制覇を成し遂げた。戦後初のプロ野球公式戦が行われた新川球場（現在の新川公園）は「戦後プ

ロ野球夜明けの地」として日本野球聖地150選にも選ばれている。「野球がもつ魅力を活かしたまちづくり」を推進するのが目的。日付は「球（9）都（10）」と読む語呂合わせ。

いいショッピングQoo10の日
eBay Japan合同会社が制定。同社が運営するインターネット総合ショッピングモール「Qoo10（キューテン）」をPRし、誰もが自由に売買できるネットショッピングの魅力を伝え、利用してもらうのが目的。日付は「キュー（9）テン（10）」と読む語呂合わせ。

苦汁（にがり）の日
食塩や苦汁を中心とした無機ミネラル総合メーカーの赤穂化成㈱（兵庫県赤穂市）が制定。和食の代表食材である豆腐の味を引き立てる苦汁の魅力を広めるのが目的。日付は、苦汁は海水から塩を採ったあとに残る苦い液体で、苦汁と書くことから「9（く）10（じゅう）」で9月10日に。

牛たんの日
仙台牛たん振興会が制定。仙台の食文化であり名物として名高い牛タン焼きを、より多くの人においしく、楽しく、安全に食べてもらうのが目的。日付は9と10で「牛」を9、「たん」をテン（10）と読む語呂合わせ。

給湯の日
関西電力㈱（大阪市）が制定。お風呂などのお湯を沸かす給湯は家庭で最もエネルギー消費量が多いため、省エネ電気給湯機の「エコキュート」を多くの人に知ってもらうのが目的。日付は「給＝キュウ（9）湯＝トウ（10）」と読む語呂合わせ。

コンタクトレンズの日
（一社）日本コンタクトレンズ協会が制定。年に一度は使用しているコンタクトレンズに問題はないかをチェックするきっかけの日とするのが目的。日付は9が指に乗せたコンタクトレンズを表し、10が目（1が眉毛、0が目）を表している。また、コンタクトレンズの呼び方に「ク（9）ト（10）」が含まれていることから。

ロマンスナイトの日
寝装寝具などの製造販売を行う㈱ロマンス小杉（京都市）が制定。同社の羽毛を真綿で包み込んだ三層構造の掛けふとん「ロマンスナイト」の寝心地の良さを多くの人に知ってもらうのが目的。日付は「ロマンスナイト」の「ナイ（9）ト（10）」と読む語呂合わせ。

メディキュットの日

「メディキュット」は、イギリスの医療用ストッキングがルーツの段階圧力ソックス。脚のむくみを改善し、履くことで脚をキュッとひきしめ、軽くしてくれる。メディキュットのさらなるPRを目的にレキットベンキーザー・ジャパン㈱が制定。日付は、脚をキュッと（9・10）ひきしめるの語呂合わせ。

和光堂ベビーフードの日

1937年に日本で最初のベビーフード「グリスメール」を発売した和光堂㈱が、赤ちゃんの健やかな成長を願って制定。日付は最初の発売月が9月であり、赤ちゃんが生後100日目に一生食べることに困らないことを祈って行われる「お食い初め」の行事と和光堂を「おく（9）い（1）ぞめ・わ（0）こうどう」と読む語呂合わせ。

弓道の日

弓道用品の販売と製造を手がける(有)猪飼弓具店（大阪市）代表取締役の猪飼英樹氏が制定。日本の伝統武道である弓道を広め、この日に弓道大会を開き、弓道の魅力を多くの人に伝えるのが目的。日付は9と10で「弓道」の語呂合わせ。

南郷トマトの日

⇨「1年間に複数日ある記念日」の項を参照。

9/11

二百二十日

［年によって変わる］立春より数えて220日目。二百十日と同じく、台風の襲来の季節にあたるといわれる。農作物が被害にあいやすいため、農家の厄日とされる。

警察相談の日

1999年に警察庁が制定。日付は全国共通の警察相談専用ダイアルが「＃9110」であることから。

たんぱく質の日

㈱明治が制定。たんぱく質摂取の大切さを知ってもらうのが目的。同社では日本栄養士会や食品メーカー、全国の学校などと連携し、たんぱく質摂取不足という社会的な問題の解決をめざしている。日付は、たんぱく質を構成している20種類のアミノ酸は体内で合成できない9種類の必須アミノ酸と、それ以外の11種類を非必須アミノ酸に分けるこ

とができることから、9月11日に。

9/12

クイズの日
　日本初のクイズの総合商社として知られる㈱キュービックが制定。クイズは老若男女を問わず幅広く親しまれており、知りたい、学びたいという好奇心から、世の中のあらゆることはクイズになる。クイズの魅力、面白さ、奥深さをさらに多くの人に知ってもらうのが目的。日付は「ク（9）イ（1）ズ（2）」と読む語呂合わせ。

秋のメープルもみじの日
　洋菓子などを製造販売する㈱サンエール（広島市）が制定。同社のブランド「楓乃樹」から発売する「メープルもみじ」シリーズの販促と、広島県がモミジの名所であることを国内外に発信するのが目的。日付は、1966年9月12日に広島県の県の木がモミジに決定したことから。なお、5月26日は「メープルもみじの日」。

9/13

管理会計の日
　日本管理会計学会が制定。道徳経済合一説を唱えた渋沢栄一は、経営における会計の重要性を認識し実践した管理会計の先駆者。その功績を学び、顕彰するとともに、管理会計の意義と重要性を広く紹介して、その理論と技法、実務の普及と定着が目的。日付は、渋沢栄一の著書『論語と算盤』の初版発行日（1916年9月13日）から。

㈱明治の明治ミルクチョコレート（周年記念）
　㈱明治が発売する「明治ミルクチョコレート」は1926年9月13日に神奈川県の川崎工場で近代的な大量生産のチョコレートとして発売。以来、今日まで販売を続け、2021年で発売95周年となった。その認知率は99％、店頭導入率は90％以上で、大半の小売店で購入可能な国民的チョコレート。芳醇なカカオとミルクの味と香りが多くのチョコレートファンの心を惹きつけている。

北斗の拳の日
　コミック、映像化事業などを展開する㈱コアミックスが制定。大ヒット漫画『北斗の拳』（原作・武論尊氏、漫画・原哲夫氏）の魅力を世界に向けて広く伝えていくことが目的。日付は、同作が「週刊少年ジャンプ」（集英社）で連載を開始した1983年9月13日から。

クリスタルジェミーの日
素肌美研究家で「美白の女神（ミューズ）」として知られる中島香里氏。彼女が㈱クリスタルジェミーの顔であり、多くの女性を美しくしたいと思っていることを広めるために制定。日付は「ク（9）リスタルジェミー（13）」の語呂合わせ。

9/14

食いしん坊の日
『dancyu（ダンチュウ）』を発行する㈱プレジデント社が制定。食事をもっと美味しく、もっと楽しくすることを常に心掛けるとともに、生産者や料理人などへの感謝を忘れない、真の食いしん坊のための日とするのが目的。日付は「く（9）い（1）し（4）んぼう＝食いしん坊」の語呂合わせ。

グリーンデー
お世話になっている人などに、日頃の感謝と健康にも気をつけてくださいとの意味をこめて、栄養価に優れたグリーンキウイフルーツを贈る日。5月14日の「ゴールドデー」のお返しの日でもあるこの記念日を制定したのは、ゼスプリ インターナショナルジャパン㈱。

揚州商人スーラータンメンの日
「中国ラーメン揚州商人」などを展開する㈱ホイッスル三好が制定。酸辣湯に麺を入れた同社の「スーラータンメン」が大人気となっていることから、そのおいしさをさらに多くの人に伝えるのが目的。日付はレシピの生みの親である同社の三好比呂己代表の母、三好コト子さんの誕生日から。

9/15

日本のキャビアの日
本格熟成国産キャビアのリーディングカンパニー、ジャパンキャビア㈱（宮崎市）が制定。キャビアはチョウザメの卵を塩漬けにした保存食で、世界有数の高級食材として知られる。日本のキャビアの美味しさやさまざまな食べ方を多くの人に知ってもらい、その可能性を日本中に広げることが目的。日付は、キャビア製造の最盛期となるのが9月中旬であることから9月15日に。

ニュータウンの日
（一財）千里パブリックデザイン（大阪府吹田市）が制定。千里ニュータウンは日本のライフスタイルを変えた実験的・計画的な住宅都市で、

日本初の大規模ニュータウン。開発者、行政、住民が一体となって挑戦したそのチャレンジ精神を未来へと繋いでいくことが目的。日付は、住民が入居し、その生活が始まった1962年9月15日から。

エアコン丸洗いのクリピカの日
㈱工事センター（大阪府箕面市）が制定。同社ではエアコンを取り外して専門工場で分解、特殊な洗剤を用いて洗浄する、エアコン分解サービス「クリピカ」を展開。同サービスの認知度向上と、一般家庭におけるエアコン分解クリーニングの必要性を訴える。日付は9と1と5で「クリ（9）ピ（1）カ（5）」と読む語呂合わせ。

関ケ原合戦の日
（一社）関ケ原観光協会（岐阜県不破郡関ケ原町）が制定。天下分け目の戦いといわれる関ケ原合戦が行われた日を広く世間に知ってもらい、この歴史的な転換日を関ケ原の地域資源として地元の活性化につなげることが目的。日付は関ケ原合戦が始まった慶長5年9月15日（西暦1600年10月21日）から。

石狩鍋記念日
北海道を代表する郷土料理の石狩鍋の発祥地である石狩市で、本場の石狩鍋を広くPRしようと結成された石狩鍋復活プロジェクト「あき味の会」が制定。石狩鍋は鮭の身のぶつ切りを野菜などとともに味噌仕立てにした鍋。日付は石狩で鮭が捕れる時季で、9と15を「くいごろ」と読む語呂合わせなどから。

レクリエーション介護士の日
（一社）日本アクティブコミュニティ協会（大阪市）が制定。介護にレクリエーションを取り入れることで高齢者を笑顔にする民間資格「レクリエーション介護士」。その知名度の向上が目的。日付は「レク（09）リエーションかいご（15）し」の語呂合わせと、以前は9月15日が「敬老の日」であったことから。

スナックサンドの日
フジパン㈱（愛知県名古屋市）が、「スナックサンド」の発売40周年を記念して制定。同社は、食パンのミミを落とし、具をはさんで四方を圧着して作る携帯サンドイッチを1975年9月15日に日本で初めて発売し、「スナックサンド」と名付けた。日付は「スナックサンド」が発売された日から。

9/16

G.A.P.記念日

G.A.P.（ギャップ）とはGOOD（適正な）、AGRICULTURAL（農業の）、PRACTICES（実践）のこと。その国際基準のGLOBALG.A.P.（グローバルギャップ）を普及推進する（一社）GAP普及推進機構が制定。農業で「持続的な生産活動」を実践する企業、法人などに与えられるG.A.P.制度の普及が目的。日付は、GLOBALG.A.P.の前身EUREPGAPの認証が日本で初めて与えられた2005年9月16日から。

アサイーの日

アマゾンフルーツなどの輸入販売を手がける㈱フルッタフルッタが制定。美と健康に良いとされる「アサイー」の魅力を伝え、世界へ輸送されるようになった背景にアマゾンへ渡った日本移民が尽力した功績をたたえることが目的。日付は、第1回移民船がアマゾン川河口の都市ベレンに到着した1929年9月16日にちなんで。

牛とろの日

(有)十勝スロウフード（北海道清水町）が制定。同社の提携牧場ボーンフリーファームと開発した「牛とろ」のおいしさを多くの人に知ってもらうのが目的。「牛とろフレーク」は凍ったまま温かいご飯にふりかけて「牛とろ丼」にすると絶品。日付は「ぎゅう（9）とろ（16）」と読む語呂合わせ。

保湿クリームの日

化粧品の製造販売を行うSonotas㈱が制定。天然由来の成分で作られ、年齢、性別、使用する部位を問わないユニバーサルな同社の保湿クリームで、人々に美しい肌を手に入れてもらうのが目的。日付は「9（ク）リー（1）6（ム）」の語呂合わせ。

9/17

イタリア料理の日

イタリア料理の普及・発展、イタリア文化の紹介、調理技術・知識向上を目的に、イタリア料理のシェフを中心に活動を行っている（一社）日本イタリア料理協会が制定。日付はイタリア語で「料理」を意味する「クチーナ（CUCINA）」を917と読む語呂合わせ。

9/18

「医療的ケア児・者」支援の日

「医療的ケア児・者」支援者の会（会長・岐阜県総合医療センター新生児医・小児科医の寺澤大祐氏）が制定。医療的ケアを受けることが不可欠な医療的ケア児・者とされる方々とその家族、支援者らの存在を広く知ってもらい、医療・福祉・教育・介護などの垣根を越えた取り組みを推進することが目的。日付は「医療的ケア児及びその家族に対する支援に関する法律」が制定された2021年9月18日から。

アコーディオン「Bébé Medusa」の日

歌とアコーディオンの姉妹ユニット「チャラン・ポ・ランタン」の二人が代表・副代表の合同会社ゲシュタルト商会が制定。「Bébé Medusa（ベベメデューサ）」は、姉の小春がプロデュースした手ごろな値段のボタンアコーディオンで、予約販売を開始した2021年9月18日に一晩で500台以上を販売。この日が日本でいちばんアコーディオン引きが増えた日との思いから、多くの人にアコーディオンを広めることを目的に、この日を記念日にしたもの。

世界で初めて組織的に視覚障害者教育が始まった日

（公財）杉山検校遺徳顕彰会が制定。江戸時代の全盲の鍼灸師・杉山和一検校は、無痛で正確に鍼を刺すことができる画期的な治療法「管鍼術」を考案、視覚障害者に技術を伝えるため私塾を開いた。その私塾が天和2（1682）年9月18日（旧暦）に幕府公認となり、ここから組織的な視覚障害教育が始まる。その功績を称え、後世へと伝えていくことが目的。日付は幕府公認となった9月18日（旧暦）から。

本家白川けいちゃんの日

本家白川けいちゃん㈱（岐阜県白川町）が制定。「けいちゃん」は、一口サイズの鶏肉を味噌・醬油・塩などのタレに漬け込み、キャベツや玉ねぎ・季節の野菜などと一緒に炒める郷土料理。郷土料理としてだけでなく家庭でも常備食として広めていくのが目的。日付は「け（9）い（1）ちゃ（8）ん」の語呂合わせ。

シュライヒフィギュアの日

高品質な動物フィギュアのメーカーとして世界的に名高いドイツのシュライヒ。その日本法人であるシュライヒジャパン㈱が制定。想像力を育む子ども用の玩具としてだけでなく、大人にもコレクションなどで楽しんでもらえるものとして、同社のフィギュアを広めるのが目的。日付はシュライヒ社の設立日1935年9月18日から。

9/19

九十九島せんぺいの日
㈱九十九島グループ（長崎県佐世保市）が制定。「九十九島せんぺい」は創業者の「世の中にない、新しい郷土の名物をつくりたい」との想いから誕生したもので、西海国立公園の九十九島をモチーフとした焼菓子。形は縁起物の亀甲型に由来し、散りばめたピーナッツは九十九島の島々を表現している。そんな「九十九島せんぺい」を地元の銘菓として次の世代にも知ってもらうのが目的。日付は「く（9）じゅうく（19）＝九十九」と読む語呂合わせ。

育休を考える日
積水ハウス㈱（大阪市）が制定。同社では「男性社員一ヵ月以上の育児休業完全取得宣言」や男性の育休実態の調査を発信するなど、男性の育児休暇について積極的に取り組んでいる。多くの人に男性の育休について考えるきっかけにしてもらうのが目的。日付は9と19を入れ替えた19と9で「育（19）休（9）」の語呂合わせ。

九十九島の日
1999年から毎年9月19日を「九十九島の日」と定めている長崎県佐世保市が制定。「世界で最も美しい湾クラブ」に加盟する九十九島は、大小208の島々からなる風光明媚な景勝地。九十九島の魅力を国内のみならず海外に向けて発信していくことが目的。

愛知のいちじくの日
⇨「1年間に複数日ある記念日」の項を参照。

クイックルの日
花王㈱が制定。いつでも誰でも手軽にお掃除ができるクイックルを使って、家族みんなで住まいをきれいにしてもらいたいという同社の思いが込められている。日付は「ク（9）イ（1）ックル（9）」と読む語呂合わせ。

9/20

明治エッセルスーパーカップの日
㈱明治が制定。同社の「明治エッセルスーパーカップ」は濃厚なコクとキレのある後味が人気のアイスで、1994年9月20日の発売以来、長い間愛され続けている。これからもその美味しさを多くの人に味わってもらうのが目的。日付は「明治エッセルスーパーカップ」が発売された日から。

プラじいの誕生日

㈱USEI（ユーセイ）（埼玉県入間市）が制定。同社は低価格専門のパチンコ・パチスロ店のゴープラグループを展開しており、そのメインキャラクターの「プラじい」を通じて「良質を手軽に楽しめる」というコンセプトを知り、楽しんでもらうのが目的。日付は「プラじい」のモデルのゴープラ創業者の朝川武雄氏の誕生日から。

コンタクトセンターの日

㈱ベルシステム24をグループにもつ㈱ベルシステム24ホールディングスが制定。電話に加え、EメールやSNSなど、新たなコミュニケーションチャンネルの多様化に対応し、社会を支えるコンタクトセンター業界の発展を推進するのが目的。日付は㈱ベルシステム24の創業日（1982年9月20日）から。

家族と終活を話し合う日

[秋の彼岸入り、年によって変わる] ⇨「1年間に複数日ある記念日」の項を参照。

9/21

国連・国際平和デー

1981年の国連総会で制定。この日は国連総会の通常会が始まる日に当たり、平和の理想をたたえ、強化する日とされ、国連事務総長による記念メッセージが全世界に向けて発表される。

クレイジーソルトの日

アメリカで誕生した調味料「クレイジーソルト」を1980年から日本で発売している日本緑茶センター㈱が制定。幅広い広い世代に愛される「クレイジーソルト」のさらなるPRが目的。日付は長年クレイジーソルトを輸入している同社が、在日アメリカ合衆国大使館からその功績を讃えられ、表彰された2017年9月21日から。

川西ダリヤ園開園記念日

川西町観光協会（山形県川西町）が制定。同町が運営する「川西ダリヤ園」は、8月1日から11月上旬まで650品種10万本の色鮮やかなダリアを楽しむことができ、観光ダリヤ園として日本最大級。2020年に開園60周年を迎え、多くの人にダリアのすばらしさを知ってもらい、同園がダリアの聖地となるようにとの願いが込められている。日付は同園の開園日1960年9月21日から。

アース・ウインド＆ファイアー「セプテンバー」の日

㈱ソニー・ミュージックレーベルズが制定。アメリカの世界的なソウ

ル／ファンク・グループのアース・ウインド＆ファイアー。2020年の結成50周年を記念したもの。日付は、「セプテンバー」冒頭の有名な一節、〈9月21日の夜のことを覚えてるかい？ あの夜、僕は本当の愛を知った〉という歌詞から。

スケッチブックの日

スケッチブックメーカーのマルマン㈱が制定。2020年で創業100周年となったことを記念したもので、同社の多種多様なスケッチブックをさまざまな用途で使ってもらうのが目的。日付は創業日の1920年9月21日から。

熊本ばってん下戸だモンの日

熊本下戸の会（熊本市）が制定。同会はお酒が飲めない人（下戸）や、できることならお酒を交わさずに異業種交流を図りたいとの思いを抱く人たちの会で、その認知度を高めるのが目的。日付は同会が発足して第1回の「下戸の会」を開催した2016年9月21日から。

ガトーショコラの日

ガトーショコラ専門店「ケンズカフェ東京」の氏家健治シェフが制定。ガトーショコラの魅力をより多くの人に知ってもらうのが目的。「ケンズカフェ東京」のガトーショコラは世界最高峰のチョコレートを贅沢に使った究極のガトーショコラと呼ばれている。日付は同店が初めてガトーショコラを販売した日にちなみ9月21日に。

キャタピラン（靴ひも）の日

生活雑貨などの企画・開発・販売を手がける㈱ツインズ（千葉県船橋市）が制定。結ばない靴ひも「キャタピラン」を多くの人に知ってもらうのが目的。「キャタピラン」は伸縮性に優れているため、靴を履く時に靴ひもを緩めずに靴を脱ぐことができる便利な靴ひも。日付は「くつ（92）ひ（1）も」の語呂合わせ。

靴市の日

高級革靴メーカーのマドラス㈱（愛知県名古屋市）が制定。秋冬物の靴のシーズンが本格的に始まる9月21日を「靴市の日」として、靴に関するイベントを行い多くの人に靴に興味をもってもらうのが目的。日付には9と21で「靴市」と読む語呂合わせの意味もある。

9/22

花園ラグビーの日

大阪府東大阪市が制定。「ラグビーのまち東大阪」のシンボルの東大阪市花園ラグビー場。ラグビーワールドカップ2019™日本大会が行われ

た世界に誇れるスタジアムであることを知って、ラグビーに対する関心と理解を深めてもらい、対外的にもアピールするのが目的。日付は東大阪市花園ラグビー場でのラグビーワールドカップ初戦の「イタリア対ナミビア」の試合が行われた2019年9月22日から。

ライソゾーム病の日

ライソゾーム病の研究、啓蒙活動を行う(一社)Sakura Network Japan(愛知県名古屋市)が制定。希少疾患のライソゾーム病は医療関係者の中でも認知度が低く、診断が遅れることがある。治療効果を得るには発症早期から治療を始める必要があり、ライソゾーム病を中心とする難病の社会的認知度を向上させることが目的。日付はライソゾーム病の代表的な疾患の原因遺伝子X染色体q22を922と見立て、2012年9月22日からライソゾーム病の疾患啓発シンボルマーク「シルバーウイング」の活動が開始したから。

B.LEAGUEの日

(公社)ジャパン・プロフェッショナル・バスケットボールリーグが制定。男子プロバスケットボールのトップリーグである「B.LEAGUE(Bリーグ)」の発展が目的。日付はリーグ初年度のシーズンの開幕が2016年9月22日であったことから。

9/23

秋分(しゅうぶん)

[年によって変わる]二十四節気のひとつ。昼と夜の長さが同じになる日。春分の日と同じように太陽が真西に沈む。

秋分の日(国民の祝日)

[年によって変わる]1948年、国民の祝日に関する法律によって制定。祝日としての秋分の日は「祖先をうやまい、なくなった人をしのぶ日」とされている。

ロブサルツマン・パジャマの日

[春分の日、年によって変わる]ルームウェアブランド「ロブサルツマン」を展開する㈱ラビオワークスが制定。快適な睡眠をとって免疫力を上げ、健康のためにきちんとパジャマを着て寝てもらうのが目的。日付はこの頃から昼間と夜間の気温差が大きくなり体調を崩しやすくなるので、パジャマを着てぐっすりと眠る習慣をスタートさせるのにふさわしいとの思いから。

夕陽の日

[秋分、年によって変わる]全国の夕陽を通した思い出作りをめざす旅

館・ホテルによる「夕陽と語らいの宿ネットワーク」（大阪市）が制定。夕陽を眺めながら大切な人と語り合い、自らと周りの人々に想いをめぐらして過ごす日とするのが目的。日付は「秋分の日」は先祖をうやまい、なくなった人をしのぶ日であり、西に沈む太陽を見てその美しさや奥深さを心に留めるのにふさわしい日との思いで。

長野県ぶどうの日

全国農業協同組合連合会長野県本部が制定。「ナガノパープル」「シャインマスカット」など、長野県産のぶどうを食べるきっかけを作り、そのおいしさを多くの人に味わってもらうのが目的。日付は9月の下旬が長野県産ぶどうの出荷ピークの時期であることと、23がぶどうの房（ふさ＝23）を意味していることから。

ネオロマンスの日

㈱コーエーテクモゲームス（神奈川県横浜市）が制定。「ネオロマンス」とは同社の女性向けゲームの総称。1994年9月23日の第一作「アンジェリーク」の発売25周年を記念し、長きにわたって支えてくれたファンへの感謝の気持ちと、これからも女性にきらめきを与えるゲームを届けるというメッセージが込められている。日付は、女性向け恋愛ゲームの元祖「アンジェリーク」の発売日から。

動物虐待防止の日

非営利（一社）日本動物虐待防止協会（神奈川県横浜市）が制定。動物をみだりに殺し、傷つけ、苦しめることのない、人と動物の優しい共生社会を築くために、命の慈しみを大切にする心を育む日。日付は動物の命を守る原点の日との思いから動物愛護週間（9月20日から9月26日）の真ん中の日に。

おいしい小麦粉の日

お菓子作りの材料を扱う㈱富澤商店が制定。日本でいちばん小麦粉の取り扱い種類が多い小売店として、多様な小麦粉のおいしさ知ってもらうのが目的。日付は小麦粉の用途の代表的な「パン」が日本に伝わったのが1543年9月23日の鉄砲伝来のときとの説から。

靴磨きの日

靴磨きなどのシューズケア用品を手がける㈱アールアンドデーが制定。「靴磨きを通じて日本の新しい靴文化を創造する」「最良の方法で楽しくシンプルな靴磨きを広める」との思いで活動する同社。靴磨きへの関心を高め、日々の暮らしに取り入れてもらうのが目的。日付は「靴（92）磨き（3）」と読む語呂合わせ。

網膜の日

(公社)日本網膜色素変性症協会が制定。網膜に異常がみられる遺伝性の難病「網膜色素変性症」の認知度を高め、治療やケアに役立てるのが目的。網膜の病気は暗くなると見えなくなる夜盲、針の穴ほどしか視野のない視野欠損など、眼鏡などでは矯正できない「ロービジョン」と言われる視覚障害が多い。日付はこの病気は昼と夜の長さがほぼ同じになる9月23日を境に夜の時間が長くなるにつれて、出歩くのが困難になることから。

国生みの日

「くにうみ神話のまちづくり実行委員会」(兵庫県淡路市)が制定。『古事記』などに記載のある国生み伝承の地、淡路島が「国生みの島・淡路」として2016年に日本遺産に認定されたことと、地元の伊弉諾(いざなぎ)神宮に、高千穂神社(宮崎県)、出雲大社(島根県)に伝わる神楽を招き「三大神話神楽祭」が行われることなどをPRするのが目的。日付は「三大神話神楽祭」が行われる日であり、「国(92)生み(3)」と読む語呂合わせから。

カフスボタンの日

カフスボタンの魅力をより多くの人に広めようと、カフスボタン専門店として知られるカフショップが制定。9月23日は秋分の日となることが多く、秋の訪れを感じる頃で、長袖シャツのおしゃれアイテムのカフスに最適との判断から。また、9・2・3で「カフス」と読む語呂合わせもその理由のひとつ。

酒風呂の日

[秋分、年によって変わる] ⇨「1年間に複数日ある記念日」の項を参照。

お墓参りの日

[秋分の日、年によって変わる]全国の石材店・石材関連業者で組織される(一社)日本石材産業協会が制定。お盆や春と秋の彼岸などにお墓参りをすることで、先祖代々に手を合わせる日本らしい文化を絶やすことなく未来へとつなげていきたいとの思いが込められている。日付は「祖先をうやまい、なくなった人々をしのぶ」ことが趣旨とされ、国民の祝日に定められている「秋分の日」とした。

国実(くにみ)の日

総合住環境プロデュースの㈱国実(長野県佐久市)が制定。住宅の全面改修や住まいの困りごとの改善を行い、住環境を良くすることで地方から種をまき、社名のように「国に実がなる」ような日とすることをめ

ざす。日付はこの日が「秋分の日」となることが多い収穫の時期であり、9と23で「国実」と読む語呂合わせ。

9/24

みんなでつくろう再エネの日

（一社）Media is Hopeが制定。太陽光・風力・水力・地熱などの再生可能エネルギー（再エネ）にシフトしていく機運を高めるのが目的。日付は2023年9月24日に再エネ普及イベント「みんなでつくろう『再エネの日』」を開催したこと、9月は国連の気候サミットが開かれること、「秋分」の頃で自然の恵に感謝する時期などから。

海藻サラダの日

海藻の加工販売などを手がけるカネリョウ海藻㈱（熊本県宇土市）が制定。ワカメや昆布、もずくなどを使い、食物繊維やミネラルなどが豊富で低カロリーの「海藻サラダ」を多くの人に味わってもらうのが目的。日付は日本で最初に「海藻サラダ」を作った同社の髙木良一会長の誕生日（1930年9月24日）から。

歯科技工士記念日

1955年のこの日、日本歯科技工士会が創立されたことを記念したもの。国民保健を支える専門医療技術者としての歯科技工士をアピールすることを目的に、（公社）日本歯科技工士会が制定。

畳の日

⇨「1年間に複数日ある記念日」の項を参照。

9/25

スターリングシルバーの日

1880年創業の日本初の銀製品専門店、㈱宮本商行が制定。スターリングシルバーとは92.5％が銀、7.5％が銅などの割り金をした合金で、銀の美しい光沢を保ちながら加工しやすい柔らかさを兼ね備えている。肌なじみの良さや温かみのある光沢、経年とともに深まる味わいなど、さまざまな魅力があるスターリングシルバーを多くの人に親しんでもらうのが目的。日付はスターリングシルバーの純度1000分の925の「925」から9月25日とした。

骨董の日

骨董・美術品のオークションを行う㈱古裂會（京都市）が制定。日本の古き良き文化の骨董品を愛してもらうきっかけの日に。日付は江戸時代の戯作者で「骨董」の語を広く知らしめるべく『骨董集』を刊行した

山東京伝が『骨董集 巻之三』に記した日付、文化十二乙亥九月二十五日から。

主婦休みの日
⇨「1年間に複数日ある記念日」の項を参照。

山田邦子の日
お笑いタレントで、司会者、小説家など多彩なプロフィールをもつ山田邦子さんは、かつて8年連続でNHKの好きなタレント調査で1位となるなど「天下を取った唯一の女芸人」と言われている。人間的にも素晴らしい彼女をたたえたいと友人の緒方薫平氏が制定。日付は9月25日を「9（く）2（に）5（こ）」と読む語呂合わせ。

9/26

アイドルコピーダンスの日
大学対抗女子大生アイドル日本一を決めるアイドルコピーダンスイベント「UNIDOL」を開催している学生団体UNIEVENTSと㈱AmaductioNが制定。UNIDOLとは「普通の女子大生が、一夜限りの"アイドル"としてステージに立つ」というコンセプトで開かれるコピーダンスイベント。アイドルコピーダンスをより多くの人に知ってもらうことが目的。日付は第1回のUNIDOLが開かれた2012年9月26日から。

エイトレッド・ワークフローの日
ワークフローシステム「AgileWorks」や「X-point」などを開発、提供する㈱エイトレッドが制定。ワークフローの役割や実現できる新しい働き方を紹介していき、ワークフロー市場の活性化が目的。日付は9月26日を0926として「ワー（0）ク（9）フロー（26）」の語呂合わせ。

大腸を考える日
森永乳業㈱が制定。健康の鍵である大腸の役割や大腸などに生息する腸内細菌叢（腸内フローラ）のバランスを健全に保つための方法を広めることが目的。同社が中心となって大腸に良い食品素材を取り扱うメーカーで企業コンソーシアムを設立し、啓発活動を行っていく。日付は数字の9が大腸の形と似ていることと、「腸内フロ（26）ーラ」の語呂を組み合わせて9月26日としたもの。

"くつろぎ"の日
㈱コメダ（愛知県名古屋市）が制定。同社は「コメダ珈琲店」を全国に展開し、多くの人にくつろぎの場を提供をしてきた。2018年の創業50周年を記念し、お客様にとってさらに「くつろぐ、いちばんいいとこ

ろ」であり続けるのが目的。日付は「く（9）つ（2）ろ（6）ぎ」の語呂合わせ。

9/27

「信州 火山防災の日」

長野県が制定。長野県は浅間山、御嶽山、焼岳、乗鞍岳などのある全国有数の火山県であり、過去にも幾度となく火山災害が発生している。2014年9月27日には御嶽山の噴火により多数の登山者が巻き込まれる甚大な被害がもたらされた。その災害を風化させることなく、火山防災に係る意識の向上と防災対策の推進に継続的に取り組み、併せて火山および周辺地域の魅力発信による地域振興に寄与するのが目的。日付は御嶽山噴火災害の発生日から。

黄ぶなの日

黄ぶな推進協議会（栃木県宇都宮市）が制定。「黄ぶな」とは、宇都宮市に江戸時代から伝わる郷土玩具。胴体が黄色い鮒の張り子人形で、赤い顔には厄除けや疫病退散の意味がある。黄ぶなを通してより多くの人に宇都宮の文化や風習などに関心をもってもらい、街の活性化を図る。日付は「き（9）ぶ（2）な（7）」と読む語呂合わせ。

お菓子のみやきん駒饅頭誕生日

㈱お菓子のみやきん（青森県七戸町）が制定。青森名物、七戸名物として知られる同社の代表的な和菓子「献上銘菓・駒饅頭」のPRが目的。日付は1908年9月27日に皇太子（のちの大正天皇）が七戸町の種馬牧場を訪問された際に、小豆餡を入れた酒饅頭を御下命になり、侍従を通じて「駒饅頭」と命名されたことから。

ブリスの日

クルマのコーティング剤のブリスを開発した㈲ブリスジャパンカンパニーが制定。ブリスはツヤを出し、ボディーを保護する優れたコーティング機能で知られ、その常温硬化による化学結合の実験に成功した2001年9月27日から、この日を記念日としたもの。

9/28

パチンコ実践バラエティ番組『くずパチ』の日

㈱遊楽（ガーデングループ）（埼玉県さいたま市）が制定。同社が提供するYoutubeで配信中のパチンコ実践バラエティ番組「くずパチ」。日常の娯楽であるパチンコの楽しさを感じてもらい、笑顔あふれる日を増やしてもらうことが目的。日付は番組名の「く（9）ず（2）パチ

(8)」と読む語呂合わせ。

いじめ防止対策を考える日

研究者や学校関係者、保護者などと連携し、いじめ問題に取り組む（一社）てとりが制定。いじめ問題の解決のためには産官学を含めた多くの関係者が一丸となって取り組む必要があることから、いじめ防止対策について多くの人が考えるきっかけをつくるのが目的。日付は「いじめ防止対策推進法」が施行された2013年9月28日から。

まけんグミの日

グー・チョキ・パーのじゃんけんの形をモチーフにしたグミ「まけんグミ」を発売する杉本屋製菓㈱（愛知県豊橋市）が制定。1990年に発売以来、年間1000万個以上を販売するロングセラー駄菓子の「まけんグミ」をさらに多くの人に知ってもらうのが目的。日付は「9（グー）2（チョキ）8（パー）」の語呂合わせ。

くつやの日

ハンドメイドにこだわって上質な靴を製造販売している㈱サロンドグレー（大阪市）が制定。健康維持のためにもますますその重要性が高まる靴。そのはきやすい靴を全国に広めるのが目的。日付は9と28で「くつや」の語呂合わせと、秋が深まり新しい靴が欲しくなる頃から。

自動車中古部品の日

自動車および自動車部品の販売、使用済み車輌の適正処理などを手がける㈱ナプロアース（福島県伊達市）が制定。廃車や事故車などの乗り終えた車から使用できる部品を取り出し、車を修理する際に使うことでリサイクルやCO2の削減を図り、地球環境の保全、中古部品の認知度を広めるのが目的。日付は「車＝くるま（9）中古＝ちゅうこ（2）部品＝パーツ（8）」と読む語呂合わせ。

9/29

アダプト・プログラム記念日

（公社）食品容器環境美化協会が制定。アダプト・プログラムとは市民と行政が協働で進める「まちを美化・清掃するプログラム」のこと。同協会では散乱ゴミ対策の有望な手段として、1990年代よりその普及・推進を行ってきたことから、同プログラムを社会全体に広げていくのが目的。日付は同協会が「第1回アダプト・プログラム制度研究会」を開催した1997年9月29日から。

かぜ備えの日

全薬工業㈱が制定。同社のかぜ薬ジキニンは働くママ・パパを応援す

るブランド。家族が急にかぜをひいても慌てないように「かぜに備える習慣＝かぜ備え」を提唱している。防災の日に災害への備えを見直すように「かぜ備えの日」をきっかけに、家族で「かぜ備え」について考え行動してもらうのが目的。日付は、かぜは急に訪れることから「急（9）に（2）来る（9）」の語呂合わせで9月29日に。

つづく服。の日

㈱ビームスが制定。同社では「つづく服。」をプロジェクト名にサステナブル社会実現に貢献する活動を行う。素材の提供者、生産者、販売者、消費者などがそれぞれの立場でサステナビリティを実現することがファッションの未来に欠かせないと考え、持続可能な暮らしの素晴らしさを発信して、その大切さに気付き行動してもらうのが目的。日付は「つづく（9）ふく（29）」の語呂合わせ。

とっとり0929（和牛肉）の日

鳥取県牛肉販売協議会（鳥取県大山町）が制定。鳥取県産の和牛ブランド「鳥取和牛」は肉質改良への取り組みを重ね、2017年9月に全国和牛能力共進会宮城大会で肉質日本一を獲得。生産者、販売、行政などが連携し、鳥取和牛のブランド化をさらに推進するのが目的。日付は0929で「わ（0）ぎゅう（9）に（2）く（9）」と読む語呂合わせ。また、鳥取和牛の評価が全国的に高まった大会の平成29年9月と「ニク」の29日を合わせて。

Heart Safe Cityの日

㈱フィリップス・ジャパンが制定。地域社会や行政、関係施設などと協力し、イベントなどを通じて心臓疾患からの社会復帰率の向上をめざした町づくりをサポートすることが目的。日付は世界心臓連合（World Heart Federation）によって定められたWorld Heart Dayが9月29日であることから。

くっつくFM東海ラジオの日

東海ラジオ放送㈱（愛知県名古屋市）が制定。同社は2015年10月1日からFM補完放送を開始し、その周波数は92.9MHz。従来のAM放送の1332kHzに加えてFM92.9MHzが「くっつく」形で放送を行っていることと、92.9を「くっ（9）つく（29）」と読む語呂合わせから、この周波数をさらに多くの人に知ってもらい東海ラジオの魅力を広めるのが目的。

招き猫の日

招き猫は福を招くといわれているので、9と29を「来る福」と読む語呂合わせで、招き猫の愛好家団体・日本招猫倶楽部が制定。日本ならで

はの縁起物として知られる招き猫は右手を挙げていると金運を招き、左手を挙げていると客を招くと、広く庶民に愛されてきた。

接着の日

接着剤のもつ優れた機能、接着技術、役割などを知ってもらい、正しい情報の提供と接着剤業界の活性化を目的に日本接着剤工業会が制定。日付は9と29で「くっつく」の語呂合わせから。同会では「人と人とをくっつける。人と暮らしをくっつける」を掲げている。

保険クリニックの日

保険ショップ「保険クリニック」を全国展開する㈱アイリックコーポレーションが制定。「あなたの保険のホームドクターでありたい」との願いからクリニックという屋号がつけられており、この日には保険を見直す定期健診を受けてほしいとの思いが込められている。日付は「ク（9）リニック（29）」と読む語呂合わせ。

9/30

翻訳の日

翻訳者や翻訳団体、企業などで結成される（一社）日本翻訳連盟が制定。翻訳に関わる人々の活動を広く浸透させ推進するのが目的。日付は聖書をラテン語に訳したヒエロニムスの命日と言われており、国際翻訳家連盟によって「世界翻訳の日」、国際連合によって「国際翻訳デー」として制定されている9月30日に。

和栗の日

（一社）日本和栗協会（岐阜県恵那市）が制定。世界に誇れる和栗を未来に残すため、農家が自信をもって栽培し、多くの人に和栗や加工品を食べてもらうのが目的。日付は、収穫の最盛期の9月下旬で、栗（9）を通して、育てる人・菓子を作る人・味わう人の三者（3）がつながり、その輪（0）を広げたいとの思いから9月30日に。

クルミッ子の日

㈱鎌倉紅谷（神奈川県鎌倉市）が制定。同社の「クルミッ子」は自家製のキャラメルにクルミをぎっしりと詰め込んで、バターの生地で挟み込んだ人気の焼菓子。クルミッ子の魅力を発信するとともに、クルミの効能を伝える。日付はクルミをたっぷりと使用しているので「く（9）るみ（3）はまるい（0）」と読んで9月30日に。

宅配ピザの日

㈱ドミノ・ピザ ジャパンが制定。宅配ピザ市場のパイオニアとして、家族や友人との思い出の一部に携わってこれたことへの感謝と、これ

からもその美味しさで感動してもらうのが目的。日付は1985年9月30日に東京・恵比寿にドミノ・ピザ恵比寿店がオープン、日本で初めて「宅配ピザ」というサービスが始まったことから。

両親の日

自分の可能性は「無限」であることに気づき、やりたいことを現実にする「夢限」の力を仲間と創り出すことを掲げる「超」∞大学の松永真樹氏が制定。両親への感謝の気持ちを表す日として、両親の前で「産んでくれてありがとう」と伝えるイベントなどを行う。日付は9と30を反対から表記すると039となり「お父さん、お母さん（0）、サンキュー（39）」の語呂合わせ。

クミンの日

カレーの香り付けスパイスとして普及しているクミン。この日を「クミンを使ったスパイスだけでカレーを作る日」にと制定したのはハウス食品㈱。日付は9（ク）と30（ミン）の語呂合わせ。

ニッポン放送 ワイドFM 93の日

首都圏の難聴取対策、災害対策のためにラジオのAM（中波）放送のエリアで、新たに割り当てられた周波数（FM電波）を用いてAM番組を放送する㈱ニッポン放送が制定。同局ではこのワイドFM（FM補完放送）の周波数が「93.0MHz」であることから「ワイドFM93」と命名。多くのリスナーの方々に親しんでもらうのが目的。日付は周波数の93.0MHzから。

年によって日付が変わる記念日

旧暦8/15（中秋の名月）

月見酒の日

月桂冠㈱（京都市）が制定。まろやかな味わいと、すっきりとしたあと味が特徴のお酒「つき」をより多くの人に味わってもらうのが目的。日付は銘柄名から月が一年でもっとも美しく、風流な「月見酒」を楽しむのにふさわしい「中秋の名月」の日とした。

9月第1日曜日

スポーツ環境・クリーンファーストの日

社会人野球チームのBB'monstars（大阪府茨木市）が制定。同チーム

では、グラウンド周辺のゴミを拾ってから試合を行うなど清掃活動に力を入れており、全国のスポーツチームが一斉に地域の清掃を行う日があれば、各地がキレイになるのではと考えて。スポーツチームによる清掃活動という文化の普及が目的。日付は「ク（9）リーンファースト（1）」の語呂合わせから9月の第1日曜日に。

9月第1水曜日

吸水ショーツの日

チーカス㈱（愛知県清須市）が制定。吸水ショーツを通じて生理や軽失禁などについて、ジェンダーを超えてより多くの人に理解してもらうのが目的。吸水ショーツの存在や快適さを知ってもらい、生活の質の向上に役立ててもらうのが目的。日付は9月と水曜日で「きゅう（9）すい（水）」と読む語呂合わせから9月の第1水曜日に。

世界老人給食の日

老人給食の発展をめざしてオーストラリアで老人給食の活動をする「ミールズ・オン・ウィールズ協会」の呼びかけに、（一社）全国食支援活動協力会が賛同して制定。記念日（9月第1水曜日）にはいくつかの同じ高齢者向けの食事をつくり、一般の人にも提供して老人給食に対する理解を深めてもらう。

9月第2木曜日

日本骨髄増殖性腫瘍の日

骨髄増殖性腫瘍患者・家族会が制定。希少疾患の真性赤血球増加症（PV）、本態性血小板血症（ET）、骨髄線維症（MF）の総称である骨髄増殖性腫瘍（MPN）の認知度を高め、患者により多くの情報を届けるのが目的。日付はアメリカで同様の記念日（MPN Awareness Day）が9月第2木曜日なので。

9月第2土曜日

ファミリーカラオケの日

学校5日制最初の土曜日休日（9月第2土曜日）を契機に、ふだんは生活の時間帯や場所が異なる親子や家族が「カラオケ」で歌うことで、手軽にコミュニケーションをもち、楽しさを共有できることをPRしようと、（一社）日本カラオケボックス協会連合会が制定。

9月第3月曜日

敬老の日（国民の祝日）

「多年にわたり社会に尽くしてきた老人を敬愛し、長寿を祝う日」が祝日法による敬老の日の定義。1951年に作られた「としよりの日」が、1966年に「敬老の日」となった。2002年までは9月15日とされていたが、2003年より9月第3月曜日とされた。

グランド・ジェネレーションズ デー

若々しく年齢を重ね、豊かな知識と経験をもち、第二の人生をさまざまなライフスタイルで楽しんでいるGRAND GENERATION (G.G)世代。その世代にエールを送り、より輝きを増す日にと、イオンなどのショッピングセンターを全国展開するイオンリテール㈱（千葉市）が制定。日付は「敬老の日」。

軽量の日

梱包材として使われる軽い気泡シート「プチプチ」気泡ボード「プラパール」。これらの商品を製造販売する川上産業㈱が制定。日付はギリシャ神話に登場するかわいい妖精「ナイアド」を記念日のシンボルとしたことから。ナイアドは、以前は第9惑星であった海王星の第三衛星の名前であるため、9月と第3月曜日を組み合わせたもの。

海老の日

長いひげをもち、腰の曲がった姿が凛とした老人の相に似ていることから長寿の象徴とされる海老。目玉が出ていて「お目出たい」といわれる縁起の良い海老。その海老を食べて、高齢者の方々に感謝と敬意を表し、末永い健康と長寿をお祝いする日にと、老舗の海老専門業者・毎味水産㈱（愛知県西尾市）が制定。「敬老の日」には海老を食べるという新しい食文化を提案している。

月間

歯ヂカラ探究月間（1日～30日）

歯を丈夫で健康にするガム「リカルデント」などをブランドにもつ㈱モンデリーズ・ジャパンが制定。夏は食生活が乱れがちで歯の体力＝歯ヂカラも弱まる傾向にあることから、食生活をリセットする機会でもある9月1日から30日までの1ヵ月間を、歯が本来もっている力を見直し、強化するなどの探究時期にしようと提唱したもの。

10月

OCTOBER

旧 暦 神無月(かんなづき)
　語源:もとは「神の月」の意とされるが、後世、八百万(やおよろず)の神々が出雲に集まるため全国から神々がいなくなる「神無し月」という解釈が定着した(逆に出雲では「神在月」とされる)。

英 名 October
　語源:もともとは「8番目」を意味するラテン語が語源だが(足が8本ある蛸はoctpusというのはこのため)、改暦の際に名称を変更したなかったことからズレが生じているとされる。

異 名 神去月(かみさりつき)/神在月(かみありつき)/初霜月(はつしもつき)/良月(りょうげつ)/吉月(きつげつ)/時雨月(しぐれづき)/小春(こはる)

誕生石 トルマリン(電気石)/オパール(蛋白石)

誕生花 菊/コスモス/ガーベラ/クルクマ

星 座 天秤座(〜 10/23頃)、蠍座(10/24頃〜)

国民の祝日 スポーツの日(第2月曜日)

10月は実りの秋、芸術の季節なので、食べ物や文化に関連した記念日が多い。なかでも1日と10日は一年に数日ある記念日が集中する特異日で、さまざまな行事が行われるため、日本記念日協会のホームページへのアクセス数も急増する。しかし、スポーツの秋の象徴だった「体育の日」は、日付を移動する祝日になってから話題性を大きく失い、さらには名称も「スポーツの日」と変更されてしまった。記念日は何年にもわたり続けることでその文化が育っていく。国民の祝日なら国民に親しまれてこそのもの。

コスモス

10/1

日本酒の日
全日本酒造組合中央会が1978年に制定。日付は、新米による酒造りにかかるのが10月であること、酒造年度が10月1日から始まるなどの理由から。

コーヒーの日
全日本コーヒー協会が1983年に設けた日。10月1日がコーヒー年度のスタートにあたり、これからの季節、温かいコーヒーがよく飲まれるようになるため。

ありがとう派遣社員の日
人材派遣業務などを手がけるパーソルテンプスタッフ㈱が制定。派遣社員の存在価値を広く社会に認識してもらい、派遣社員として働く人々のエンゲージメント向上と評価、賞賛の場を提供することが目的。「ありがとう」という感謝の意を示すことで、派遣社員のモチベーションアップや定着率向上にとの願いがある。日付は労働者派遣法が施行された日（1986年10月1日）から。

インターネットを学ぶ日
日本初のインターネットを学ぶ専門校「インターネット・アカデミー」を運営するインターネット・アカデミー㈱が制定。インターネットを学ぶ人を増やすこと、学ぶきっかけを作ることが目的。インターネットを学ぶことで、世界中に新たな価値やサービスを提供し、社会課題の解決に役立てることができる。日付は「インターネット・アカデミー」が開校した1995年10月1日から。

井村屋ゆであずきの日
井村屋グループ㈱（三重県津市）が、同社の「ゆであずき」をPRするために制定。1962年に発売され、トップシェアを誇る同社の「ゆであずき」は、素材や製法にこだわり丁寧に炊き上げられ、風味豊かなあんと小豆の粒感が楽しめる人気商品。日付は、あずきの収穫時期が10月頃で、毎月1日が「あずきの日」であることから。

終活を考える日
介護付有料老人ホーム「松山エデンの園」（愛媛県松山市）が制定。同園では「終活シニア大学」と題する講義などを開催。終活を始めるきっかけの日として、多くの人に終活の情報が届くようにするのが目的。日付は10月＝じゅうがつ＝しゅうかつ＝終活と読む語呂合わせから、その最初の日である10月1日としたもの。

1on1記念日

　1on1・ピープルマネジメント支援クラウドシステム「Kakeai」（カケアイ）の開発・運営を手がける㈱KAKEAIが制定。上司と部下の1対1の面談「1on1」が、お互いの理解と信頼を生み出す、人材の育成が図れるなど、組織や従業員に及ぼす高い効果を多くの人に知ってもらうのが目的。日付は「1on1」の1onを10月、末尾の1を1日と見立てて10月1日に。

闘魂アントニオ猪木の日

　㈱猪木元気工場が制定。プロレスラー、格闘家、政治家として、多くの人々を鼓舞し、多くの人に愛されたアントニオ猪木氏を偲び、その功績・人物像・魅力などを後世に伝え、広めていくことが目的。日付はアントニオ猪木こと猪木寛至氏の命日（2022年10月1日）で、「闘（10）魂AntonioI（1）noki」の語呂合わせでもある。

永遠の愛を繋ぐ婚約指輪の日

　1級ジュエリーコーディネーターが所属する結婚指輪・婚約指輪専門店、㈱ビジュトリーヨシダ（岐阜県関市）が制定。婚約指輪の価値を広め、結婚へのスタートを応援することが目的。ジュエリー産業の活性化に貢献できればとの思いも込められている。日付は、永遠  の愛を「と（十）わ（0）のあい（I）」と読む語呂合わせと、クリスマスまでに選ぶためのスタートラインの日にと10月1日に。

ヤマモトヤ・玉子サンドの日

　ボリュームたっぷり、安くて美味しい手作りのサンドイッチを販売する㈱ヤマモトヤ山本幸子（神奈川県厚木市）が制定。1975年の創業以来の人気商品「玉子サンド」のPRが目的。日付は数字の1をパンに0を玉子に見立て、パンとパンの間に玉子を挟んでいるので101となり、玉子サンドの姿から10月1日に。

服部製紙アルカリ電解水の日

　服部製紙㈱（愛媛県四国中央市）が制定。同社では2001年からアルカリ電解水を使用したお掃除クリーナーの商品化に着手。環境にも人にもやさしいアルカリ電解水クリーナーを広めるのが目的。日付は電気分解をする際の陽極のプラス（＋）と陰極のマイナス（－）の記号から十月一日（10月1日）としたもの。

モビリティメディアの日

　広告事業を展開する㈱ニューステクノロジーが制定。同社はタクシー

の車内広告「GROWTH」や車窓広告「Canvas」などのモビリティメディア事業を展開、そのプロモーションを中心に記念日を活用する。日付は、同社の創業日2014年10月1日から。

わくわくトイの日

玩具・ゲームの輸入販売を手がけるマテル・インターナショナル㈱が制定。玩具は娯楽としてだけではなく、子どもたちのからだ・あたま・こころをバランス良く育み、五感をフルに使った遊びは学習意欲や豊かな感性を育む土台となる。子どもたちのわくわくを引き出し、成長を支える玩具の役割を考える日とするのが目的。日付は「ト（10）イ（1）＝おもちゃ」と読む語呂合わせから。

塩ふき昆布（えびすめ）の日

昆布および昆布加工製品の製造・販売を手がける㈱小倉屋山本（大阪市）が制定。同社の代表商品で、塩ふき昆布の元祖として知られる『えびすめ』を通じて、塩ふき昆布の美味しさや魅力を多くの人に知ってもらうのが目的。日付は三代目店主山本利助氏が試行錯誤を重ね、1949年10月に日本初の塩ふき昆布『えびすめ』を開発し販売したことから、その月の初日である10月1日に。

大切な問いに向き合う日

組織開発、制度設計、事業開発などを組み合わせたコンサルティングを手がける㈱MIMIGURIが制定。同社は「問い」を「複雑な問題の本質を捉え、創造的な課題解決に導く」「新たな価値や本質を探究する」技術として有用な方法論と考えており、代表の安斎勇樹氏には『問いのデザイン』の共著がある。「問い」の重要性を多くの人に伝え、問いかけに熟達する人が増えてくれることが目的。日付は「と（10）い（1）＝問い」と読む語呂合わせから。

芦屋のフィナンシェ世界一の日

洋菓子ブランド「アンリ・シャルパンティエ」などを運営する㈱シュゼット・ホールディングス（兵庫県西宮市）が制定。兵庫県芦屋市生まれの同ブランドのフィナンシェは「世界一売れてるフィナンシェ」として7年連続ギネス世界記録認定されている。同ブランドのフィナンシェの魅力を発信し、さらに認知度を高めるのが目的。日付は毎年のギネスキャンペーン開始日の10月1日に。

トイトイトイクリニックの日

幅広い美容医療を提供する美容皮膚科トイトイトイクリニックを運営する（医）雪焔会が制定。「いつまでも美しくありたい」「悩みを解消したい」という切実な願いの実現と、満足度の高い安全な美容医療の普

及が目的。日付はクリニックの名称にある「ト（10）イ（1）」の語呂合わせから。

天ぷら粉の日

「天ぷら粉」を製造販売する昭和産業㈱が制定。天ぷら粉を使うと簡単においしく作れる天ぷらを、多くの人に食べてもらうのが目的。日付は、同社が世界初めてアメリカで家庭用の天ぷら粉をSHOWA TEMPURA BATTER MIXとして発売したのが1960年10月なので、その最初の日を記念日に。

たまご蒸しパンの日

フジパン㈱（愛知県名古屋市）が制定。ふわふわの食感が人気の満月のように黄色く丸い「たまご蒸しパン」を多くの人に食べてもらい、たまご蒸しパン市場全体を盛り上げるのが目的。日付は十五夜、十三夜のお月見シーズンに近い10月1日としたもの。また同社の商品「おいしいたまご蒸しパン」が発売された日。

まずい棒の日

スナック菓子「まずい棒」をPRするため、販売元の銚子電気鉄道㈱（千葉県銚子市）が制定。「まずい棒」のネーミングは、同社の「お化け屋敷電車」を企画・演出する寺井広樹氏によるもので、同社の経営状況が「まずい」ことにちなむ。日付は漫画家の日野日出志氏が手がけたパッケージのキャラクター「まずえもん」の誕生日（安銚18年9月31日＝10月1日〔架空の日〕）から。

電話健康相談の日

健康をサポートする各種インフラサービスを提供するティーペック㈱が制定。いつでも、どこからでも利用できる電話健康相談を日常の医療・健康サポートツールとして多くの人に活用してもらうのが目的。日付は1989年10月1日に同社の24時間年中無休の電話健康相談サービス「ハロー健康相談24」が開始されたことから。

電動工具の日

プロ用からDIY用、園芸用など、さまざまな用途の電動工具を製造販売する工機ホールディングス㈱が制定。電動工具の安全で効果的な使い方をより多くの人に知ってもらい、その普及と発展をめざす。日付は電動工具と親和性が高いネジ穴のプラス（＋）マイナス（－）を漢数字に見立て十月一日としたもの。また、秋の文化祭などに電動工具を使い作品を作ってもらいたいとの思いから。

超熟の日

敷島製パン㈱（愛知県名古屋市）が制定。余計なものは入れない小麦本

来のおいしさが人気の食パン「超熟(ちょうじゅく)」などの超熟シリーズを多くの人に知ってもらい、日本中に「豊かで楽しい食卓」を届けるのが目的。日付は、超熟が発売された1998年10月1日から。

裏ビックリマンの日

ビックリマンチョコシリーズの企画開発を行う㈱ロッテと大日本印刷㈱による、ビックリマンプロジェクトが制定。ビックリマンファンを「ビックリ」させる「裏」にちなんだ企画（菓子のパッケージの印刷文字を反対にするなど）を行い、ビックリマンファンに喜んでもらう。日付は「ビックリマンの日」である4月1日から半年後で、カレンダーの裏側に当たる10月1日に。

和の日

（公財）地球友の会が制定。日本の文化、伝統を見つめ直し、調和、感謝、助け合い、譲り合うなどの「和の精神」を広めることが目的。日付は10と1を「101」として人（1）と人（1）が和（輪＝0）で結ばれる形であり、神様が出雲に集まって平和について語り合う月（神無月＝10月）の最初の日との意味から。

商品検査の日

生活協同組合コープこうべ・商品検査センター（兵庫県神戸市）が制定。同組合は「安全な食べものを食べたい」という組合員にこたえ、1967年10月1日に国内の生活協同組合で最初に商品検査室を開設。以来、消費者の視点からの地道な商品検査活動を続け、2017年で50周年になることを記念したもの。日付は開設した日から。

札幌ホテル夜景の日

JRタワーホテル日航札幌、ホテルエミシア札幌、㈱プロポーズ、センチュリーロイヤルホテル（2024年閉館）で構成する札幌ホテル夜景の日実行委員会（北海道札幌市）が制定。札幌市は2015年10月に「日本新三大夜景都市」のひとつに選ばれており、食と夜景を組み合わせた新しい夜景観光を創造、発信して、札幌の夜景の魅力をアピールする。日付は2016年10月1日に各ホテルで「夜景ディナー企画」がスタートしたのが由来。

日本茶の日

豊臣秀吉が1587（天正15）年のこの日に北野の松原で大茶会を開いた故事から、日本茶飲料のメーカー㈱伊藤園が制定。10月上旬は「お茶まつり」などを開いている茶業家も多い。

uni（ユニ）の日

高級鉛筆「uni（ユニ）」の発売（1958年10月1日）を記念して、三菱鉛

筆㈱が制定。なめらかな書き味と、「uni」色と呼ばれる独特の軸色は多くの人を魅了し、高級鉛筆の代名詞となっている。

メガネの日
メガネの愛用者の方々に感謝の気持ちを表そうと（一社）日本メガネ協会が制定。日付の由来は、10月1日は1001と表記することができ、両端の1がメガネのツルを、内側の0がレンズと見立てられ、メガネの形を意味していることから。

香水の日
秋はファッションの季節であり、新しい秋冬の服に合わせて香水への関心が高まる時期であることから、日本フレグランス協会が制定。人々の気持ちを豊かにする香水の魅力を広め、クリスマスから年末にかけての香水マーケットの賑わいをめざしている。

食物せんいの日
食物繊維を多く含む飲料を製造・販売するアサヒ飲料（株）が制定。現代人に不足しがちな食物繊維の摂取向上のきっかけの日とするのが目的。日付は10月1日を「1001」と見立て、「せんい（ち）」と読む語呂合わせから。

ひろさきふじの日
りんごの晩生種「ふじ」よりも1ヵ月早く熟す「ひろさきふじ」は、1996年10月1日に東京の太田市場に初めて上場し高値で取引され、早世ふじブームを巻き起こした。「日本一早いサンふじ」として10月1日に初セリが行われることから、ブランド化に取り組む「つがる弘前農業協同組合ひろさきふじの会」（青森県弘前市）が制定。

食文化の日
「世界の『食』を豊かにする」ことをコンセプトに「食文化の開拓者」をスローガンとして掲げている日本食研ホールディングス㈱（愛媛県今治市）が制定。日付は、豊かな「食」を通じて幸福を提供し続けたいとの熱意から会社の創業記念日の1971年10月1日から。

磁石の日
磁石の特性や機能、存在価値をより広く社会に認知してもらうことを目的に、磁石のトップメーカーのニチレイマグネット㈱（大阪府東大阪市）が制定。日付は磁石は「＋（N極）と－（S極）」から成り立つことにちなみ、＋（10）と－（1）を組み合わせてのもの。

頭皮ケアの日
頭皮ケア商品の代表的メーカー資生堂プロフェッショナル㈱が制定。自宅やサロン技術者による頭皮ケアを習慣化し、頭皮を健やかに保つ

ことで根元から張りのある美しい髪を育んでもらうのが目的。日付は10を「頭(とう)」1を「皮(ひ)」と読む語呂合わせから。

天下一品の日

鶏がらベースの濃厚こってりラーメンを特徴とするラーメンチェーン店「天下一品」を全国展開する㈱天一食品商事(滋賀県大津市)が制定。日付は10(テン＝天)と1(イチ＝一)の語呂合わせから。感謝の意味を込めて「天下一品祭り」を開催。

トンカツの日

冷凍食品を製造販売する㈱味のちぬや(香川県三豊市)が制定。食欲の秋、スポーツの秋のこの季節に、トンカツを食べて元気に、そして勝負に勝つ(カツ)ことをめざして頑張ってほしいとの思いが込められている。トン(10)カツ(勝つ＝1番)の語呂合わせも。

確定拠出年金の日

NPO法人確定拠出年金教育協会が制定。同協会は、年金加入者が自分の責任で資産形成のための賢い選択を行えるよう、確定拠出年金についての調査やセミナーを行っている。日付は2001年10月1日に確定拠出年金法が施行されたことから。

トライの日

「資格を取る」「家を建てる」「マラソンを完走する」「新商品を開発する」など、個人や企業が何かの目標をもって挑戦をする、何か新しいことを試みる(トライ)、その出発点となる日をと、東京の渡邊渡氏が制定。日付は「ト(10)ライ(1)」と読む語呂合わせから。

ポイントカードの日

共通ポイントサービス「Vポイント(旧・Tポイント)」を運営するCCCMKホールディングス㈱が制定。共通ポイントカードは、リアル店舗やネットサービスなど多くの企業からサービスを受けられるカードで、日常的にいつでもどこでも利用できる「みんなのポイント」をめざす。日付は、前身であるTポイントカードが誕生した2003年10月1日から。

スカルプの日

総合毛髪関連事業の㈱アデランスが制定。自社の育毛コースの男性向けの「HairRepro(ヘアリプロ)」や女性向けの「Benefage(ベネファージュ)」、その他ヘアケア商品の販売や関連サービスのPRが目的。日付は10と1で「とうひ(頭皮)」と読む語呂合わせ。スカルプ(scalp)は英語で「頭皮」の意味。

ハロウィン月間はじまりの日

渋谷駅の東口に位置する渋谷駅東口商店会が制定。10月31日の「ハロウィン」のある10月を「ハロウィン月間」と位置づけ、1ヵ月間さまざまな活動を展開することで地域の活性化を図るのが目的。記念日としての日付はそのはじまりの日である1日に。

10/2

芋煮会の日

山形県の季節行事「芋煮会」の発祥地として知られる、山形県東村山郡中山町が制定。町の誕生70周年(2024年)を機に、同町が「芋煮会」の発祥地であることのPRと、観光客・移住者の誘致が目的。日付は「芋煮会」が山形県の秋の風物詩であり、10月2日を「い(1)も(0)に(2)」と読む語呂合わせから。

大阪東部ヤクルトの日

大阪東部ヤクルト販売㈱(大阪府八尾市)が制定。地域の人に必要とされる応援サポーターとなれるよう、お客さまの「未来体験(将来の夢)」の実現に向けて考える日。日付は大阪東部ヤクルトの「東(とう=10)部(ぶ=2)」の語呂合わせ。

イオンレイクタウンの日

埼玉県越谷市の日本最大のエコ・ショッピングセンター「イオンレイクタウン」のPRのため、運営元のイオンリテール㈱とイオンモール㈱が制定。同センターはウォーカブル(歩きやすい)、ユニバーサル(誰にでもやさしい)、コミュニティ(憩いの場になる)をキーワードに、人と自然に心地よい空間とサービスを提供。日付はオープンした2008年10月2日から。

直売所(ファーマーズマーケット)の日

全国農業協同組合中央会(JA全中)が制定。生産者が消費者に直接、農産物を販売する直売所のファーマーズマーケットは、地産地消、農業振興、地域活性化などに欠かせない存在で、多くの人に知ってもらうのが目的。日付は「JAファーマーズマーケット憲章」が制定された2003年10月2日から。また、採れたてのイメージから「採れ(10)たてに(2)会おう・行こう」の語呂合わせも。

美術を楽しむ日

女子美術大学、多摩美術大学、東京造形大学、武蔵野美術大学の四美

大校友会同窓会連合が制定。美術を身近に感じ体験してもらい、美術の素晴らしさと可能性を伝えるのが目的。日付は「芸術の秋」であり、10と2を「美(Be) 10月(ジュ) 2日(ツ)」と読んで。

ALDの日
NPO法人ALDの未来を考える会が制定。特定疾患に指定された遺伝性の難病ALD（副腎白質ジストロフィー）について多くの人に知ってもらうのが目的。日付は、ALD研究の第一人者の五十嵐正紘医師が1976年に世界で初めてALD患者の脳、副腎に飽和極長鎖脂肪酸が蓄積していることを発見し、この研究が最初に医学誌に受理された日から10月2日に。

グラノーラの日
グラノーラの日本トップブランド「フルグラ®」を国内で展開するカルビー㈱が制定。お米、パンに続く「第3の朝食」としてグラノーラが日本の食卓に根付くよう、その認知度向上が目的。日付は、10をスプーン（1）とお皿（0）に見立て、グラノーラの主原料のオーツ麦を「02」と読む語呂合わせ。

雷山地豆腐の日
10月2日の「豆腐」の語呂合わせで雷山地豆腐店（福岡市）を営む野田政志氏が制定。雷山地豆腐は昔ながらの手作業で、雷山の水と甘みのある糸島産の大豆、天然の苦汁で作られる地元で人気の豆腐。

杜仲の日
中国では古くから漢方として利用され、日本では医薬品やお茶として広く親しまれている杜仲。その歴史や有用性を多くの人に知ってもらい、知識を深める日にと日本杜仲研究会が制定。日付は10と2で「トチュウ」と読む語呂合わせから。

スンドゥブの日

韓国の家庭料理のスンドゥブチゲが作れるスンドゥブチゲ用のスープを発売している㈱ダイショーが制定。寒くなる季節に備えて体が温まり、豆腐と卵で簡単に作れるスンドゥブチゲを食べて元気になってもらいたいとの願いが込められている。日付は10と2でスンドゥブチゲの材料の「豆腐」と読む語呂合わせから。

「跳び」の日
なわとびの普及活動を行うNPO法人日本なわとびプロジェクト（愛知県名古屋市）が制定。なわとびを使って人々の基礎体力向上を図る

のが目的。日付は10と2で「跳び」と読む語呂合わせ。また、なわとびは両手で持って跳ぶため、7月8日を「『なわ』の日」に制定し、二つの記念日により両方の手が「なわを持つ」イメージを表す。

とんこつラーメンの日

久留米ラーメン会（福岡県久留米市）が制定。今や世界に広がる「とんこつラーメン」の発祥の地である久留米の認知度を上げ、「とんこつラーメン」を地元で味わってもらうことが目的。日付は10と2を「とんこつ」と読む語呂合わせから。

10/3

糖鎖の日

名古屋大学と岐阜大学が合同で設立した世界トップクラスの統合糖鎖研究所、糖鎖生命コア研究所が制定。「糖鎖」とはすべての細胞の表面を覆う生命体物質の一種で、核酸（DNA、RNA）、タンパク質に次ぐ「第三の生命の鎖」として多くの重要な働きをもつ。「糖鎖」に関する研究、知識の普及とその重要性の啓発活動が目的。日付は「糖（10）鎖（3）」と読む語呂合わせ。

健康オートミールの日

㈱ライスアイランド（岐阜市）が制定。同社は「おいしく食べて、からだの中から健康美」をテーマに、オートミールなどを販売している。健康に良く食味の優れたオートミールは腸活に向いていることを発信し、オートミールの知名度向上と人々の健康に役立てるのが目的。日付は10月は「スポーツの日」があり健康意識が高まることと、オー（0）トミ（3）ールの語呂合わせ。

データ見える化の日

顧客体験フィードバックシステム「見える化エンジン」の開発、運営を行う㈱プラスアルファ・コンサルティングが制定。データの見える化やその活用に関心をもってもらい、データ見える化技術の進歩を後押しをするのが目的。日付はデジタルデータはすべて1と0で表現、構成されてることから10月。また「デー（10）タ見（3）える化」と読む語呂合わせから10月3日としたもの。

榮太樓飴の日

文政元（1818）年に創業し、東京・日本橋に本店を構える老舗の和菓子店㈱榮太樓總本鋪が制定。榮太樓飴をさらに多くの人に知ってもらい、おいしさを味わってもらうのが目的。日付は榮太樓飴の生みの親、細田栄太郎の生誕日（1832年10月3日）から。この頃は七十二候の「水

始涸」の初日で農産物の収穫期、天然の原材料だけで作られる榮太樓飴にふさわしい日との思いも。

アンパンマンの日

楽曲やキャラクターコンテンツの版権管理などを行う日本テレビ音楽㈱が制定。国民的キャラクター「アンパンマン」(やなせたかし氏原作)の記念日。日付はテレビアニメ「それいけ！アンパンマン」が日本テレビ系列で放送を開始した1988年10月3日から。アンパンマンは子どもたちに愛と勇気を届け続けている。

飲むオリーブオイルの日

クオリティソフト㈱(和歌山県白浜町)が制定。身体によい成分を多く含むエクストラバージンオリーブオイルを飲む習慣をつけ、健康と食の楽しさを提案するのが目的。日付は同社がトルコのエーゲ海沿岸の太陽を浴びて育ったオリーブを搾ったエクストラバージンオリーブオイルを輸入販売していることから、10がトルコ、3がサンシャイン(陽光)を表す語呂合わせで。

ドイツパンの日

ドイツパン研究会が制定。伝統的なドイツパンによる食習慣が健康に良いと見直されていることから、さらなる普及をめざすのが目的。日付は、1990年のこの日に東西に分かれていたドイツが統一され、ドイツの象徴的な日との判断から。

洗浄の日

環境にやさしい「水」のもつ優れたエネルギーを利用した高圧洗浄。その活用、普及の一環として、洗浄従事者の技能向上、作業方法の改善などを目的に活動している(公社)日本洗浄技能開発協会が制定。日付は「千(セン)は10の3乗(ジョウ)」の語呂合わせから。

センサの日

高品質の産業用センサの製造販売で知られるオプテックス・エフエー㈱(京都市)が制定。センサの技術は自動車、電子部品、医薬品、食品など、世界のさまざまな業界で使われ、ものづくりに貢献している。日付は10月3日＝1003で「センサ」の語呂合わせから。

とろみ調整食品の日

介護医療食品の開発販売を手がける㈱フードケア(神奈川県相模原市)が制定。高齢化社会が進むなか、高齢者の誤嚥による窒息死や肺炎が多発していることから、とろみ調整食品の大切さ、使い方の重要性を多くの人に知ってもらい、誤嚥防止を広めていくことが目的。日付は「と(10)ろみ(3)」と読む語呂合わせ。

10/4

豊(とよ)の日
建設工事事業・プロジェクトに技術や人材を提供するT.T.C㈱（千葉県鎌ケ谷市）が制定。同社は人が幸福なのは豊かな自然や環境、人や物があってこそで、その恵み（豊）に感謝し、分かち合うことが大切と考えており、多くの人に「感謝をする日」としている。日付は創業者が豊田姓であることから豊を「と（10）よ（4）」と読む語呂合わせで10月4日に。

ティシューの日
日本製紙クレシア㈱が制定。同社はアメリカで誕生した世界初のティシュー「クリネックスティッシュー」の販売元であるキンバリークラーク社と提携し、1964年に日本で初めてのティシューを発売した。生活必需品のティシューの便利さについて考える日。日付は10月4日を「ティ（10）シュー（4）」と読む語呂合わせから。

ラーメンフォークの日
ファストフードサービスチェーン「スガキヤ」を運営するスガキコシステムズ㈱（愛知県名古屋市）が制定。ラーメンフォークはスープを飲むためのスプーンと麺を食べるためのフォークがひとつになった形で、1978年からスガキヤで使われている。ラーメンフォークをより多くの人に親しんでもらうのが目的。日付は10を「一〇」としてスプーンを、4はラーメンフォークの先端の爪が4本であることから10月4日に。

LINEスタンプの日
メッセンジャーサービス「LINE」を運営するLINEヤフー㈱が制定。イラストなどの画像を文字代わりに投稿することで、文字を入力しなくても感情を伝えたり、文字では伝えにくいニュアンスを伝える「LINEスタンプ」。これまで利用してくれたユーザーへの感謝と、これからも利用してとの思いが込められている。日付は2011年10月4日に「LINEスタンプ」機能が登場したことから。

ピザ テン.フォーの日
全国で宅配ピザチェーン店「ピザ テン.フォー」を展開する㈱テンフォー（北海道函館市）が1988年10月4日に「ピザ テン.フォー」の1号店が函館で開店。創業日にちなんだ屋号「ピザ テン.フォー」の誕生を記念したもので、10月4日には感謝セールを実施する。日付は第1号店がオープンした日から。

ロールキャベツの日

ロールキャベツのリーディングカンパニー、ヤマガタ食品㈱(静岡県沼津市)と、国産ロールキャベツのシェアナンバーワン企業の(有)ダイマル(静岡市)が制定。スープやシチューなどの最高の具材のロールキャベツを多くの人においしく食べてもらうのが目的。日付は1893年10月4日に日刊新聞の「時事新報」の献立欄にロールキャベツの原型の「キャベーヂ巻き」が初めて紹介されたことから。

天使のシャンパンの日

人気シャンパン「ANGEL CHAMPAGNE」の日本正規代理店ANGEL JAPAN㈱が制定。「完全なる美」を探求するという意味を込めたANGEL CHAMPAGNEは独創的な風味をもつ。多くの人にその魅力を知ってもらうのが目的。日付は「天使=てん(10)し(4)」と読む語呂合わせ。

日本刀の日

刀剣製作技術の研究開発と新作刀剣の普及をめざす全日本刀匠会(岡山市)が制定。日本刀に対する正しい知識を広め、美術品としての美しさ、文化的な価値、継承していくべき技術の大切さを伝えるのが目的。日付は「刀(とう=10)匠(し=4・ょう)」の語呂合わせ。

糖質ゼロの日

日本酒で初めて糖質ゼロの商品を発売した老舗日本酒メーカー、月桂冠㈱(京都市伏見区)が制定。後味がすっきりとして旨味のある日本酒「糖質ゼロ」は、健康を気遣う人だけでなく、超淡麗辛口で料理との相性を高める軽快な飲み口であることをPRするのが目的。日付は「糖(とう=10)質(し=4・つ)」と読む語呂合わせ。

等身大フォトの日

全国で写真集の製作などを手がける㈱アスカネット(広島市)が制定。子どもの成長記録として赤ちゃんの大きさを等身大の写真で残すことで得られる感動と、今までなかった「等身大撮影」をより多くの人に知ってもらうのが目的。日付は「とう(10)し(4)んだい=等身大」と読む語呂合わせから。

証券投資の日

より多くの人に証券投資に興味と関心をもってもらうため、日本証券業協会が1996年に制定し、2003年に日本記念日協会に登録。その後、2009年に登録名称を「投資の日」と変更したが、2017年からは再び「証券投資の日」として再登録した。日付は「投(とう=10)資(し=4)」の語呂合わせから。

天使のエステの日
エステティックサロン「レザンジュ」を運営する㈱ミラックスが制定。フランス語で天使を意味する「レザンジュ」のPRと、多くの女性に天使のような美しさを提供したいとの願いから。日付は「天＝テン（10）使＝シ（4）」と読む語呂合わせ。

天使の日
トリンプ・インターナショナル・ジャパン㈱が自社の主力商品「天使のブラ」が累計1000万枚の販売を記録したのを記念して制定。日付は「天（10）使（4）」と読む語呂合わせから。

徒歩の日
日常生活で歩く習慣を取り戻し、健康になろうと「徒歩を楽しむ会」（宮崎市）代表の貞原信義氏が制定。日付は「徒（ト＝10）歩（フォ＝4）」と読む語呂合わせから。

サンテロ 天使の日
ラベルに天使が描かれたイタリア産のスパークリングワイン「天使のアスティ」「天使のロッソ」を楽しんでいただきたいと、酒類専門商社の㈱モトックス（東大阪市）が制定。サンテロとはイタリアナンバーワンアスティを生産するサンテロ社のことで、日付は10と4で「天使」と読む語呂合わせから。

森永・天使の日
エンゼルマークで知られ、「天使」の商標登録をもつ森永製菓㈱が制定。日本中の子どもたちに天使のような純真無垢な笑顔になってもらいたいとの願いが込められている。日付は「天＝テン（10）使＝シ（4）」の語呂合わせから。

ジューCの日
「ジューC」は1965年から販売の日本を代表するロングセラー清涼菓子。「子どもたちに夢と希望を」の精神でお菓子づくりをしている製造・販売元のカバヤ食品㈱（岡山市）が制定。日付は10と4で「ジューC（シー）」と読む語呂合わせから。

トレシーの日
超極細繊維を使ったクリーニングクロス「トレシー」を発売する東レ㈱がその優れた効果をPRするために制定。1986年に発売された「トレシー」は、スマートフォンや時計、アクセサリーなど、さまざまなアイテムに使え、油膜などの脂汚れをスッキリ拭き取ることができる。日付は「ト（10）レシー（04）」の語呂合わせから。

お取り寄せの日

お取り寄せの口コミポータルサイト「おとりよせネット」を運営するアイランド㈱が制定。お取り寄せのたのしさ、うれしさ、わくわくがもっと広がるようにとの願いが込められている。日付は10月はおいしいものがあふれる季節で、4日は食（4）に通じることと、「お・と（10）・り・よ（4）・せ」の語呂合わせから。

10/5

エルトン・ジョンの日

ユニバーサルミュージック合同会社が制定。世界で3億枚以上のレコード・セールスを記録するポップス界のスーパースター、エルトン・ジョン。音楽制作や個別のコンサートなどに積極的に取り組み、キャリアの総仕上げ期の彼の活躍を盛り上げるのが目的。日付は1971年10月5日に東京・渋谷公会堂で初来日公演が開催されたことから。

ひろの童謡の日

福島県広野町が制定。同町は童謡「とんぼのめがね」が生まれ、唱歌「汽車」の舞台といわれていることから、童謡によるまちづくりを進めており、2018年には「童謡のまち」を宣言。1994年からは「ひろの童謡まつり」を開催している。広野町の「童謡の継承」と「新たな童謡の発信」を促進するのが目的。日付は同じく童謡によるまちづくりを進めている兵庫県たつの市と「童謡の里づくりのまち」の交流協定を結んだ2018年10月5日から。

to suitの髪リフトの日

東京・新富町の頭皮ケア、ヘアケア専門の美容室「to suit（トゥスーツ）」を運営する㈱to suitが制定。同美容室はオーナーで毛髪診断士の吉田昌広氏が手がける完全プライベートサロン。独自に開発した正しい頭皮ケアにより理想的な髪のボリュームやツヤを実現する「髪リフトアップメニュー」で美しく元気になってもらうのが目的。日付は「to suit」がオープンした日（2018年10月5日）から。

巖手屋の日

せんべいなどの製造販売を行う㈱巖手屋（岩手県二戸市）が制定。東北地方の名物の南部せんべいは、どこか懐かしい素朴なせんべい。胡麻や落花生などさまざまな味わいの巖手屋の南部せんべいを多くの人に知ってもらうのが目的。日付は10を「い（1）わ（0＝輪＝わ）」と読み、5を手を開いて指が5本立っている形（じゃんけんのパー）から「手＝て」と読んで。

カナダ・メープルの日
ケベック・メープルシロップ生産者協会が制定。カナダ産メープルシロップのすばらしさを伝え、理解を深めてもらうのが目的。日付はナイアガラからケベックシティに至る「メープル街道」のメープルの葉が赤く色づくのが10月初めで、カエデの葉が人の手で数字の5を示すときの形に似ていることから10月5日とした。

みそおでんの日
「こんにゃくパーク」の運営でも有名な、こんにゃくメーカーの㈱ヨコオデイリーフーズ（群馬県甘楽町）が制定。人気商品の「田楽みそおでん」をPRするのが目的。日付は同社が田楽おでんにみそだれをつけて発売した1994年10月5日にちなんで。

社内報の日
社内報の役割を再認識して企業を元気にするため、その活用を促進しようと、社内報のコンサルティングなどを手がけるウィズワークス㈱が制定。日付は10と5で社内を統合（トーゴ）の意味から。

シスターストリート記念日
日米を代表するファッションストリート、東京・原宿の3商店会（原宿神宮前商店会、原宿表参道欅会、原宿竹下通り商店会）と、ロサンゼルスのメルローズストリートによる世界初の「シスターストリート（姉妹通り）」の締結を記念して、アソビシステム㈱が制定。ポップカルチャーが生み出す新しい地域経済の発展モデルを作ることが目的。日付は締結日の2013年10月5日から。

教師の日
教師という仕事の魅力と日々の実践と努力について社会に伝えるため、優秀な教師の育成、支援を行うNPO法人Teach For Japanが制定。日付は1966年10月5日に国連の教育科学文化機関（ユネスコ）が「教師の地位向上に関する勧告」を調印、「世界教師デー」が生まれたことから同じ日に。

10/6

明治北海道十勝カマンベールの日
㈱明治が制定。同社の「明治北海道十勝カマンベール」はクセが少なく中がとろ～りとやわらかい、まろやかな味わいが特長。そのおいしさやさまざまな食べ方をより多くの人に知ってもらい、その可能性を日本中に広げることが目的。日付は「と(10)ろ(6)り」の語呂合わせから10月6日に。

みんなで重力の謎を考える日
重力についての研究と発信を行っている大平和由氏が制定。ニュートンが万有引力の法則を発見し、アインシュタインが一般相対性理論を完成させた後も重力に関する謎は残っており、市民レベルの関心の向上と重力理論の発展が目的。日付は「重（10＝じゅう）力（6＝ろく＝りょく）」と読む語呂合わせ。

ドムドムハンバーガーの日
㈱ドムドムフードサービスが制定。同社は1970年に設立された日本初のハンバーガーチェーン。定番商品に加え、地域限定メニューやユニークな発想のオリジナルバーガーで人気を博している。多くの人にドムドムハンバーガーの魅力を知ってもらい、社員が会社に対して愛着と信頼をもって互いに成長していくのが目的。日付は「ド（10）ム（6）」と読む語呂合わせから。

トムの日
パラマウント・ジャパン合同会社が制定。トムとは日本でも大人気のトム・クルーズのこと。「ミッション：インポッシブル」シリーズや「トップガン」「トップガン マーヴェリック」など、長年にわたり日本の映画市場の発展に貢献し続けている彼の功績をたたえることが目的。日付は「ト（10）ム（6）」の語呂合わせ。

どろソースの日
オリバーソース㈱（兵庫県神戸市）が、同社の主力商品「どろソース」のPRのために制定。ウスターソースを伝統的な沈殿製法でつくる際にとれる「どろ」をベースとしたソースは、旨味とコクがたっぷり。日付は「ど（10）ろ（6）」と読む語呂合わせ。

登録販売者の日
（一社）日本チェーンドラッグストア協会が制定。2009年の改正薬事法で一般用医薬品の第2類、第3類を販売する専門資格として「登録販売者」が誕生。薬の選び方や飲み方を相談できる「登録販売者」の存在を知ってもらい、健康な毎日を送ってもらうのが目的。日付は「トウ（10）ロク（6）」の語呂合わせ。

石油の日
㈱燃料油脂新聞社が制定。人々の生活に欠かせない石油の重要性やガソリンスタンド（サービスステーション＝SS）の社会的意義を再認識してもらうのが目的。日付は106を1＝イ、0＝オ、6＝ルと見立てて並べ替えるとオイル（石油）となることと、1973年10月6日に発生した「第一次オイルショック」の教訓などから。

でん六の日
　豆菓子・おつまみなどを製造販売する㈱でん六（山形市）が、「でん六豆」の発売60周年を記念して制定。企業イメージの向上と、でん六商品の認知度を高めるのが目的。日付は「でん＝テン（10）六＝ロク（6）」の語呂合わせから。

とくしまNAKAドローンの日
　徳島県那賀町がドローン関連事業の展開を目的に制定。同町では2015年10月に徳島県版ドローン特区に認定され、ドローンを活用した町のPR、UJIターンの促進、交流人口の増加をめざす事業を行っている。日付は10と6で「ドローン」の語呂合わせ。

夢をかなえる日
　10と6を「ドリーム」と読む語呂合わせから㈱KUURAKU GROUP（千葉市）が制定。民間企業が若者の夢を叶えるためにバックアップする組織のバイトドリーマーズを設立し、この日に全国のアルバイトを対象とした伝説のアルバイト、優秀なアルバイト、アルバイト起業家などを表彰する予定。

10/7

イワショウ塗装の日
　岡山市で外壁塗装・屋根塗装などを手がける㈱イワショウが制定。1974年の設立から50年を迎えたことを記念し、これからも続けていけるようにとの思いから。同社が多くの人に選ばれる理由は「納得のお値打ち価格」「確かな技術と実績」「丁寧な仕事」の3点が高く評価されたもの。日付は会社設立の1974年10月7日から。

カセットこんろとボンベの日
　（一社）日本ガス石油機器工業会が制定。防災備蓄目的で購入したカセットこんろやボンベが長期間使用されなかったり、使用期限を越えて起こる経年劣化などは事故につながる恐れがあることから、定期的な使用期限の点検や備蓄品の入れ替えの大切さを知ってもらうのが目的。日付はカセットこんろの使用期限が10年、ボンベの使用期限が7年なので、それぞれの年数を日付に置き換えて10月7日とした。

いい岩魚（イワナ）の日
　山形県金山町で渓流魚を流水養殖する神室トラウトファームが制定。多くの人に川魚（イワナ）に触れる機会を提供し、関心をもってもらうことで川魚養殖などの内水面養殖業の漁業振興と自然環境保護への意識を高めるのが目的。日付は「イ（1）ワ（0）ナ（7）」と読む語呂合わせ。

おなかを大切にする日
　ビオフェルミン製薬㈱(兵庫県神戸市)が制定。夏から秋にかけてはおなかが冷えて腸のぜん動運動が鈍くなり、寒暖差による自律神経の乱れが便秘を引き起こすなど腸の不調が出やすい。この時期に腸活への関心を高めておなかの調子を良くして健康に過ごしてもらうのが目的。日付は「重要な(10)おなか(07)」と読む語呂合わせ。

ストレッチウェルの日
　ストレッチ専門店、トレーナーの育成スクールなどを手がける㈱nobitelが制定。同社では窮屈になっている現代人のココロとカラダを開放し、自然な健康体へ戻すことを「ストレッチウェル」と名付けている。ストレッチウェルの体験により、ココロとカラダを柔軟にし、健康寿命を伸ばしてもらうのが目的。日付は「じゅう(10)なん(7)＝柔軟」と読む語呂合わせ。

イオナの日
　「イオナ。わたしは美しい。」のメッセージで知られるシンプルスキンケアのパイオニアである、イオナ インターナショナル㈱が制定。肌本来の働きを助ける天然イオンを配合した同社のスキンケア商品の効果と魅力を、多くの人に知ってもらうのが目的。日付は「イ(1)オ(0)ナ(7)」と読む語呂合わせから。

盗難防止の日
　家屋侵入盗難、自動車盗難などの盗難被害を防ぎ、その犯罪をなくそうと、(一社)日本損害保険協会が制定。日付は10と7でトーナンの語呂合わせから。

宿毛の柑橘「直七」の日
　高知県宿毛市の特産の柑橘類「直七」。やわらかい酸味と、すっきりとまろやかな味で地元では食酢としてさまざまな料理に使われている。直七を扱う直七の里㈱が制定。日付は10月は直七の収穫の最盛期であり、直七の直の字に十が含まれていることと、直七の七から10月7日に。

マナーインストラクターの日
　接客・接遇のプロを育てる講師を養成する(一社)日本マナーOJTインストラクター協会(大阪市)が制定。マナー研修の意識を高め、インストラクターをめざす人、インストラクターをしている人に行動を起こしてもらうのが目的。日付は「マ(10＝マル)ナー(7)」の語呂合わせと、10月にマナー研修が多いことから。

キットカットのオトナの日

コーヒーのネスカフェ、チョコレートのキットカットなど、人気商品を数多く製造販売するネスレ日本㈱（兵庫県神戸市）が制定。「キットカット オトナの甘さ」を販売する同社ではすべてのオトナの前向きな一歩をたたえる日としている。日付は10と7で「オトナ」と読む語呂合わせ。

トナーの日

オフィスで広く使用されるレーザープリンター用消耗品「トナーカートリッジ」を販売するケイティケイ㈱（愛知県名古屋市）が制定。「トナーカートリッジ」を利用するお客様に感謝の気持ちを表すことが目的。日付は「ト（10）ナー（7）」と読む語呂合わせ。

大人のダイエットの日

忙しい大人のための食やダイエットをサポートしている（一社）大人のダイエット研究所が制定。忙しい大人が無理なく食事を楽しみながら健康になるために、食と健康を見直すきっかけの日としてもらうのが目的。日付は10と7で「オトナ」と読む語呂合わせから。

10/8

寒露（かんろ）

［年によって変わる］二十四節気のひとつ。露が寒気で凍る前の時期にあたる。紅葉が鮮やかになり、寒冷地では初氷も見られる。

乳房再建を考える日

乳房再建手術で使用する医療機器を提供している製薬企業のアッヴィ合同会社アラガン・エステティックスと、乳房再建手術の正しい理解と患者の生活質の向上に取り組む患者支援団体のNPO法人エンパワリング ブレストキャンサー/E-BeCが連名で制定。乳房再建術についての認知・理解を高めることが目的。日付はアメリカで乳房再建啓発デーが10月第3水曜日なので同じ10月、乳房再建のシンボルが数字の8に見えることから8日で、合わせて10月8日に。

鳥羽の日

三重県鳥羽市が制定。鳥羽青年会議所の呼びかけにより2013年から「鳥羽の日」がスタート。2020年からは観光・商業団体などによる鳥羽の日・鳥羽の月実行委員会が組織され、さまざまな市内全体で協力連携して取り組みを続け、成果をあげていることから、さらなる認知度の向上、集客の促進、地域や経済の活性化をめざす。日付は「鳥＝と（10）羽＝ば（8）」と読む語呂合わせから。

ドーピング0の日

(一社)ドーピング0会(京都市)が制定。スポーツの価値を守り、高めるためにアスリート、スポーツ関係者、スポーツ医療関係者、指導者にドーピング防止の重要性を認識してもらうのが目的。日付は「スポーツの日」のある10月の10には1つの0が、8日の8には2つの0があると見て、10月8日には3つの0があることから、過去のドーピング違反から学び、現在のドーピング0を続け、未来のドーピング0をめざすという3つの視点になぞらえたもの。

はちみつ100％のキャンデーの日

㈱扇雀飴本舗(大阪市)が制定。同社の「はちみつ100％のキャンデー」は、独自の製法ではちみつだけの固形化を成功させたロングセラー商品。手軽にはちみつを食べることができるキャンデーをより多くの人に知ってもらうことが目的。企業テーマの一粒のおいしさで笑顔と安らぎ届けたいという思いも込められている。日付は「ヒャク(100)％＝パー(8)」と読む語呂合わせ。

シュガーバターの木の日

フランス菓子などを製造販売する㈱グレープストーンが制定。「シュガーバターの木」は、穀物のうま味を生かした特製シリアル生地に、独自の芳醇なブレンドバターをシュガーと一緒に焼き上げた人気の菓子。同ブランドを多くの人に知ってもらい、日ごろの感謝を伝えるのが目的。日付はブランド名にある「木」の文字が漢数字の十と八の組み合わせで出来ていることから10月8日とした。

桐葉菓の日
とうようか

もみじ饅頭などの和菓子を製造販売する㈱やまだ屋(広島県廿日市市宮島)が制定。「桐葉菓」は独自の小豆餡をもち粉の生地で包み、ソフトに焼き上げたまろやかな風味の人気商品で、広島市の「ザ・広島ブランド味わいの一品」認定の銘菓。そのおいしさを多くの人に知ってもらうのが目的。日付は「桐＝とう(10)葉菓＝ようか(8日)」の語呂合わせ。

足袋の日
たび

日本足袋工業会が1988年に制定。和装文化に欠かせない足袋の魅力を多くの人に知ってもらうのが目的。日付は七五三、正月、成人の日などこれから和服を着る機会の増える10月と、末広がりで縁起が良い8日で10月8日に。

頭髪記念日

奈良県理容生活衛生同業組合(奈良市)が制定。頭皮、毛髪に関心をも

ち、髪形をチェックして気分を高めてもらうのが目的。また、理容師も技術の向上、接客力を磨く日に。日付は「頭＝とう（10）髪＝はつ（8）」との語呂合わせから。

ドローンパイロットの日

ドローン操縦士資格認定機関である（一社）ドローン操縦士協会（DPA）が制定。ドローンの操縦士（パイロット）の育成と、その技術の向上と健全な発展が目的。日付は「ド（10）ローンパ（8）イロット」と読む語呂合わせから。

地熱発電の日

独立行政法人エネルギー・金属鉱物資源機構（JOGMEC）、電気事業連合会、日本地熱協会が制定。発電コストが低く、年間を通じて安定的に発電可能な再生可能エネルギーの地熱発電を、多くの人に理解してもらうのが目的。日付は日本初の商用地熱発電が岩手県八幡平市の松川地熱発電所で運転を開始した1966年10月8日から。

はらこめしの日

宮城県亘理町（わたり）が制定。亘理町荒浜地区が発祥の地とされる「はらこめし」のおいしさを全国に広めるのが目的。はらこめしは煮汁で炊き込んだご飯の上に脂ののった鮭の切り身と大粒のイクラ（はらこ）を贅沢に乗せた宮城県を代表する郷土料理。日付は、10月は阿武隈川に鮭が上ってくる鮭漁の解禁の月で、8日の8は「はらこ」の「は（8）」で、イクラの粒を縦に並べると数字の8に形が似ていることから。

糖をはかる日

日本医療・健康情報研究所を運営する㈱創新社が制定。同社が（一社）日本生活習慣病予防協会から引き継いだ記念日で、糖尿病の予防と治療に欠かせない血糖の適正な管理の大切さを多くの人に知ってもらうのが目的。糖尿病ネットワークなどのウェブサイトを活用。日付は「糖（10）をは（8）かる」と読む語呂合わせ。

角ハイボールの日

1937年10月8日、サントリーウイスキー角瓶が発売されたことから、サントリー㈱が制定。ハイボール＝ウイスキーのソーダ割りのおいしさをアピールする。

FXの日

1998年に日本の外為法が改正され、個人が外国為替を取引できるようになりFX取引が誕生。この日は日本で初めてひまわり証券が個人投資家にFX取引のサービスを提供した日であることから、ひまわり証券㈱が制定したもの。

運動器の健康・骨と関節の日

骨と関節を中心とした体の運動器官が身体の健康維持にいかに大切かを、より多くの人に認識してもらうために(公社)日本整形外科学会が1994年2月18日に制定。日付の由来は、骨(ホネ)のホの字が十と八を組み合わせたように見えることから。

入れ歯感謝デー(歯科技工の日)

入れ歯や差し歯など歯科技工技術に感謝の意味をこめて、歯科医療および口腔保健などの増進に寄与する(公社)日本歯科技工士会が制定。日付は10月8日の108で「入れ歯」の語呂合わせから。

陶板名画の日

大塚国際美術館(徳島県鳴門市)が制定。同館は、世界中の名画を陶板で原寸大に再現した世界初、世界唯一の陶板名画の美術館。ピカソの「ゲルニカ」など、原画がもつ美術的価値をそのまま味わうことができる陶板名画をアピールすることが目的。日付は「陶=トウ(10)板=バン(8)」の語呂合わせ。

コンビニATMの日

1999年10月8日、コンビニATMのパイオニアの㈱イーネットが、コンビニエンスストアに全国で初めて銀行の共同ATMを設置。これを記念して同社がコンビニATMの発展をめざして制定。

ようかんの日

練羊羹発祥の地とされる和歌山県。その和歌山県串本町にある手作り羊羹で有名な紅葉屋本舗を営む坂井良雄氏が制定。おいしい羊羹を食べて、元気になってもらうのが目的。日付は食欲の秋の10月と、縁起の良い言葉の「八福」にちなんで8日。「いと(10)おいしいよう(8)かん」の語呂合わせも。

そばの日

東京都麺類生活衛生同業組合が制定。おいしく栄養価も高く、健康にもよいと言われる「そば」をもっと多くの人に味わってもらうのが目的。日付は新そばの時季を迎えるのが10月であり、10=十は「そ」、8=八は「ば」と読めることから。

東ハトの日

「キャラメルコーン」や「オールレーズン」「ポテコ」「ハーベスト」などのお菓子で知られる㈱東ハトが制定。日付は10と8を社名の「東ハト」と読む語呂合わせから。企業のイメージアップ、商品の認知度の向上などが目的。

名玄のセルフうどんの日

岡山市でセルフうどん店を経営する㈱名玄が制定。名玄は、おいしい手打ちうどんを安価でスピーディに提供するため、お客様に手伝ってもらうセルフうどんの発祥の店として有名。多くの人にセルフうどんの魅力を味わってもらうことが目的。日付は創業日の1976年10月8日から。

トレハロースの日

トレハロースの認知度向上を目的として、ナガセヴィータ㈱（岡山市）が制定。同社は、自然界に存在する糖質トレハロースを世界で初めてデンプンから安価で大量生産する技術を開発した。トレハロースは、野菜や果物の変色抑制や鮮度維持、保水に役立ち、菓子、食品、化粧品、入浴剤など幅広い分野で使われている。日付はト（10）レ（0）ハ（8）と読む語呂合わせから。

問屋の日

日本最大の現金卸問屋街の日本橋横山町馬喰町（東京都中央区）にある横山町馬喰町新道通り会が制定。江戸時代から続く問屋業が時代ごとに変化をしながら受け継ぎ、流通業の一翼を担っていることを多くの人に知ってもらうのが目的。問屋街の町並みや豊富な品揃えなどその魅力をPRする。日付は「とん（10）や（8）」の語呂合わせ。

焼おにぎりの日

㈱ニチレイフーズが制定。屋外で食事をする機会が増える10月に、手軽でおいしい焼おにぎりを多くの人に食べてもらうのが目的。日付は、米という字を分解すると十と八になること、10月は新米の季節であること、「醤油の香ばしさがじゅ（10）わっと、パチパチ（8）とした歯触りの焼おにぎり」の語呂合わせから。

永遠の日

NPO法人ホスピス・心のケアを考える会（富山市）が制定。人はだれでも永遠を思う心をもっているとの思いから、永遠を考える日とするのが目的。日付は、10と8で「永遠（とわ）」と読む語呂合わせ。

10/9

トラックの日

10と9で「トラック」と読む語呂合わせから、（公社）全日本トラック協会が1992年に制定。この日を中心に全国各地で交通安全教室などのイベントを開催し、営業用トラックへの正しい理解を得て、国民生活や産業活動を支えるトラック輸送をめざす。

字幕普及の日

岡山市難聴者協会が制定。同協会では「難聴者にとってメディアに字幕は欠かせないもの」との思いから、字幕付きCMをはじめ字幕の普及をめざす活動を行っている。記念日を通じてすべてのメディアに字幕が付くようになることが目的。日付は「10（ジマ）9（ク）＝字幕」と読む語呂合わせから。

シダックス栄養士会・Talkで結の日

シダックス㈱が制定。同社の栄養士会は社会課題解決と健康増進に貢献することを理念とし、「知識」「専門性」の向上と「やりがい」「自信」をもった栄養士の育成を行う。全国のシダックス栄養士が「食」と「会話（Talk）」を通して仲間やお客様とのコミュニケーションを深め、「結束力（結）」を高めるきっかけにすることが目的。日付は「ト（10）ーク（9）」と読む語呂合わせ。

天空のスイーツの日

スイーツ工房フォチェッタが制定。「天空のスイーツ」とは同工房のブランドで、チーズケーキやプリン、ロールケーキなどをパティシエがひとつひとつ手作りしている。初心を忘れることなく購入者や社員、取引先などへの感謝の気持ちを胸に刻むことが目的。日付は10月9日を「天（テン＝10）空（クウ＝9）」と読む語呂合わせ。

探究の日

子どもたちにさまざまな分野への興味をもたらし、探究心を育むための学習塾を運営する㈱探究学舎が制定。「探究」がこれからの時代の新しい教育のひとつとなり、子どもたちの健やかな成長につなげることが目的。日付は「タン≒テン（10）キュウ（9）」と読む語呂合わせ。ものごとを「楽しむ」季節の秋に探究することは楽しいというメッセージも込められている。

トランクルームの日

（一社）日本セルフストレージ協会（JSSA）が制定。トランクルームを生活のなかに取り入れることでスッキリと便利で気持ちの良い毎日を送れることを多くの人に知ってもらい、トランクルームの利用促進を図るのが目的。同協会では「トランクルームで、暮らしが変わる、人生が変わる」をテーマに活動を行っている。日付は「ト（10）ランク（9）ルーム」の語呂合わせ。

とろけるクッキーの日

（有）益野製菓（宮城県石巻市）が制定。同社の焼き菓子「とろけるクッキー」は全体の約6割にチョコレートが用いられ、口のなかに入れた

瞬間にとろけだす新食感クッキー。「とろけるクッキー」の美味しさをさらに多くの人に味わってもらうのが目的。日付は「と(10)ろけるクッ(9)キー」の語呂合わせ。

共に守るマスクの日

ファッションアイテムを販売する㈱Histoireが制定。マスクなども手がける同社は「マスクは自分を守るものであり、社会を守るもの」との思いから、感染症被害の削減につなげ、より快適なマスク生活を支援していくのが目的。日付は「共に」の「と=10」で10月、マスクは耳(3)と耳(3)に掛ける(×)ものなので3×3で9日。これを合わせて10月9日に。

ポケトークの日

AI通訳機「ポケトーク」のPRのため、ポケトーク㈱が制定。海外ではもちろん、訪日外国人の増加など日本国内でも外国語が必要となる場面が増えていくなか、言葉の壁をなくすコミュニケーションツールの需要はますます高まっている。日付は「トー(10)ク(9)」と読む語呂合わせ。

シーモネーター・天狗の日

HIPHOPアーティストSEAMO（シーモ）が所属する㈱ソニー・ミュージックレーベルズが制定。彼のもうひとつの顔である「シーモネーター」は天狗を題材とした楽曲を多数制作しており、その魅力をより多くのファンに知ってもらうのが目的。日付は15周年オリジナル作品の発売が2019年10月9日であることと、「天（テン=10）狗（グ=9）」と読む語呂合わせ。

マカロンの日

全日本マカロン協会が制定。フランスを代表する洋菓子のマカロンの魅力を知ってもらうのが目的。日付はマカロンを立てて横から見ると1に見え、上から見ると0に見えることから10月、マカロンのおいしさは人々を幸せな気持ちにすることから吉兆のシンボルの勾玉の形から9日に。二十四節気の「寒露」の期間であり、読み方が「甘露」に通じるので甘いマカロンにふさわしい日としたもの。

TORQUEの日

京セラ㈱が制定。同社の高耐久スマートフォン・携帯電話ブランド「TORQUE（トルク）」は日常的に屋外で活動する人を中心に人気の高い製品で、その魅力をさらに広めるのが目的。日付は「ト(10)・ル・ク(9)」と読む語呂合わせ。

サイコロキャラメルの日

キャラメル・チョコレートの製造、販売を行う道南食品㈱（北海道函館市）が制定。長年にわたり愛されてきた「明治サイコロキャラメル」を北海道ブランドとして生まれ変わらせ、同社が製造、販売する「北海道サイコロキャラメル」をさらに多くの人に楽しく、おいしく味わってもらうのが目的。日付は「明治サイコロキャラメル」が初めて発売された1927年10月9日から。

熟成ウインナー TheGRANDアルトバイエルンの日

熟成が醸し出すコクと深みを特徴とする熟成ウインナー「TheGRANDアルトバイエルン」のPRのため、伊藤ハム㈱が制定。日付は10と9で「熟成」の「熟」と読む語呂合わせと、味覚の秋にふさわしいとの思いから。

仙台牛の日

仙台牛銘柄推進協議会と全国農業協同組合連合会宮城県本部が制定。霜降りと赤身のバランス、きめの細かさなどの基準をクリアし、最高ランクに格付けされた「仙台牛」。そのおいしさをより多くの人に味わってもらうのが目的。日付は10月9日を1009（センキュー）として、仙台牛の略称「仙牛（センギュー）」との語呂合わせ。

「とく子さん」の日

タイガー魔法瓶㈱が、省エネ効果の高い電気ポット「とく子さん」をPRするために制定。電気代が数千円もお得になることから名付けられた「とく子さん」にちなみ、日付は10（と）と9（く）の語呂合わせ。

アメリカンドッグの日

串刺ししたソーセージにホットケーキのような生地をつけて油で揚げたアメリカンドッグ。そのPRを目的にフルタフーズ㈱（富山市）が制定。日付は10と9で「ドッグ」と読む語呂合わせ。

金券の日

チケット業界唯一の事業協同組合、日本チケット商協同組合が制定。業界の健全な発展とその認知度の向上、そして多くの人に安心して利用してもらうのが目的。日付はチケットショップが取り扱う商品券やプリペイドカードなどは生活に役立つお得な金券であることから、10と9で「オトク（お得）」と読む語呂合わせ。

熟成肉の日

国産の黒毛和牛本来のおいしさを提供する「但馬屋」などの焼肉店、ステーキ店を展開する㈱牛心（大阪市）が制定。牛一頭を丸ごと買い入れ、温度・湿度・風などを厳しく管理して数十日間熟成させる同社の

熟成肉のおいしさを多くの人に知ってもらうのが目的。日付は「じゅ(10)く(9)せい」の語呂合わせ。

10/10

プラスサイズハッピーデー

プラスサイズモデルでタレントの桃果愛さんが、体が大きくて自信がなかったり、サイズがなくてファッションを楽しめない人が、ハッピーな気分になれる日にと制定。日付はプラスは記号で「＋」、プラスサイズをプラスに捉えて「＋」と「＋」で10月10日に。

雨宮天（天ちゃん）の日

声優やアーティストとして活躍する雨宮天のアーティストデビュー10周年を記念して、所属事務所の㈱ミュージックレインが2024年に制定。日付は彼女の広く親しまれている愛称「天ちゃん」から「てん＝10」で10が重なる10月10日に。

働く人の健康記念日

㈱アスカゼ（宮崎市）が制定。同社は「ウェルネス保健室」の名称で保健師・理学療法士・産業カウンセラーなどの専門職と連携して、働く人の健康をサポートする健康経営を推進しており、その認知度を高めるのが目的。日付は10と10で心と体が「と(10)と(10)のう＝整う」と読めることと、10：10でワークライフバランスを考える日ともイメージできるので10月10日に。

宮崎ブランドポークの日

宮崎ブランドポーク普及促進協議会（宮崎市）が制定。宮崎県内の安全・安心の基準をクリアした生産者のみが生産した豚肉ブランド「宮崎ブランドポーク」を食べるきっかけにしてもらうのが目的。日付は10（豚＝とん）と10（豚＝とん）の語呂合わせと、食欲の秋の10月に栄養満点で美味しい「宮崎ブランドポーク」を食べて元気になろうとの意味を込めて10月10日に。

数珠つなぎの日

数珠の製造、販売を手がける㈱山田念珠堂（大阪市）が制定。数珠を使って手を合わせる場には人が集まることから、記念日を通して人と人の縁をつなぎ、過去（先祖）・現在（我々）・未来（子孫）を「人の和」「人の輪」として脈々とつなぐことが目的。日付は数珠＝「じゅ(10)ず(10)」の語呂合わせと、10月10日の「0＝わ」を「和」と「輪」の音になぞらえたもの。

ZENTの日

パチンコ・パチスロなどの遊技場や不動産開発事業などを手がける㈱善都(愛知県豊田市)が制定。「アミューズメントのNEXTを。」を企業スローガンに、遊び文化の創造をポリシーとして新たな価値観の構築に挑戦し続けてきた同社の屋号「ZENT」を多くの人に知ってもらうのが目的。日付は10月10日を「1010」とすると「せんと」とも読め「ZENT」の語呂に似ていることから。

UCCカプセルコーヒーの日

UCC上島珈琲㈱が制定。同社はカプセル式コーヒーシステム「ドリップポッド」を2015年に独自開発。カプセルコーヒーの品質の高さ、ボタンひとつでプロのハンドドリップの技を再現できる利便性をPRするのが目的。日付は10月1日の「コーヒーの日」に、カプセル式コーヒーにセットする丸いカプセルに見立てた0を足して10月10日とした。

医療従事者のための手荒れ予防の日

グローバル医療機器メーカーのカーディナルヘルス㈱が制定。同社の主力製品の手術用手袋は、手術室で勤務する医療従事者の手の健康をサポートしている。医療従事者に対して広く「手荒れ予防」の大切さとその対策について知ってもらうのが目的。日付は10月10日を「10=テン(て) 1(あ) 0(れ)」と読む語呂合わせ。

産後リカバリーの日

(一社)日本リカバリー協会(神奈川県厚木市)が制定。出産直後から心身ともに多忙な「産後のお母さん」の疲労を改善するために、お母さん自身が自分の心と体をいたわり、支える家族や周囲の人、社会がお母さんの疲労に目を向ける日とするのが目的。日付は妊娠期間を指す言葉「十月十日」に由来。妊娠から出産までと同じくらいの産後期間の心と体のリカバリーをとの思いも。

〈ラ・カスタ〉スキャルプケアデー

植物原料を主体とするナチュラル化粧品の製造販売および輸入などを手がけるアルペンローゼ㈱が制定。「美しい髪は健やかな頭皮から」をテーマとする日本生まれのヘアケア専門ブランド「ラ・カスタ」のPRと、未来の美髪は今現在の頭皮ケアから育まれることを広めるのが目的。日付は、頭皮にまつわる数字として「10」をイメージして10月10日とした。

進めよう！ DXの日

人事業務を支援するクラウドサービスを展開するjinjer㈱が制定。DXとは、Digital Transformationの略語。デジタル技術を活用して新しいビジネスモデルの創出について考え、企業のDX推進とDX市場の活

性化が目的。日付は、コンピューターの世界では2進数（0と1）を使って表現することと、ローマ数字の「X」がアラビア数字の「10」にあたることなどから10月10日に。

お片付けの日
整理収納サービス「お片付けコンシェルジュ」を展開するインブルーム㈱が制定。記念日を通してお片付けを始めるきっかけとしてもらい、その楽しさを知ってもらうのが目的。日付はお片付けをすることで、部屋も気持ちも整うという考えから「と（10）と（10）のう」と読む語呂合わせで10月10日とした。

イオイオ（iO・iO）の日
スキンケア、ヘアケア商品などを扱う㈱アルビオンが制定。同社が展開する化粧品シリーズ「IGNIS iO（イグニス イオ）」は自由に選べるアラカルトコスメ。シリーズ名「iO」はイタリア語で「わたし」を意味し、「わたし」らしいヘルシーな美しさを楽しんでほしいという願いが込められている。日付は、シリーズ名の「IGNIS iO」の「iO」が数字の「10」に見えることから、10を重ねた10月10日を記念日に。

チロリアンの日
㈱千鳥饅頭総本舗（福岡市）が制定。同社の「チロリアン」は筒状に焼き上げたクッキーにクリームを詰めた人気商品。2022年に発売60周年を迎え、懐かしい昭和のチロリアンから令和のチロリアンへと刷新させることが目的。日付は、チロリアンを縦から見ると数字の1に、横から見ると数字の0に見えることから10が並ぶ10月10日に。

特許翻訳を学ぶ日
特許翻訳のセミナーなどを手がける㈱DAWN Inspirationが制定。特許翻訳とは外国へ国際特許を出願する際の書類に必要な翻訳のこと。特許翻訳の周知や教育の普及、関わる人が知財業界、翻訳業界の発展に貢献し、社会へ寄与するのが目的。日付は10と10で特許を意味する「Patent（パテント）」のト（10）と、翻訳を意味する英単語「Translation（トランスレーション）」のト（10）の2つの「ト」から10月10日に。

千寿せんべいの日
京菓子の製造販売を手がける㈱鼓月（京都市）が制定。同社の「千寿せんべい」は1963年に誕生して以来、波型のクッキー生地にやさしい甘さのシュガークリームをはさんだ菓子で、さらに多くの人に親しんでもらうのが目的。日付は、同社の創業が1945年10月で、「せんじゅ」と「1010（せんじゅう）」の語呂も合うことから10月10日に。

パンチニードルチャレンジの日

　日本パンチニードル協会（神奈川県藤沢市）が制定。編み図がなく絵を描くように制作できるパンチニードルは、幅広い世代で楽しむことができる手芸。モコモコとした温かみのある作品が出来上がるので、秋を感じるこの季節にチャレンジしてとの願いが込められている。日付は、ペン型のニードルを1に、毛糸玉を0に見立て、そのセットを二つ並べて10月10日に。

バイバイフィーバーの日

　久光製薬㈱が制定。「バイバイフィーバー」はさまざまな場面で使える冷却シートで、多くの人にその特長を知って役立ててもらうのが目的。日付は商品キャラクターの子供ペンギンの名前が「テンテン」（10・10）で、「バイバイフィーバー」が10時間の冷却テストをクリアしていることから、10にちなんで10月10日に。

プレミアム・アウトレットの日

　三菱地所・サイモン㈱が制定。アメリカで生まれたプレミアム・アウトレットの魅力を多くの人に知ってもらい、自由に楽しんでもらうのが目的。日付は「アウト（10）レット（10）」の語呂合わせから。また、10月はファッションやショッピングを楽しむのにふさわしい月との思いも込められている。

テンデンスの日

　スイスで生まれた大胆でオリジナリティあふれる時計「テンデンス」。そのブランドを日本で展開する㈱テンデンスジャパンが制定。記念日を通して「テンデンス」の魅力を多くの人に知ってもらうのが目的。「テンデンス」はオーバーサイズなケースや立体的な文字盤など、ユニークでインパクトのある時計で有名。日付は「テン（10）デン（10）ス」と読む語呂合わせ。

やわもちアイスの日

　井村屋グループ㈱（三重県津市）が制定。濃厚なつぶあんとミルクアイスが楽しめる和スイーツアイスの「やわもちアイス」のPRが目的。日付は、材料の米やあずきなど古くからハレの日に使われてきた農産物の収穫の時期に感謝を込めて10月、「やわもちアイス」の容器を横にしてアイスとあんを1に、丸いおもちを0に見立て、1と0を合わせて10日としたもの。

窓ガラスの日

　機能ガラス普及推進協議会が制定。窓ガラスの手入れや点検を実施し、建築物や住宅の安全性や居住性を向上させる機能ガラスに取り替える

「ガラスの衣替え」をしてもらうのが目的。日付はガラスは透明で、高機能ガラスは2枚のガラス仕様が多いことから「透明＝トー（10）メイ」が2枚あると表し、10が2つ並ぶ10月10日とした。

TOTO（トト）の日

㈱ソニー・ミュージックレーベルズが制定。1978年のデビュー以来、数多くの名曲を生み出してきたアメリカの世界的ロックバンド「TOTO」。2018年のデビュー40周年を記念し、その音楽的魅力をさらに多くの人に感じてもらうのが目的。日付は10と10で「TO（ト）TO（ト）」と読む語呂合わせ。

ちくわぶの日

ちくわぶ料理研究家の丸山晶代氏と㈱阿部善商店（宮城県塩釜市）が共同で制定。東京近郊でしか食べられていないちくわぶを全国の人に知ってもらうのが目的。丸山晶代氏はさまざまなちくわぶ料理のレシピを開発し、阿部善商店ではちくわぶを東京土産として広めようと「東京ちくわぶ」を販売している。日付は10をちくわぶの棒状の形と穴があいていることに見立てて10月10日に。

プレミンの日

化粧品、医薬部外品の製造、サプリメントの販売などを手がけるゲンナイ製薬㈱が制定。同社が販売する妊活から出産までサポートする時期別葉酸サプリメントの「プレミン」で、妊娠中を健やかに過ごしてもらうことが目的。日付は昔から言われている妊娠期間の十月十日（とつきとおか）から10月10日に。

ドットライナーの日

コクヨ㈱が制定。はみ出しや糸引きがなく最後までスムーズに使え、のりムラや引き直しがなくきれいに塗れる同社のテープのり「ドットライナー」の良さを、さらに多くの人に知ってもらうのが目的。日付は、「ドットライナー」はのりがドット（点）状に粘着することから、10と10を「ドッ（10）ト（10）」と「点（10＝ten）」にかけた語呂合わせ。

今の日

洋服・服飾雑貨などの製造販売を手がける㈱DoCLASSE（ドゥクラッセ）が制定。同社が掲げる「実年齢の"今"を生きることを大切にしてほしい」との願いを込め、ありのままの年齢を美しく表現することの素晴らしさを多くの人に伝えるのが目的。日付は10を「い（1）ま（0）」と読み、それを重ねた10月10日に。

球根の日

総合園芸メーカーの㈱花の大和（奈良県天理市）が制定。数ヵ月の時を

経て大輪の花を咲かせる球根は、育てる心を育むのにふさわしいとの思いから、球根を普及させるのが目的。日付は10月10日の1と0を縦につなげると球根から芽が出ているように見えることと、この頃から秋植え球根の植え時であることなどから。

ドラムの日

㈱リットーミュージックが発行するドラム専門誌『リズム＆ドラムマガジン』が制定。ドラムの楽しさをもっと多くの人に知ってもらい、ドラマーが盛り上がる日とするのが目的。日付は10と10を「1（スティック）0（太鼓）1（スティック）0（太鼓）」として、両手のスティックでドラムを叩いている姿に見えることから。

襖(ふすま)の日

日本内装材連合会が制定。襖の建具としての長所、伝統文化財としての価値、工芸品としての素晴らしさを広め、愛してもらうのが目的。日付は10月は住生活月間で、戸を葦戸(よしど)から襖に変える時期であることと、和襖の芯が組子であり、十（10）が組子の骨の交差を表すことから10月10日に。

紀文・いいおでんの日

はんぺん、さつま揚げ、ちくわなどのおでん種を製造販売する㈱紀文食品が制定。多くの人におでんのおいしさを味わってもらうのが目的。日付は、おでんの本格的なシーズンが始まるのが10月で、10月10日を「1（いい）0（お）10（でん）」と読めることから。

銭湯の日

10月10日は1964年東京オリンピックの開会式の日で、以前は「体育の日」であった。そのことから、スポーツで汗をかいたあとに入浴をすると健康増進につながると東京都公衆浴場業生活衛生同業組合が1991年10月10日に制定。10月10日（1010）を銭湯（セントウ）と読む語呂合わせもその日付の理由のひとつ。

パソコン資格の日

パソコンは0と1の二進法でできていることから、0と1の組み合わせのこの日を記念日に制定したのは（一財）全日本情報学習振興協会。パソコン資格の普及が目的。

トッポの日

円筒形の細長い形が1と0で表せることと、商品名の語感から㈱ロッテが制定。商品名のロッテの「トッポ」はプレッツェルのなかにチョコレートを入れた人気のお菓子。

充実野菜の日
　野菜飲料「充実野菜」の発売10周年を機に、さらなる市場拡大をめざして㈱伊藤園が2002年に制定。日付は、実りの秋の10月と、充実を10日（じゅうじつ）と読む語呂合わせから。

オオヒシクイの日（トットの日）
　天然記念物オオヒシクイの飛来数日本一の新潟市の福島潟にある「水の駅ビュー福島潟」が制定。10月になると渡ってくるオオヒシクイをいつまでも見続けられるようにとの願いが込められている。

和太鼓の日
　インターネットで「Kuniの太鼓」を発信する福井県坂井市の庄山国英氏が2000年12月に制定。和太鼓に対する意識の向上と和太鼓の普及が目的。日付はドンドン（10と10）の語呂合わせから。

トートバッグの日
　トートバッグ専門ブランド「ROOTOTE」などを展開する㈱ルートートが制定。トートバッグの魅力をアピールするのが目的。トートバッグを通じたさまざまな社会活動を行っている。日付は10と10で「トート」と読む語呂合わせ。

転倒予防の日
　寝たきりや介護が必要となる原因の転倒、骨折を予防する活動を行っている（一社）日本転倒予防学会が制定。日付は10と10で「転倒」と読む語呂合わせで、転倒予防の普及、啓発活動などを行う。

トマトの日
　（一社）全国トマト工業会が、トマトの栄養価値やおいしさをアピールするとともに、トマト料理の普及と健康増進に貢献するために制定。10月は食生活改善普及月間で、「スポーツの日」もあって健康への関心が高まる。10と10で「トマト」と読む語呂合わせから。

お好み焼の日
　オタフクソース㈱（広島市）が制定。日付はお好み焼を鉄板などで焼くとジュージュー（10・10）とおいしく音を立てることと、みんなで囲んで食べる様子が輪（10の0）になって見えることから。

貯金箱の日
　お金を貯める道具であり、夢に向かって貯めることを楽しむ貯金箱について考えてもらう日をと、㈱タカラトミー、㈱テンヨー、㈱トイボックスなどで構成する「貯金箱の日制定委員会」が制定。日付は1をコイン投入口に、0をコインに見立てたことと、実りの秋にふさわしい日として10月10日に。

LPガスの日

　LPガスの普及と促進を図ることを目的に（一社）全国LPガス協会が制定。LPガスは天然ガスとともに二酸化炭素の排出量が少なく、環境に優しいエネルギーとして注目されている。日付は1964年10月10日に東京オリンピックが開催されたとき、国立競技場の聖火がLPガスで点火されたことと、10と10が火で調理をしているときの音「ジュージュー」と読める語呂合わせ。

手と手の日

　健康でしっとりなめらかな手肌をめざすハンドクリームブランド「アトリックス」を製造販売するニベア花王㈱が制定。日頃から頑張っている自分の手や大切な人の手に感謝する「Thanks to your hands」キャンペーンの一環。日付は10と10で「手と手＝10（てん）と10（てん）」と読む語呂合わせ。

テンテの日

　オリジナルのティッシュボックスカバーを揃えたブランド「tente（テンテ）」を展開する㈱ヘミングスが制定。同社では十人十色、それぞれの人の好みや部屋のインテリアにふさわしい素材やデザインの「十人十色tente」を開発している。日付は10と10で「十人（テン）十色（テン）」の「テンテ」と読む語呂合わせ。

ワンカップの日

　世界初のコップ入り清酒「ワンカップ」の発売（1964年10月10日）を記念して、大関㈱（兵庫県西宮市）が制定。「ワンカップ」「ワンカップ大関」は大関㈱の商標登録。

冷凍めんの日

　「本格的なおいしさをいつでも味わえる」などのメリットをもち、市場が拡大している冷凍めんをさらにPRしようと、（一社）日本冷凍めん協会が制定。日付は10月の「冷＝0（れい）」と10日の「凍＝10（とう）」の語呂合わせ。

おもちの日

　国内産水稲もち米だけを原料として使い、良質で安全安心な包装餅を製造して、餅の食文化の発展に務めている全国餅工業協同組合が制定。日付は10と10が角もちと丸もちが並ぶ形に見えることと、従来この日は餅と関係の深いスポーツの元の「体育の日」（現・スポーツの日）であったことから。

岡山県産桃太郎トマトの日

　岡山県産桃太郎トマトの食味が良く糖度がのる時期にあたることから、

全国農業協同組合連合会岡山県本部（JA全農おかやま）が制定。日付は食欲の秋にもマッチし、10と10で「トマト」の語呂合わせであり、マスコットキャラクターの「赤丸ぴん太郎」が誕生した日から。

赤ちゃんの日
ベビー・マタニティ用品を中心にオリジナル商品を提供する㈱赤ちゃん本舗（大阪市）が、赤ちゃんとお母さん、お父さんのしあわせを願って制定。日付はおよそ10ヵ月間が妊娠期間であり、昔から「妊娠は十月十日（とつきとおか）」と言われてきたことから。

LPG車の日
環境性能に優れ、低コストで実用的とされるLPガス自動車の普及を図るため、LPガス自動車普及促進協議会と（一社）全国LPガス協会が制定。日付は1964年10月10日に東京オリンピックが開催されたとき、国立競技場の聖火はLPガス（プロパンガス）で火が点（とも）されたことから。

JUJUの日
ソニーミュージック所属の歌手のJUJU（ジュジュ）の記念日。10と10を「じゅじゅ」と読む語呂合わせから㈱ソニー・ミュージックアソシエイテッドレコーズが制定。JUJUは2007年10月10日にファーストアルバム「Wonderful Life」をリリース。2012年10月10日には武道館でコンサートを行うなど、自身の記念日を大切にしている。

ふとんの日
（一社）日本寝具寝装品協会が制定。ふとんの知識の普及を図り、ふとんを通して健康な睡眠について考えてもらうのが目的。日付は10と10で10が2つになり「ふ（2）と（10）ん」と読む語呂合わせ。

ポテトサラダの日
サラダ、総菜など多くの食品を製造販売するデリア食品㈱が制定。旬のじゃがいものおいしさを活かした同社のポテトサラダの販売促進が目的。日付は北海道産のじゃがいもの収穫時期の10月で、ポテト＝PoTaToのTaToが1010をイメージできること。ポテトサラダの主原料である人参、じゃがいも、きゅうり、玉ねぎを横に並べると1010に見えることなどから。

萌の日
プロバイダー業務などを手がける㈱インターリンクが制定。2014年に誕生したドメイン「.moe」の普及促進と、二次元（アニメ・漫画のキャラクターなど）や、人以外の三次元（動物・フィギュア・電車など）に「萌の告白」ができる日とするのが目的。オタク文化の中で好意を表

す「萌」は、海外でも親しみを持たれている漢字。日付は「十月十日」を並び替えると「萌」の字に見えることから。

ジュジュ化粧品の日

養湿クリーム「マダムジュジュ」で知られるジュジュ化粧品を手がける小林製薬㈱が制定。発売以来多くの女性たちの肌を守ってきた「マダムジュジュ」をこれからも愛してほしいとの思いから。日付は「ジュ（10）ジュ（10）」の語呂合わせ。

青森のお米「青天の霹靂」の日

「青天の霹靂（へきれき）」が青森県産のお米として初の食味ランキング「特A」を取得したことを記念して、全国農業協同組合連合会青森県本部が制定。「青天の霹靂」は粘りとキレのバランスがよく上品な甘みと旨みのある味わい深いお米で、その認知度向上と消費拡大が目的。日付は10月はお米のできる秋であり、10と10を「1010」として「センテン＝青天」の語呂合わせ。

亀田の柿の種の日

亀田製菓㈱（新潟市）が制定。1966年に同社が初めて発売したピーナッツ入りの「柿の種」は50年以上販売されているロングセラー。そのおいしさをさらに多くの人に味わってもらうのが目的。日付は10月10日の10の1が「亀田の柿の種」の種で、0がピーナッツに見えることから。

トマトアンドオニオンの日

全国でレストランチェーン「TOMATO & ONION」を経営する㈱トマトアンドアソシエイツ（兵庫県西宮市）が制定。ハンバーグ、ステーキ、パスタ、ドリア、ピザなど、数多くの人気メニューをもつ同店のブランド力のさらなる向上が目的。日付は10と10が店名の最初にある「トマト」の語感に似ていることから。

美容脱毛の日

エステティックサロン「レザンジュ」を運営する㈱ミラックスが制定。「美しい肌になりたい」と願う女性に、美容脱毛という方法を通じてその願いを叶えるのが目的。日付は10を1と0に分け、毛が有るを1、毛が無しを0として、10月10日で「有る無し・有る無し」と読む語呂合わせ。

じゅうじゅうカルビの日

焼肉レストラン「じゅうじゅうカルビ」を経営する㈱トマトアンドアソシエイツ（兵庫県西宮市）が制定。新鮮な食材と親しみやすい店内、

そして魅力的な食べ放題システムで人気の同店のブランド力のさらなる向上が目的。日付は10と10が肉を焼く時の「じゅうじゅう」と同じ語感であり、シズル感を連想させることから。

朝礼の日

朝礼専門誌『月刊朝礼』を刊行する㈱コミニケ出版（大阪市）が制定。企業で日々行われる「朝礼」を活性化し、社員の「朝礼」に対する姿勢を見つめ直し、働く意識や意欲、礼儀やマナーの質を高めるのが目的。日付は漢字の「朝」を分解すると「十＝10・月・十＝10・日」となり、1010で「一礼一礼」と読めるから。

愛しとーとの日

基礎化粧品・下着・健康食品などを手がける「㈱愛しとーと」（福岡県那珂川市）が制定。自社製品やサービスなどをとおして愛を届けるのが目的。日付は社名を「愛しとーと」とした2014年10月10日を「141010」として「1（愛）4（し）10（とー）10（と）」と読む語呂合わせ。

10/11

LDLコレステロールの日

（一社）日本動脈硬化学会と（一社）日本循環器協会が共同で制定。LDLコレステロールは、心筋梗塞や狭心症の主な原因となっている。このことを広く知らせるとともに「LDLコレステロール」という言葉を啓発するのが目的。日付は、LDLの小文字表記「ldl」を数字の「1011」と見立て、10月11日を記念日とした。

とってもいい朝食の日

雪印メグミルク㈱が制定。忙しい子育て世代の朝食を応援するのが目的。この記念日をきっかけに、子どもたちに積極的に食べてほしい、手軽に栄養を取ってほしい、親子の会話が活発になってほしいとの願いが込められている。日付は「と（10）ってもいい（11）朝食」の語呂合わせ。

トイレットロールの日

日本製紙クレシア㈱が制定。同社は1963年に国内最初の一般市販用のロール状トイレットロール「スコット・トイレットティシュー」を発売。トイレットロールにスポットライトを当て、その歴史などを振り返る機会にとの願いが込められている。日付は「トイレット（10）」で10月、ロール（roll）の「ll（エルエル）」を数字の11と見立てて10月11日とした。

ハンドケアの日

Caetus Technology㈱が制定。同社はハンドクリームブランド「ハンズエーピーピー」を製造販売しており、手肌の乾燥で悩んでいる人にハンドクリームを塗り始める日としてもらうのが目的。日付は10月は相対気温が一気に10％以上も下がり乾燥が始まる時期であることと、「手（10）にいい（11）」と読む語呂合わせ。

カミングアウトデー

NPO法人バブリング（神奈川県横浜市）が制定。LGBTなど社会的にマイノリティとされる人々をはじめとして、ありのままの自分を表現できずにもがいているすべて人が「大切な人と自分らしく生きていきたい」とカミングアウトするきっかけの日とするのが目的。日付は同法人の設立日が2014年10月11日であることから。

10/12

豆乳の日

日本豆乳協会が制定。豆乳の継続的な摂取による健康効果のPRと豆乳市場の活性化をめざす「豆乳習慣普及委員会」の発足を記念したもの。日付は、10月は健康や体のケアに気をつける月で、12日は10と2で「豆乳」と読む語呂合わせから。

ネット銀行の日

ネット銀行をより多くの人に知ってもらうことを目的に、PayPay銀行㈱が制定。日付は同社の前身の㈱ジャパンネット銀行が2000年10月12日に日本初のインターネット専業銀行として営業を開始したことから。

10/13

BARTH中性重炭酸入浴の日

アース製薬㈱が制定。ドイツの希少かつ特別な泉質の中性重炭酸泉から着想を得た同社の中性重炭酸入浴剤BARTH。身体を芯まで温める重炭酸入浴で疲れをとり、リラックスした眠りにつく準備をしてほしいとの願いが込められている。日付は重炭酸を重（じゅう＝10）炭（たん＝テン＝10）酸（さん＝3）と読む語呂合わせ。

キングドーナツの日

丸中製菓㈱（兵庫県加西市）が制定。同社が発売するキングドーナツは1988年生まれのロングヒット商品。競合品も多くあるなかで「絶対、キングになる」と作り上げたキングドーナツを多くの人に知ってもらい、その美味しさを楽しんでもらうのが目的。日付はドーナツのドー（10）

と、特売しやすい時期から10月、トランプのキング（K）は13、13を漢字で書いた「十」と「三」を重ねると「王＝キング」になるので13日を組み合わせてこの日に。

ピザまんの日
肉まん、あんまんに続くピザまんのPRのため、コンビニなどで販売される加温まんじゅうの衛生管理や品質向上のために活動する、日本加温食品協会が制定。日付は朝晩の冷え込みが強まり温かいものが食べたくなる10月と、「ピ（1）ザ（3）まん」と読む語呂合わせ。

インフィオラータ記念日
「インフィオラータ」製作の第一人者で花絵師の藤川靖彦氏が代表理事を務める（一社）花絵文化協会が制定。「インフィオラータ」とは地面に花びらを並べて大きな絵などを描くもので、作品の美しさとアーティストとともに市民が協力して作り上げる過程が魅力のアートイベント。より多くの人にインフィオラータを知ってもらい楽しんでもらうのが目的。日付は東京・晴海で日本で初めてとなるインフィオラータが開催された2001年10月13日から。

森永乳業・ソイラテの日
森永乳業㈱が制定。コーヒーに温めた豆乳を入れて作る「ソイラテ」の名称とその由来を多くの人に知ってもらうのが目的。日付は「コーヒーの日」が10月1日で「豆乳の日」が10月12日であることから、10月の1日と12日を足してこの日に。

ペットの健康診断の日
全国の獣医師の団体、（一社）Team HOPEが制定。ペットが健康で長生きするためには病気の早期発見、早期治療が不可欠であることから、動物病院で健康診断を受けることの大切さを広めるのが目的。日付は10と13を「獣（10）医（1）さん（3）」と読む語呂合わせから。

スマイルトレーニングの日
印象評論家の重太みゆき氏が考案した世界中を笑顔にする「スマイルトレーニング」を多くの人に知ってもらうために制定。「スマイルトレーナー®」の養成活動も行う。日付は重太氏が所属する㈱エムスノージャパンの創立日（2006年10月13日）から。

豆の日
陰暦の9月13日には「十三夜」として名月に豆をお供えし、ゆでた豆を食べる「豆名月」の風習があったことにちなみ、（一社）全国豆類振興会が制定。日付は暦の「十三夜」ではなく、新暦の10月13日を記念日とした。豆類に関する普及活動などを行う。

世界血栓症デー

国際血栓止血学会の活動に呼応して(一社)日本血栓止血学会が制定。心筋梗塞、脳梗塞など、心血管系疾患の原因となる血栓症の認識を高め、原因、危険性、症状、予防法、治療などの促進を図るのが目的。日付は血栓症という用語を作り出し、その主要な原因を提唱したドイツの病理学者ルドルフ・ウィルヒョウ(Rudolf Virchow)の誕生日(1821年10月13日)にちなんで。

10/14

鉄道の日

1872年9月12日(新暦10月14日)、日本で初の鉄道が新橋〜横浜間で開業したことを記念して、1922年に日本国有鉄道が「鉄道記念日」として制定。1994年、運輸省(現・国土交通省)の発案により「鉄道の日」と改称された。

ヤマモトヤ・無人売店の日

ボリュームたっぷり、安くて美味しい手作りのサンドイッチを販売する㈱ヤマモトヤ山本幸子(神奈川県厚木市)が制定。同社は田園地帯に無人の売店を設置しており、玉子サンドなどを求めて多くの人が訪れる。無人の売店は販売する側と購入する側の信頼関係で成り立ち、平和の象徴であることを伝えていきたい。日付は同社の創業日(1975年10月14日)から。

美味しいすっぽんの日

ヘルスケア製品の製造販売を行う大東ライフ㈱と(有)井寺スッポン養殖場(熊本県山鹿市)が共同で制定。栄養豊富で滋養強壮の食材のすっぽんを多くの人に知ってもらうことが目的。日付は、すっぽんは秋口の頃にいっそう栄養価が高く、美味しくなると言われていることと、「いち(1)ばんおいしい(014)」と読む語呂合わせ。

フルタ生クリームチョコの日

フルタ製菓㈱(大阪市)が、同社のロングセラー商品「生クリームチョコ」の発売30周年を記念して2022年に制定。「生クリームチョコ」のPRと、従業員のモチベーションアップ、歴史の継承が目的。日付は「いちばんおいしい」お菓子にとの願いから「いちばん(1)お(0)い(1)しい(4)」と読む語呂合わせ。

くまのプーさん原作デビューの日

ウォルト・ディズニー・ジャパン㈱が制定。日付は、「くまのプーさん」の原作が発売された日(1926年10月14日)から。プーさんとゆかい

な仲間達が楽しく暮らす100エーカーの森にちなみ、環境・森林保護を考える日。

焼うどんの日

小倉焼うどん研究所(福岡県北九州市)が制定。小倉の焼うどんを全国に広め、その歴史、地域に根ざした食文化を理解してもらうのが目的。日付は2002年10月14日に静岡県富士宮市の「富士宮やきそば学会」と「焼うどんバトル特別編〜天下分け麺の戦い〜」を行い、北九州市小倉が焼うどん発祥の地として有名になったことから。

10/15

化石の日

日本古生物学会が制定。日本の化石、古生物学の象徴の日として、より多くの人に化石や古生物学に関心をもってもらうのが目的。日付は日本を代表する化石でアンモナイトの一種であるNipponites mirabilis（ニッポニテス・ミラビリス）が新種として報告された1904年10月15日から。

attacaグランエイジの日

アパレルの企画販売を行う㈱Hana Planが制定。同社の機能性とオシャレを両立したシニア向けブランド「attaca madam」のPRと、年齢にとらわれず堂々と生きるグランエイジ世代のマダム、ムッシュを応援するのが目的。日付は、以前の敬老の日(9月15日)の1ヵ月後で、「堂々(10)といこう(15)！」と読む語呂合わせから。

白杖の日

視覚障害者の集い「白い三輪車の会」(広島市)が制定。同会では自立と積極的な社会参加で視覚障害者の生活の向上をめざす。視覚障害者がもつ白い杖「白杖」(はくじょう)の意味や役割を多くの人に知ってもらい、安全に歩行、生活できるようになるとともに、視覚障害者に対しての理解をより深めてもらうのが目的。日付は国際盲人連盟（現在の世界盲人連合）が1970年に10月15日を「国際白杖の日」と定めていることから日本でも同日を記念日に。

広島県民米「あきろまん」の日

広島の県民米として愛されてきた「あきろまん」をPRするため、全国農業協同組合連合会広島県本部(JA全農ひろしま)が制定。名前の「あき」は安芸の国と、豊穣の秋をかけたもの、「ろまん」はお米にかける日本人のロマンを表す。日付は「あきろまん」が農林水産省に品種として正式登録された1996年10月15日から。

九州あご文化の日

長崎県の平戸市と新上五島町、鹿児島県屋久島町、久原本家グループからなる九州あご文化推進委員会（福岡市）が制定。「あご」は九州でのトビウオの呼称。九州伝統の「あご」の食文化を広めていくのが目的。日付はあご漁がお盆過ぎから10月の初旬までの間に行われ、豊漁に感謝して漁が終わった10月の、五十音の最初の音の「あ＝1」と、語呂合わせの「ご＝5」を組み合わせて。

トイコーの日

自動車や電車、バイクなどのミニカーやラジコン、乗用玩具の企画、製造、販売を手がける㈱トイコーが、2020年の創立40周年を記念して制定。お客様への感謝の気持ちを伝えるとともに、商品を愛してくれる子どもたちに笑顔になってもらうのが目的。日付は「ト（10）イコー（15）」の語呂合わせ。

すき焼き通の日

『すき焼き通』（向笠千恵子著・平凡社新書）の刊行をきっかけに、すき焼き店とすき焼き愛好家で結成した「すきや連」が誕生。すき焼きのおいしさと楽しさをアピールする日にと『すき焼き通』の刊行日（2008年10月15日）を記念日とした。

10/16

世界食料デー

1945年の10月16日、国連食糧農業機関（FAO）が設立されたことを記念して1981年に制定された記念日。世界中の人々が食糧不足で苦しまないためにをテーマにシンポジウムなどが開かれる。

亀屋清永の日

㈱亀屋清永（京都市）が制定。同店は京菓子のルーツともいわれる「清浄歓喜団」など、数々の伝統的な和菓子を製造販売している。店名の亀屋清永を知ってもらい、和菓子の魅力を多くの人に伝えていくのが目的。日付は同社が株式会社となった1990年10月1日から10月。創業が1617年（元和3年）であることにちなみ、西暦の最初の二桁の16を用いて16日とした。

国消国産の日

（一社）全国農業協同組合中央会（JA全中）が制定。JAグループが提唱する「国民が必要とし消費する食料は、できるだけその国で生産する」という「国消国産」の考え方を広く知ってもらい、国産農産物の消費を通じて日本の農業生産基盤を維持していくのが目的。日付は10月16日

が国連食糧農業機関（FAO）が制定した「世界食料デー」であり、世界各国で食糧問題を考える日であることから。

リゼクリニックの日

全国で医療脱毛クリニック「リゼクリニック」を運営する（医）風林会が制定。医療脱毛とエステ脱毛の違いを理解し、正しい知識で自分にあう脱毛方法を見つけてもらうのが目的。日付は数字の1を体毛に見立て、脱毛で無くなるのを0として10月、「医療＝いりょう（16）」を16日と読んで10月16日としたもの。

人と色の日・自分色記念日

自分色（パーソナルカラー）とは、人が生まれながらにもつ髪や目、肌の色などと調和して、その人にいちばん似合う色のこと。個性を引き立て、魅力を引き出すパーソナルカラーの効果的な活用法などを提案する（一社）日本カラリスト協会が制定。日付は10と16で「ヒトイロ＝人色」と読む語呂合わせから。

グリーンリボンDAY

家族や大切な人と「移植」や「いのち」のことを話し合い、臓器提供に関する意思を確認する日にと、（公社）日本臓器移植ネットワークが制定。日付は、臓器移植法の施行日1997年10月16日から。グリーンリボンは、移植医療のシンボルとして世界的に使われている。

10/17

サカイのまごころの日

㈱サカイ引越センター（大阪府堺市）が制定。同社は1971年の創業以来「私たちは、ただ商品としての家具や道具を運ぶのではなく、決して傷つけてはいけない大切なもの、お客様一人一人の歴史や思い出が詰まったものを運んでいるのだ」として「まごころこめておつきあい」をモットーにしており、この想いを多くの人に知ってもらうのが目的。日付は、創業者の一人、田島治子氏の祥月命日から。

秦野名水の日

秦野名水ロータリークラブ（神奈川県秦野市）が、同クラブの創立30周年を記念して制定。環境省の名水百選選抜総選挙（2015年）の「おいしさが素晴しい名水部門」で「おいしい秦野の水～丹沢の雫～」が1位になったことをふまえ、丹沢の美しい自然と環境を守っていくことが目的。日付は同クラブの設立日1987年10月17日から。

カラオケ文化の日

（一社）全国カラオケ事業者協会が制定。「カラオケは我が国が生んだ

最大の娯楽文化」との認識から、その普及に努めてきた同団体の設立日（1994年10月17日）を記念日としたもの。カラオケを通じた文化活動の支援や国際文化交流、「カラオケ白書」の発行などを行う。

10/18

統計の日

国民に統計の重要性を理解してもらおうと、1973年に政府が制定した日。1870年に今の生産統計の起源となった「府県物産表」についての太政官布告が公布されたのが、旧暦の9月24日（新暦の10月18日）だったことから。

ぴーなっつ最中の日

米屋㈱（千葉県成田市）が、落花生の形をした最中「ぴーなっつ最中」（1998年10月18日発売）の発売25周年を機に制定。日付は、落花生の旬が秋であることと発売日にちなみ、10月18日を1018と見立て「101」が種（皮）に餡を挟んだ最中の形で、「8」が落花生の形に似ていることなどから。

天津飯の日

㈱大阪王将が制定。天津飯は日本生まれで、地域によって餡の味や具材が異なる奥深い料理。天津飯の魅力をもっと多くの人に知ってもらい、日本中を元気にすることが目的。誰もがこの記念日を活用し、その土地ならではの天津飯を盛り上げ、食文化や地域を活気づけてほしいとの願いもある。日付は「てん（10）しん（1）はん（8）」と読む語呂合わせ。

デドバの日

家庭用ゲームなどの開発を行うBehaviour Interactive Inc.（カナダ、モントリオール）が制定。同社の「Dead by Daylight（デッドバイデイライト）」は世界中に多くのファンをもつマルチプレイ・アクションホラーゲーム。日本独自の記念日を通してファンとともに祝う。日付は同ゲームの略称「デドバ」を「デ（10）ド（10）バ（8）」と読む語呂合わせ。

世界ウェーブストレッチリングの日

NPO法人日本ウェーブストレッチ協会が制定。身体を「ほぐす」「伸ばす」「鍛える」が同時に行えるウェーブストレッチが体感できる「ウェーブストレッチリング」（ZENRING）を同法人の理事長である牧直弘氏が開発したことを知ってもらい、活用してもらうことで多くの人に健康になってもらうのが目的。日付は2005年10月18日に発売されたことから。

ZENRING DAY

NPO法人日本ウェーブストレッチ協会が制定。身体を「ほぐす」「伸ばす」「鍛える」が同時に行えるウェーブストレッチが体感できる「ZENRING」(ウェーブストレッチリング)が同法人の牧直弘理事長が開発したことを知ってもらい、活用して世界中の人に健康になってもらうのが目的。日付は木製の「ZENRING」発売日(2005年10月18日)から。

キャディーの日

名門ゴルフクラブとして名高い小金井カントリー倶楽部が、プレイヤーを支えてくれるキャディーに感謝する日として制定。日付は10を「1＝ゴルフのピン」と「0＝ホール」に、18をワンラウンドの標準的なホール数と見立てて10月18日としたもの。

すきっ戸の日

設計施工・建築工事を手がける㈱今村工務店(福岡県北九州市)が制定。同社オリジナルの木枠の窓「すきっ戸」のPRが目的。「すきっ戸」は窓が片側に完全に引き込まれ、部屋を開放的にできる。日付は窓の形のイメージと住宅の住から「十」で10月。漢字の木を分解すると「十」と「八」になることから18日に。

ドライバーの日

トラック、バス、タクシーなどに乗務するプロドライバーに感謝するとともに、プロドライバーの地位向上をめざす日にと、物流業界の総合専門紙「物流ウィークリー」を発行する㈱物流産業新聞社が制定。日付は10と18で「ドライバー」と読む語呂合わせから。

10/19

TOEICの日

日本でTOEIC Programの実施と運営をする(一財)国際ビジネスコミュニケーション協会(IIBC)が制定。1979年から始まったTOEIC Listening & Reading Testはビジネスの場におけるコミュニケーション英語能力を測定するグローバルスタンダードとなっている。英語の楽しさや自分の英語能力を確認するきっかけにしてもらうのが目的。日付は「トー(10)イック(19)」と読む語呂合わせ。

洗濯を楽しむ日

パナソニック㈱ランドリー・クリーナー事業部が制定。気温、湿度ともに洗濯日和になりやすいこの時期に、家事労働の軽減ではなく、積極的に「洗濯・乾燥」などを楽しめる日とするのが目的。日付は10月19日を1019として「せん(1000)」「とく(19)＝たく」と読む語呂合わせ。

レッカーの日
　レッカー事業やロードサービス事業などの事業者で構成された全日本高速道路レッカー事業協同組合が制定。けん引技術の向上や人材の育成と確保、災害支援活動などの社会貢献を果たすレッカー業界を多くの人に知ってもらうのが目的。日付は、「けん引（towing）」を「towing＝トー（10）イング（19）」と読む語呂合わせ。

トイレクイックルの日
　生活用品を手がける花王㈱が制定。いつでも誰でも手軽にトイレ掃除ができるトイレクイックルで、清潔で快適なトイレにしてもらいたいという同社の思いが込められている。日付は「トイ（101）レク（9）イックル」と読む語呂合わせ。

ほめ育の日
　子どもたちの教育への投資（寄付）団体である（一財）ほめ育財団が制定。「ほめ育」を通して、世界中の人を輝かせることが目的。日付は同財団の代表理事である原邦雄氏が「ほめ育」の活動をスタートした2007年10月19日から。大切な人や自分への「一日一ほめ」で、ほめ言葉であふれる毎日をとの願いが込められている。

伊勢の神棚の日
　神棚、神具などを製造販売する㈱宮忠（三重県伊勢市）が制定。伊勢の神棚製造技術を知ってもらうことで、伊勢の伝統工芸品の認知度を高め、地域の活性化を図ることが目的。日付は伊勢神宮の建築様式である「唯一神明造」を模した「伊勢の神殿」が三重県指定伝統工芸品に認定された1994年10月19日から。

住育の日
　住宅の健康とそこに住む人の健康を守るために、業種を超えた専門家が集まり研究活動などを行っているNPO法人日本健康住宅協会（大阪市）が制定した日。住宅についての教育を行う「住育」の大切さをアピールするのが目的。日付は10月が住宅月間であることと、10と19で「住育」と読む語呂合わせ。

イクメンの日
　男性の育児休暇を推進すべく、パパが育児を楽しみ、頑張る日をと「イクメンオブザイヤー実行委員会」が制定。イクメンとは「子育てを楽しむだけでなく、ママを幸せにできちゃうパパのこと」。日付は10（父さん）と19（育児）の語呂合わせ。

いか塩辛の日
　いか塩辛などの海産物加工を手がける㈱小野万（宮城県気仙沼市）が

制定。日付は、いかの10本の足から10月、熟 (19) 成された味から19日に。また、原材料のいかの旬が秋でもあることも由来のひとつ。

愛知のいちじくの日
⇨「1年間に複数日ある記念日」の項を参照。

医療用ウィッグの日
抗がん剤治療による脱毛などに悩む人が、治療中も髪のおしゃれを楽しめる医療用ウィッグを手がける㈱テラスハートジャパン（大阪市）が制定。安心安全な医療用ウィッグの普及を図る。日付は、病院のマークが漢字の十に似ているので数字に置き換えて10月、「ウィッグ」の語呂合わせで19日としたもの。

10/20

新聞広告の日
1958年に日本新聞協会が制定。新聞広告の生活情報源としての役割の大きさをアピールすることが目的。日付は10月15日からの新聞週間の中の区切りのよい日。

スズラン印の日
1919年の創業以来、北海道産のてん菜（ビート）から砂糖などを製造している日本甜菜製糖㈱が制定。同社食品のトレードマークであるスズラン印の認知度を向上させ、製品を愛用しているお客様に感謝の想いを伝えることが目的。日付は、同社のビート糖製品の意匠をスズラン印に統一した日（1962年10月20日）をスズラン印の誕生日と設定していることから。

HelloWineの日
㈱ベルーナ（埼玉県上尾市）でワイン通販を手がけるMy Wine Clubが制定。「ハロウィンにはワインを飲む」という文化を作り、楽しんでもらうのが目的。日付はハロウィンのある10月と、フランス語の数字の20がvingt（ヴァン）でワインのvin（ヴァン）と音の響きが似ているのでこれを組み合わせてこの日に。記念日名はHalloweenにかけてHelloWine（ハローワイン）と読む。

ゴースト血管対策の日
Tie 2・リンパ・血管研究会が制定。Tie 2とは、毛細血管を強くする役割を担う血管内皮細胞に存在する受容体。加齢やストレスなどでTie 2の働きが弱くなると、血流が途絶えて血管がゴースト化し、免疫力低下や内臓不調など、体にさまざまな支障をきたす原因となる。Tie 2やゴースト血管、それを防ぐための対策についての知識を広め、

自身の健康について考えてもらうのが目的。日付は毛細血管の長さが10万キロあることから10月、Tie 2の2と血流の循環を意味する0を合わせて20日に。

豆腐干の日

豆腐干を専門に扱う㈱優食が制定。豆腐干は中国の伝統食材で、豆腐に圧力をかけて水分を抜いて適度に乾燥させた、低糖質高たんぱくなヘルシー食材。豆腐干の認知度を上げることが目的。日付は1020で「とう（10）ふ（2）」と読み、豆腐干の干と同じ読みの環から「環＝0」と合わせて10月20日に。

アップルペイント外壁塗装の日

総合リフォーム・住宅防水塗装などを手がけるアップルペイント㈱（長野県松本市）が制定。建物を長く維持していくために不可欠な外壁塗装の大切さと、その内容を正しく理解してもらうのが目的。日付は10で「と（10）」、20を二つという意味の「双」と読む語呂合わせ。

床ずれ予防の日

（一社）日本褥瘡学会が制定。「床ずれ」は寝具や車椅子などに長時間皮膚が接触し血流が悪くなり、皮膚やその下の組織がダメージを受ける創傷のことで、医学的には褥瘡と言う。この病気への理解を深め、適切な予防、管理を広めるのが目的。日付は「床（10）ずれ（20）」と読む語呂合わせ。

老舗の日

日本は創業100年を超える企業が世界一多いといわれる。その世界に誇るべき老舗の良さを見直すのを目的に、老舗の商品を扱う「老舗通販.net」を運営するスターマーク㈱が制定。日付は商売の神様として知られる恵比寿様の祭り、二十日恵比寿の日から。

10/21

ハイアルチの日

高地トレーニング専門スタジオ「ハイアルチ」を全国展開するHigh Altitude Management㈱が制定。低酸素空間でトレーニングを行うと運動能力の向上、美容、健康などへの効果が期待できる。その効果を広く普及し、人々のQuality of Life（生活の質）の向上に貢献していくのが目的。日付は同社の設立日（2016年10月21日）から。

禅寺丸柿の日

麻生観光協会（神奈川県川崎市）が制定。鎌倉時代前期に麻生区の王禅寺で発見され、日本最古の甘柿とされる禅寺丸柿のPRが目的。日付は

2012年10月21日に、「禅寺丸柿サミット」が行われ、麻生区の「区の木」として禅寺丸柿が制定されたことによる。

バック・トゥ・ザ・リサイクルの日

リサイクル技術の開発などを行う㈱JEPLANが制定。映画「バック・トゥ・ザ・フューチャー」で、ごみを燃料にした自動車型のタイムマシーン「デロリアン」が到着する未来が2015年10月21日であることから、その日を「ごみがごみでなくエネルギーに生まれ変わる日」として記念日にした。

10/22

タイムカプセル・信毎ペンの庫(くら)の日

信濃毎日新聞社(長野市)が制定。同社が1951年に児童生徒の作文、絵や県内の資料を集めて保存した「信毎ペンの庫」事業と、そのために建てた「信毎ペンの庫」を記念したもの。日付は「信毎ペンの庫」の除幕式が行われた日(1951年10月22日)から。

今、夫婦が生まれる結婚指輪の日

1級ジュエリーコーディネーターが在籍する結婚指輪・婚約指輪専門店、㈱ビジュトリーヨシダ(岐阜県関市)が制定。結婚指輪は贈り合う二人の分身であり、心が通うと言われる左手の薬指に交わし合うとき二人を一つにする役割があることを広める。日付は「今、夫婦」を「い(1)ま(0)ふうふ(22)」と読む語呂合わせ。

キャットリボン(猫のピンクリボン)の日

(一社)日本獣医がん臨床研究グループ(JVCOG)(埼玉県所沢市)が制定。乳がんで多くの猫が命を落としていることから早期発見・早期治療を啓蒙し、乳がんで苦しむ猫をゼロにするのが目的。日付は、10月が人の乳がん啓発月間(ピンクリボン月間)であることと、22で猫の鳴き声である「ニャンニャン」の語呂合わせから。

アニメの日

(一社)日本動画協会「アニメNEXT100」が、日本初のカラー長編アニメーション映画「白蛇伝」の公開(1958年10月22日)にちなみ、その100周年の節目となる2017年に制定。日本のアニメーションの魅力を世界に向けて発信する。

ドリップコーヒーの日

コーヒーなどの通信販売を手がける㈱ブルックス(神奈川県横浜市)が制定。誰でも簡単においしく入れられるドリップバッグコーヒーの良さを多くの人に知ってもらうのが目的。日付は秋が深まりよりドリ

ップコーヒーがおいしくなる時期と、10と22を「ド（10）リップコーヒーを、ふぅ～ふぅ～（22）しながら飲んで、心も体も温まってもらいたい」との思いから。

あんこうの日

「あんこうの宿 まるみつ旅館」を経営する㈱魚の宿まるみつ（茨城県北茨城市）が制定。あんこうの食文化を多くの人に伝えるのが目的。日付はあんこう鍋発祥の地の北茨城市で初めて民宿を営み、あんこう料理を全国に広めた同宿の創業者の武子光男氏の命日で、「あんこう研究所」の開業日でもある10月22日に。

図鑑の日

子どもの歯科医院を運営する「医療法人元気が湧く」（福岡市）が開設した「絵本と図鑑の親子ライブラリー」（ビブリオキッズ＆ビブリオベイビー）が制定。言葉や絵、図形などから形のあるものを立体的に捉え、想像力を育む図鑑の力を多くの人に知ってもらうことと、子どもから大人まで図鑑に親しむ環境を整えることが目的。日付は日本で最初に「図鑑」の書籍名称を用いた『植物図鑑』の初版が発行された1908年10月22日から。

10/23

霜降（そうこう）

[年によって変わる] 二十四節気のひとつ。秋が一段と深まり、霜が降りることが多くなる。冬の近づきを感じる頃。

あんしんの恩送りの日

健康に配慮した食品の製造販売などを手がける㈱あんしん（滋賀県長浜市）が制定。自分が受け取った思いやりある行動をまた別の誰かに受け渡していく「恩送り」という文化を浸透させていくことが目的。日付は、同社代表の岡本一馬氏の「誕生日は誰かに祝ってもらうのではなく、誰かに感謝を伝える日にしたい」との思いから、同氏の誕生日10月23日とした。

オーツミルクの日

オーツ麦から作った植物性ミルクブランド「goodmate」など、さまざまな飲料のブランド・マネジメントを行うHARUNA㈱が制定。オーツ麦から作られるオーツミルクは環境負荷の低い植物性ミルクとして注目されており、多くの人に知ってもらうことで市場全体の活性化につなげるのが目的。日付は「オー（0）ツ（2）ミ（3）ルク」と読む語呂合わせ。

おいもほりの日
「石焼いも®黒サンホイル」など、包装資材を手がける東洋アルミエコープロダクツ㈱（大阪市）が制定。幼稚園や保育園などで秋の行事として楽しまれている「おいもほり」の教育的な意義の再確認とその普及が目的。日付を二十四節気の「霜降」の頃の10月23日としたのは、この頃が「おいもほり」のピークを迎えることから。

家族写真の日
妊婦さんから未就学児までの家族の思い出写真作りを行う（一社）日本おひるねアート協会が制定。数多くの赤ちゃんを撮影している同協会では、赤ちゃんだけの写真は多いが両親と写っている写真が少ないことに気づいた。多くの人が「家族写真を撮る」という習慣を作ることで、家族の歴史を一年に一度刻んでもらうのが目的。日付は「撮（と＝10）ろうファミリー（23）」の語呂合わせ。

じゃがりこの日
カルビー㈱が制定。同社の「じゃがりこ」は子どもから大人まで幅広いファンをもつ人気のスナック菓子。毎年この日に日頃の感謝と今後への期待をファンに伝える日とするのが目的。日付は「じゃがりこ」が発売された1995年10月23日にちなんで。

10/24

国連デー
1945年のこの日、国際連合が正式に発足したことに由来する。日本は1956年に加盟が認められた。国際連合の本部はニューヨークにある。

軽貨物の日
軽貨物業の社会的な認知と地位の向上を促すため、（一社）軽貨物ロジスティクス協会が制定。日付は、国土交通省が2022年10月24日に貨物軽自動車運送事業での軽乗用車の使用を可能にする、いわゆる「軽貨物車両の自由化」を発表したことから。

ルミナス医療脱毛の日
ルミナス・ビー・ジャパン㈱が制定。同社が厚生労働省の承認を取得した医療用脱毛機は3機種あり、脱毛機での施術が安全で効果的であることを啓発するのが目的。日付は、3種の脱毛機の製品名、SPLENDOR X（X＝ローマ数字の10）と、LightSheer Duet（Duet＝英語で2）と、LightSheer Quattro（Quattro＝イタリア語の4）の組み合わせから。

天女の日

天女伝説のある全国各地の自治体で構成する、天女サミット共同宣言市町が制定。天女を活用したまちづくりのプロモーションと認知度の向上、活動の活性化が目的。2016年の「天女サミット」には福島県川俣町、滋賀県長浜市、京都府京丹後市、大阪府高石市、鳥取県湯梨浜町、鳥取県倉吉市、沖縄県宜野湾市が参加。日付は「天（10＝テン）女（24）」と読む語呂合わせ。

マーガリンの日

マーガリンなどの食用加工油脂を製造販売する会社で構成された日本マーガリン工業会が制定。植物性、動物性の油脂を原料としたマーガリンのソフトな風味や舌触りの良さ、おいしさをより多くの人に伝えるのが目的。日付は、マーガリンの生みの親のフランス人のメージュ・ムーリエ・イポリットの誕生日（1817年10月24日）から。

文鳥の日

10と24で「手に幸せ」の語呂合わせと、この時期に手乗り文鳥のヒナが出回ること、それに「1024」の数字で、文鳥を表せることから、この日を記念日としたのは文鳥にくわしいライターの伊藤美代子氏。江戸時代から愛されてきた文鳥について考える日。

吾郷会の日

（福）吾郷会（島根県邑智郡美郷町）が、法人の設立登記日（1986年10月24日）を記念して制定。地域に密着して貢献するという初心を忘れず、日々精進に努めることを思い出す日。

10/25

新潟米の日

日本を代表する米どころ新潟のお米をPRするため、JA全農にいがたが制定。日付は、新潟米の代表「コシヒカリ」と「こしいぶき」にちなみ、10月25日（1025）を「い（1）いお（0）米、に（2）いがたコ（5）シヒカリ、こしいぶき」と読む語呂合わせから。

信濃の国カレーの日

長野県産の食材を使った「信濃の国カレー」を製造販売するセントラルフーズ㈱（長野県松本市）が制定。信濃の国カレーのおいしさ、長野県の食材の素晴らしさを知ってもらうのが目的。日付は、長野県の県歌「信濃の国」が最初に使われたのが、1900年10月25日の長野県師範学校の創立記念大運動会とされることにちなむ。

10/26

愛しいお風呂の日
ベビーギフトやママ向け商品の通販やウェブメディア運営などを手がけるビースタニング㈱が制定。親子で一緒にお風呂に入る日。親子のお風呂時間を記憶に残る時間にしてほしいとの願いが込められている。日付は「いと(10)しいおふろ(26)」の語呂合わせから。

TOEFLの日
英語運用能力試験「TOEFL(トーフル)」の日本での運営を行うETS Japan合同会社が制定。世界160ヵ国以上の教育機関でそのスコアが認められている「TOEFL iBTテスト」は、読む、聞く、話す、書くの4つの技能を総合的に、高い精度・公平性をもって測定し、どれだけ英語を「使えるか」に焦点を当てている。英語を積極的に使うきっかけとしてもらうことが目的。日付は「トー(10)フル(26)」と読む語呂合わせ。

フルタの柿の種チョコの日
フルタ製菓㈱(大阪市)が、「フルタの柿の種チョコ」の発売10周年を機に、そのさらなるPRのために2021年に制定。日付は、柿もチョコレートも10月からが最盛期との思いから、「柿の日」を記念日に。

アルファベットチョコレートの日
名糖産業㈱(愛知県名古屋市)が、「アルファベットチョコレート」の発売50周年を機に、そのさらなるPRのために2020年に制定。日付は、このチョコレートが「ひとくちチョコ」であることから「一口」を「10」と表し、アルファベットの文字数26文字から、この日に。

ズブロッカの日
食品や酒類の流通業などを手がけるリードオフジャパン㈱が制定。ポーランドの代表的なウォッカブランド「ズブロッカ」の魅力的な味わいや楽しみ方を広めるのが目的。「ズブロッカ」はポーランドの北東部、世界遺産のビアウォヴィエジャの森で自生するバイソングラスを使用することで独特な香りを出す名酒。日付は現地の発音「ジュ(10)ブ(2)ロッカ(6)」の語呂合わせ。

歴史シミュレーションゲームの日
㈱コーエーテクモゲームス(神奈川県横浜市)が制定。コンピュータゲームに歴史シミュレーションゲームというジャンルを切り開いた同社の「川中島の合戦」が発売35周年を迎えたことを記念したもの。日付は「川中島の合戦」が発売された1981年10月26日から。

税理士相互扶助の日

税理士業界で最も歴史のある相互扶助組織、日本税理士共済会が制定。「助け合い」の精神を深く心に刻み、会の発展を図るのが目的。日付は1953年10月26日に同会の前身である厚生委員会が誕生し、この日を創立記念日としていることから。

柿の日

全国果樹研究連合会カキ部会が、柿の販売促進を目的に制定。日付は俳人の正岡子規が1895年の10月26日からの奈良旅行で「柿くへば鐘が鳴るなり法隆寺」を詠んだとされることから。

青森のお米「つがるロマン」の日

実りの秋の10月とつがるの2とロマンの6を組み合わせて記念日としたのは、JA全農あおもり。青森で作付けされているおいしいお米の「つがるロマン」を全国にPRする日。

青汁の日

乾燥する冬を前に多くの人に青汁で健康になってもらいたいと、トップメーカーの㈱アサヒ緑健が制定。日付は10を英語のIO（アイオー）に見立てて青と読み、26を汁（ジル）と読む語呂合わせ。

きしめんの日

愛知県の名物「きしめん」をもっと多くの人に食べてもらおうと、愛知県製麺工業協同組合が制定。日付は食欲の秋である10月と、「きしめん」の特徴であるツルツル感を2（ツ）と6（ル）で表した26日の組み合わせから。

どぶろくの日

「御園竹」「牧水」などの銘柄で知られ、明治元年創業の老舗の蔵元・武重本家酒造㈱（長野県佐久市）が制定。濁酒（どぶろく）の魅力を広めるのが目的。日付は、どぶろくのシーズンが始まる10月下旬で「10（ど）と26（ぶろく）」と読む語呂合わせから。同社では「十二六甘酸泡楽」略して「どぶろく」という濁酒を販売。

デニムの日

児島ジーンズストリート推進協議会（岡山県倉敷市）が制定。国産ジーンズ発祥の地として知られる児島のデニム製品の魅力を、より多くの人に知ってもらうのが目的。日付は「デ（10）ニム（26）」と読む語呂合わせ。

弾性ストッキングの日

日本静脈学会弾性ストッキング・圧迫療法コンダクター養成委員会（神奈川県横浜市）が制定。弾性ストッキングとは圧迫圧を加えて四肢

の循環を改善させる医療機器で、静脈血栓の予防、静脈疾患やリンパ浮腫の治療などに活用する。この弾性ストッキングを一般にPRすることが目的。日付は1848年10月26日にウイリアム・ブラウン氏が弾性ストッキングの特許をイギリスで取得したことから。

10/27

文字・活字文化の日
　出版文化の推進を目的に2005年に「文字・活字文化振興法」が制定され、同法により読書週間（10月27日から11月9日までの2週間）の初日のこの日が「文字・活字文化の日」と制定された。

エチケットブラシの日
　日本シール㈱（大阪市）が制定。同社が1959年に開発製造販売した「エチケットブラシ」は、衣類についたホコリやゴミを優しく取り除くロングセラー商品。エチケットブラシを生み出した会社である同社を多くの人に知ってもらうのが目的。日付は「エチケットブラシ」の「エチケット®」が商標登録された1960年10月27日から。

機関誌の日
　機関誌のもつ多彩な魅力を伝えるため、機関誌などの冊子・書籍などの商業・出版印刷を手がける第一資料印刷㈱が制定。日付は、洋学者の柳河春三（やながわしゅんさん）により日本初の本格的な雑誌とされる『西洋雑誌』の創刊年月（1867年10月）と、機関誌の会員同士の「つな（27）がり」から10月27日に。

10/28

村杉温泉・風雅の宿「長生館」大庭園の日
　開湯700年の歴史と全国有数のラジウム温泉で知られる村杉温泉（新潟県阿賀野市）。その老舗旅館、風雅の宿「長生館」が制定。同館には四季折々に自然の情景を映し出す4000坪の大庭園があり、ロビーや各部屋、露天風呂などからも眺められる。日付は10月末ごろから大庭園の紅葉が美しくなることと、大庭園＝大（0）きな庭（28）と読む語呂合わせ。

豆腐バーの日
　㈱アサヒコが制定。同社の豆腐バー（TOFU BAR）は1本に良質な植物性たんぱく質が10gも含まれている。スティックタイプで手軽に携帯でき、噛み応えのある食感で満足感も得られる同製品を多くの人に知ってもらうのが目的。植物性原料という特性から「人と地球にやさ

しい未来」について考えてとの願いも込められている。日付は10（とう）2（ふ）8（パー）と読む語呂合わせ。

プレスリリースの日

インターネット上でプレスリリースを配信するサービスなどを手がける㈱PR TIMESが制定。オープンで透明性の高い情報発信を迅速かつ正確に行うことがPRの根幹。そのPR活動で欠かせないプレスリリースにできることを考え、パブリックとの有益な関係づくりにつなげる日。日付は「近代PRの父」と呼ばれるアイビー・リー氏により世界初のプレスリリースが発信された1906年10月28日から。

透明美肌の日

美しい素肌を「透明美肌」と表現して、その大切さを再確認してもらおうと「美白の女神（ミューズ）」として知られる㈱クリスタルジェミーの中島香里氏が制定。日付は10と28で「透明美肌」と読む語呂合わせ。

おだしの日

「おだし」にこだわった飲食チェーンを展開する㈱太鼓亭（大阪府箕面市）が制定。和食のかなめで、体にも良いおだしの正しい情報の提供とPRが目的。日付は、おだし素材の代表かつお節の燻乾カビ付け製法を考案した江戸時代の紀州印南浦（現在の和歌山県印南町）の漁民、角屋甚太郎氏の命日（1707年10月28日）から。

10/29

オートレース発祥の日

唯一の小型自動車競走振興法人で、小型自動車競走関係業務を行う(公財)JKAが制定。公営競技「オートレース」が初めて開催された1950年10月29日を記念したもの（第1回レースは船橋競馬場のコース内側で行われた）。ノーブレーキのバイクでスピードとテクニックを競う「オートレース」のPRと、その収益金が機械工業の振興や社会福祉に役立っていることを知ってもらうことが目的。

獣肉（ジビエ）の日

ジビエ処理加工を手がける(有)サンセイ、国産ジビエ認証施設の宇佐ジビエファクトリー、日本初のジビエ処理研修施設の日本ジビエアカデミー（大分県宇佐市）が制定。農林業などに大きな被害を及ぼす鹿や猪。害獣とはいえ、命を無駄にせず正しい処理加工を行うことでジビエとして命のバトンをつなげ、美味しいジビエを全国に広めるのが目的。日付は「獣（じゅう＝10）肉（にく＝29）」の語呂合わせ。

おしぼりの日
貸おしぼりの有用性をPRするため、全国おしぼり協同組合連合会（愛知県名古屋市）が制定。貸おしぼりは清潔・安全を第一に、レンタルでリユースする地球環境に優しい商品。日付は「手（て＝ten）」の語呂合わせと10本の指から10月、「29＝拭く」の語呂合わせで29日。このふたつを合わせて「手を拭く」の語呂合わせ。

ワンオーガニックデイ
(学) 総純寺学園 清流みずほ認定こども園（岐阜県瑞穂市）が制定。さまざまな化学物質や農薬の飛散などが、こどもたちの低体温、低体力、アレルギー体質の急増の一因とも言われる。1年のうちに1日だけでも自分たちの身につけるものや口に入れるものの安全安心を意識するのが「ワンオーガニックデイ」。できることから始め、周りの人に伝え、自然との共生、持続可能な社会をめざす。日付は「ワン（1）オー（0）ガニック（29）」の語呂合わせ。

ドリアの日
1927年開業の老舗ホテル「ホテルニューグランド」を運営する㈱ホテル、ニューグランド（神奈川県横浜市）が制定。ドリアは同ホテルの初代総料理長を務めたサリー・ワイル氏が考案した料理で、滞在客の要望を受けて即興で創作したもの。同ホテルの名物シュリンプドリアとして今日まで愛され続けている。日付は、サリー・ワイル氏がスイスから来日した1927年10月29日から。

和服の日
和服を中心に関連商品を販売する㈱鈴花商事（佐賀市）が制定。「洋服」に対する「和服」は日本固有の衣装の呼び名に最もふさわしいとの思いから、その呼称を広め和服の素晴らしさを多くの人に知ってもらうのが目的。日付は「いい（1）わ（0）ふ（2）く（9）＝良い和服」と読む語呂合わせ。

凄麺の日
カップ麺などの食品事業を中心に展開するヤマダイ㈱（茨城県八千代町）が制定。ゆでたての旨さ、お店のラーメンのような本格的な味を追求した自社製品の「凄麺」のPRが目的。日付は「凄麺」の第1作目の発売日（2001年10月29日）から。

てぶくろの日
総合手袋メーカーの㈱東和コーポレーション（福岡県久留米市）が制定。手を使うことで進化してきた人類。そんな大切な手を守る作業用手袋に関心をもってもらうのが目的。日付は「て」(10)「ぶ」(2)「く」

（9）ろの語呂合わせと、素手で行う作業がつらくなり手袋をし始める時期に入ることから。

トニックの日

花王㈱が制定。抜け毛を抑え、コシのある髪を育てる自社製品「サクセス薬用育毛トニック」など、男性化粧品のヘアトニック、育毛トニックをアピールするのが目的。日付は「ト」（10）「ニック」（29）と読む語呂合わせ。

国産とり肉の日

国産とり肉の安全性やおいしさのPRのため、（一社）日本食鳥協会が制定。国産とり肉は、食鳥検査法により1羽1羽に3段階の厳しい検査を行い、合格した安全なものだけが出荷される。日付は干支の10番目が酉であるため10月、肉の語呂合わせから29日。

10/30

健康に役立つ咀嚼の日

小西デンタルクリニック（大阪府泉大津市）が制定。同院長の小西康三氏は歯科医師として正しく咬むこと（咀嚼）の大切さを広める活動を行っている。咀嚼が免疫力の強化や脳の活性化、顎の成長などにつながり、健康に役立つということを多くの人に深く知ってもらうのが目的。日付は、10月は食欲の秋で、健康のためには一口（10）で30回咬むことが推奨されていることから10月30日に。

トマトサワーの日

アルコールの新トレンドとして注目を集めるトマトサワーのPRのため、カゴメ㈱が制定。トマトサワーは甘すぎず食事によく合い、さらにトマトに含まれる栄養素リコピンは健康維持に役立つことで知られている。日付はトマトを10、サワーを30と読む語呂合わせ。

初恋の日

1896年の10月30日、島崎藤村が『文学界』46号に「こひぐさ」の一編として初恋の詩を発表したことを記念する日。制定したのは藤村ゆかりの宿の中棚荘（長野県小諸市）。記念イベントとして初恋をテーマとした作品（俳句、短歌、エッセイ、写真など）をはがきで応募してもらう「中棚荘・初恋はがき大賞」を行った。

香りの記念日

第7回国民文化祭「世界の香りフェア IN 能登」を開催した石川県七尾市が1992年に制定。国民文化祭初の香りイベントが開催された日をその記念日としている。

たまごかけごはんの日

「たまごかけごはん」をキーワードに日本の古き良き食文化やふるさと、家族愛などを考える日にと、日本たまごかけごはんシンポジウム実行委員会（島根県雲南市）が制定。日付は、第1回のシンポジウムが開催された2005年10月30日から。この時期はたまごの品質が良くおいしい新米が出回る時期。

マナーの日

ビジネスマナー、一般マナーなど、あらゆる場面において必要不可欠な「マナー」について見直し、生活に役立ててもらうことを目的にNPO法人日本サービスマナー協会が制定。日付は、協会が設立された2008年10月30日から。協会では接客サービス研修、認定資格、検定試験など、サービスマナーの普及と向上の活動を行っている。

リラクゼーションの日

安心・安全・安定的なサービスの提供によるリラクゼーション事業の健全な発展と社会的認知度の向上を目的として、（一社）日本リラクゼーション業協会が制定。日付は、総務省の日本標準産業分類に「リラクゼーション業（手技を用いるもの）」が新設されたことから、その告示日（2013年10月30日）を記念日とした。

10/31

ハロウィン

ヨーロッパを起源とする行事で、のちにキリスト教の万聖節の前夜祭にあたることから、アメリカでは子どもの祭りとして定着している。幽霊や魔女などに仮装して歩いたり、カボチャのランタンを飾ったり、子どもがお菓子をもらうなどのイベントが行われる。

ガスの記念日

都市ガス事業の役割をより多くの人に伝えることを目的として、（一社）日本ガス協会が制定。日付は、横浜で初めてガス燈が灯され、都市ガス事業の始まりとなった1872年10月31日から。

INFOBARの日

「INFOBAR」はau Design Project発の携帯電話で、プロダクトデザイナー深澤直人氏がデザイン。デザインケータイの原点とされ、数々の賞を受賞し、2007年にはニューヨーク近代美術館の永久収蔵品に選定された。初代INFOBARの発売20周年を記念して、KDDI㈱が制定。日付は、その発売日（2003年10月31日）から。

クレアおばさんのシチューの日

江崎グリコ㈱が、同社の人気商品「クレアおばさんのシチュー」のPRのために制定。日付は、これまで10月31日のハロウィンに定番メニューがなかったことから、食材が出そろうこの時季に「クレアおばさんのシチュー」で家族と楽しく食卓を囲んでほしいとの思いが込められている。

出雲ぜんざいの日

出雲地方では旧暦の10月を神在月（かみありづき）と呼び、その神在祭で振る舞われたのが「神在（じんざい）もち」。これが「ぜんざい」の語源となったと言われていることから、出雲観光協会が制定。日付は、神在月の10月のうち、語呂合わせで「じんざい」と読める10月31日を選んだもの。

陶彩の日

色鮮やかな日本の自然のなか、豊かな食卓を「器（うつわ）」で彩りよく演出し、よりおいしく食べてほしいとの願いを込めて、日本陶彩㈱（岐阜県土岐市）が制定。同社は和陶器を百貨店に納入している商社が共同出資して運営している。日付は「陶（10）彩（31）」と読む語呂合わせ。

天才の日

「誰もが一冊の本を書くことができる」との思いから吉田浩氏により設立され、数多くのベストセラーや作品を手がけてきた編集プロダクションの㈱天才工場が制定。社名には誰もが天才であるとの思いが込められており、自分の才能に気づき、天才のひとりであることを再確認する日。日付は10と31で「天才」と読む語呂合わせ。

菜の日

⇨「1年間に複数日ある記念日」の項を参照。

年によって日付が変わる記念日

10月第2日曜日

スポーツアミノ酸の日

スポーツ前のアミノ酸の補給が大切であることをPRするため、味の素㈱が制定。体を強く動かし続けると体内のアミノ酸が消費されるが、事前にアミノ酸を補給することで体への負担を抑えられる。日付はスポーツの前にアミノ酸を摂ってほしいとの願いを込めて、「スポーツの日」の前日となることが多い10月第2日曜日。

10月第2月曜日

スポーツの日（国民の祝日）

国民の祝日のひとつ。「スポーツにしたしみ、健康な心身をつちかう」こととされる（国民の祝日に関する法律）。1964年の東京オリンピック開会式の日を記念して、1966年に国民の祝日「体育の日」として制定。2020年からは「スポーツの日」に。

鯛の日

鯛の消費拡大と三重県産の鯛のPRのため、三重県漁業協同組合連合会が制定。三重県は日本有数の真鯛養殖地として知られる。日付は、この日が国民の祝日の「スポーツの日」の前身の「体育の日」であることから「体育の日＝タイ（イ）クの日＝鯛喰う日＝鯛の日」と結ぶ言葉合わせ。

10月第3日曜日

まごの日

9月第3月曜日の「敬老の日」からほぼ1ヵ月後の10月の第3日曜日を、おじいちゃん、おばあちゃんから孫にメッセージを伝える日にしようと提唱したのは（一社）日本百貨店協会。百貨店のもつ商品性、文化性、交流性を生かして社会にアピールをしている。

葛西まつりの日

東京都江戸川区の葛西事務所に事務局を置く「葛西まつり実行委員会」が制定。1976年から葛西地区で開催されている「葛西まつり」の認知度をさらに高めて、まつりを盛り上げることが目的。日付は毎年開催日となっている10月第3日曜日。例年、模擬店・ステージ・パレードなどでにぎわう。

10月第3土曜日

おかやま米の新米記念日

全国農業協同組合連合会岡山県本部（JA全農おかやま）が制定。その年のお米の収穫を祝うとともに、美味しい「おかやま米」の新米をたくさん食べてもらうのが目的。日付は10月第3週の週末は、岡山県における新米の収穫最盛期を迎える時期であることによる。

中性脂肪の日

（一社）中性脂肪学会（大阪市）が制定。中性脂肪（トリグリセリド＝TG）は身体のエネルギーになる重要な栄養素。中性脂肪について学

び、知識を深めてより多くの人に健康になってもらうのが目的。日付は毎年10月第3土曜日に学術集会、市民公開講座などを開催して中性脂肪の啓発活動を行うことから。

> 10月最終木曜日

マッコリの日

韓国の農水産物や食文化の紹介など、貿易振興活動を行っている韓国農水産食品流通公社が制定。韓国の伝統的な醸造酒であるマッコリを、より多くの人に親しんでもらうのが目的。日付は、新米で作ったマッコリが市場に出回り始める時期の10月の最終木曜日とした。

NOVEMBER

旧暦 霜月（しもつき）
語源：霜が立ち始める「霜降り月」の略。

英名 November
語源：もともとは「9番目」を意味するラテン語が語源だが、改暦の際に名称を変更したなかったことからズレが生じているとされる。

異名 暢月（ちょうげつ）／神楽月（かぐらづき）／神帰月（かみきづき）／霜降月（しもふりづき）／子月（ねつき）／雪待月（ゆきまちづき）／雪見月（ゆきみづき）

誕生石 トパーズ（黄玉）／シトリン（黄水晶）

誕生花 椿／クリスマスローズ

星座 蠍座（〜11/22頃）、射手座（11/23頃〜）

国民の祝日 文化の日（3日）、勤労感謝の日（23日）

11月は1年で最も記念日が多い月。数字の1が並ぶ月であり、11を「いい」と読めるなど形や語呂合わせで作りやすいこともあるが、冬を前にした季節なので企業が何かイベントを仕掛けてみたいという気になるからだろう。

とくに11日は1111となるので覚えやすく、広告もしやすい。長い棒状の商品に記念日を設定するとしたらいちばんふさわしい日。エンピツや万年筆など次々と記念日になりそうだ。また、「ポッキー＆プリッツの日」の認知度の高さもこの日を選択する大きな要因になっている。

クリスマスローズ

11/1

計量記念日
1993年11月1日、新「計量法」が施行されたことを記念し、従来の6月7日の記念日を変更して経済産業省により制定された。

紅茶の日
1791（寛政3）年のこの日、大黒屋光太夫がロシアのエカテリーナ2世から紅茶を贈られたとの史実をもとに、日本紅茶協会が1983（昭和58）年に制定。紅茶の葉は「紅茶の木」から採れるのではなく、緑茶を完全発酵させたもの。

MONOの日
高品質かつシンプルなデザインで知られる文具ブランドMONOのPRのため、㈱トンボ鉛筆が制定。同ブランドのファンに日頃の感謝を伝え、MONOの文具で学び、創作する楽しさを発信する日。日付は、MONOがギリシャ語の「MONOS（唯一の）」に由来すること、ブランドのシンボルマークが青白黒の3本ラインであることにちなみ、1が並ぶ11月1日に。

新しいメディアを考える日
SNS・動画業界でさまざまなプロモーションに携わり新しいチャレンジを行っているワンメディア㈱が制定。SNSなどのデジタル由来のメディアに敬意を表しながら、新しいメディア像を考える日。日付は、1が社名のワン（ONE）に通じ、1を三つ組み合わせると新しい（NEW）の頭文字のNに似ていることから。

いい印鑑の日
(有)印鑑の西野オンライン工房（京都市）が制定。契約や個人の認証に使われる印鑑。日本の伝統文化である印鑑の価値を多くの人に知ってもらい、手書き文字印鑑などの技術を継承することが目的。成人を迎えた人などに印鑑を贈る習慣の普及をめざす。日付は「いい（11）印（1）鑑」の語呂合わせから。

わんわん ありがとうの日
犬専門のフォトスタジオ「わんわん ありがとうの日」（神奈川県川崎市）が制定。同スタジオは家族の愛情と絆にピントを合わせて愛犬の自然な表情を撮ることを大切にしている。愛犬を抱きしめて「いつもお留守番ありがとう。毎日、笑わせてくれてありがとう。ずーっと大好きだよ」と伝えることが目的。日付は犬の鳴き声のワンワン（11）

と、数字の1をアルファベットのI（アイ）に見立て「私」や「愛」の意味を込め、愛犬との家族愛を表してこの日に。

井村屋カステラの日

井村屋グループ㈱（三重県津市）が、同社のカステラをPRするために制定。シンプルな原材料と昔ながらの製法で焼き上げた同社のカステラは、卵の味わいが豊かでしっとりとした仕上がり。日付は、カットしたカステラを横から見ると、焼き目の入った上面、真ん中の黄色い部分、下面の三層で111に見え、紅茶にも合うので「紅茶の日」と同じ11月1日に。

犬用おやつ「うなぎのあたまサクサク」の日

うなぎ屋たむろ（岐阜県各務原市）が制定。「うなぎのあたまサクサク」は、骨が硬いうなぎの頭を活用して作られた犬用おやつ。カルシウムやタンパク質などの栄養素が豊富に含まれており、飼い主も一緒に食べることができる。この商品を愛犬家に広く知ってもらい、健康な犬を増やすことが目的。日付は11月1日を犬の鳴き声（ワンワンワン）にかけて、元気な犬をイメージしたもの。

あなたのイメージアップの日

自己肯定感を高めて個性を可視化したイメージコンサルティングを提供するSMART STYLE代表の堂園英representative氏が制定。世界で通用する国際基準の装い、立ち居振る舞いなどの印象管理術を身につけ、国際舞台で活躍する人を一人でも多く増やすのが目的。日付は数字の1はイメージの「イ」に通じ、世界でオンリーワン（I）の存在となり、背筋を伸ばして立つ姿に似ていることから11月1日に。

YUKIZURIの日

パティシエの辻口博啓氏がプロデュースし、地元素材を使用した洋菓子の製造販売などを手がける㈱レグレット（石川県七尾市）が制定。「YUKIZURI」は、日本三名園のひとつ兼六園の冬の風物詩「雪吊り」をモチーフに辻口氏が作り上げた焼菓子。日付は、兼六園では毎年11月1日にから園内の雪吊り作業が行われることにちなむ。

ビフィズス菌ヨーグルトの日

森永乳業㈱が制定。市販のヨーグルトには乳酸菌が配合されているが、ビフィズス菌は一部の商品にしか入っていない。混同されがちな乳酸菌とビフィズス菌の違いについて理解してもらうのが目的。「森永ビヒダスヨーグルト」は1978年11月1日に発売され、日本でいちばん長く発売しているビフィズス菌ヨーグルト。日付はその発売日から。

キャンドルを楽しむ日

ペガサスキャンドル㈱（岡山県倉敷市）が制定。キャンドルの灯りがもつ揺らぎの美しさ、心がホッとする時間を作り出す魅力を多くの人に感じてもらい、その前で会話や食事を楽しむ習慣が根付いて欲しいとの願いが込められている。日付は1が3つ並ぶ11月1日はキャンドルを灯している燭台に似ていることと、秋が深まり日暮れが早まっていく時期で、キャンドルが最も映える季節から。

化粧品カーボンフットプリントの日

ちふれホールディングス㈱が制定。カーボンフットプリントは「炭素の足跡」を意味する言葉で、商品の原料調達から廃棄までに排出する二酸化炭素量を示す。同社では自社の化粧品5ブランドの全製品のカーボンフットプリントを算定して公表している。身近な化粧品を通じて持続可能な社会を意識してもらうことが目的。日付は、同社がカーボンフットプリント自主算定値（2021年度分）を同業他社に先駆けて発表した日（2022年11月1日）から。

いい街の日

住宅ローン専門の金融機関として、街に関するイベントやサービスを提供するSBIアルヒ㈱が制定。街について改めて考える機会としてもらうのが目的。自分の住んでいる街やゆかりある街についてその魅力を再発見したり、次世代にその良さを継承するなど、定住者の増加や地域の活性化など街づくりの一助となる活動をしていく。日付は「いい（11）まち（01）」の語呂合わせ。

マープの日

㈱アートネイチャーが制定。同社の男性向け製品「MRP（マープ）」シリーズは、1本1本の自毛に人工毛を結びつけるもので、欲しいところに欲しい分だけ増毛できる技術。MRPを体験してもらい、髪を増やすだけでなく笑顔と自信を増やしてほしいとの願いが込められている。日付は11と1を合わせた111の真ん中の1を自毛に見立て、その両隣を人工毛の1と捉えて、1が3つ並ぶこの日に。

ひとのわの日

（一社）ひとのわが制定。満足に食べられない、医療や教育が十分に受けられない、一緒に遊ぶツールがなくて友達の輪が広がらないなど、貧困はさまざま形で子どもの健全な成長を妨げている。同法人では、そうした子どもたちを助けるための居場所づくり事業を行う団体や個人

に資金援助を行っており、記念日を通して情報発信を強化し、子どもの貧困をなくしていくことが目的。日付は11月1日を1101とし、「ひ（1）と（10）のわ（1）」と読む語呂合わせ。

名木伝承の日

名木の調査や研究、保全活動、イベントなどの事業を手がける銘木総研㈱（大阪市）が制定。同社では一本の木に焦点をあて、その木にまつわる伝承や文化を広めることで、自然への感謝とともに地域の活性化をめざしている。名木のことを多くの人に知ってもらい、ともに楽しめる日にしていくのが目的。日付は数字の「1」を「木」に見立てると「1」が2つで「林」、「1」が3つで「森」となり、一本一本の木のつながりを連想させることから11月1日に。

サルわかコミュニケーションの日

システムツールの提供などを行う㈱サルわか が制定。同社の提供する「サルわかシステム」を使ってオンラインコミュニケーションへの意識を高めてもらうのが目的。日付は同社が提供するオンラインでのビジネスコミュニケーションをサポートするSNSシステムが2019年11月1日に提供を開始したことから。

ダーツの日

ダーツ大会の企画、運営などを手がける㈱ダーツライブが制定。スポーツ競技としてのダーツの存在と素晴らしさを多くの人に知ってもらい、ダーツに関わる人々の力をひとつにするのが目的。日付はダーツは3本の矢を1セットとして的に投げるスポーツであり、3本目が重要なので数字の1を矢に見立てて1が3つ並ぶ11月1日に。

グリーン電力証書の日

日本自然エネルギー㈱が制定。太陽光、風力、水力、バイオマスなどの自然エネルギーによって生まれるグリーン電力。その環境付加価値を第三者認証機関（一財・日本品質保証機構）の認証を得て「グリーン電力証書」という形で取引する仕組みを活用し、グリーン電力、自然エネルギーの普及・拡大による化石燃料の使用低減や地球環境の保全、温暖化防止が目的。日付は「グリーン電力証書」を日本に初めて導入した同社の設立日（2000年11月1日）から。

サステナブルU.S.ソイの日

アメリカの大豆生産者を代表するアメリカ大豆輸出協会と、栄養補助食品などを販売する三基商事㈱（大阪市）が制定。持続可能（サステナブル）な栽培方法で生産されたアメリカ大豆や大豆製品に付けられる「アメリカ大豆サステナビリティ認証マーク」の日本での普及と、大豆

たんぱくの健康価値とサステナブルの重要性を広めるのが目的。日付は大豆の収穫が本格化する11月の初日に。

低GIの日
食品に含まれる糖質の吸収度合いを示す、Glycemic Index（GI＝グライセミック・インデックス）の研究を行う日本Glycemic Index研究会が制定。低GIの認知度の向上と理解を深めてもらうのが目的。食欲の秋に低GI食品の摂取で血糖値をコントロールし、健康的で楽しい食卓にとの願いが込められている。日付は「体にいい（11）」とIndex（指標）のIを1と見立てて。

地方港混載の日
国際輸送業などを行うセイノーロジックス㈱（神奈川県横浜市）が制定。地方港から海上混載の輪を広げることで、地方の活性化や国際化、トラック輸送削減など、社会的メリットに役立てることが目的。日付は同社の創立日であり、会社名のlogix、地方を意味するlocal、混載を意味するLESS than CONTAINER LOAD＝lclの頭文字である「l」を数字の1に見立てて。

ラジオ体操の日
㈱かんぽ生命保険が、ラジオ体操制定90周年を記念して2018年に制定。ラジオ体操は「いつでも、どこでも、だれでも」気軽に取り組める体操として、同社の前身、逓信省簡易保険局によって提唱、開発されたもの。日付は1928年11月1日の朝7時に東京中央放送局から、初めてラジオ体操の放送が行われたことから。

Ⅲ型コラーゲンの日
卵殻膜に着目した健康食品、化粧品の開発販売などを手がける㈱アルマードが制定。美と健康、未病予防のために、修復作用が高く肌を美しく保つ「Ⅲ型コラーゲン」を摂取することの大切さを広めるのが目的。日付は、Ⅲ型のローマ数字Ⅲが、アラビア数字の1が3本並んでいるように見えることから。

サービス介助の日
（公財）日本ケアフィット共育機構が制定。おもてなしの心と安全な介助技術を修得する、サービス介助士（ケアフィッター）の育成を通じて、誰もが安心して暮らせる共生社会とするのが目的。日付はサービス介助士が誕生した日から11月1日に。

本の日
全国各地の老舗書店で結成された書店新風会が制定。読者に本との出会いの場である書店に足を運ぶきっかけの日としてもらうとともに、

情操教育の一環としての読書運動の活性化が目的。日付は11と1で数字の1が本棚に本が並ぶ姿に見えることと、想像、創造の力は1冊の本から始まるとのメッセージが込められている。

ベイクチーズタルトの日
焼きたてチーズタルト専門店BAKE CHEESE TARTを運営する㈱BAKEが制定。「記憶に残る、ひとくち」を日本から世界に広め、多くの人に届けるのが目的。日付はスイーツの街・自由が丘にあるBAKE CHEESE TART本店のオープン日2014年11月1日から。

ロンパースベア1歳の誕生日の日
「ロンパースベア」は、子どもが着ていた思い出のベビー服でつくる世界でたったひとつのぬいぐるみ。ロンパースベアの製作販売などを手がける㈱エンパシージャパンが制定。子どもの1歳の誕生日に一生大切にできるロンパースベアを贈る文化を広めるのが目的。日付は1歳にちなんで数字の1が並ぶ11月1日に。

いい医療の日
(公社)日本医師会が制定。より良い医療のあり方について、国民と医師とがともに考えながら、さらなる国民医療の向上に寄与していくことが目的。日付は、日本医師会が設立された日(1947年11月1日)で、「いい(11)医(1)療」と読む語呂合わせ。

川の恵みの日
慶応元年(1865年)創業で「元祖鮎の甘露煮」などの食品を扱う㈱うおすけ(三重県多気町)が制定。川に感謝し、川の環境と自然を考える日にすることが目的。日付は11月1日の数字を並べると漢字の川と似ていることから。

野沢菜の日
野沢菜発祥の地、長野県野沢温泉村の野沢温泉観光協会が制定。野沢菜の蕪主(かぶぬし)を募る「のざわな蕪四季会社」の蕪主総会が毎年11月1日に開かれることと、野沢菜の収穫時期にあたることからこの日に。野沢菜は信州の名産で、長野県の味の文化財。

日本点字制定記念日
点字は1825年にフランスで考案され、日本では東京盲啞学校教頭の小西信八がこれに注目。その後同校で研究され、1890年11月1日に同校教員の石川倉次による案が日本の点字として採用された。これを記念して、NPO法人日本点字普及協会(神奈川県大和市)が制定。

深川！マイ・米・デー
北海道有数のお米の産地の深川市が制定。農家の方々が1年間苦労して生産されたお米の収穫に感謝して、おいしい深川産のお米を市民の方々に味わってもらいたいとの思いから。日付は、新米の収穫を終えた頃で、第1回深川農業まつりが開かれた1977年11月1日から。

ウェザーリポーターの日
気象情報会社㈱ウェザーニューズ（千葉市）が制定。同社では一般の方（ウェザーリポーター）から現地の空の様子を写真やコメントで送ってもらい、それを天気予報に反映する参加型の天気予報サービスを行っており、ウェザーリポーターの輪をさらに広げることが目的。日付は2005年11月1日にウェザーリポーターの企画が始まったことから。

キクマサピンの日
菊正宗酒造㈱（兵庫県神戸市）が、日本酒「キクマサピン」の発売30周年を記念して2013年に制定。キクマサピン900mlは世界的な食品コンテスト「モンドセレクション」で金賞に輝く名酒。日付は日本酒のおいしくなる季節に合わせるとともに、ピン＝1とかけて11月1日に。

警備の日
警備業の全国組織（一社）全国警備業協会が制定。社会の安全・安心への関心の高まりとともに、その果たす役割がますます重要になっている警備業に対する理解と信頼を高めることが目的。日付は、1972年11月1日に警備業法が施行されたことにちなむ。

スーパーカーの日
スーパーカーのオーナーの集まりである（一社）日本スーパーカー協会が制定。スーパーカーの魅力を広く発信するのが目的。日付はスーパーカーがパフォーマンス、スタイル、エモーションの3つにおいてNo.1であるとの視点から1が3つ並ぶ日に。また、スーパーカーの屋外イベントに適した時期であり、覚えやすい日であることから。

ソーセージの日
食肉加工業界に多大な貢献をした大木市蔵氏の出身地、千葉県横芝光町の横芝光町商工会が制定。大木氏は1917年11月1日、第1回神奈川県畜産共進会に日本で初めてソーセージを出品。また全国各地で食肉加工技術を指導し、多くの弟子の育成や日本農林規格（JAS）の制定にも従事。その功績を後世に伝え、大木式ハム・ソーセージを復刻して特産品とするのが目的。日付は日本初のソーセージが世に出た歴史的な日から。

11/2

銚子丸の日
㈱銚子丸（千葉市）が制定。同社は新鮮でおいしいネタを提供するグルメ回転寿司チェーン店「すし銚子丸」を展開。「真心を提供し、お客様の感謝と喜びをいただく」を経営理念に「店舗は劇場、スタッフは劇団員」として、快適で活気のある空間づくりに努めている。日付は同社の創業日（1977年11月2日）から。

ビリー・ジョエル「ピアノ・マン」の日
㈱ソニー・ミュージックレーベルズが、ビリー・ジョエルの名曲「ピアノ・マン」のリリース50周年を記念して制定。ビリー・ジョエルには同曲のほか、「素顔のままで」「ストレンジャー」「オネスティ」など数々の大ヒット曲があり、アメリカを代表するシンガーソングライター、ピアニスト。日付は「ピアノ・マン」がリリースされた1973年11月2日から。

いいふたりの日
フルオーダージュエリーブランド「SORA」の運営などを手がける(有)ソラが制定。夫婦、恋人、友人、親子など「ふたり」の関係性を見つめ直し、指輪というジュエリーを通してお互いの存在に感謝し、気持ちを伝え合う日。日付は11「いい」と読み、2を「ふたり」に重ねて11月2日に。

北海道たまねぎの日
全道青果物取扱対策会議玉ねぎ取扱対策会議（北海道札幌市）とホクレン農業協同組合連合会が共同で制定。北海道は全国一の生産量を誇る玉ねぎの名産地。収穫への感謝と玉ねぎを消費者に届けられる喜びを伝え、より多くの人に食べてもらうのが目的。日付はこの時期に北海道産の玉ねぎの出荷がピークになることと、1102で「いい（11）オニオン（02）」と読む語呂合わせ。

いい血圧の日
高血圧対策の促進による生活習慣の改善を推奨するため、カゴメ㈱が制定。同社では、機能性表示食品のトマトジュースなど、高めの血圧を下げる効果のある食品を数多く製造している。日付は「いい（11）血圧（けつあ・つ＝ツー（2））」と読む語呂合わせ。

ペア活の日
㈱ワコール（京都市）が制定。大切な人と大切な時間を二人で過ごして楽しむ「ペア活」を勧め、そのファッションアイテムを同社のウェブス

トアから購入してもらうのが目的。日付は11と2の11を1人＋1人と見立て、2で2人（ペア）となることから。

リジョブの日（いい縁につながる日）

㈱リジョブが制定。主要事業の「想いが伝わる求人メディアの運営」と、途上国の人々の経済的自立をサポートする「咲くらプロジェクト」、地域の人々との縁を深める「つぼみプロジェクト」を推進することで、「日本が誇る技術とサービスを世界の人々に広め、心の豊かさあふれる社会を創る」というソーシャルビジョンの実現をめざす。日付は同社の設立日で、「いい（11）えん＝縁（0）に（2）つながる」と読む語呂合わせ。

キッチン・バスの日

11月3日の「文化の日」の前日を家庭の日として、家庭文化の在り様をみんなで考えようと、キッチン・バス工業会が制定。システムキッチンおよび浴槽・浴室ユニットなどに対する理解の促進と工業会の認知度向上もその目的。Kitchen-Bathの、Kはアルファベットの11番目、Bは2番目というのも日付の由来。

習字の日

習字文化の向上と、習字・書道教育の普及と振興などの活動を担う（公財）日本習字教育財団が制定。文字を書くことに親しみをもってもらい、手書きで文字を書く大切さを伝えていきたいとの願いが込められている。日付は11と02を「いい文字」と読む語呂合わせ。

書道の日

習字文化の向上と、習字・書道教育の普及と振興などの活動を担う（公財）日本習字教育財団が制定。文字を書くことに親しみをもってもらい、手書きで文字を書く大切さを伝えていきたいとの願いが込められている。日付は11と02を「いい文字」と読む語呂合わせ。

タイツの日

11月は女性がタイツでおしゃれをするベストシーズンであること。そして、タイツは片足ずつ編み、あとで1つに縫製されることから形が数字の11と似ており、2つがペアであることから11と2を組み合わせたこの日を記念日としたのは、㈱エムアンドエムソックス（大阪市）。

都市農業の日

東京都農業協同組合中央会が制定。2015年4月22日に都市農業振興基本法が成立したことを機に都市農業への注目を高め、ひいては日本の農業全体を盛り上げることが目的。日付は、各地で収穫を祝う農業祭の時期で、11月2日には「東京都農業祭」が開かれ、農林水産大臣賞を

決める農畜産物品評会などが行われること、さらにこの日は都市農業振興基本法が成立した日から194日後なので194の1＋9＝10で「と」、4＝「し」と読む語呂合わせ。

11/3

文化の日（国民の祝日）
国民の祝日のひとつ。1948（昭和23）年に「自由と平和を愛し、文化をすすめる日」として国が制定。

赤べこの日
NPO法人奥会津まちづくり支援機構（福島県河沼郡柳津町）が制定。柳津町は大地震で壊れた圓藏寺再建の際に赤毛の牛の群れが崖の上に資材を運んでくれたという「赤べこ」伝説発祥の町といわれる。福島県の郷土玩具として名高く、魔除けにも用いられる「赤べこ」を活用して、町の歴史や文化を多くの人に知ってもらい盛り上げるのが目的。日付は圓藏寺が数字の13を大切にしていることと、町の文化「赤べこ」を敬愛する意味を込めて「文化の日」に。

国際健康カラオケデー
（一社）日本音楽健康協会が制定。同協会ではカラオケで健康になる「健康カラオケ」を提唱。世界に広まった日本発祥の文化「KARAOKE」によって、社会全体が明るく、多くの人々に健康になってもらうのが目的。日付は、健康カラオケを国際的な文化として広めていくとの思いから「文化の日」に。

井さんの日
全国井さん祭り実行委員会（熊本県阿蘇郡産山村）が制定。産山村は一音一字の「井」姓が日本一多い村として、2021年に「井さんのふるさと、産山村宣言」を発出。産山村に点在するきれいな湧水が「井」姓のルーツと考えられている。「井」姓を活用したユニークな村おこしをするのが目的。日付は、「いー（11）さん（3）」と読む語呂合わせ。

ほるもんの日
内分泌代謝学に関する研究の進歩普及を図る（一社）日本内分泌学会（京都市）が制定。ホルモンや内分泌疾患に関する正しい知識を一般に広め、早期診断、早期治療につなげるのが目的。日付は、代表的なホルモンであるアドレナリンを発見した高峰譲吉博士の誕生日（嘉永7年11月3日）から。記念日名は、同学会の公式キャラクター「ほるもん」にちなむ。

高野豆腐の日

全国凍豆腐工業協同組合連合会（長野市）が制定。「高野豆腐」の名前を国内外に向けて発信することが目的。日付は、おせちの伝統食材のひとつ、高野豆腐を食べて新年を迎えてほしいとの思いを込め「高野（こうや）＝58」と読む語呂合わせから、新年まで残り58日である11月3日に。また、この日は「文化の日」でもあり、日本の食文化や和食について考える日にとの願いも込められている。

難聴ケアの日

聴覚関連機器の販売などを行う㈱岡野電気（埼玉県さいたま市）が制定。難聴が原因で起こるさまざまな障害の重大性を知る機会をつくり、難聴予備軍の人に正確な情報を提供し、障害が発生する前に対策してもらい、難聴を改善するきっかけの日とするのが目的。日付は「いい(11)耳(3)」と読む語呂合わせと、難聴ケアを文化にとの思いも込めて「文化の日」である11月3日とした。

クラシックカーの日

日本で最も古いクラシックカークラブである日本クラシックカークラブが制定。同クラブは自動車を美学的な見地から論評した浜徳太郎氏の元に愛好家が集い、1956年に誕生。日本におけるクラシックカーの研究と保存、文化価値の啓蒙と次世代への継承をめざす同クラブの活動を通じて、クラシックカー文化を育んでいくことを目的とする。日付は同クラブの設立記念日。

いいお産の日

(一社)日本助産学会、(公社)日本助産師会、(公社)日本看護協会、(公社)全国助産師教育協議会が合同で制定。すべての子どもが幸せに生まれ、すべての女性が安全で安楽に、満足したお産を迎えられることを祈って、お産について多くの人に知識と関心をもってもらうことが目的。日付は「いい(11)お産(3)」の語呂合わせ。

オゾンの日

NPO法人日本オゾン協会と日本医療・環境オゾン学会が共同で制定。人間の生活や地球環境に大いに貢献しているオゾンに対する正しい理解を広めるのが目的。日付はオゾンの化学記号がO_3であり、「いい(11)オゾン＝O_3(03)」の語呂合わせ。

ハンカチーフの日

日本ハンカチーフ協会が制定。日用品やファッションアイテム、ギフトアイテムとしてのハンカチーフ（ハンカチ）の魅力を広めるのが目的。ハンカチが正方形になったのは、18世紀にマリー・アントワネッ

トがハンカチをすべて正方形にするよう夫のフランス国王ルイ16世に布告させたことからと言われている。日付は、アントワネットの誕生日である11月2日に近い祝日である文化の日に。

ゴジラの日
日本映画の金字塔「ゴジラ」を製作する東宝㈱が制定。世界的な怪獣映画として知られる「ゴジラ」の魅力をさらに多くの人に知ってもらうのが目的。日付は第1作が公開された1954年11月3日から。この日はファンのあいだでもゴジラの誕生日とされている。

バケットリストの日
沖縄県本部町の「旅する絵本作家 リック・スタントン」こと本田隆二氏が制定。「バケットリスト」とは、一生のうちにやってみたいことをまとめたリストのこと。多くの人が楽しい未来をリストに書いて、日々の生活が素敵なものになるようにとの願いが込められている。日付は「いい(11)未(3)来を描く日」の語呂合わせ。

ビデオの日
(一社)日本映像ソフト協会と日本コンパクトディスク・ビデオレンタル商業組合により結成された、ビデオの日実行委員会が制定。2016年にDVDソフトの発売(1996年11月)から20年、Blu-rayソフトの発売(2006年11月)から10年を迎えたことを記念したもの。日付は「文化の日」にゆっくり家でビデオを観てほしいとの思いから。

アロマの日
ヨーロッパで生まれ育った香りの文化のアロマセラピー。その自然がもたらす香りの効用を認識し、感謝しつつ、日本文化のひとつとして定着することを目的に、(公社)日本アロマ環境協会が制定。日付は「文化の日」に合わせて。

いいレザーの日
日本の皮革製品に関する知識を広め、レザーの魅力とその価値を知ってもらおうと、(一社)日本皮革産業連合会が制定。日付は11月3日(1103)を「いいレザー」と読む語呂合わせ。

文化放送の日
東京のラジオ局「文化放送」が制定。自社のラジオ番組の魅力を知ってもらうのが目的。日付はAM周波数の1134kHzにちなんで、11月3日と11月4日に。

調味料の日
(一社)日本野菜ソムリエ協会が「日本の伝統調味料を通して、豊かな食生活を提起する日」として制定。日付は伝統調味料を見直して和食

の素晴らしさを文化として考えようと「文化の日」に合わせた。また、11と3で「いい味」と読む語呂合わせでもある。調味料業界の活性化も目的のひとつ。

合板の日

丸太を薄くむいた板（単板）を貼り合わせて作る合板。天然木に比べ、狂いにくく、ほとんど伸び縮みしない合板を通して、自然と人が共存共栄できる豊かな社会づくりに貢献することを目的に「合板の日」実行委員会が制定。日付は、日本における合板の創始者、故・浅野吉次郎氏がかつらむきにする機械を初めて製造し、合板を作った1907年11月3日にちなんで。

11/4

妙義山の日

奇岩怪石が林立し、日本三大奇勝に数えられる群馬県の妙義山。妙義山を広くPRするため、2023年に名勝指定100周年を迎えたのを機に群馬県富岡市が制定。日付は、妙義山を構成する山々のうち最も高い白雲山（相馬岳）の標高（1104m）から11月4日とした。妙義山は富岡市、安中市、下仁田町の境界にあり、3市町は「妙義山周辺観光宣伝協議会」を結成して共同で活動を行っている。

いい姿勢の日

姿勢を意味する「ポスチャー」、定位置を意味する「ポジション」、前向きを意味する「ポジティブ」、これらの言葉を組み合わせた「ポスポジ」の名称で姿勢の大切さを伝える活動を行っている滋賀県草津市の山口克志氏が制定。「いい姿勢」を身につけて健康になってもらうことが目的。日付は11月4日を「いい（11）し（4）せい」と読む語呂合わせ。

おしりたんてい・いいおしりの日

数多くの書籍を出版する㈱ポプラ社が制定。同社が手がけ、絵本、読み物、アニメで活躍する「おしりたんてい」は、見た目はおしりでも推理はエクセレントな名探偵。「おしりたんてい」の誕生日でもあるこの日を記念日として、さらに多くのこどもと大人にその名前と魅力を知ってもらうのが目的。日付は1104を「いい（11）おしり（04）」と読む語呂合わせ。

いい刺しゅうの日

日本ジャガード刺繡工業組合（大阪市）が制定。手刺刺繡や機械刺繡な

ど、さまざまな刺しゅうに関心をもってもらうことで業界を活性化させ、刺繡の素晴らしさを広げていきたいとの思いが込められている。日付は「いい(11)刺(4)しゅう」の語呂合わせ。

いい推しの日

ゲストハウスの運営などを行う㈱ゴシンボク（岐阜県中津川市）が制定。アニメやアイドルが好きな人たちが、いちばん応援している相手（推し）について語り合う日とし、同社運営のゲストハウスで推しのキャラクターやアイドルの誕生日を祝うイベントなどを企画。日付は「いい(11)推し(04)」と読む語呂合わせ。

40祭の日

山形に縁のある昭和52年度（昭和52年4月2日～昭和53年4月1日）生まれの同い年のグループ「山形52会」（山形県天童市）が制定。同会が主催する山形県初の「2回目の成人式40歳」で、より多くの人との交流を深め、地域の活性化へつなげるのが目的。日付は「2回目の成人式40祭」の開催日である2017年11月4日から。

文化放送の日

⇨11月3日の項を参照。

かき揚げの日

各種冷凍食品の製造販売を手がける㈱味のちぬや（香川県三豊市）が制定。サクサクとした食感と野菜などの具材のおいしさで人気のかき揚げを多くの人に食べてもらうのが目的。日付はかき揚げは麺類に乗せて食べられることが多いことから、カレンダーで「めんの日」の11月11日の上の同じ曜日となる11月4日に。

いいよの日

兵庫県神戸市の聴きプロ、北原由美氏が制定。一人ひとりの思いは誰にも否定されることなく、どう思っても「いいよ」と受け止めるのが聴くということ。「いいよ」とほめる社会、許す社会になればとの願いが込められている。日付は11と4で「いいよ」の語呂合わせから。キャッチコピーは「どう思ってもいいよ 受け止めるから 聴きプロがつくったいいよの日」。

11/5

おいしい魚「アイゴ」を食べる日

「アイゴ」の干物を販売する㈱やまろ渡邉（大分県佐伯市）と、日本財団 海と日本プロジェクト「海のレシピプロジェクト」が制定。アイゴは海藻をよく食べる魚で、海藻が少なくなる磯焼けの一因とも言われ

る。ひれに毒があり加工が難しく市場に並ぶことはあまりないが、歯ごたえのある白身は独特のうま味があり濃厚な味わい。アイゴをおいしく食べて、磯焼けを減少させるのが目的。日付は11と5を「ア（1）イ（1）ゴ（5）」と読む語呂合わせ。

音楽NFTの日

音楽プロダクションの㈱ヒップランドミュージックコーポレーションが制定。ブロックチェーンを使った一点モノのデジタルオーディオデータである音楽NFTのPRと、ファンダムエコノミーやクリエイターエコノミーの啓蒙と販売促進が目的。日付は英語のNovember（11月）のNとFifth（5）のFとTをつなげて「NFT」になることから11月5日に。

お香文化の日

愛知県薫物線香商組合（愛知県名古屋市）が制定。『日本書記』や『枕草子』、『源氏物語』など数多くの文献に登場するお香。長い歴史から生まれた線香、匂い袋、練香、香木といった数々のお香と周辺文化の普及促進を図ることと、お香文化に触れてもらうのが目的。日付は「いい（11）おこ（5）う」と読む語呂合わせ。

新宿日本語学校・にほんごの日

1975年から日本語教育を行う学校法人江副学園新宿日本語学校が制定。同校独自の教授法や学習システムなどを活用して、日本語教育を行う同校のさらなる教育の充実とサービスの向上が目的。日付は11は1が2本で「日本」と読み、5は「語（ご）」と読んで「日本語」となるため11月5日に。

予防医学デー

北里大学北里研究所病院が制定。科学的根拠をもった疾病予防、健康増進を図る新たな生活習慣、社会システムを提案し普及させる「予防医学」により、多くの人の健康に寄与することが目的。日付は、予防医学の父といわれる北里柴三郎博士が設立した北里研究所の設立日（1914年11月5日）から。

ごまの日

全国胡麻加工組合が制定。油分、たんぱく質、ビタミン、ミネラル、食物繊維などが豊富で栄養価が高く、健康に良いごまをより多く摂取してもらうのが目的。日付は「いい（11）ご（5）ま」と読む語呂合わせと、ごま和えなどごまとの相性の良いほうれん草の旬の始まりの時期であることから。

縁結びの日

出雲路は古くから縁結びの地として知られる。出雲地方では神在月（かみありづき）と

呼ばれる旧暦の10月、全国から神々が出雲に集まり、結婚、恋愛、健康などさまざまな縁について会議が行われることから、人々の良いご縁が結ばれる日をと、(公社)島根県観光連盟が制定。日付は「いい(11)ご(5)縁」の語呂合わせ。

出雲大社

いい酵母の日

酵母を摂取することの大切さを広くアピールしようと、酵母の製品を扱う㈱日健協サービス(埼玉県鴻巣市)が制定。日付は11と5を「いい酵母」と読む語呂合わせ。同社では4月15日を「よい酵母の日」に制定している。

おいしいあなごの日

あなご専門店「松井泉」(大阪府堺市)が制定。より多くの人にあなごのおいしさを知ってもらい、あなごの食文化を伝えていくのが目的。堺では古くからあなご漁が盛んで、あなごを加工する技術をもった「堺もん」と呼ばれるあなご屋が軒を並べ、堺名物とされてきた。日付は最も脂がのっておいしい時季であることと、「おい(1)しい(1)あな(0)ご(5)」と読む語呂合わせ。

11/6

いいマムの日

マムとは日本の国花である菊のこと。「日本の菊から世界のマムへ」との熱い思いでマムの普及、PRをめざすOPTIMUM(愛知県田原市)が制定。花き業界だけでなくマムの魅力や使いやすさを知ってもらうのが目的。日付は「いい(11)マム(6)」と読む語呂合わせと、この頃は各地で菊花展や菊まつりが行われるなど菊の季節として知られていることから。

いいもち麦の日

もち麦などの穀物の加工品販売事業を手がける石橋工業㈱(福岡県筑後市)が制定。大麦の一種のもち麦は食物繊維が豊富で、腸内環境を整え免疫力を上げる効果が期待できる。歯ごたえのある食感で人気のもち麦の美味しさと健康に良い点を知ってもらうのが目的。日付は「いい(11)麦(6)」と読む語呂合わせ。

パンわーるどの日

岡山県総社市の総社商工会議所とパン製造販売店などで構成する「パ

ンわーるど総社／So-Ja！pan委員会」が制定。総社市は県内一のパン製造出荷額を誇る「パンの街」。このおいしい総社のパンを多くの人に食べてもらうのが目的。日付は同市の各パン屋などが市の特産品である古代米「赤米」を使って仕上げた「フルーツシューケーキ」を発売した2016年11月6日にちなんで。

巻寿司の日

[立冬の前日、年によって変わる] ⇨「1年間に複数日ある記念日」の項を参照。

アリンコのいいロールケーキの日

飲食店の経営や企画、スイーツの製造などを手がける㈱バルニバービが制定。しっとり、モチモチした生地で人気のロールケーキ「ARINCO（アリンコ）ロールケーキ」を販売する同社では、さらに"いい"ロールケーキをお客様に届けることをめざしている。日付は「いい（11）ロールケーキ（6）」の語呂合わせ。

11/7

立冬（りっとう）

[年によって変わる] 二十四節気のひとつ。暦の上での冬の始まり。陽の光が弱くなり、朝夕など冷え込む日が増える。

あられ・おせんべいの日

秋に収穫された新米で作られた美味しい「あられ・おせんべい」のPRと需要喚起のため、全国米菓工業組合が制定。日付は冬に向かう心の準備と、寒さを楽しもうという気持ちから「立冬」の日に。こたつで温かいお茶とあられ・おせんべいでおしゃべりを楽しんでとの思いも込めて。

いい学びの日

「生涯学習のユーキャン」で知られる㈱ユーキャンが制定。勉強に苦手意識をもつ人でも、この日をきっかけに「自分も何かを始めてみよう」と前向きになってもらえるよう、「学び」に対する新たな価値観を広めることを目的に、「学ぶ」すべての人を応援する日。日付は「いい（11）まな（07）び」と読む語呂合わせ。

なまえで未来をつくる日

個人、法人の命名・改名、名前の鑑定事業などの㈱五聖閣が制定。名前は全ての始まりで、あらゆるものに付いている。名前に誇りをもち、名前を大切にする日とし、名付けの文化を後世に伝え、名前の由来などを語り合う日とするのが目的。日付は「いい（11）な（7）まえ」と読む語呂合わせ。

湯たんぽの日

[立冬、年によって変わる]「立つ湯たんぽ」などを製造販売するタンゲ化学工業㈱(愛知県名古屋市)が制定。室町時代から使用され、手軽に体や足を温められる湯たんぽの文化を幅広い年齢層に広め、さらに愛用してもらうのが目的。日付は湯たんぽの温かさが嬉しくなる頃の「立冬」とした。また「立冬」の「立」から同社の「立つ湯たんぽ」の「立つ」にも由来。

HEALTHYA・日本製腹巻の日

国産肌着の企画製造を行う㈱HEALTHYA(ヘルシア)(愛知県名古屋市)が制定。気候の変化やエアコンの冷えからお腹を守る腹巻。同社の高品質でオシャレな腹巻をアピールするのが目的。日付は「いい(11)おな(07)か」と読む語呂合わせと、二十四節気の「立冬」になることの多い日から。

マルちゃん正麺の日

マルちゃんブランドで知られる東洋水産㈱が制定。特許製法「生麺うまいまま製法」で作る「マルちゃん正麺」は、なめらかでコシのある食感が人気。そのおいしさを、さらに多くの人に味わってもらうのが目的。日付は即席袋麺の価値が見直されるきっかけになったともいわれる、同商品の発売日2011年11月7日から。

ココアの日

[立冬、年によって変わる]1919年に、日本で初めてカカオ豆からの一貫ライン製造による飲用ココアを発売した森永製菓㈱が制定。同社のココアのおいしさをより多くの人に味わってもらうのが目的。日付はココアは体が温まる飲み物として11月上旬から飲む機会が増え始めることから、冬の気配を感じ始める立冬とした。

鍋の日(なべのひ)

鍋料理に欠かせないつゆなどを製造販売するヤマキ㈱(愛媛県伊予市)が制定。冬に向かい鍋物がよりおいしくなることをアピールし、家族で鍋を囲んで団らんを楽しんでもらうのが目的。日付は冬の到来を感じる頃で、立冬となることが多い11月7日に。

鍋と燗の日

[立冬、年によって変わる]日本を代表する酒造会社各社で結成された「日本酒がうまい!」推進委員会が制定。一家団らんの中心にある鍋と、その傍らに置かれた燗酒。この日本らしい古き良き風習をあらためて見直して、温かい鍋とともに、温かい日本酒を愉しむ機会を広めるのが目的。日付は本格的な寒さを迎える立冬に。

にかわの日

日本ゼラチン・コラーゲン工業組合が制定。「にかわ（膠）」は、ゼラチンが主原料の天然の接着剤のこと。ゼラチンの原点ともいえる「にかわ」の魅力をより多くの人に知ってもらうのが目的。日付は、1963年11月7日に日本にかわ・ゼラチン工業組合の創立総会が開かれ、現在の工業組合への第一歩を踏み出したことから。

もつ鍋の日

食肉や牛、豚などのもつ（ホルモン）を扱う㈱丸協食産（長崎県佐世保市）が制定。もつ鍋のおいしさ、動物からもたらされる資源の有効活用などを広めるのが目的。日付は11と7で「いいもつ鍋」の語呂合わせ。また、7月13日は「もつ焼の日」。

いい女の日

女性の心と体を癒すトータルエステティックサロンを全国展開する「たかの友梨ビューティクリニック」が制定。同社では創業当時から「1107」を「いいおんな」と読む語呂合わせから、サロンの電話番号などに多数使用しており、この日を美しくなりたい女性を応援する特別な日としている。

釧路ししゃもの日

地域のブランドとして「釧路ししゃも」を全国にアピールする釧路地域ブランド推進委員会が制定。日付は、釧路のししゃも漁が10月下旬から11月下旬までで、いちばんおいしい時期に開催する「ししゃもフェア」の初日がこの日であり、11と7の語呂合わせで「いいな釧路ししゃもの日」と読めることから。

ソースの日

「焼く」「煮る」「隠し味に」など、さまざまなソースの使い方の普及を目的に（一社）日本ソース工業会が制定。日付は、同会の任意団体としての設立日（1947年11月7日）と、ウスターソースのエネルギー量が100グラムあたり117（イイナ）キロカロリー（日本食品標準成分表五訂より）であることにちなむ。

立冬はとんかつの日

[立冬、年によって変わる]「とんかつ比呂野」を経営する㈱比呂野（愛知県名古屋市）が制定。「土用の丑の日」にうなぎを食べる習慣に倣い、毎年、寒さが本格化してくる立冬にはとんかつを食べて活力（かつりょく）をつけ、冬の寒さを乗り切ってもらうのが目的。「立冬はとんかつ」という新しい食文化の提案の日。

夜なきうどんの日

[立冬、年によって変わる] うどんチェーン店「丸亀製麺」を展開する㈱トリドールホールディングスが制定。寒さが本格化する冬の夜にうどんを食べて身体をあたためる「夜なきうどん」の習慣を広く伝えていくのが目的。日付は暦の上で冬の始まりを告げる二十四節気の「立冬」に。

いいおなかの日

タカナシ乳業㈱（神奈川県横浜市）が制定。「タカナシヨーグルト・おなかへGG！」などを通じて、ヨーグルトの良さを多くの人が知り、「いいおなか」を心がけるきっかけにしてもらうのが目的。日付は「いい(11)おなか(07)」と読む語呂合わせ。

11/8

いい音波でいい歯の日

㈱フィリップス・ジャパンが制定。同社では歯周病の原因となる歯垢を、たたき浮かせ、はらい落とす、優れた歯垢除去力を誇る電動歯ブラシ「ソニッケアー」を販売。音波（ソニック）水流の力でやさしく磨きケアする「ソニッケアー」の革新的なテクノロジーとオーラルケアの大切さを伝えるのが目的。日付は「いい(11)音波(08)」と「いい(11)歯(8)」の語呂合わせ。

遺伝性乳がん卵巣がん(HBOC)を考える日

「遺伝子検査技術で人々の健康と幸福の増進に貢献する」をミッションに掲げるミリアド・ジェネティクス合同会社が制定。乳がんや卵巣がんなどの発症リスクが高まる体質「遺伝性乳がん卵巣がん(HBOC)」を多くの人に知ってもらい、病院での遺伝子検査や治療、予防に約立ててもらうのが目的。日付は両親の姿を11に、そして両親から受け継いだ遺伝子を8に見立てて11月8日に。

e-POWERの日

独自の自動車用パワートレイン「e-POWER」の普及と、その運転の楽しさを広めるため、日産自動車㈱（神奈川県横浜市）が制定。「e-POWER」は、ガソリンエンジンで発電した電気でモーターを動かすしくみで、電気自動車と変わらない走りを体感できる。日付は「イー(11)パワー(8)」の語呂合わせ。

いいパートナーシップの日

サステナブルファッションブランド「KAPOK KNOT」を運営するKAPOK JAPAN㈱（大阪府吹田市）が制定。同社では個人の生き方を

称え、互いの違いを尊重し合いながら共存することを豊かさと捉えている。さまざまなパートナーシップの在り方を肯定し、祝うきっかけとするのが目的。日付は「いい（11）パー（8）トナーシップ」と読む語呂合わせ。

リノベーションの日

（一社）リノベーション協議会が制定。リノベーションとは、既存の住宅に改修を加え、ライフスタイルにあった性能や価値をよみがえらせること。同協議会は事業者の健全な発展と既存住宅の流通活性化、消費者等の利益保護に寄与する活動を行っており、リノベーションの知識を広めて活動を促進するのが目的。日付は、建築の柱を表す「11」と循環を意味する「∞」を数字の「8」と見立ててこの日に。

とよかわ大葉「いい大葉の日」

JAひまわり、東三温室園芸農業協同組合、豊川市役所などで構成する豊川市農政企画協議会（愛知県豊川市）が制定。豊川市は大葉の一大産地で、同協議会では大葉のもつ豊富な栄養とその魅力を発信している。「とよかわ大葉」を広くアピールし、生産農家と消費者をつなぐ持続的な取り組みをするのが目的。日付は最盛期のひとつであり、「いい（11）おーば（08）」と読む語呂合わせ。

梱包の日

日本梱包工業組合連合会が制定。同連合会は梱包技術向上の講座を開催して梱包管理士資格の認定を行うなど、より安心で信頼される梱包をめざしてさまざまな活動を行っている。多くの人に梱包について知ってもらい、連合会内のモチベーションを向上させ、イベント企画のきっかけとすることが目的。日付は「いい（11）パック（8）」（いい梱包）と読む語呂合わせ。

水循環に思いをはせる日

管路事業などを行う東亜グラウト工業㈱が制定。水循環の重要な社会インフラである下水道の価値を若い世代に伝えるなど、業界のイメージアップに貢献するのが目的。また、縁の下の力持ちとして活躍する業界関係者へ敬意を表する日にとの思いも。日付は「いい（11）管（8）」と読む語呂合わせ。8を管と読むのは地中に埋設されている上下に並んだ2本の水道・下水道管に見立てたもので、8を横にして「∞（無限）」の水の循環のイメージも。

きらきらベジ・ケールの日

日本山村硝子㈱（兵庫県尼崎市）が制定。同社では完全制御型植物工場で安心・安全かつ高栄養な野菜の開発と栽培を行っており、「きらきら

ベジ」のブランド名で販売。豊富な栄養素を蓄え「葉野菜の女王」と呼ばれる「ケール」が中心品目であることから、ケール市場全体を盛り上げ、より健康的で快適な食生活を提案するのが目的。日付は「いい（11）葉（8）」と読む語呂合わせ。

いい大家の日
不動産賃貸業や大家さんとの交流会を行うコミュニティ「東海大家の会」を運営する(有)貴藤（愛知県名古屋市）が制定。大家さんコミュニティの活性化を図り、全国の大家さんとの交流の機会を増やすのが目的。大家業界を盛り上げて地方創生や空き家問題などの課題にも取り組む。日付は11月8日を1108として「いい（11）おー（0）や（8）」と読む語呂合わせ。

いい泡の日
化粧品や健康商品の研究、製造、販売を行う㈱アルソア慧央グループ（山梨県北杜市）が制定。同社のスキンケアシリーズの石けん「アルソア クイーンシルバー」の泡はモコモコ、ふわふわできめ細かく弾力があり、肌に負担をかけずに汚れを落とせることをアピールするのが目的。日付は「いい（11）あわ（8）」と読む語呂合わせ。

堅あげポテトの日
カルビー㈱が制定。厚切りじゃがいもを低温で丁寧にフライすることで、噛むほどにじゃがいもの風味が楽しめる堅い食感のポテトチップス「堅あげポテト」を多くの人に味わってもらうのが目的。日付は、堅あげポテトが発売された1993年11月8日にちなんで。

八ヶ岳の日
八ヶ岳を愛する人々により結成された八ヶ岳の日制定準備委員会が制定。11月8日を「いいやつ」と読む語呂合わせでこの日に。山梨県と長野県に位置する八ヶ岳は、その雄大さ美しさから多くのファンをもつ山脈として知られている。

刃物の日
生活文化と切りはなせない道具の刃物を、作り手と使い手が一緒になって感謝する日。日付はふいご祭が行われる日と、11と8で「いい刃」の語呂合わせから。岐阜県関市、岐阜県関刃物産業連合会、新潟三条庖丁連、越前打刃物協同組合、東京刃物工業協同組合、京都利器工具組合、高知香美市商工会、島根県雲南市吉田町、堺刃物商工業協同組合連合会が制定。

いい歯ならびの日
歯ならびへの関心を高め、かみ合わせの大切さをPRしようと、(公社)

日本矯正歯科学会が制定。市民公開講座を開いたり、日本歯科医師会とともに啓発活動を行う。118で「いい歯」の語呂合わせ。

いいお肌の日
女性の美しい肌の大切さを社会的にアピールするため、ユニリーバ・ジャパン㈱が制定。同社のスキンケアブランド「Dove（ダヴ）」は、多くの女性の美をサポートしてきた。日付は、11と8で「いい肌」と読む語呂合わせ。

歯ぐきの日
歯周病と知覚過敏の危険性と、それらを防ぐために歯ぐきのケアが大切であることをアピールするため、佐藤製薬㈱が制定。日付は11月8日と9日で「いい（11）歯（8）ぐ（9）き」と読む語呂合わせ。

おもてなしの心の日
アパレル業界向けの人財サービスなどを行う㈱インター・ベルが制定。人と人とのつながりを大切にして、多くの人に幸せになってもらうために「おもてなしの心」を広めるのが目的。日付は「人と人（11）のつながりを、おもてなし（0）の心でつなげる（∞）」の意味と、11と8を共感や感動が輪のようにつながる「いい輪」、日本文化の和の心から「いい和」と読む語呂合わせ。

徳島県れんこんの日
徳島県のブランド農産物として知られる蓮根をPRしようと、JA全農とくしまに事務局を置く徳島県蓮根消費拡大協議会が制定。徳島県の蓮根は京阪神の主要な卸売市場では第1位の占有率を誇っており、通年出荷している。日付は出荷量が増え、品質もしっかりしている時期で、11と8で「いいはす＝良い蓮」と読む語呂合わせから。

信楽たぬきの日
信楽焼で有名な滋賀県甲賀市信楽町の信楽町観光協会が制定した「たぬき休むでぇ～（DAY）」から、よりイメージアップを図ることを目的に2012年に「信楽たぬきの日」と名称を変更。日付は1と1が重なるいい月の11月と、信楽焼の狸の特徴である八つの縁起物の八相縁起から8日を組み合わせたもの。店先などで愛嬌よく商売繁盛に頑張っている信楽焼の狸の記念日。

いい菌バランスの日
⇨「1年間に複数日ある記念日」の項を参照。

11/9

119番の日
1987年に自治省（現・総務省）消防庁が消防発足40年を記念して設けた日で、防火・防災の意識を高めてもらうのが目的。日付は、消防・救急のダイヤルナンバー119にちなんで。

いい地球の日
「一人の健康から地球の未来まで」を理念とし、花と緑、水に関連するさまざまな事業を展開する㈱赤塚植物園（三重県津市）が制定。持続可能な社会の実現や地球環境の改善をめざし、一人ひとりが地球に良いことを考え、行動する文化を根付かせることが目的。日付は「い（1）いち（1）きゅう（9）」の語呂合わせ。

IT断食の日
IT企業の㈱ドリーム・アーツが制定。会議などにPCを持ち込まずに、良質なアナログ時間を人と協創（ともに創造すること）する時間に振り向けることが目的。日付はITの使い方を見直して、オフィスに「いい（11）空（9）気」を取り入れるとの意味から。「IT断食」は同社代表取締役社長の山本孝昭氏の著書『「IT断食」のすすめ』から広く知られるようになった言葉。

赤塚FFCの日
植物や動物の機能を高める水の研究を行い、独自の技術「FFCテクノロジー」を開発した㈱赤塚植物園（三重県津市）が制定。この技術から生まれた製品を多くの人に知ってもらうのが目的。日付は開発者であり赤塚グループ創始者の赤塚充良氏の誕生日（1933年11月9日）と、「い（1）いち（1）きゅう（9）＝いい地球」と読む語呂合わせ。

歯ぐきの日
⇨11月8日の項を参照。

いい靴の日
美と健康をテーマに活動する「いい靴の日プロジェクト」（発起人・「Yoga Good Wing」代表・吉羽咲貢好氏）が制定。自分の足に合う靴と出会い、正しい歩き方を手に入れることで、いつまでも若々しくキラキラした毎日を過ごそうという思いを全国に広げるのが目的。「足の美と健康を意識する日に」との願いが込められている。日付は11と9で「いいくつ」と読む語呂合わせ。

アイシングクッキーの日
日本で初めてアイシングクッキー講師を養成する認定講座を作った

(一社) 日本サロネーゼ協会（兵庫県芦屋市）が制定。アイシングクッキーとは、砂糖やクリームなどでデコレーションしたクッキーのこと。その楽しさや技術を全国に普及させることが目的。日付はアイシングクッキーが作りやすい気候であり、「アイ（11）シングク（9）ッキー」の語呂合わせ。

タピオカの日

ヨーグルト・デザート・チルド飲料の製造販売などを行う安曇野食品工房㈱（長野県松本市）が制定。自社のタピオカ入り商品のPRが目的。日付は、台湾で人気の珍味奶茶（タピオカミルクティー）を2002年11月に同社が日本で初めてチルドカップ容器で製造販売したことと、当時この商品がQ-PON（キューポン）とも呼ばれたことから、そのQ（9）を組み合わせて11月9日に。

11/10

トイレの日

11・10で「いいトイレ」と読むことから、浄化槽設備の普及拡大や公衆トイレの環境整備の啓蒙のために日本トイレ協会が1986年に制定。

いい頭皮の日

頭皮頭髪ケア商品の製造販売を手がけるアンファー㈱が制定。頭皮を健やかに保つことが髪にハリ・コシを与え、ボリュームのある髪に導く。抜け毛の予防、頭皮のべたつきを抑える頭皮ケアの重要性を多くの人に知らせるのが目的。日付は「いい（11）頭（10）皮」と読む語呂合わせから11月10日を記念日に。

ファイバーヒートの日

㈱しまむらが制定。同社のプライベートブランド「ファイバーヒート」は、「選べる、見つかる、あたたかさ」をコンセプトに独自のあたたかさの基準をクリアした高機能素材商品。「ファイバーヒート」で暖かく過ごしてもらうのが目的。日付は「ヒー（11）ト（10）」と読む語呂合わせから。

カリカリ梅の日

群馬県の梅加工業者の村岡食品工業㈱、㈱コマックス、㈱梅吉、㈱大利根漬、赤城フーズ㈱が結成した群馬の梅を応援する会「うめのわ」が制定。カリカリ梅はその食感と青梅ならではの旨味と風味が人気。群馬県の梅のブランド力を向上させ、産地を守るのが目的。日付はカリカリ梅が世界で初めて発売された11月（1971年）と、同業の5社が初めて集まった11月（2017年）に加え、カリカリ梅の特徴の「カリカリッ」という歯ごたえを表現する「いい（11）音＝おと（10）」の語呂合わせ。

ヒートテックの日
㈱ユニクロが制定。身体から出る水蒸気を熱に換えるテクノロジーで、薄くて暖かい機能性インナー「ヒートテック」。世界中の冬のファッションを変えたヒートテックで寒い冬を暖かく過ごしてもらいたいとの同社の思いが込められている。日付は、本格的な冬の寒さに備える時期で、「ヒー（11）ト（10）」の語呂合わせ。

佐伯ごまだしの日
（一社）佐伯市観光協会（大分県佐伯市）に事務局を置く「佐伯ごまだし暖簾会」が制定。「佐伯ごまだし」は佐伯市の郷土料理などに使われる万能調味料で、魚肉とごまを一緒にすり鉢ですり、醬油などで味を調えて作られる。「佐伯ごまだし」を多くの人に知ってもらうのが目的。日付は11を「いい」と読み、10は原料の「魚（とと）」と、すり棒（1）とすり鉢（0）に見立て11月10日に。

希少糖の日
（一社）希少糖普及協会（香川県高松市）が制定。希少糖とは自然界での存在量が少ない単糖（糖の最小単位）や糖アルコールのこと。この希少糖の利用を普及させ、希少糖関連技術の進歩、人類の健康と社会の発展に寄与するのが目的。日付は「いい（11）糖（10）の日」と読む語呂合わせ。

ヒーターの日
暖房機器などの製造販売を行うデロンギ・ジャパン㈱が制定。立冬を過ぎて寒さが本格的になる前に、ヒーターを準備して寒い冬を暖かく過ごしてもらうのが目的。日付は熱を意味する「ヒー（11）ト（10）」と読み、それを生み出すヒーターにふさわしいことから。

断酒宣言の日
（公社）全日本断酒連盟が制定。連盟の結成記念大会が1963年の11月10日に開催されたことと、「もう、飲ベンバー（ノヴェンバー＝11月）、酒、止まる（10日）」の語呂合わせから。

ハンドクリームの日
11月10日を「いい手（ン）」と読む語呂合わせからハンドクリームメーカーのユースキン製薬㈱が制定。11月10日は平均の最低気温が10度を割る境い目の日で、ハンドクリームの需要が高くなる日でもある。

いい音・オルゴールの日
長野県下諏訪町のニデックインスツルメンツ㈱と（一社）ニデックオルゴール記念館 すわのねが制定。諏訪地方で作られているオルゴールは「いい音」をめざし続けた高い技術から半世紀にわたり世界のトッ

プシェアを誇っている。そのオルゴールの文化、歴史を伝えることが目的。日付は11と10で「いい音」と読む語呂合わせ。

ポスティングの日

首都圏ポスティング協同組合が制定。「配布物やお届けするスタッフ、それらを受け入れてくれる社会に感謝する日」がその趣旨。日付は「いい(11)とどけ(10)」と読む語呂合わせ。同組合のロゴマークは「届」の文字をモチーフに、あらゆる道をたどり、確実に送り届けることをデザイン化したもの。

人と犬・愛犬笑顔の日

人と犬のホームケアが学べるStudio hito to inu（大阪市）を主宰する小野真希さんが制定。一年に一度、愛犬家が犬との絆を確認して、ともに過ごし、ともに笑う日にするのが目的。「愛犬の笑顔はあなたの笑顔から」がキャッチフレーズ。日付はスマイルマークが11と10でできているように見えることから。

無電柱化の日

電柱を無くす「無電柱化」をめざす「無電柱化民間プロジェクト」が制定。無電柱化で景観が良くなり観光の振興に役立ち、巨大地震などに対する防災機能が高まることを広く世の中に知らせることが目的。日付は11月10日を1110として、1を電柱に見立て、それが0（ゼロ）になることを願ってこの日に。

かりんとうの日

全国の「かりんとう」メーカーによって構成される全国油菓工業協同組合が制定。日本の伝統菓子「かりんとう」のあらゆる年代へのPRと消費拡大を図ることが目的。日付は「かりんとう」の棒状の形を11で表し、砂糖の糖を10と読む語呂合わせから。

11/11

ヤガイペンシルの日

カルパスやジャーキーの製造販売を行う㈱ヤガイ（山形市）が制定。おやつやおつまみとして親しまれる「ヤガイペンシル」が多くの人に愛され続けるようにとの願いが込められている。日付は、発売が1979年11月で、ヤガイペンシルを4本並べると1が4つ並んでいるように見えることから。

WY WY！（ワイワイ！）記念日

2023年11月11日に結婚式を挙げた新婦のWさんと新郎のYさん。W家とY家がひとつの大きな家族となって、今後も末永くワイワイと仲良

くしていきたいとの思いが込められた記念日。両家の頭文字のWとYでWYとなり、それを重ねるとWYWY（ワイワイ）。楽しく話したり、遊んだり、和気あいあいとワイワイ過ごす家族の姿がそこにある。日付は結婚式の日から。

Wi-Fiルーター見直しの日

PC・IT分野の出版やネットメディアを展開する㈱インプレスが制定。家庭に設置されているWi-Fiルーターは脆弱性を抱えたまま利用すると詐欺目的の偽サイトに誘導されるなど、悪用される危険性をはらんでいる。家庭のWi-Fiルーターの安全性を改めて見直すきっかけとするのが目的。日付はWi-Fiルーターの外部アンテナが並んで立っている様子を数字の1に見立てて11月11日に。

ヘコアユの日

都市型水族館AOAO SAPPORO（北海道札幌市）が制定。「ヘコアユ」は鱗がなく固い板状の甲板に覆われている魚で、頭を下にして縦になって泳ぐ。同館で展示しているヘコアユについて、生態も含め多くの人に知ってもらうのが目的。日付は逆立ちで泳ぐ姿が数字の1に似ていること、急ぐ時に横向きで泳ぐ姿が漢字の一に似ていること、群れて暮らす習性から1年間で最も1が多い11月11日に。

ニシキアナゴの日

東京スカイツリータウン内の「すみだ水族館」が制定。同館の「チンアナゴの日」（11月11日）のイベントの人気投票で優勝したニシキアナゴを知ってもらうのが目的。ニシキアナゴはチンアナゴの仲間のなかでもとくに色彩豊かで美しく、名前は織物の錦と二色が由来。日付は、砂のなかから体を出して群れで同じ方向を向いてゆらゆらと揺れている姿と、白と橙の縞模様を横にした姿が1を並べたように見えることから、1年間に最も1が多いこの日に。

歯科インプラントで健康維持の日

歯科インプラント治療の臨床医のスタディグループOsseointegration Study Club of Japan（略称：O.J.）が制定。1965年に臨床応用が始まった歯科インプラント治療をより多くの人に知ってもらい、歯の健康維持を考えてもらうのが目的。日付は、歯科インプラント治療の痕跡がX線写真上では縦の棒状に見えるので、その形を数字の1に見立て、1年間で1が最も多く並ぶこの日に。

おさかなのソーセージの日

㈱ニッスイが制定。同社は1952年にフィッシュソーセージを商品化。1998年発売の「おさかなのソーセージ」は主原料に魚と植物性素材を

使い、手軽で栄養豊富な食材として親しまれている。日付は、ソーセージの形が数字の1に似ており、縦に4本並べて1111からこの日に。公式キャラクター「ギョニママ」の誕生日も同日。

ヘアドネーションの日

「We Serve（われわれは奉仕する）」をモットーに奉仕活動に取り組む山形県のライオンズクラブ国際協会332-E地区SCP・FWTが制定。同団体は小児がん支援の一環としてウィッグ（かつら）を無償で提供するヘアドネーション活動を行っており、毛髪を寄付する人とウィッグを製作する団体との協働が目的。日付は数字の1が並ぶ様子が毛髪の流れに見えることから11月11日に。

ゴボチの日

宮崎県産の食材を使った商品の開発、製造、販売などを行う㈱デイリーマーム（宮崎市）が制定。「ゴボチ」とは国産ごぼうの美味しさをそのまま活かしたチップスで、パリパリとした食感とごぼうのうまみが口の中にひろがる揚げ菓子。同社が運営するお弁当屋「にこ丸堂」でお惣菜として販売したことが始まり。「ゴボチ」の名を全国に広めることが目的。日付はゴボウの形が数字の1に見えるので2011年11月11日に販売が開始されたことから。

シマリスの日

シマリス愛好家でシマリス写真家のBikke the Chipが制定。ブログなどでシマリスの魅力を広め、飼い方や一緒に生活するときの心構えなどを発信している。シマリスの愛らしさや名前の由来の「縞」の魅力などを多くの人に知ってもらうことが目的。日付はシマリスの背中の5本の縞を11/11と見立てて11月11日に。

東筑軒の立ち食いうどん・そばの日

弁当、そば、うどんの製造、販売などを手がける㈱東筑軒（福岡県北九州市）が制定。店にさっと入ってさっと食べられる立ち食いうどん・そばの文化を、より多くの人に知ってもらい忘れないでほしいとの願いが込められている。日付は1111と1が並んでいる姿が、人が並んで立ち食いうどん・そばを食べている光景をイメージして。

ハイブリッドキャリアの日

人材派遣業の㈱パソナが制定。同社では個人事業主や副業・兼業などで自立的に働く個人と、そうした人材を活用する企業・団体などを対象に、個人が主役の働き方を応援するプラットフォームのハイブリッドキャリア協会を設立。ハイブリッドキャリアの普及・啓発が目的。日付は協会の設立日（2021年11月11日）から。

笑ってOne for Allの日

(一社) Nanairo lab（福岡県久留米市）と同法人が運営する7人制女子ラグビーチームのナナイロプリズム福岡が制定。ラグビーの良さを多くの人に知ってもらい、ラグビーボールの形の楕円形のものを大切な人に贈る文化を創るのが目的。日付はラグビー界でよく使われる「One for All. All for one.」を「One（1）four（4）All」とかけて1が4つ並ぶ11月11日に。

ヤンヤンつけボーの日

㈱明治が制定。「ヤンヤンつけボー」はスティック状のクラッカーにチョコクリームやトッピングをつけて食べるスナック菓子。1979年発売のロングセラー製品「ヤンヤンつけボー」をこれからも楽しく、面白く、おいしく食べてもらうのが目的。日付は「ヤンヤンつけボー」の形状が数字の1に似ていることから11月11日に。

キリン一番搾りの日

キリンビール㈱九州統括本部が制定。日本の新たな定番ビールにと生み出された「キリン一番搾り」は、1990年の発売以来、日本のみならず世界中から愛され支持されてきた。独自の一番搾り製法を用いて、一番搾り麦汁のみを使った贅沢なビール「キリン一番搾り」をさらに多くの人に飲んでもらい笑顔になってもらうのが目的。日付は商品名に含まれる数字の「一」が1年間で最も多い11月11日に。

夢をえがくバルーンアートの日

(一社) 日本バルーンアートデザイン協会（大阪市）が制定。細長い風船をひねってさまざまな形を作り出すバルーンアート。言葉のいらないコミュニケーションと感動を生み出し、年齢、性別、障がいの有無などを超えてつながるバルーンアートを、多くの人の夢をえがくきっかけとするのが目的。日付はバルーンアートを作成する際に使用する細長い風船を4本並べたように見えることから11月11日に。

棒ラーメンの日

棒状めんや袋めんなどの製造販売を手がける㈱マルタイ（福岡市）が、「棒ラーメン」（1959年11月発売）のPRのため、同社の設立60周年を機に制定。日付は、販売開始月が11月であることと、「棒ラーメン」の形状と梱包方法（1パックに2食入り）が11に似ていることから11月11日に。

キットパスの日

文具や事務用品を手がける日本理化学工業㈱（神奈川県川崎市）が制定。「キットパス」は、ホワイトボードやガラス、プラスチックなどつ

るつるした平面でも描け、濡れた布で消すことができる環境に配慮した固形マーカー。「キットパス」や同社の製品を多くの人に知ってもらい、製品や会社のファンが集う日とするのが目的。日付は「キットパス」は棒状なので4本並べて11月11日に。また同社の大山隆久社長の誕生日でもある。

いただきます、やますの日

千葉県のお土産の開発販売などを行う㈱やます（千葉県市原市）が、創業50周年を機に2020年に制定。作り手の思いや商品の意図をより多くの人に伝えたいと「いただきます」の言葉と「やます」の社名入りの記念日としたもの。日付は、千葉県の商品を数多く扱う同社と縁が深い「ピーナッツの日」と同じ日。

うまい棒の日

国民的駄菓子「うまい棒」の発売40周年を記念して、㈱やおきんが制定。これからもより多くの人に愛され続けられるようにとの願いが込められている。日付は「うまい棒」を4本並べると「1111」と似ていることから。

スティックパンの日

山崎製パン㈱が制定。そのまま手軽に食べられ、子どものおやつにもなるスティックパンは、人にも「1本どうぞ」と勧めやすくコミュニケーションツールにもなる。その良さを広めるのが目的。日付は11と11をスティックパンが並んでいるように見立てて。

クラブツーリズム・ひとり旅の日

旅行会社のクラブツーリズム㈱が制定。1997年から同社が展開する「"ひとり"だけど"独り"じゃない。参加者全員がひとりの『ひとり旅』」のPRを目的とする。日付は、ひとりを表す数字の1が集まる11月11日に。

ととのえの日

サウナ専門ブランドTTNE PRO SAUNNERを展開するTTNE㈱が制定。サウナ浴により心身ともに健康になった状態をサウナ用語で「ととのう（ととのえる）」という。より多くの人にこの体験を通して健やかに過ごしてもらうのが目的。日付は1がきれいに4つ並び、整って見えるこの日に。

イオン液体の日

イオン液体研究会の大野弘幸氏が制定。イオン液体は融点の低い塩で、室温程度でも液体状態であるものも多い。電気を通しやすく蒸気圧がほとんどない性質から幅広い分野での応用が期待でき、その認知度向

上が目的。日付は、イオン液体はカチオン（陽イオン）とアニオン（陰イオン）で構成されることから＋と－を組み合わせた十一月十一日に。

岩下の新生姜の日

岩下食品㈱（栃木市）が制定。冬が近づくこの季節に、さまざまな料理に使えて手軽においしく、たくさん食べられる同社の新生姜で身体を温めてもらうのが目的。日付は、同社の生姜は独自の栽培方法により細長く独特な形状に成長し見た目が数字の1に似ていることから、食卓にたくさん並んだ姿に見立ててこの日に。

きみしゃんいりこの日

きみしゃん本舗を運営する（有）ナラティブ（福岡県芦屋町）が制定。同社が製造販売する、いりこ煮の「きみしゃんいりこ」のおいしさを多くの人に知ってもらうのが目的。日付は「いりこ」の形を数字の1に見立て、1が4つ並ぶ日とした。「きみしゃん」とは同社の初代で、独自の秘伝のタレを生み出した渡邉紀美子氏の愛称。

YEGの日

日本商工会議所青年部が制定。YEGは商工会議所青年部の英語名（YOUNG ENTREPRENEURS GROUP）の頭文字をとったもので、同時にそのコンセプトである若さ（YOUTH）、情熱（ENERGY）、広い視野（GENERALIST）をもつ経営者を意味し、青年部の活動の発展が目的。日付は、商工会議所青年部第一回全国大会が1981年11月11日に開催されたことから。

勇者の日

アーティストの「AKIRA」こと杉山明氏と、「AKIRA」ライブを主催した川辺恵瑚氏が制定。勇者とはアメリカインディアンの長老いわく「障がいや大きな試練を越えてきた人」のこと。誰にも試練はあるため生きているすべての人の記念日ともいえるが、とくに障がい者＝勇者であることを知ってもらうのが目的。日付は人と人がつながり集う日にと、人を表す数字の1が4つ重なる唯一の日に。

生ハムの日

生ハムの普及と、そのおいしさと食文化をPRするため、（一社）日本生ハム協会が制定。日付は、生ハムの生産が盛んなスペインでは古くから「サン・マルティンの日」である11月11日に、豚を加工して生ハムを作る習慣があることにちなむ。

串カツ田中の日

串カツ専門の居酒屋を全国展開する㈱串カツ田中が制定。現在の「串カツ田中」の味の原点、田中勇吉氏より受け継いだ独自のレシピでつ

くる串カツを、より多くの人に笑顔で味わってもらうのが目的。日付は「串カツ田中」の串が並んでいるように見えることから。

プラズマクラスターの日

家電メーカーのシャープ㈱（大阪府堺市）が制定。同社が開発したプラズマクラスターは、プラズマクラスターイオンを作り空気中に放出する技術で、浮遊ウイルスやカビ菌などの作用を抑えられる。この技術を応用したさまざまな家電製品をPRするのが目的。日付は、プラズマクラスターイオンは＋（プラス）と－（マイナス）のイオンであることから、十と一を組み合わせたこの日に。

わんわんギフトの日

愛犬を遠隔地から見守り、おやつを与えることのできるスマートドッグカメラ「Furbo」を発売するTomofun㈱が制定。大好きな人にクリスマスプレゼントを贈るように、大好きな犬にも１年に１日、大事なギフトを贈る日とするのが目的。日付は犬の鳴き声のワン（1）がいちばん多いこの日に。

ライスパワー No.11の日

体のなかから健やかにする成分「ライスパワーエキス」を研究開発して生み出した勇心酒造㈱（香川県綾川町）が制定。そのなかでも厚生労働省から、肌の水分を保つ力を改善する水分保持能改善効果が認められた「ライスパワーNo.11」を多くの人に知ってもらうのが目的。日付は名称の「ライスパワーNo.11」の11が重なる日。

ミュージカル『キャッツ』の日

日本で最も多く上演されているミュージカルが劇団四季の『キャッツ』。日本演劇界の構造を改革し、市民に演劇文化を根付かせたとされる『キャッツ』の日本初演の日（1983年11月11日）を記念日として劇団四季が制定。

ジュエリーデー

（一社）日本ジュエリー協会が1986年に制定。1909年11月11日に、日本で正式に宝石の単位のカラットが採用されたことを記念して設けられた。ジュエリーの魅力を多くの人に知らせるのが目的。

めんの日

数字の１が並ぶこの日は、細く長いめんのイメージにぴったりと、全国製麺協同組合連合会が1999年11月11日に制定。１が４つ並び、１年間の中のシンボリックなこの日（11月11日）とともに、毎月11日もめん類への関心をもってもらうために「めんの日」としている。

磁気の日

磁気治療器の「ピップエレキバン」で知られるピップ㈱（大阪市）が制定。磁気治療についての正しい理解を深めてもらうことが目的。日付は、磁石のN極（＋）とS極（－）にちなみ、十と一を重ねた日であることから。

鮭の日

京阪神地区の中央卸売市場の水産業界団体を中心とした「鮭の日委員会」が制定。アミノ酸やコラーゲン、ビタミン類などを含み、栄養満点の鮭をPRするのが目的。漢字の「鮭」のつくりの部分を分解すると十一十一となることから。

ポッキー＆プリッツの日

江崎グリコ㈱（大阪市）が自社の人気商品ポッキーとプリッツのPRのために制定。その形が数字の1と似ていることと、秋の行楽シーズンに大いにポッキーとプリッツを楽しく食べてもらおうとこの日に。1が6つ並ぶ平成11年11月11日からスタートした。

サッカーの日

サッカーは1チーム11人で行うスポーツ。イレブン対イレブンの戦いを日付に置き換えたもの。11を選手の両足と見て、11・11でひとつのボールをめぐって争うスポーツであることも表している。スポーツ用品のミズノ㈱の直営店・MIZUNO TOKYOが制定。

きりたんぽの日

きりたんぽ発祥の地、秋田県鹿角市の「発祥の地 鹿角きりたんぽ協議会」が制定。きりたんぽをキーワードにまちの活性化を図るのが目的。日付は、たんぽ串が囲炉裏に立って焼かれている姿が1111と似ているところからこの日に。

おりがみの日

㈱日本折紙協会が制定。おりがみの楽しさ、教育的な効果などを多くの人に知ってもらうことが目的。日付は1111の1を正方形のおりがみの1辺と見立て、全部で4辺を表すことから。またこの日は世界平和記念日に当たり、平和を願うおりがみの心に通じるものがあることもその日付の理由。

長野県きのこの日

全国農業協同組合連合会長野県本部が制定。生産量日本一を誇る長野

県産やまびこしめじ、なめこ、えのきたけなど長野県産のきのこの味の良さなどをアピールするのが目的。日付は1111できのこがニョキニョキと生えている姿に似ていることから。

介護の日
2005年に「がんばらない介護生活を考える会」が制定した「介護の日」。会の発足日から9月25日を記念日としていたが、2008年に厚生労働省が11月11日を「介護の日」としたことから「がんばらない介護の会」でもこの日に日付を変更し、国民全体が介護について考える日となるようにさまざまな活動を行っている。

鏡の日
11と11は左右対称であり、漢字にして裏返しても同じになる鏡文字との理由から2006年にこの日を記念日としたのは、鏡を扱う業界団体の全日本鏡連合会。鏡が生活に役立つ必需品であることを大いにアピールする。

コピーライターの日
コピーライター養成講座を開講してから60年以上になる㈱宣伝会議が制定。11月11日は1111と鉛筆（ペン）が並んだように見えることから。市場の活性化を図ることを目的としている。

おそろいの日
親子、兄弟、姉妹、友だちのコミュニケーションをひろげ、一緒に楽しめる文化を創ることで、世界がもっとHAPPYになってほしいとの思いから、㈱フェリシモ（兵庫県神戸市）が制定。日付は11と11が並んでいるように見え、ひとつ欠けても成り立たないことが「おそろい」のコンセプトにふさわしいことから。

スーツセレクトの日
メンズ・レディスビジネスウェア専門店を全国展開する㈱コナカ（神奈川県横浜市）が制定。品質とコストパフォーマンスを兼ね備えたスーツを提案する自社のSUIT SELECTブランドの認知度向上などが目的。日付は、SUIT SELECTのロゴマークである通称フェアフラッグマークが縦4本のラインの形状で1111に似ていることから。

まつげ美人の日
「まつげ美人」を増やしたいとの願いを込めて、日本を代表する化粧品メーカーの㈱コーセーが制定。付けまつ毛やエクステではなく、日本女性の黒く、しなやかなまつげの美しさを考える日。日付は11が「まつげ」を表し、それを重ねることで2つの「まつげ」を意味している。

いい出会いの日
　11月11日に出会った独身の男女が、翌年の11月22日に結婚をして「いい夫婦」になることを祈って、11月22日の「いい夫婦の日」をすすめる会が制定。日付は11月11日を1111として、中の1を1本横にすると1＋1（＝2）となり、独身の2人が「いい出会い」をして「いい夫婦」になることを意味していることから。

ジャックポットの日
　レストランや居酒屋の運営を手がける㈱ジャックポットプランニングが制定。ジャックポットには大当たり、成功、ラッキーなどの意味があり、11月11日は同じ数字が4つ並ぶ1年の中の唯一の日であることから記念日に。

豚饅の日
　豚饅の発祥の地・神戸の豚饅をPRしようと、神戸豚饅サミット実行委員会が制定。2011年11月の第1回KOBE豚饅サミットでは、日本で初めて豚饅を販売したとされる神戸の南京町の「老祥記」をはじめ、神戸元町の「四興楼」、三宮の「一貫楼」などの名店が創作豚饅を披露。日付は、豚の鼻の形が(11)で11に見えることから。

美しいまつ毛の日
　まつ毛美容液や美容液入りマスカラをいち早く商品化するなど、まつ毛関連業界のトップランナーとして知られる㈱アルマードが制定。美しく健康的な「地まつ毛」を作り出すことが目的。日付はまつ毛が豊かなことをイメージさせる「1」がいちばん多く並ぶ日であることから。

立ち飲みの日
　かつては密な社交場として地味な存在だった立ち飲みも、いまでは女性も気軽に出入りできるメジャーな存在になり酒文化と食文化の一翼を担っている。立ち飲みをこよなく愛し『東京居酒屋名店三昧』（東京書籍）の著者である作家の藤原法仁氏と浜田信郎氏が制定。日付は11と11が、人が集まって立ち飲みをしている様に見えることから。

ネイルの日
　NPO法人日本ネイリスト協会が2009年に制定。同協会は「ネイルエキスポ」の主催などを行い、ネイル文化を育んでいる。日付は11月が「ネイルエキスポ」の開催月であることと、爪の英語表記であるNAILのなかには縦線が4本あり、1111と同じように見えることなどから。

チンアナゴの日
　東京スカイツリータウン内のすみだ水族館が、同館の人気者チンアナゴをアピールするために制定。チンアナゴは、細くニョロニョロした

体をもつアナゴ科の仲間で、流れに身をまかせ、みんなで同じ方向を向いている姿が愛らしい。日付は、砂のなかから体を出している姿が「1」に似ており、群れで暮らす習性があることから、一年間に最も「1」が集まる日に。

たくあんの日
たくあんの需要拡大を図るため、全日本漬物協同組合連合会が制定。たくあん漬けは天日干しや塩漬けで水分を抜いた大根を漬けたもの。日付は1111が、大根を並べて干してある様子に似ていることと、たくさんの「1＝わん＝あん」があることから。

サムライの日
日本和装ホールディングス㈱が制定。きものを着る機会の減った日本男子にきものの格好良さを再認識してもらい、日本の誇るきもの文化の継承と普及を促進することが目的。日付は同社の運営する男きもの専門店が「SAMURAI」であり、11は漢数字で十と一を組み合わせると士（サムライ）となることから。

ベースの日
楽器のベースの素晴らしさを広めることを目的に「ベースの日制定委員会」が制定。ベースに親しんでもらうきっかけの日にとJ-WAVEのラジオ番組「BEHIND THE MELODY〜FM KAMEDA」にて音楽プロデューサーでベーシストの亀田誠治氏が提案し、クラウドファンディングで大勢の支援を得て登録が決定した。日付はベースの弦は4本で、1111が弦のように見えることから。

いい獣医の日
1980年開業の南大阪動物医療センター（大阪市）が制定。獣医という言葉の認知度をより高め、獣医師の存在意義、技術の向上、後進の育成の重要性をあらためて見つめ直すとともに、獣医療の発展に寄与するのが目的。日付は11と11で「いい獣医」と読む語呂合わせ。

11/12

AI音声活用の日
AI音声技術を活用した事業を行う㈱CoeFont（コエフォント）が制定。人工知能（AI）による音声技術の進歩と普及を祝い、AI音声技術の重要性を理解し、その新たな活用の可能性を探求するのが目的。同社はAI音声技術の発展に貢献する人々に感謝し、記念日をAI音声技術の未来に向けた共有のビジョンを築く場にと考えている。日付は同社の設立日（2021年11月12日）から。

マイクロニードル化粧品の日

コスメディ製薬㈱（京都市）が制定。同社は、注射針のような金属ではなく、ヒアルロン酸やコラーゲンなど、美容成分の微細なニードルが肌で溶けるマイクロニードル化粧品の開発に世界で初めて成功するとともに製品化。スキンケアを劇的に変えたマイクロニードル化粧品を多くの人に知ってもらい、活用範囲の拡大につなげるのが目的。日付は同社がマイクロニードル化粧品を発売した日（2008年11月12日）であり、「いい（11）皮膚（12）」の語呂合わせ。

留学の日

留学に関わるさまざまな事業を行う（一社）海外留学協議会が制定。留学経験を通じてグローバルに活躍し、日本に貢献する人材を輩出するため、留学の啓蒙をしていくことが目的。日付は、1871年11月12日（旧暦）に山川捨松、津田梅子など日本初の女性国費留学生5人が岩倉使節団とともに留学先のアメリカへ出発したことにちなむ。

パレットの日

（一社）日本パレット協会が制定。物流の荷役作業の効率化に欠かせないパレットの認知度向上が目的。物流用パレットのJIS規格では主要なサイズ（積載面の寸法）が11型（1100×1100mm）と12型（1200×1000mm）となっている。この2つのサイズがアジア経済圏の共通サイズとして定着するための活動を行う。日付は物流用パレットを象徴する2つの型の数字から11月12日に。

いいにらの日

高知県農業協同組合（高知市）が制定。高知県ではハウスと露地栽培によって周年で「にら」を出荷しており、生産量は日本一。エコシステム栽培に取り組み、化学合成農薬にできるだけ頼らない環境に優しい栽培を行っている。「にら」に対する消費者の理解・関心を高めて販売促進につなげることが目的。日付は高知県で出荷量が増える11月と、12日を「いい（1）に（2）ら」と読む語呂合わせ。

皮膚の日

日本臨床皮膚科医会が制定。皮膚の健康と皮膚疾患についての正しい知識の普及と、皮膚科の専門医療に対する理解を深めるのが目的。日付は「いい（11）皮膚（12）」と読む語呂合わせ。

コラーゲンペプチドの日

日本ゼラチン・コラーゲン工業組合が制定。コラーゲンペプチドはゼラチンを分解し低分子化した高純度のたんぱく質で、肌の潤いを保ち、新陳代謝を盛んにして脂肪の蓄積を抑える効果などが期待されており、

その普及が目的。日付は第1回コラーゲンペプチドシンポジウムが開かれた2009年11月12日から。

「四季」の日
「くらしの中にクラシック」がモットーの宗次ホール（愛知県名古屋市）の代表、宗次德二氏が妻の直美さんに、自身がクラシック好きになるきっかけとなったヴィヴァルディの「四季」をプレゼントしたことから、40回目の結婚記念日（2010年11月12日）にその記念日を制定。同ホールではこの日にカップルや夫婦で「四季」を聴き、四季の移ろいを力を合わせて歩んでもらおうとコンサートを開催。

11/13

いい瞳の日
千寿製薬㈱（大阪市）が制定。同社のOTC目薬ブランド「マイティア」は「ひろがれ、瞳のチカラ。」のメッセージを発信。健やかな瞳（いい瞳）は、世の中を明るく元気にするチカラがあることを知ってもらい、アイケアのきっかけとしてもらうのが目的。日付は「い（1）い（1）ひと（1）み（3）」の語呂合わせから。

いい焼き芋の日
焼き芋の移動販売などを手がける㈱いも子のやきいも阿佐美や（埼玉県戸田市）が制定。同社は「やきいもで街をもっと明るくする」などがモットー。さつまいもは熟成されることでおいしい焼き芋になることを知ってもらい、おやつに焼き芋を食べて健康になる人を増やすのが目的。日付は、さつまいもは熟成により甘みが増すことから10月13日の「さつまいもの日」の1ヵ月後とした。

チーかまの日
かまぼこを基調にチーズを混ぜ合わせた製品「チーかま」を製造、販売する㈱丸善が制定。料理にはもちろん、おやつやおつまみなど幅広い世代に愛される「チーかま」をさらに多くの人に味わってもらうのが目的。日付は、11月11日が「チーズの日」、11月15日が「かまぼこの日」といわれているので、その中間の11月13日に。

いいひざの日
寒さが増してひざが痛み出す時期に、コンドロイチンZS錠などの関節痛の薬を開発するゼリア新薬工業㈱が、ひざ関節痛の治療や予防を広く呼びかけるために制定。日付の理由には覚えやすいように11と13で「いいひざ」と読む語呂合わせも含まれている。

消費者がつくったシャンプー記念日

自分たちの髪の悩みから「消費者にしかできない商品づくり」に取り組み、シャンプーを開発、試作を重ねて改良し、その商品が多くの消費者に愛されている㈱ネイチャー生活倶楽部(熊本市)が制定。日付は11と13を「いいかみ(髪)」と読む語呂合わせ。

11/14

GAPとSDGs農業の日

(一財)日本GAP協会が制定。GAP(ギャップ)とは農畜産物を生産する工程で生産者が守るべき管理基準とその取り組みのこと。SDGs(持続可能な開発目標)に多くの面で貢献しており、「GAPは農業のSDGs」ともいわれる。同協会は日本発の認証制度「JGAP」と「ASIAGAP」を運営。GAPの重要性と価値を知ってもらい、持続可能な農業の推進に役立てるのが目的。日付はNPO法人日本GAP協会の設立日(2006年11月14日)から。

関門橋の日

西日本高速道路㈱(福岡県北九州市)が制定。山口県下関市と福岡県北九州市を結ぶ「関門橋」は1973年11月14日の開通以来、九州と本州を繋ぐ道として地域の発展に大きく貢献し続けてきた。2023年で開通50周年となることを記念し、さらに親しみをもってもらうのが目的。日付は開通日から。

タルタルソースの日

タルタルソースの魅力やおいしさをアピールするため、キユーピー㈱が制定。タルタルソースは野菜、魚、肉、パンなどさまざまな食材やメニューに合う万能ソース。日付は、タルタルソースとの相性が良く、かけて食べる頻度が最も高いのが「かきフライ」であることから、週間カレンダーで「かきフライの日」と呼ばれていた11月21日の真上にくる11月14日としたもの。

いい上司(リーダー)の日

会員制のビジネススクール「リーダーズアカデミー」などを主催する(一社)日本リーダーズ学会が制定。いい上司(リーダー、経営者)を支えてくれる社員や家族、そして顧客、株主、取引先などのステークホルダーの方々に感謝することを忘れない日。日付は「いい(11)上司(14)」の語呂合わせ。

いい石の日

墓石で先祖を供養する文化、伝統を守ること、石組みで美しく趣のあ

る庭を築くことなど、石を加工、配置する技術の巧みさをアピールする日をと、1992年に山梨県石材加工業協同組合が制定。日付は11と14で「いい石」と読む語呂合わせ。

アンチエイジングの日

NPO法人アンチエイジングネットワークが制定。生活習慣病を予防する予防医学の定着と、年齢を重ねてもいきいきと活躍するための活力となる「見た目の若さ」を保ち続ける方法の認知拡大が目的。自分自身の心と身体に向き合う日としての普及をめざしている。日付は11と14で「いいとし（良い歳）」と読む語呂合わせ。

医師に感謝する日

医療施設支援事業を展開する㈱Dプラスが制定。主治医に感謝の気持ちを込めてハンカチを贈ろうと提案している。日付は11が人と人（患者と医師）との結びつきを表し、14が医師を意味する語呂合わせから。患者と医師によってより良い医療を進めるのが目的。

11/15

七五三

数え年で男の子は5歳、女の子は3歳と7歳のとき、その成長を祝い、神社に参詣する行事。11月15日に行うようになったのは、江戸時代、徳川綱吉の子・徳松の祝いがこの日に行われたことからだといわれている。

うずしおベリー記念日

㈱フルーツガーデンやまがた（徳島県鳴門市）が制定。「うずしおベリー」は海由来の肥料などで開発した甘味と酸味と旨味が絶妙な同社のオリジナルブランドいちご。加工品やスイーツも作っており、徳島県・鳴門市の地域のブランドいちごとしての認知度を高めるのが目的。日付は「良い（11）いちご（15）」の語呂合わせと、いちごシーズンの幕開けを祝う意味から11月15日に。

敬護の日

全国でリハビリデイサービス「コンパスウォーク」などを手がけるリハプライム㈱（埼玉県さいたま市）が制定。同社の理念である「敬護（けいご）＝お年寄りを介助して護る介護ではなく、人生の大先輩を敬って護る介護」という言葉を多くの人に知ってもらい、高齢者が最期まで住み慣れた町で主体的に生きがいや誇りをもって生活できる社会（ハッピーリタイアメント社会）を創るのが目的。日付は「いい（11）けいご（15）」と読む語呂合わせ。

イベリコ豚の日

イベリコ豚を中心とした貿易や飲食事業を展開するTAISHI CO.㈱（大阪市）が制定。イベリコ豚にも餌の質や育てている環境、何世代にもわたり受け継がれている伝統的な育て方などによりランク分けがあることを多くの人に知ってもらうのが目的。日付は「いい（11）イ（1）ベリコ（5）」と読む語呂合わせ。

いいインコの日

文具メーカーのセキセイ㈱（大阪市）が制定。同社は創業者がセキセイインコを飼っていたことから社名をセキセイにし、社章にもセキセイインコを使用するなどインコとの縁が深いため、そのかわいさを多くのインコファンとともに広めていくのが目的。日付は「いい（11）インコ（15）」と読む語呂合わせ。

きものの日

全国2000店の呉服店で組織する（一社）日本きもの連盟が制定。きものを着る運動のシンボル的な日として、きものの美しさ、文化的な要素をアピールしていくのが目的。日付は、古くから七五三のお宮参りの日であり、子どもたちの成長を願う日として、きもの姿が似合う日であることから11月15日に。

のど飴の日

1981年11月、日本で初めて商品名に「のど飴」を冠した「健康のど飴」を発売したカンロ㈱が、その発売30周年を記念して制定。日付は発売月の11月と、11月中旬より最低気温が一桁になりのど飴の需要期になること、11と15で「いいひと声」と読む語呂合わせなどから。

口腔がん検診の日

2008年11月15日に開催された「第21回・日本歯科医学総会」において、口腔がん検診の普及をテーマにシンポジウムが行われ、口腔がん撲滅運動のシンボル「レッド＆ホワイトリボン」が発表された。このことを記念して口腔がん検診の普及と啓発を目的に、（公社）東京都玉川歯科医師会が制定。

11/16

いい囲炉裏の日

囲炉裏道具などの販売を行う㈱ちろり（大阪市）が制定。日本の伝統的文化である囲炉裏の普及と、囲炉裏文化の継承・活性化が目的。囲炉裏は文字どおり、人々の「囲み」を生み出す不思議な力のある文化。「囲み」により、さまざまな交流、絆、新たな文化が生まれる。日付は「い

い(11)いろ(16)り」の語呂合わせ。

フェイス＆ボディペインティングの日

NPO法人日本フェイスペイント協会（神奈川県横浜市）が制定。同協会はフェイス＆ボディペインティングを安心して楽しむための技術指導や技能検定、絵の具の安全性や使い方の周知にも取り組んでいる。フェイス＆ボディペインティングを多く知ってもらい、「夢・笑・喜・楽」の時を共有し安らげる時間と空間を創り出すのが目的。日付は11月16日で「いい(11)いろ(16)」と読む語呂合わせ。

いい色・琉球びんがたの日

沖縄県那覇市の（一社）琉球びんがた普及伝承コンソーシアムと琉球びんがた事業協同組合が制定。琉球びんがたは沖縄の伝統工芸で、多様かつ鮮明な色彩を特徴とする染物のこと。その伝承と普及、さらなる発展をめざすことが目的。日付は、11と16で「いいいろ」と読む語呂合わせと、11月は「伝統的工芸品月間」でもあることから。

いいビール飲みの日

ビール酒造組合が制定。適正な飲酒を呼びかけ、お酒と上手くつきあうための知識を身につけてもらい、生活習慣病のリスクを高める飲酒をしている人を少なくすることが目的。日付は、アルコール関連問題啓発週間中（11月10日から16日）であることと、「いい(11)ビール(16)」と読む語呂合わせ。

いいいろの日

愛知県下の塗装・塗料に関する事業者の団体「愛知昭和会」が1991年11月16日に制定。「色」が日常生活に与える影響を見直すとともに、塗装のもつ美粧性、機能性、簡易性などを広くアピールするのが主な目的。日付は11と16で「いいいろ」と読む語呂合わせ。

いいいろ塗装の日

1998年に創立50周年を迎えた（一社）日本塗装工業会が、社会に対してペインティングの正しい理解をより深めてもらおうと制定。色彩などについての関心を高めてもらう意味から、日付は、11と16を「いいいろ」と読む語呂合わせ。

自然薯の日

冬が来るのにそなえて、体に良い自然薯を食べて体力をつけてもらおうと、自然薯の食事処「麦とろ童子」（静岡県熱海市）の清水元春氏が制定。日付は11月16日を「いいいも」（6＝もの字に似ている）と読む語呂合わせと、自然薯の最盛期であることから。

ぞうさんの日
山口県周南市の市民プロジェクト「絵本と物語のある街」が制定。周南市にある徳山動物園のシンボル的存在のゾウの記念日を制定して、親子・家族・地域の絆を深めるのが目的。日付は、同プロジェクトの創立日(2010年11月16日)。また、周南市は童謡『ぞうさん』の作詞家まどみちお氏の故郷であり、誕生日(1909年11月16日)と合わせることで、まど氏への尊敬の意味も込められている。

いい色・色彩福祉の日
(一社)日本色彩環境福祉協会が制定。色彩のもつ力を理解し環境や福祉に貢献する人材を育成する「色彩福祉検定」など、協会の活動を広めるのが目的。日付は11と16で「いい色」と読む語呂合わせ。

源流の日
「水源地の村」として知られ、吉野川源流の森や水を守り育てる取り組みを行っている奈良県吉野郡川上村が制定。村と村民が協力して森や水の大切さを考え、伝えていく日とするのが目的。日付は川上村で2014年11月16日に「第34回全国豊かな海づくり大会〜やまと〜」の放流事業が行われたことから。

11/17

将棋の日
将軍・吉宗の頃に、11月17日に御城将棋という年中行事を行っていた史実から、日本将棋連盟が1975年に制定。江戸時代の将棋家元には幕府から俸禄が支給され、名人位は将棋御三家の世襲だった。実力制名人制度が開始されたのは1937年のこと。

暴君ハバネロの日
㈱東ハトが制定。「暴君ハバネロ」はかつて世界一辛い唐辛子といわれたハバネロの刺激的な「辛さ」と、チキン、オニオン、ガーリック、ポテトの「うまさ」の絶妙なバランスがやみつきになるリング型のポテトスナック。「暴君ハバネロ」の露出機会を高めるとともに、多くの人にその魅力的な味を楽しんでもらうのが目的。日付は発売日の2003年11月17日から。

日本製肌着の日
国産肌着の企画製造を行う㈱HEALTHYA(愛知県名古屋市)が制定。高い技術力をもつ日本の高品質なインナーを国内外にPRすることが目的。日付は11を2本(=日本)の線に見立て、17をインナーと読む語呂合わせから。

11/18

11月18日は電線の日
(一社) 日本電線工業会が制定。現代生活の「生命線」として社会インフラを支える資材であり、電力や情報を伝えるのに重要な役割を果たしている電線。その製造と安定供給に携わる人を応援し、毎日の生活に欠かせない電線に気づいてもらうのが目的。日付はさまざまな電線を表す111（Ⅰ＝巻線・裸線、Ⅱ＝通信線、Ⅲ＝電力線）と、あらゆるものにつながる無限大（∞）を組み合わせて11月18日に。

黒門市場の日
「大阪人の美味しい台所」を掲げる黒門市場商店街振興組合（大阪市）が制定。同市場は総延長約580mのアーケード街に、鮮魚、青果、果物、肉、菓子、食堂、衣料店など、さまざまな店が軒を連ねる。2022年に200周年を迎えた黒門市場の知名度の拡大と、歳末に向けてのこの時期に市場全体を盛り上げいくのが目的。日付は11を「いい」、18を「いちば」と読む語呂合わせ。

セルフレジの日
情報処理システムなどを手がける日本NCRコマース㈱が制定。スーパーマーケットなどで導入されているセルフレジの利便性と合理性をさらに多くの人々に知ってもらい、その普及に役立てるのが目的。日付は、日本で初めて同社が納入したセルフレジが稼働し、消費者が利用した2003年11月18日から。

建築設備士の日
(一社) 建築設備技術者協会が制定。建築士法に基づく国家資格者で、建築設備の専門技術者である建築設備士は、建物の設備設計を行い建築における環境づくりを担っている。その建築設備士、設備技術者の存在を建築分野以外の人にも広く知ってもらうことが目的。日付は、1985年11月18日に建築設備士資格者を定める告示（建設省告示第1526号）が交付されたことから。

「森のたまご」の日
コクとうまみ、鮮度と栄養価で人気の鶏卵「森のたまご」を製造販売するたまご＆カンパニー㈱が11月18日と毎月第3木曜日に制定。ブランドたまごの定番と称される「森のたまご」の素晴らしさを多くの人に知ってもらうのが目的。「森のたまご」の「森」の字には「木」が3つあることから第3木曜日としたもの。

いいイヤホン・ヘッドホンの日

イヤホン・ヘッドホンの専門店「e☆イヤホン」を運営する㈱タイムマシンが制定。イヤホンやヘッドホンの魅力を世界に向けて発信する。日付は「いい(11)イヤ(18)ホン」と読む語呂合わせ。

カスピ海ヨーグルトの日

日本にカスピ海ヨーグルトをもたらしたといわれる家森幸男京都大学名誉教授とカスピ海ヨーグルトを扱うフジッコ㈱が制定。手軽に手作りできて増やせるカスピ海ヨーグルトを食べる習慣を広めて、人々の健康増進を図ることが目的。日付は、2002年から始まった純正菌種を安心安全に届けるための頒布活動が100万人に到達した2006年11月18日にちなんで。

雪見だいふくの日

㈱ロッテが自社の「雪見だいふく」をPRするために制定。1981年の発売以来ロングセラーの「雪見だいふく」は冷たいアイスをやわらかいおもちで包んだ和菓子感覚の商品で、おもちとアイスの絶妙な食感が人気。日付は11月の「いい」と、パッケージのふたを開けて縦に見たときに18に見えるために11月18日とした。

SKBケースの日

業務用音響機器・楽器などの輸入販売を行う㈱サウンドハウス(千葉県成田市)が制定。同社は、世界の一流楽器メーカーの指定ケースを手がけるアメリカのSKB社の正規代理店で、その優れた品質と技術を多くの人に知ってもらうのが目的。日付はSKB社の創業日1977年11月18日から。

11/19

農協記念日

全国農業協同組合中央会(JA全中)が制定。農業の生産力の増進と農業従事者の経済的社会的地位の向上を図り、経済の発展に寄与することを目的とした農業協同組合法が1947年11月19日に公布されたことから。

いい熟成ワインの日

ヴィンテージワイン専門店「年号ワイン.com」を運営する㈱和泉屋(埼玉県朝霞市)が制定。同社では長期熟成されたヴィンテージワインを扱い、記念日の年や誕生年と同じ年号のワインを全国に販売している。長期熟成されたワインは味が深まり趣深いことを広く知ってもらうことが目的。日付は「いい(11)じゅく(19)せい」と読む語呂合わせ。

美眉育成の日
美容関連商品の企画販売などを行う㈱ゼンケアが制定。顔の印象の八割を決めるともいわれる眉を理想の形に整えるなど、美しい眉毛を育成するという習慣を根付かせるのが目的。日付は数字の11を横に倒して並べると「一一」で眉毛に見えることで11月。また、「いい（11）育（19）成」と読む語呂合わせから。

いい育児の日
参画する県知事による「日本創生のための将来世代応援知事同盟」が制定。家庭や家族を大切にするライフスタイルや、子どもの成長と子育てを社会全体で応援する機運を高め、子育てを支える家庭や地域の大切さをアピールして子育てのための行動を起こす日。日付は「いい（11）育（19）児」と読む語呂合わせから。

いい塾の日
学習塾「志門塾」、個別指導「ホームズ」、英会話スクール「ハローズ」などを展開するSHIMON GROUP（岐阜県大垣市）が制定。子どもたちにとって良い塾とはどのような塾なのかを情報発信し、講師、生徒、保護者が私塾教育について考える日に。日付は11と19で「いい塾」と読む語呂合わせ。

11/20

競輪発祥の日
唯一の競輪振興法人として競輪関係業務、競技実施業務を行う（公財）JKAが制定。公営競技の「競輪」が初めて開催された福岡県1948年11月20日を記念したもの（第1回レースは小倉競輪場で開催）。公営競技のなかで唯一のオリンピック競技でもある「競輪」のPRと、その収益金が機械工業の振興や社会福祉に役立っていることを知ってもらうのが目的。

メンズ脱毛を応援する日
男性専門の脱毛に特化した「レーザースキンクリニック」を運営する（医）陽美会（大阪市）が制定。若者を中心に脱毛を希望する人が増えている。脱毛という方法で男性美容文化を広め、清潔感を高めて明るい気持ちで過ごしたい男性を応援するのが目的。日付は脱毛をすることで毛穴が引き締まってつるつるすべすべになることから、11月20日を「11（いい）20（つるすべ）」と読む語呂合わせ。

タブレット通信教育の日

日本語ワープロソフト「一太郎」などのソフトウェア開発で知られる㈱ジャストシステムが制定。同社が展開する専用タブレットだけで学ぶ通信教育で、勉強が楽しいと感じる子どもを増やすのが目的。日付は2012年11月20日に世界で初めてこのスタイルの通信教育「スマイルゼミ小学生コース」が誕生したことから。

多肉植物の日

サボテンや観葉植物、多肉植物の生産加工販売などを行う㈱岐孝園(岐阜県瑞穂市)が制定。多肉植物の個性や魅力をより多くの人に知ってもらうのが目的。日付は、同社運営の「さぼてん村」で多肉植物が美しい変化を見せるのが霜が降り始める11月20日頃なので。

イイツーキンの日

通勤総合研究所(通称・通勤総研)を発足し、各種研究機関と共同で通勤と決済にまつわる調査などを発表している㈱ドリルが制定。通勤マナーの問題が取りざたされていることから、より良い通勤を考えることが目的。日付は「いい(11) 2(ツー) 0(距離が近いことを表す)」を意味する。また、3日後の勤労感謝の日と合わせて、11月の第4週が働くことについて注目される週になることも展望。

毛布の日

毛布製造業者の団体、日本毛布工業組合が制定。家庭にぬくもりある生活を届ける毛布の振興を図るのが目的。日付は11月は毛布の主要産地の大阪府泉大津市で、長年にわたり「泉大津毛布まつり」が行われてきたことから11月。そして、日本で毛布が初めて生産されたのが明治20年なのでその数字から20日としたもの。

組織風土の日

「企業風土改革」を専業とするコンサルティング会社の㈱スコラ・コンサルトが制定。組織の風土、体質に理解と関心を持ち、年に一度は自分たちの組織風土をメンテナンスすることを習慣にしてもらうのが目的。日付は「いい(11)風土(20)」と読む語呂合わせ。

発芽大豆の日

「発芽大豆」の良さを多くの人に知ってもらい、気軽に毎日の食事にとり入れてもらいたいとの思いから、㈱マルヤナギ小倉屋(兵庫県神戸市)と、㈱だいずデイズが制定。日付は「いい(11)」「はつが(20日)」の語呂合わせ。

いいかんぶつの日

日本の伝統的な食文化である「かんぶつ(干物・乾物)」を味わい、楽

しみ、学ぶ日にと、日本かんぶつ協会が制定。日付は干物の「干」の字が「十」と「一」で成り立ち、乾物の「乾」の字は「十」「日」「十」「乞」から成り立っていることから、これらを組み合わせると「11月20日にかんぶつを乞う」と読むことができるため。

ピザの日

ピザ業界の発展をめざして結成されたピザ協議会が制定。ピザのおいしさやバランスのとれた栄養食としての魅力を多くの人に知ってもらうのが目的。日付はピザの原型といわれる「ピッツァ・マルゲリータ」の名前の由来となったイタリアのマルゲリータ王妃の誕生日から。

11/21

ラーほーの日

(一社) 笛吹市観光物産連盟 (山梨県笛吹市) が制定。「ラーほー」とは、ほうとう麺を使用したラーメンのこと。「ラーほー」を笛吹市の新ソウルフードとして全国に知ってもらうのが目的。日付は「ほうとうの日」が4月10日で「ラーメンの日」が7月11日なので、4月と7月を足した11月、10日と11日を足した21日を組み合わせて11月21日に。

ゆり根の日

全国に流通するゆり根のほとんどが北海道で生産されていることから、ホクレン食用ゆり消費拡大協議会と北海道産青果物拡販宣伝協議会が制定。ゆり根への関心をもっと高めてもらい、認知度の向上を図るのが目的。日付は百合根の百から「100＝10×10」で10月10日としていたが、ゆり根が店頭に並び始めるのが11月中旬から下旬のため、旧暦の10月10日付近である11月21日に。

イーブイの日

㈱ポケモンが制定。ポケットモンスターシリーズに登場する"しんかポケモン"の「イーブイ」。その秘めたる魅力と可能性を多くの人に知ってもらうとともに、その存在を祝うことが目的。もともと「イーブイ」のファンによって考案され、大切にされてきた特別な日。日付は「イー (11) ブイ (21)」と読む語呂合わせ。

「ロッキー」の日

ワーナー ブラザース ジャパン合同会社が制定。同社が手がける映画「ロッキーシリーズ」の『クリード2』が2018年11月21日に全米で公開。多くの人にこのボクシング映画を見てもらい、名作『ロッキー』から受け継がれている魅力を感じてもらうのが目的。日付は『ロッキー』の第1作が全米公開された1976年11月21日から。

自然薯芋の日

自然薯の食事処「麦とろ童子」(静岡県熱海市)の清水元春氏が制定。おいしくて体に良い自然薯を食べて体力をつけてもらうのが目的。日付は生産者の芋の品評会が11月の後半に開かれることと、11と21で「いいじねんじょいも」と読む語呂合わせから。

自然薯のむかご

フライドチキンの日

日本KFCホールディングス㈱が制定。1970年11月21日、ケンタッキーフライドチキン(KFC)の日本第1号店が愛知県名古屋市西区にオープン。当時の日本には「フライドチキン」という言葉も食べ方も馴染みがなかったが、KFCの店舗が増えるにつれて広く知られる。その後、KFCの行ったクリスマスキャンペーンを契機に、フライドチキンがクリスマスのごちそうとして定着。日付は1号店がオープンした日から。

11/22

小雪

[年によって変わる] 二十四節気のひとつ。この頃から寒い日が増え雨が雪へと変わり初雪が舞い始める。

いい夫婦の日

11月の「ゆとり創造月間」の一環として、余暇やゆとりの大切さをアピールすることを目的に、通商産業省(現・経済産業省)が制定。日付は「いい(11)夫婦(22)」の語呂合わせ。

ボタンの日

1870年11月22日、ヨーロッパスタイルのネイビールックが日本海軍の制服に採用され、前面に2行各9個、後面に2行各3個の金地桜花のボタンをつけることと決められたことにちなみ、日本のボタン業界が1987年に制定。登録申請は服飾ボタンの団体として知られる(一社)日本釦協会。ボタン産業の育成が目的。

大工さんの日

建築大工業界の発展と、木造住宅の振興などを目的として、(一社)日本建築大工技能士会が制定。日付は、11月は国の職業能力開発促進月間であること、22日は大工の神様とされる聖徳太子のゆかりの日とされることにちなむ。また、11は2本の柱を表し、二十二のそれぞれの二は土台と梁または桁のように見えることから。

韓国キムチの日

韓国農水産食品流通公社が制定。2013年に国連の教育科学文化機関(ユネスコ)の世界無形文化遺産に登録された「キムジャン文化(韓国のキムチ作りと分かち合いの文化)」を継承し、韓国産キムチを広めるのが目的。日付は11と22には「キムチの原料の一つ一つ(11)が集まって22種(22)の効能がある」との意味合いがあり、キムジャン(越冬キムチ作り)が始まる時期であることから。

「愛ひとつぶ」の日

愛知県経済農業協同組合連合会(JAあいち経済連)(愛知県名古屋市)が制定。愛知県の新ブランド米として2020年9月に発売デビューした上品な甘みと一粒一粒がもっちりとした食感が特徴の「愛ひとつぶ」を多くの人に食べてもらうのが目的。日付は「あい(1＝I)ひと(1)つ(2)ぶ(2)」と読む語呂合わせから。

いいフルフルの日

持田ヘルスケア㈱が制定。同社は日本で初めてフケ原因菌(頭皮のカビ)の増殖を抑えるミコナゾール硝酸塩を配合したシャンプー「コラージュフルフル」を発売。フケやかゆみ、体のカビやニオイなどの悩みを解消するために、コラージュフルフルシリーズのシャンプーやボディ石鹸などを多くの人に使ってもらい、笑顔になってもらうのが目的。日付は最初の発売日である1999年11月22日から。「いい(11)フルフル(22)」の語呂合わせも。

甘酒ヌーボーの日

[小雪、年によって変わる] ㈱ユーセイ・プロモーションが制定。お米の新たなニーズとして、新米で造る甘酒をPRするのが目的。記念日名はその年に収穫された新米から出来た甘酒なのでワインの「ボージョレヌーボー」のように広めたいとの思いから「甘酒ヌーボー」とし、日付は冬を迎える頃に飲むと体も心も温まるという意味も込め二十四節気のひとつ「小雪」の日に。甘酒の色と米粒が小さな雪が降るイメージに重ねている。

あにまるすまいるの日

(一社)あにまるすまいるが制定。家庭で生活する動物は家族の一員との考えから、人と共に暮らす動物たちのクオリティ・オブ・ライフの向上を考えてもらうのが目的。日付は家庭の中で生活する動物の代表の犬と猫の鳴き声のワンワン(11)ニャンニャン(22)から。

試し書きの日

試し書きコレクターの寺井広樹氏が制定。文房具店の筆記具の試し書き用紙の魅力を広めるのが目的。日付は寺井氏と3人組ロックバンドthe peggiesのコラボレーションで誕生した「I 御中～文房具屋さんにあった試し書きだけで歌をつくってみました。～」の配信開始日（2017年11月22日）に。

回転寿司記念日

回転寿司の考案者である白石義明氏の誕生日（1913年11月22日）にちなみ、回転寿司の生みの親企業である元禄産業㈱（大阪府東大阪市）が制定。白石氏の努力で1958年4月、東大阪市で1号店がオープンした。

長野県りんごの日

全国農業協同組合連合会長野県本部が制定。全国第2位の生産量を誇る長野県産りんごのおいしさをアピールするのが目的。日付は長野県産りんごの代表的な銘柄「ふじ」の最盛期であることと、11と22を「いいふじ」と読む語呂合わせなどから。

ペットたちに「感謝」する日

私たちと生活を共にし、喜びや悲しみ、生きがいを与えてくれるペットたちに感謝の気持ちを表し、人と動物の正しい関係を考える日として、ピーツーアンドアソシエイツ㈱（福岡県志免町）が制定。日付はペットの代表の犬と猫の鳴き声の語呂合わせから。

大人の日

⇨「1年間に複数日ある記念日」の項を参照。

クリーム&の日

雪印メグミルク㈱が制定。クリームとの組み合わせが人気の「クリーム&(クリーム アンド)」シリーズのさらなる認知度向上と販売促進が目的。日付は「CREAM SWEETS」シリーズの前身である初代商品「雪印コーヒーゼリー」が発売された1976年11月22日から。

人事戦略を考える日

人材コンサルティングなどを行う㈱アクティブ アンド カンパニーが制定。日本が経済発展を遂げるには、すべての人、従業員の能力や経験の活用が必要。そこで働き方や活躍の仕方、させ方を改めて考え、より良い人事の在り方を検討するきっかけの日とするのが目的。日付は年末が迫るこの時期に来年に向けて「より良い（11）人事（22）」と読む語呂合わせ。

11/23

勤労感謝の日（国民の祝日）

「勤労を尊び、生産を祝い、国民が互いに感謝し合う日」として、1948年に制定された国民の祝日。戦前はこの日を新嘗祭（にいなめさい）と呼び、宮中では天皇が新しい米などを神殿に供えた。

イケボ音声の日

AI音声技術の事業を行う㈱CoeFont（コエフォント）が制定。「イケボ」と言われる魅力的な男性の声を称賛し、それをAI技術を活用して広めるのが目的。声の演技に関わる人々に感謝に、声優ファンや音声芸術の愛好家を結びつける機会にも。日付は「イケボ」が「イケてるボイス」「イケメンボイス」の略語と言われるので11と23を「いい（11）お兄さん（23）」と読む語呂合わせ。

共家事の日

福井県が制定。同県は共働き率が全国1位の一方で家事の多くを女性が担っているとされる。夫婦や家族が話し合い家事の「見える化」を進め、共に家事を行い家族時間や自分時間を楽しむライフスタイルの「共家事」（ともかじ）を広めるのが目的。苦手な家事にチャレンジするきっかけの日にも。日付は「いい夫婦の日」の翌日で、ふだん家事をしてくれる家族やパートナーに感謝する意味で「勤労感謝の日」と同じ11月23日に。

グリーフを考える日

関西学院大学「悲嘆と死別の研究センター」（兵庫県西宮市）が制定。「グリーフ」とは大切な人やペット、身体の一部など自分にとって重要な何かを失った時に感じる悲しみや喪失感を指す。「グリーフ」の存在を自覚し、広く理解を促すことで悲しみとともに生きていくことが認められる社会となるのが目的。日付は「グリーフワーク（喪の作業）」の途上にいる人、それを支援する人を労う意味で「勤労感謝の日」である11月23日に。亡き人への感謝の日の意味合いも。

よしもとカレーの日

吉本興業ホールディングス㈱（大阪市）が制定。「よしもとカレー」は吉本興業東京本部の社員食堂で最も人気の高かったオリジナルメニュー。社員や芸人から「あの味を自宅でも食べたい」との声があり、2021年の「勤労感謝の日」に限定的にレトルト食品で発売。「勤労感謝の日」の趣旨に則り、日頃の頑張りを一緒に働く人達と感謝することが目的。日付は発売日の11月23日に。

Thanks life day

(一社) 国際プリン協会が制定。食べることは生きることを実感し、多くの人が食について関心をもち、食に関わる人への感謝を広げる「Thanks life day」の実現が目的。「生命そのものである卵」と「生命を育むめぐみの牛乳」から作られる「いのちのおかしプリン」をお世話になっている人へ贈る。日付は五穀豊穣を祝う日で食べ物と食べ物に携わる人々への感謝する「勤労感謝の日」に。

表彰で感謝を伝える日

トロフィーやカップなどの表彰商品の企画・制作・販売を手がけるアキツ工業㈱(大阪府堺市)が制定。頑張った人を讃え、その活躍、活動に「表彰」という形で感謝の気持ちを伝える日とするのが目的。お世話になっている人に気軽に感謝を伝え合う風土を作っていきたいとの思いも込められている。日付は感謝を表現する意味から国民の祝日の「勤労感謝の日」の11月23日に。

筆「手書き文字」の日

超党派の国会議員で結成された「筆『手書き文字』の日をつくる国会議員の会」が制定。「筆をとり、文字をしたためる」という日本人が受け継いできた文化を次世代に受け継ぎ、発展させ洗練させるのが目的。日付は「いい(11)ふみ(23)」の語呂合わせ。手書きで書く手紙の楽しさ、受け取るうれしさを広めていく。

いい夫妻の日

結婚式場の運営などを手がけるアニヴェルセル㈱が制定。「幸せは祝福されると記念日になる」を企業コンセプトに掲げ、1986年の創業から結婚式をサポートしてきた同社によるすてきな夫妻を応援する日。記念日を制定することで世の中にハッピーなニュースを提供したいとの想いが込められている。日付は「いい(11)夫妻(ふさい=23)」と読む語呂合わせ。

ねぎらいの日

埼玉県深谷市が制定。全国的に有名な深谷ねぎの産地であり、ねぎの作付面積全国1位を誇る同市では「ねぎ」に掛けて「ねぎらい」と感謝の気持ちを込めて、大切な人や頑張ってる人、お世話になってる人へ「深谷ねぎ」を贈る取り組みを行っている。全国ねぎサミットにおいても「ねぎらいの日」の連携が盛り込まれており、その全国的な展開が目的。日付はねぎの旬を迎える11月下旬で「ねぎらい」=「感謝」の気持ちから「勤労感謝の日」に。

AGAスキンクリニック・フサフサの日

発毛専門クリニックのAGAスキンクリニックが制定。AGA（エージーエー）とは男性型脱毛症のことで、20歳以上の男性の3人に1人が発症しているとされる。また薄毛に悩む女性も増えていることから、薄毛は治療できるということを広く知らせるのが目的。日付は毛が元気に立っているイメージの11と、多い髪を表す「フサフサ」の「フサ＝23」から11月23日に。「勤労感謝の日」にはリラックスして髪に良い行動をしてほしいという同社の願いも。

いい入札の日

自治体や外郭団体の入札情報を収集し、入札参加する企業に提供するサービス「NJSS（エヌジェス）」が2018年に10周年を迎えたことから、入札が民間の高い技術やサービスで国民生活に活かせることを知ってもらいたいと㈱うるるが制定。日付は「いい（11）にゅうさつ（23）」の語呂合わせと、「勤労感謝の日」に生産性の高い働き方を入札で実現できることを啓発する意味も込めて。

ゆず記念日「いい風味の日」

高知県園芸農業協同組合連合会の高知県ゆず振興対策協議会が制定。高知県のゆずはハウス栽培と露地栽培により周年で出荷され、栽培面積、生産量とも全国一。その風味豊かな高知県のゆずをさらに多くの人に利用してもらうのが目的。日付は「い（1）い（1）風（2）味（3）」と読む語呂合わせ。

フードバンクの日

フードバンク活動の普及、啓発などを行う（公財）日本フードバンク連盟が制定。全国に広がる「フードバンク」について、多くの人にその意義や目的を知ってもらうのが目的。日付は食料を大切にする日という意味合いから、古くから五穀豊穣を祝う日であり、現在は勤労を尊び、生産を祝い、国民が互いに感謝しあう「勤労感謝の日」に。

小ねぎ記念日

福岡、大分、佐賀、高知、宮城の各県の全国農業協同組合連合会の県本部で作る「小ねぎ主産県協議会」が制定。国産小ねぎの販売促進のシンボル的な日。日付は、この日が「勤労感謝の日」で「ねぎらいの日」に通じ、ねぎらいを袮来と読む語呂合わせ。また、11月の下旬で小ねぎの生産が増え、鍋ものの季節となることから。

珍味の日

古くから伊勢神宮で行われてきた新嘗祭では、さまざまな神饌（しんせん）（山海の珍味）が供えられてきた。戦後、新嘗祭と同日のこの日が「勤労感謝

の日」として国民の祝日になったことから、命の糧である食物の恵みに感謝し、消費者にも感謝する日にと全国珍味商工業協同組合連合会が制定。珍味の素晴らしさ、おいしさをアピールする。11と23で「いいつまみ」と読む語呂合わせも。

お赤飯の日

古来、日本人の慶びの食事に、ハレの日の食卓に欠かせなかった赤飯。その歴史と伝統を継承することを目的に（一社）赤飯文化啓発協会が制定。日付は今では国民の祝日の「勤労感謝の日」だが、古くは「新嘗祭」として収穫に感謝する日となっていたことから。

キンカンの日

虫さされ、かゆみ、肩こりなどに優れた効果を発揮する医薬品「キンカン」などを製造販売する㈱金冠堂が制定。「キンカン」を通じて、働いている人たちの勤労への感謝の意を表し、ねぎらうことが目的。日付は「勤労感謝の日」と同じ11月23日に。また「勤労感謝の日」は略すと「勤（キン）感（カン）の日」となることから。

生命保険に感謝する日

「勤労感謝の日」をきっかけに、不測の事態のリスクヘッジとなる生命保険制度をあらためて考え、その存在意義に感謝する日をと、ライフネット生命保険㈱が制定。この日は近代生命保険会社の根幹を作ったジェームス・ドドソンが亡くなった日とも言われており、ドドソンが作ったようなシンプルでわかりやすい生命保険を提供したいとの理念をもつ同社の願いが込められている。

キンレイ感謝の日

数多くの冷凍食品を製造販売する㈱キンレイが制定。日頃からキンレイ商品を愛好してくださるお客様へ感謝の気持ちを表すのが目的。日付は「勤労感謝の日」と「キンレイ感謝の日」の発音が似ていることと、感謝の気持ちを伝えるとの意味から、国民の祝日である「勤労感謝の日」と同じ日に。

東条川疏水の日

兵庫県北播磨県民局・加古川流域土地改良事務所に事務局を置く「東条川疏水ネットワーク博物館会議」が制定。東条川疏水は鴨川ダムを主な水源とした108kmの水路網で、2006年には全国疏水百選に選定されている。この東条川疏水の役割を多くの人に知ってもらい、地域の財産として、地域の手で次世代のために水の恵みを活かしていくことが目的。日付は鴨川ダムの竣工日から。

コメニケーションの日
お米の通販・販売などを手がける、くりや㈱(香川県さぬき市)が制定。日頃お世話になった方へ感謝の気持ちをコメてお米を送る日を「コメニケーション(米ニケーション)の日」とするのが目的。日付は五穀豊穣を祝う新嘗祭(にいなめさい)にちなんで11月23日に。お米をコメニケーションツールとして、年に一度送るという風習を根付かせたいとの願いがコメられている。

産業カウンセラーの日
(一社)日本産業カウンセラー協会が制定。働く人たちや組織が抱える問題などの解決を支援する産業カウンセラーの認知度向上と同協会の創立55周年を記念したもの。日付は、この日が一年で最も「働く」ということと結びつきが強い「勤労感謝の日」で、日本産業カウンセラー協会の設立日(1960年11月23日)であることから。

オコメールの日
お米の通販・販売などを手がける、くりや㈱(香川県さぬき市)が制定。精米仕立てのお米を1合から板状に真空パックに加工し、気軽に送ることができる「オコメール」を、日頃お世話になった方へ感謝の気持ちをコメて送る日とするのが目的。日付は五穀豊穣を祝う新嘗祭にちなんで11月23日に。お米を、年に一度送るという風習を根付かせたいとの願いがコメられている。

11/24

思い出横丁の日
東京都新宿区の新宿西口商店街振興組合が制定。昭和の風情が残る飲食店などが建ち並び、人情と美味さと安さで人気の同商店街の通称「思い出横丁」では1999年11月24日に火災が発生。その教訓を忘れず防災意識を高め、支えてくれた常連のお客様への感謝と、多くの人に魅力を広めるのが目的。日付は火災事故が起きた日から。

アースナイトデー
沖縄県石垣市と竹富町にある「西表石垣国立公園」が国内初の星空保護区の認定を受けたことを記念し、二つの市町が地球の夜空の環境、星空の大切さを多くの人と考える日「アースナイトデー」を発案して制定。世界的な運動としていくのが目的。日付は2017年11月24日に星空保護区認定を記念したイベントが開かれたことから。

鰹節の日
鰹節のトップメーカーのヤマキ㈱(愛媛県伊予市)が、鰹節をもっと知

ってもらおうと制定。日付は、11と24日でいいふし（節）の語呂合わせから。鰹節の切り削り実演販売や、だしの取り方教室などを企画。

冬にんじんの日

カゴメ㈱が制定。同社のにんじんジュースや、にんじんの入った野菜果実ミックスジュースなどを飲んで、健康になってもらうのが目的。冬のにんじんは夏のものと比べてβ-カロテンが豊富で、甘みも増してにんじん本来のおいしさが味わえる。日付は冬にんじんの旬である11月と、2と4で「にんじん」の語呂合わせから。

和食の日

日本の食にかかわる生産者や企業、自治体、食育団体などで構成される（一社）和食文化国民会議が制定。五穀豊穣、実りのシーズンを迎え、和食の食彩が豊かなこの時期に毎年、日本食文化について見直し、和食文化の保護・継承の大切さを考える日とするのが目的。日付は「いい（11）に（2）ほんしょ（4）く」と読む語呂合わせ。

いい尿の日

排尿トラブルの症状に効果のある八味地黄丸などを開発・販売するクラシエ㈱が制定。寒さが増すと頻尿・夜間尿などの排尿トラブルが増えることから、その啓蒙や症状に合った治療を広く呼びかけることが目的。日付は寒さが本格化してくる時期で「11（いい）、24（にょう）」と読む語呂合わせから。

11/25

いいにごり酢の日

キユーピー㈱が制定。酢は透明なイメージがあるが、発酵による自然な状態の酢には「にごり」がある。この「にごり」の正体である酢酸菌には、全身の免疫を整えたり花粉症などのアレルギー症状を緩和する働きなどが臨床研究により報告されている。美味しく免疫力に良い「にごり酢」で冬本番に備えてもらうことが目的。日付は11月25日を「いい（11）に（2）ご（5）り」と読む語呂合わせ。

ecuvo.（えくぼ）の日

ニット製品を製造、販売する㈱フクシン（香川県東かがわ市）が制定。同社の「ecuvo.（えくぼ）」ブランドは、SDGs（持続可能な開発目標）に沿った地球に優しい材料や製造方法で作る。「ecuvo.」を通して笑顔循環企業をめざす同社の製品や活動を知らせ、多くの人に笑顔になっ

てもらうのが目的。日付は笑顔＝えくぼを連想する「いい（11）ニコ（25）ニコ」の語呂合わせ。

いいえがおの日

健康食品などを取り扱う㈱えがお（熊本市）が制定。「笑顔でいることで健康になる」「健康だからこそ笑顔になれる」との思いから、より多くの人に健康で笑顔にという意識をもってもらい、日本を健康にするのが目的。日付は「いい（11）笑顔＝にっこり（25）」の語呂合わせ。

先生ありがとうの日

幼稚園児・保育園児がいる家庭向けのフリーマガジン「あんふぁん」「ぎゅって」を発行する㈱こどもりびんぐが制定。親と子が先生に日々の「ありがとう」を伝えるきっかけの日となり、感謝の気持ちが届くようにとの思いで。日付は年度の中間期で園や学校の行事が少ない時期であり、1（先生）と1（親と子ども）が向かい合いお互いが「ニッコリ」（25）と笑顔になる日にとの意味合いから。

11/26

ビン牛乳の日

(有)山村乳業（三重県伊勢市）が制定。同社は日本最多の14品目47種類のビン入り乳製品を製造。コストの増大で姿を消してしまう可能性のあるビン牛乳の魅力を伝え、その文化的価値を次の世代に継承していくのが目的。日付は、ビン牛乳は銭湯や温泉の風呂上りに定番なので、2本のビン牛乳（11）が風呂（26）に寄り添うように並んで見えることから11月26日に。

いいブロッコリーの日

ブロッコリーなどの生産販売を手がける（有）安井ファーム（石川県白山市）が制定。ブロッコリーの消費拡大が目的。苦手な人にも食べやすいレシピを発信するなど、ブロッコリーの美味しさや良さを知って食べてもらいたいという思いが込められている。日付は「いい（11）ブロ（26）ッコリー」と読む語呂合わせ。

鉄分の日

鉄欠乏性貧血治療剤などを販売するゼリア新薬工業㈱が制定。酵素の運搬や呼吸、エネルギーの産生、DNAの合成など、生命活動に欠かせないミネラルの鉄分。その重要性と不足して生じる鉄欠乏症や鉄欠乏性貧血などの啓蒙活動を行うのが目的。日付は「いい鉄分」の「いい」から11月で、鉄の元素番号が26なので11月26日に。

ポリフェノールの日

ポリフェノールに関する幅広い分野の研究者が集う日本ポリフェノール学会が制定。国内外の研究でポリフェノールにはさまざまな健康機能があることが明らかになってきたことから、それらの研究成果を社会に還元し、国民の健康増進に貢献するのが目的。日付は「いい（11）ポリフェ（2）ノール（6）」と読む語呂合わせ。

いいフォローの日

「クリーン（綺麗にする）」と「アート（彩る）」の力で持続可能な社会の実現に貢献することをめざす（一社）CLEAN & ARTが制定。若者世代にSNSは使い方を誤ると危険な目に合うことを伝え、楽しく正しく使う「いいフォロー」という意識をもってもらうのが目的。日付は「いい（11）フォロー（26）」の語呂合わせ。

いい風呂の日

11月下旬になると、お風呂にゆっくり温まり疲れを取りたいという人が増えることと、11と26でいい風呂と読む語呂合わせから日本浴用剤工業会が制定。入浴剤の効用と普及拡大をPRするのが目的。

いいチームの日

ソフトウェア会社のサイボウズ㈱が主宰するベストチーム・オブ・ザ・イヤー実行委員会が、組織の発展に欠かせないチームワークの認知度向上と促進を目的に制定。日付は11と26で「いいチーム」と読む語呂合わせ。

いいプルーンの日

カリフォルニア産プルーンに関する研究、調査、需要拡大のためのPRなどを行うカリフォルニア プルーン協会が制定。カリフォルニアプルーンは自然な甘さと独特の歯ごたえがあり、健康効果の高い食べ物として知られている。日付は毎月26日が「プルーンの日」であることと、11で「いい」26で「プルーン」と読む語呂合わせ。

11/27

即席カレーの日

香辛料や食料品の製造販売を手がける㈱オリエンタル（愛知県稲沢市）が制定。同社の創業者の星野益一郎氏が、カレー粉に炒めた小麦粉や調味料などを入れた「即席カレー」を考案。カレーライスは同商品がきっかけで一般家庭に広まったとも言われている。「即席カレー」の認知度向上と、お客様への感謝を伝えることが目的。日付は「即席カレー」の発売日（1945年11月27日）から。

ふなぐち菊水一番しぼり（現・菊水ふなぐち）（周年記念）

清酒やリキュールなどの製造販売を手がける菊水酒造㈱（新潟県新発田市）。同社の「ふなぐち菊水一番しぼり」（現・菊水ふなぐち）は1972年11月に販売を開始。非加熱でデリケートな生原酒は当時、酒蔵を訪れた人にしかふるまえないお酒だった。しぼりたての美味しさを多くの人に味わってほしいと、遮光性に優れたアルミ缶に着目し、日本で初めてアルミ缶に詰めた生原酒の商品化に成功した。

組立家具の日

家具、インテリア用品、医療機器などを扱う㈱クロシオ（和歌山県海南市）が制定。1967年に同社の深谷政男氏によって考案、命名された「カラーボックス」が大ヒット。その歴史をふまえて組立家具を普及させていくことが目的。日付は深谷政男氏の誕生日（1941年11月27日）にちなんで。

11/28

スポーツウエルネス吹矢の日

（一社）日本スポーツウエルネス吹矢協会が制定。5mから10m離れた円形の的をめがけ息を使って矢を放ち、得点を競うスポーツウエルネス吹矢の愛好者が年に一度、競技を通してつながり、喜び合い、祝うことができる日にとの願いが込められている。スポーツウエルネス吹矢の知名度向上と魅力を広めるのが目的。日付は「良い=（11）吹矢=ふきや（28）」と読む語呂合わせ。

いいニッパーの日

模型用のニッパーなど作業工具の企画や開発、販売などを行うゴッドハンド㈱（新潟県燕市）が制定。ニッパーの良さを発信し、ホビーやDIYなどに使って欲しいとの思いが込められている。工具メーカー全体でこの日をニッパーなど、さまざまな工具をアピールする日として盛り上げていくのが目的。日付は「いい（11）ニッパー（28）」と読む語呂合わせ。

猫と人の日

「それがいいにゃ！委員会・Studiohitotoinu」（大阪市）が制定。猫に感謝するもよし、猫に感謝されるもよし、猫気分で過ごすなど、なんとなく一日猫日というゆる～い猫と人の日に。猫だけのマルシェイベント「猫まる」を開くなど普及活動も行う。日付は「いい（11）にゃ（28）」の語呂合わせ。

きれいな髪のいいツヤの日

化粧品、医薬部外品などの製造販売を手がける㈱ヤマサキ（広島市）が

制定。ツヤのある美しい髪になると前向きな気持ちになれるとの思いから、ヘアケアの重要性を広め、髪から女性を元気にすることが目的。日付は「いい(11)ツヤ(28)」と読む語呂合わせから。同社のマスコットキャラクター「ラサッコちゃん」の誕生日。

Amazonアプリストアの日

アマゾンジャパン合同会社が制定。同社のアプリストアの認知度を高めて、より多くの人に活用してもらうのが目的。日付は日本で初めてAmazonアプリストアのサービスを開始した2012年11月28日に由来する。

いい地盤の日

公平な立場で地盤の調査、分析を行う地盤ネット㈱が制定。その土地の由来や地盤の正しい知識をもつことで地震や水害などの被害を最小限に抑えられることから、安心して生活できる住環境について考える機会をもってもらうのが目的。日付は「いい(11)地盤(28)」と読む語呂合わせ。

洗車の日

⇨「1年間に複数日ある記念日」の項を参照。

エクステリアの日

住宅の外回りの構造物や、植栽や池など庭全体の工事を行う事業者によって構成される(公社)日本エクステリア建設業協会が制定。「インテリア」に対しての「エクステリア」が、住む人により多くの癒しや楽しみを感じてもらえる住環境づくりに貢献するのが目的。日付は「いい(11)庭(28)」と読む語呂合わせ。

フランスパンの日

フランスパンの製造技術の向上と普及などを行う「日本フランスパン友の会」が制定。日本におけるフランスのパン食文化の浸透が目的。日付は「いい(11)フランス(2)パン(8)」の語呂合わせ。またボジョレーヌーボーの解禁日の11月の第3木曜日に近く、フランスパンを楽しむ時期のため。

11/29

ノウフクの日

(一社)日本農福連携協会が登録。農福連携は障害者などが農林水産物の生産や加工に携わる取り組みで、農林水産業の人材確保や地域コミ

ュニティの維持、障害者などの雇用の場の確保や生きがいなどにつながる。農福連携等推進会議において「11月29日をノウフクの日」に設定され、その理解と関心を高め、取り組みを広げていくのが目的。日付は農作物の収穫時期の秋で11月＝No（ノウ）vemberと福祉の福（フク）＝29日から11月29日に。

肉まんの日

加温まんじゅうの衛生管理や品質向上のために活動する日本加温食品協会が制定。肉まんをより多くの人に味わってもらい、「おいしい！」と笑顔になってもらうのが目的。日付は11月29日で「いい（11）肉（29）」の語呂合わせ。ほかほかの肉まんを食べて身体も心も温めてもらいたいとの願いも込められている。

飯田焼肉の日

長野県飯田市及び下伊那郡の精肉店を中心とする「南信州食肉組合」と、飯田市の老舗みそメーカーのマルマン㈱が共同で制定。人口1万人当たりの焼肉店舗数が日本一と言われ、独自の焼肉文化が根付く南信州・飯田市の地域資源である「飯田焼肉」をPRするとともに地域全体の発展につなげるのが目的。日付は「飯（いい＝11）田焼（だやき）肉（にく＝29）」の語呂合わせ。

ワンワン服の日

（一社）グローバルペッツ（神奈川県横浜市）が制定。犬が服を着る文化を育て海外への発信を図り、その文化を楽しんでもらうのが目的。日付は「ワンワン（11）服（29）」と読む語呂合わせ。

いい文具の日

文具の価値を高める文具営業を行うNEXT switch㈱が制定。文具メーカー、販売店、ユーザーが文具についての活動を活発に行い、多くの人に文具に興味をもってもらうのが目的。日付は「いい（11）文具（29）」と読む語呂合わせ。文具をプレゼントし合う日にすることが目標。

心をスイッチいいブックの日

オーダー絵本を手がけるSWiTCHBOOK FACTORY（スイッチブックファクトリー）（岐阜県関市）が制定。本を読んで得られるプラスの感情が日々周りに伝わっていくことで、未来が優しさに包まれるようにとの願いが込められている。日付は11と29で「いいブック」と読む語呂合わせ。

いい肉の日

全国有数の肉用牛の産地である宮崎県の「より良き宮崎牛づくり対策

協議会」が味と品質の良さで知られる宮崎牛をアピールするために制定。日付は「いい（11）肉（29）」の語呂合わせ。

いい服の日

日本を代表するユニフォームアパレルメーカーの㈱トンボ（岡山市）が制定。「良い（いい）服」とは何かを問い「良い（いい）服」を作るために必要なことは何かを考える日。日付は11と29で「良い（いい）服」と読む語呂合わせ。

いいフグの日

フグの王様であるトラフグのおいしさをより多くの人に知ってもらうことを目的に、全国の国産養殖トラフグの生産者の（一社）全国海水養魚協会のトラフグ養殖部会が制定。日付は「いい（11）フグ（29）」と読み、食べた人に福（ふく）をもたらすという語呂合わせ。

イーブックの日

電子書籍を通して本を読む人が増えてほしいと、国内最大級の電子書籍販売サイト「ebookjapan（イーブックジャパン）」を運営する㈱イーブックイニシアティブジャパンが制定。日付は11と29を「いい、ブック」と読み、いい本をたくさん読んでもらうきっかけの日にと、イーブックジャパンの語呂合わせから。

11/30

ドクターエアの日

㈱ドリームファクトリー（大阪市）が制定。「ドクターエア」はさまざまなコンディショニングツールを展開するトータルボディケアブランド。「ドクターエア」により毎日をもっと豊かに過ごす人を増やすのが目的。日付はドクターエアブランドの初めての商品「３Ｄマッサージシート」が発売された日（2013年11月30日）から。

きりたんぽみそ鍋の日

秋田県味噌醬油工業協同組合（秋田市）に事務局を置く秋田みそ・しょうゆPR協議会が制定。鍋がおいしい秋から冬の季節に、秋田みそで味付けした鍋に名物のきりたんぽを入れて味わう「きりたんぽみそ鍋」を広めるのが目的。日付は「11」が囲炉裏で焼かれる「たんぽ」が並ぶ様子で、「30」は「三十」で「みそ」と読む語呂合わせ。

ノーベンバーラブデー

印鑑、名刺の印刷などを手がける４Ｕ（フォーユー）銀座店が制定。３人以上でパーティーを開いてプレゼントを贈り合い、良好な人間関係を築いてもらうのが目的。日付は11月の11は人が２人集まる形であり

「人」の字にも通じることと、傾けると「入」るの字になり、仲間を迎え入れることを表し、30日の3は3人以上の意味で0はテニス用語でラブと発音することから恋に通じるので。

本みりんの日

日本の伝統的調味料「本みりん」の優れた調理効果を、より多くの消費者に知ってもらおうと、本みりんのメーカーで構成された全国味淋協会の「本みりんの日」事務局が制定。日付は11と30で「いいみりん」と読む語呂合わせと、鍋物などに使う「本みりん」の需要期であることから。

絵本の日

子どもの歯科医院を運営する「医療法人 元気が湧く」(福岡市)が開設した民間図書館「絵本と図鑑の親子ライブラリー」(ビブリオキッズ＆ビブリオベイビー)が制定。絵本の魅力を伝え、絵本を通して子どもたちの感性を育て、教育的、文化的、社会的な活動を広めるが目的。日付は近代絵本の魁けとなる考え方を示した瀬田貞二の『絵本論』(福音館)が発行された日(1985年11月30日)から。

絵本の日

社会鍋の日

三脚に鍋をつるし、ラッパを吹いて街頭で募金を募る「社会鍋」。年末の風物詩のこの活動を行う救世軍が制定。集められた募金は緊急災害被災者、街頭生活者、母子家庭、独居老人などへの救援活動や病院、施設への訪問活動などのために使われる。日付は毎年12月を前に募金活動開始のアナウンスが行われることから11月30日に。

A. T. & N. T. 夫妻交際日(周年記念)

東京在住のA. T. & N. T.夫妻が2009年11月30日から交際を始めて2019年1130日で10周年となった。この日は婚約した日、結婚した日でもあり、夫婦にとって1年で最も大切な日となっている。

年によって日付が変わる記念日

11月第1日曜日

11月第1日曜日 かながわ畜産の日

神奈川県産畜産物のブランド化や6次産業化に取り組む(一社)神奈

川県畜産会（神奈川県横浜市）が制定。生産から販売まで一貫して発展してきたことに感謝し、消費者の期待に応えていくのが目的。日付は第1回神奈川県畜産共進会が開催されたのが1917年11月1日であり、11月は29日の「いい肉の日」など畜産イベントのシーズンとの思いから、最初の日曜日となる11月第1日曜日を記念日に。

週間

低GI週間（1日から7日）

食品に含まれる糖質の吸収度合いを示す「Glycemic Index」（GI＝グライセミック・インデックス）の研究を行う日本Glycemic Index研究会が制定。「低GI」の認知度の向上と理解の増進が目的。11月1日の「低GIの日」をシンボリックな日に、その日から1週間を「低GI週間」として、この期間に「低GI」食材を中心とした食生活にトライするきっかけとしてもらう。

月間

ダブルソフトでワンダブル月間

山崎製パン㈱が制定。やわらかな食感で人気の「ダブルソフト」。そのままでも、トーストしても耳までサクッとソフトで食べやすい「ダブルソフト」をPRするのが目的。日付は「ダブルソフト」は真ん中から半分に分けたときにそれぞれが数字の1に見える。1（ワン）が2個（ダブル）並ぶと「ワンダブル」となり素晴らしさを表す「ワンダフル」と語感が似ているので11月の1ヵ月間を記念日に。

コラム8
記念日、その日付の決め方

　記念日の日付の決め方で最も多いのは語呂合わせによるもの。日本記念日協会に認定登録されている記念日のうち半数以上は、その記念日の名称や内容に合わせた数字の語呂合わせから制定されている。

　なぜなら日付は、1月から12月までと1日から31日までの数字の組み合わせでできているので、語呂合わせにしやすい。その数字も1は語感から「い」とか「いち」とか「ひと」「一」「ワン」などと読むことができるし、2は「に」はもちろん「ふた」とか「二」「ツー」などに使える。3は「み」「みつ」「さん」「三」「山」「酸」「スリー」などで、4は「よ」「し」「よん」「よつ」「四」「フォー」などさまざまに応用して当てはめられる。

　平仮名だけでなくカタカナや漢字、英語とバリエーション豊かな使い分けができる日本の言葉だからこそ、これほど多くの語呂合わせによる記念日ができるのだろう。

　たとえば2月13日の「日本遺産の日」は文化庁から記念日登録申請を受けた記念日だが、日付は日本（2）遺産（13）の語呂合わせ。なかには「日本遺産の日」が語呂合わせで良いのかとの意見もあったが、語呂合わせもまた日本の大切な言葉文化のひとつ。

　日付の決め方でほかに多いのは、数字の形に由来するもの。その代表的な例が11月11日に集中している棒状のものの記念日である。

　「うまい棒の日」「スティックパンの日」「串カツ田中の日」「チンアナゴの日」「長野県きのこの日」「めんの日」「きりたんぽの日」「ポッキー＆プリッツの日」など、どれも数字の1に似た棒の形のものばかり。

　歴史的な日を記念日にするケースも少なくない。たとえば11月3日の「ゴジラの日」は第1作が公開された日で、6月10日の「ミルクキャラメルの日」は初めて発売された日。サッカーのJリーグの最初の試合が行われた5月15日は「Jリーグの日」となった。

　このほか、年中行事や暦に相乗りした記念日。その業界に関係する団体が設立された日。野菜などその形や収穫期に設けた記念日。人物やキャラクターの誕生日など、それぞれに制定者の想いが日付に込められている。

DECEMBER

旧　暦　師走(しわす)
　　　　語源：年末になると師（僧）が馳せ走る月という説があるが、諸説ある。
英　名　December
　　　　語源：もともとは「10番目」を意味するラテン語が語源だが、改暦の際に名称を変更したなかったことからズレが生じているとされる。
異　名　限月(かぎりのつき)／茶月(さげつ)／親子月(おやこづき)／暮月(くれこづき)／年積月(としつみつき)／春待月(はるまちつき)／極月(ごくげつ)
誕生石　トルコ石（土耳古石）／ラピスラズリ（青金石、瑪瑙）
誕生花　水仙／カトレア
星　座　射手座（〜 12/21頃）／山羊座（12/22頃〜）

12月は9月とともに記念日への数的関心が薄い月。年末の慌ただしさとともに、記念日の王様「クリスマス」がある月なので、なかなか新しい記念日が育ちにくかった。
しかし、この数年は「手帳の日」「漢字の日」などの登場で、師走の風物詩としての記念日の存在がクローズアップされてきた。とくに「漢字の日」は毎年その年を表す漢字一字を発表することが年中行事になり、大きな話題を提供している。これに続いて「ひらがなの日」「カタカナの日」はできないものか。

カトレア

12/1

鉄の記念日
　1857（安政4）年のこの日、岩手県釜石の製鉄所が洋式高炉による操業を始めた。鉄の近代的な生産が始められたこの日を記念して、日本鉄鋼連盟が1958年に制定。

映画の日
　1896年の11月25日、神戸で日本で初めて映画が一般公開されたことから、1956年に映画産業団体連合会が制定（覚えやすいようにと、このとき12月1日に設定された）。

世界エイズデー
　国連の専門機関である世界保健機関（WHO）がエイズに対する人々の意識を高めるために1988年に制定。

沖縄産コーヒーの日
　沖縄県のコーヒー生産農家のグループ、沖縄コーヒーアイランドが制定。沖縄でコーヒー豆栽培が行われていること、沖縄産コーヒーの新鮮で香り高い味わいを伝えていくのが目的。日付は、沖縄で初めてコーヒーの木が植えられたのが1875年12月頃であったこと、沖縄ではコーヒーの実の収穫が12月に始まることなどから12月1日に。

パネットーネの日
　(一社)日本パネットーネ協会が制定。「パネットーネ」はイタリアの伝統的なクリスマスケーキ。本場の製法でつくる日本のパネットーネ職人に対する支援や、消費者に「職人のパネットーネ」の価値を伝えるのが目的。日付は、イタリアではクリスマスイブまでの4週間（アドヴェント）にパネットーネを少しずつ食べることから、クリスマス月の最初の日を記念日とした。

そうじの達人美来（みらい）の日
　㈱石原メディカルリトリート（兵庫県尼崎市）が、同社の掃除用万能スプレーの素「そうじの達人美来」をPRするために制定。活性ナノバブルによる高い洗浄力は、家中のあらゆる汚れに対応する。日付は、同商品の発売日2020年12月1日から。

東京水道の日
　東京都水道局が制定。120年以上にわたり、都民の生活と首都東京の都市活動を支える基幹ライフラインとして、安全で高品質な水を届けてきた東京の水道の歴史を記念するとともに、その大切さを多くの人に知ってもらうのが目的。日付は、1898年12月1日に淀橋浄水場（現在

は西新宿の高層ビル群）から神田・日本橋地区に給水を開始したことで東京の近代水道が始まったことから。

ワッフルの日
「ワッフル・ケーキの店 R.L（エール・エル）」を運営する㈱新保哲也アトリエ（兵庫県神戸市）が制定。ワッフルの魅力を多くの人に伝えるのが目的。日付は、12と1を「ワッフル（ワン＝1とフル＝2）の日（1）」と読む語呂合わせと、1号店が1991年12月1日にオープンしたことから。

着信メロディの日
1999年のこの日、着信メロディの仕組みをもつ㈱フェイスが、㈱エクシングと共同で世界で初めて「着信メロディ」を配信したことから同社が制定。着うたや動画配信など、携帯の高機能化の契機となった「着信メロディ」を通してデジタルコンテンツの充実を図り、豊かなライフスタイル創りをめざす。

手帳の日
師走に入り、手帳を活用して1年を振り返り、新しい手帳を準備する時期であることから、ビジネス手帳の元祖「能率手帳（現・NOLTY）」を製作販売する㈱日本能率協会マネジメントセンターが制定。書店や文具店などの手帳売り場でキャンペーンを行う。

データセンターの日
企業のサーバーを預かり、24時間365日、監視・運用・保守を行うデータセンター。その事業内容や社会的役割を紹介し、データセンターの活用を促進する日にと、㈱IDCフロンティアが制定。日付はデータセンター（Datacenter）から語呂の似ている12月（December）と、安全第一から1日を組み合わせて。

防災用品点検の日
⇨「1年間に複数日ある記念日」の項を参照。

デジタル放送の日
NHK・民放テレビ127局・放送関連団体・経済団体・マスコミ・総務省などの代表によって構成された地上デジタル推進全国会議が制定。デジタル放送に対する理解を深め、デジタル放送の普及促進および発展を図るのが目的。日付は2000年12月1日にBSデジタル放送、2003年12月1日に地上デジタル放送、2006年12月1日に地上デジタル放送が開始されたことから。

市田柿の日
市田柿発祥の里活用推進協議会（長野県高森町）と、南信州農業農業支

援センター（長野県飯田市）に事務局を置く市田柿ブランド推進協議会が共同で制定。市田柿は高森町を発祥の地とし、干し柿の王者とも呼ばれる同地域の名産品。伝統的な健康食品としてアピールするのが目的。日付は12月が市田柿の出荷月であることと、市田の1で1日とした。

明治プロビオヨーグルトR-1の日

「明治プロビオヨーグルトR-1」のPRのため、㈱明治が制定。R-1という商品名は「1073R-1乳酸菌」に由来する。「強さひきだす乳酸菌」という商品コピーには、人々の健康・強さを支えたいという思いが込められている。日付はその発売日2009年12月1日から。

えいようかんの日

⇨「1年間に複数日ある記念日」の項を参照。

12/2

INF菱形ラスの日

藤田鉄網商工㈱（大阪府東大阪市）が制定。菱形ラスとは、主に山の斜面の崩れを防ぐ下地に使う金網のことで、INFはIron（鉄）Net（網）Fujita（藤田）の頭文字をとった同社のオリジナルブランド名。同製品により人々の命や暮らしを守り、製品に対する責任と誇りをもち続けるのが目的。日付はブランド名を「I＝1、N（Ni）＝2、F（ふたつ）＝2」と見立て12月2日とした。同社監査役の誕生日でもある。

デーツの日

オタフクソース㈱（広島市）が制定。デーツはナツメヤシの実を完熟させたドライフルーツで、お好みソースの甘みとコクをだす原材料にも使われる。栄養価の高いデーツの認知度を高め、多くの人に食べてもらうのが目的。日付はDecember（12月）の頭文字Dと数字の2を組み合わせて「デー（D）ツ（2）」と読む語呂合わせ。

ビフィズス菌の日

江崎グリコ㈱が制定。ビフィズス菌入りの食品を食べることでおなかを良い状態に保ち、健康を維持してもらうのが目的。日付は、フランスの小児科医のアンリ・ティシェ氏がパリの生物学会でビフィズス菌の発見を発表した日（1899年12月2日）から。

美人証明の日

栃木県足利市にある厳島神社では2006年12月2日に、御祭神の市杵島姫命の分身として美人弁天を建立。これを契機に町内で「美人弁天町おこしの会」が発足、参拝者に心柔らかな品性ある美人であることを

証明する日本で唯一の「美人証明」を配布している。心の優しい美人弁天と「美人の国・足利」をアピールしようと同会が制定。日付は建立の日であり美人証明を初めて発行した日から。

ジョルテの日

紙の手帳の使いやすさと、デジタルならではの多彩な機能を併せもつカレンダー&システム手帳アプリ「ジョルテ」のPRのため、㈱ジョルテが制定。日付は、ジョルテが手帳とカレンダーの両方の機能を兼ね備えたアプリであることから「手帳の日（12月1日）」と「カレンダーの日（12月3日）」のあいだの12月2日とした。

12/3

視覚障害者ガイドヘルパーの日

日本視覚障害者団体連合 同行援護事業所等連絡会が制定。視覚障害者の移動を支援する同行援護制度と、その担い手の視覚障害者ガイドヘルパーの必要性を社会に知らせ、新たなガイドヘルパーの養成につなげるのが目的。視覚障害者の社会参加が促進され、共生社会を実現するという願いも込められている。日付は、同行援護制度を創設した改正障害者自立支援法が成立した日（2010年12月3日）から。

肝炎医療コーディネーターさんありがとうの日

肝臓病患者会であるNPO法人東京肝臓友の会が制定。「肝炎医療コーディネーター」とは、肝炎に関する知識や情報を提供し、患者の身近な相談役として支援する人のこと。肝炎患者のために頑張っているコーディネーターの労をねぎらい、ありがとうと感謝を伝えるのが目的。日付は、2022年12月3日の日本消化器病学会において肝炎患者が登壇し、初めてコーディネーターさんに謝意を伝えたことから。

いつも見てるよ空からの日

「気象予報士のかてきょ夢☆カフェ」代表の中島俊夫氏が制定。中島氏は東京の高円寺にある日本で唯一の気象神社の境内に10年以上住み着いていた三毛猫のミケが2017年12月3日に社殿を拝むような姿で亡くなっていたことを知り、ミケが空から見守ってくれているとの思いから命日を記念日とした。日付は「い（1）つ（2）も見（3）てるよ」の語呂合わせ。高円寺の気象の記念日にとの思いも。

魚群探知機の日

古野電気㈱（兵庫県西宮市）が制定。同社は1948年に世界で初めて魚群探知機の実用化に成功。この画期的な発明で漁業を大きく進歩させた。いまも進化を続ける魚群探知機を通じて同社と日本の漁労をアピール

するのが目的。日付は、同社の前身（資）古野電気工業所が魚群探知機の製造販売を開始した1948年12月3日から。

「暮らしに除菌を」の日

アルコール除菌剤「暮らしに除菌を」を製造販売する㈱プラネット（大阪府和泉市）が制定。毎年、12月頃からインフルエンザが流行りだし、2020年は新型コロナウイルスの世界的な感染が起きたことから、「手洗い」「うがい」「除菌」により衛生的な生活環境を意識してもらうことが目的。日付は「いちにのさんで除菌♪」の標語から1と2と3が並ぶ12月3日に。

わらべうた保育の日

「わらべうた保育園」を各地で運営するHITOWAキッズライフ㈱が制定。日本伝統の子どもが遊びながら歌う「わらべうた」を保育のなかで大切にし、広めていくのが目的。日付は代表的なわらべうたの一節「せっせっせーのよいよいよい」の「よいよいよい」を414141と見立て、4×3＝12と1×3＝3で12月3日に。

着うた®の日

2002年12月3日に「着うた®」の配信を、世界で初めてスタートさせた㈱レコチョクが制定。「携帯で選んで、携帯で買って、携帯で聞く」という音楽を楽しむスタイルが定着したいま、携帯と音楽の楽しみ方をさらに追及するとともに、携帯の違法ダウンロードを社会的に排除することを目的としている。

ひっつみの日

岩手県の伝統食「ひっつみ」を全国にPRしようと、岩手県生めん協同組合が制定。ひっつみは、小麦粉を練って寝かしたものを、野菜を入れたしょうゆ味の出汁にちぎって入れ、煮込む料理。日付は123を「ひいふうみい」と呼ぶ語感と「ひっつみ」が似ていることから。

カレンダーの日

全国団扇扇子カレンダー協議会と全国カレンダー出版協同組合連合会が、カレンダーの普及と発展をめざして制定。日付は、太陰太陽暦が明治5（1872）年12月2日で打ち切られ、翌12月3日が太陽暦の明治6年1月1日となった明治改暦の史実に基づく。

個人タクシーの日

1959年12月3日に、173名の個人タクシー第一次免許者が誕生。2009年

に50周年を迎えたことを記念して（一社）全国個人タクシー協会が制定。個人タクシーは「乗って安心」と評判が高く、事故率の低い安全で確実な輸送手段として定着している。

12/4

プロポーズで愛溢れる未来を創る日

（有）オゥドゥビッシュ（大阪市）が制定。同社はプロポーズは二人で創る未来を表現する機会であり、パートナーがいることの喜びを感じるきっかけと位置づけており、プロポーズを通じて多くの人が愛のある人生を送り、愛に溢れた世の中にするのが目的。日付は「いつも（1）二人（2）幸せ（4）」と読む語呂合わせ。

12/5

アルバムの日

フエルアルバムなど情報整理製品の総合企業であるナカバヤシ㈱が制定。日付は、1年最後の月の12月はその年の思い出をアルバムにまとめる月。「いつか時間ができたら」「いつか子どもが大きくなったら」「いつか……」と後回しにされることなくアルバムづくりをしてもらいたいとの願いから、その5日（いつか）を記念日に。

12/6

インフラ・ミライデー

社会の基盤を支えるインフラストラクチャー（インフラ）事業を手がける三菱ケミカルインフラテック㈱が制定。インフラの維持・管理の必要性を再認識し、老朽化への対応・更新を考え、防災意識の向上、災害に強いインフラ整備の重要性を未来に向けて考える日とするのが目的。日付は12月6日を「イン（1）フ（2）ラ=ロ（6）」と読む語呂合わせから。

菊芋ルネサンスの日

菊芋の健康食材としての価値や魅力を多くの人に知ってもらうため、（一社）日本菊芋協会（熊本県宇土市）が制定。菊芋は水溶性食物繊維が豊富で、腸内環境を整える世界三大野菜のひとつともいわれ、生活習慣病予防や腸活に効果的。日付の12月は、1年の食生活を振り返り菊芋で腸内を整える月であり、同協会が設立された月。6日の6は、菊芋の種芋の形と似ていることから。

アクワイアの日
ゲームソフトの開発などを手がける㈱アクワイアが制定。長きにわたり支えてくれたファンへ感謝の気持ちを伝えるとともに、今後も新しいワクワクを生み出していくという決意を込め、初心に帰る日とした。日付は、同社の前身(有)アクワイアの創業日1994年12月6日から。

音の日
1877年のこの日、トーマス・エジソンが蓄音機「フォノグラフ」を発明したことにちなみ、音と音楽文化の大切さを広く認識してもらう日として、日本オーディオ協会が制定。

姉の日
姉妹型・兄弟型研究の第一人者、畑田国男氏が提唱した日。女性や子ども、旅人などを守る聖人、聖ニコラウス(サンタクロース)の三姉妹伝説がその日付の由来となっている。「妹の日」から3ヵ月後お姉さんに感謝する日である。

12/7

大雪(たいせつ)
[年によって変わる] 二十四節気のひとつ。小雪から15日目にあたり、北風が吹き大雪が降る頃という意味。この日から日一日と寒さが厳しくなってくる。

世界KAMISHIBAIの日
日本独自の文化の紙芝居を愛する人、興味のある人、演じたい人などが国境を越えて参加し交流する紙芝居文化の会が制定。紙芝居を研究し、学び合い、その魅力を世界中に根付かせるのが目的。日付は会が創立した2001年12月7日から。紙芝居を通じて国際交流も深めたいとの思いから記念日名に「KAMISHIBAI」と表記。

調性で音楽を楽しむ日
⇨「1年間に複数日ある記念日」の項を参照。

12/8

太平洋戦争開戦の日
1941年のこの日、日本海軍はアメリカの太平洋艦隊の根拠地・ハワイの真珠湾を急襲、太平洋戦争が始まったことから。

わんにゃんリボンデー
愛知県名古屋市のペットリボンアカデミー協会が制定。同協会は犬(わん)猫(にゃん)が身に着ける芸術性豊かで美しい専用リボンのデ

ザイン開発と技術考案、手作りペットリボン製作の講師資格講座などを手がけている。活動のPRや協会内のモチベーションの向上、新しい文化を生み出すきっかけとするのが目的。日付は1（わん）2（にゃん）8（リボンの形）から12月8日に。

ジュニアシェフの日

「ジュニアシェフ」は、子どもを対象とした料理の教授、教室の企画・運営・開催を指すもので、食品卸売・レストラン事業などのベストアメニティ㈱（福岡県久留米市）が有する登録商標。記念日は、食育の一環として食文化、作法、食材などの知識を広めるために同社が制定。日付は12と8で「ジュニアシェフ」の語呂合わせ。

有機農業の日

（一社）次代の農と食をつくる会が制定。有機農業やオーガニックに関する認知度を高め、その理解の増進が目的。農業の未来について考え、アクションを起こす節目の日に。日付は民間で市民立法として起草され、議員立法として国会で審議された「有機農業の推進に関する法律」が成立した2006年12月8日から。

アルバムセラピーの日

過去の写真や思い出のアルバムを使って自分自身を発見することで「本当の自分の幸せ」を見つけるアルバムセラピー。その普及をめざして（一社）日本アルバムセラピー協会（大阪市）が制定。同協会ではアルバムセラピー講座やアルバムセラピストの養成などを行っている。日付は、同協会の設立が2015年12月8日であることから。

12/9

障害者の日

1975年のこの日、国連が「障害者の権利宣言」を採択し、完全参加という平等をうたったことを記念して、1981年の国際障害者年に設けられた日。全国の障害者団体などで組織する国際障害者年日本推進協議会では、この日を国民の休日にしようと運動を行っている。

マウスの誕生日

「IT25・50」シンポジウム実行委員会が制定。1968年12月9日に「ITの父」ダグラス・エンゲルバート氏によりマウスやウインドウなどのデモンストレーション「The Demo」が行われた。なかでもマウスは、コンピュータを誰もが操作できるようにした画期的なデバイスで、その後のIT文化の基盤となった。The Demo 50周年を祝い、ITの過去・現在・未来について考える日。日付はThe Demoが行われた日から。

しそ焼酎「鍛高譚（たんたかたん）」の日

合同酒精㈱のロングセラー、しそ焼酎「鍛高譚」の発売25周年を記念して、オエノンホールディングス㈱が制定。「鍛高譚」は北海道白糠町産の香り高い赤シソと、大雪山系を望む旭川の清冽な水を使用した、さわやかな風味のしそ焼酎。日付は発売開始日の1992年12月9日から。

12/10

障害者が複数いる家庭に思いをはせる日

障害者が複数いる家庭に思いをはせる会（大阪府吹田市）が制定。障害や大きな病気などをもつ人が複数いる家庭があること、そうした家庭に起きがちなことを知ってもらい、サポートを求めやすい環境を作っていくのが目的。専門の相談窓口の創設や当事者が集える場所を増やすきっかけにとの思いが込められている。日付は、障害や大きな病気をもつ人が家庭に複数いることから「障害者の日」の翌日に。

M&Aの日

M&Aキャピタルパートナーズ㈱が制定。M&Aとは英語のMergers（合併）and Acquisitions（買収）の頭文字で、一般的には企業の合併・買収を指す。後継者不在の中小企業の事業承継手段として有効なM&A（第三者承継）を正しく知ってもらうのが目的。日付は同社の子会社で日本で最も歴史のあるM&A仲介会社の㈱レコフの創業日（1987年12月10日）から。

マネーキャリアの日

オンラインによるライフプラン・資産形成の相談サービス「マネーキャリア」などを運営する㈱Wizleapが制定。12月のボーナスの時期にお金について考える日を作るのが目的。日付は、日本の企業では年末のボーナス支給が一般的に12月10日であることから。

ベルトの日

日本服装ベルト工業連合会が制定。実用性、ファッション性、ギフト需要も高いベルトの良さをアピールするのが目的。日付は奈良の正倉院に収蔵される日本最古のベルトに紺玉の飾りが付いており、紺玉は12月の誕生石のラピスラズリのことなので12月に。また、12月に流れるクリスマスソングの「ジングルベル」の「ベル」に10日の「ト」を合わせると「ベルト」となることから。

無人航空機記念日

無人航空機に関する知識と技術を認定する通称「ドローン検定」を運営するドローン検定協会㈱（佐賀県鳥栖市）が制定。無人航空機の活

用・普及・発展が目的。日付は「航空法の一部を改正する法律」が施行され、国内法に「無人航空機」が初めて定義された2015年12月10日から。

NFD花の日
フラワーデザインの普及活動を進める（公社）日本フラワーデザイナー協会（NFD）が制定。日本中の花を愛する人々がそれぞれの地域で花を贈りあう日にとの思いが込められている。日付は同協会の創立日1967年12月10日から。

いつでもニットの日
サマーニット誕生の地である山形県山辺町が制定。山辺町産のニットのPRとともに、より多くの人に一年中ニットに親しんでもらうことで国内のニット産業を盛り上げるのが目的。日付は、ニット商品の需要が高まる初冬の12月と10日を「いつ（1）でもニット（210）」と読む語呂合わせ。

アロエヨーグルトの日
日本で初めてアロエ葉肉入りのヨーグルトを発売した森永乳業㈱が制定。同商品は、身体の内側からきれいに、健康になってもらおうとの思いから開発された。日付は発売日1994年12月10日から。

歴史シミュレーションゲーム『三國志』の日
歴史シミュレーションゲーム『三國志』シリーズの発売30周年を記念して、㈱コーエーテクモゲームス（神奈川県横浜市）が制定。日付は『三國志』シリーズの第一作目の発売日1985年12月10日から。

12/11

THINK SOUTHの日
「THINK SOUTH FOR THE NEXT」実行委員会が制定。1989年に冒険家の舟津圭三氏ら6カ国6人の冒険家が、環境と平和の重要性を訴えるために世界で初めて南極大陸犬ぞり横断に出発し、全員が約6040kmを踏破。当時の彼らが考え世界に発信した問題を継承していくことを目的とする「THINK SOUTH FOR THE NEXT」プロジェクトを記念した日。日付は、南極点到達日1989年12月11日から。

胃腸の日
日本OTC医薬品協会が制定。12と11を「胃にいい日」と読む語呂合わせから、胃腸薬の正しい使い方や、胃腸の健康管理の大切さなどを多くの人にアピールするのが目的。

12/12

漢字の日
　(公財)日本漢字能力検定協会が1995年12月12日に制定。同協会では毎年、全国から募集した「今年の漢字」をこの日に発表、京都・清水寺貫主の揮毫でその字を清水寺に奉納する。日付は12と12を「いい字一字」と読む語呂合わせ。

あるこう！の日
　靴メーカー(有)アクストが制定。同社は靴のトータルサービスサロン「アンド・ステディ」を運営し、靴を使ったトレーニングの指導も行う。足に合う靴で歩くだけで足も体も変わっていくことを知ってもらい、自分の足で歩き続けて健康に過ごしてとの願いが込められている。日付は元気に歩く声がけ「イチ！ニ！イチ！ニ！」からで、この日は「アンド・ステディ」の開店記念日（2010年）でもある。

保護わん・保護にゃんの日
　NPO法人DOG BASE（兵庫県神戸市）が制定。保護犬・保護猫の殺処分問題を多くの人に知ってもらい、保護犬・保護猫を家族に迎えることが選択肢になることを願ったもの。日付は犬と猫の鳴き声「わん（1）にゃん（2）わん（1）にゃん（2）」から。

ジェニィの日
　子ども服ブランドを展開する㈱ジェニィ（大阪市）が制定。店舗・通販で人気のジェニィのファッションアイテムの魅力のPRが目的。日付は、同社の設立月が12月であることから、12といえばジェニィとの思いを込めて12が重なる12月12日に。

ダンボール・アートの日
　ダンボールを使った知育玩具や家具を販売する通販サイトMoco-yaが制定。Moco-yaのダンボールアーティスト、山田素子氏の「ダンボール・アートで子どもたちに『ものづくり』の楽しさを伝える日に」との思いから。日付は、1から2へ物が生み出される意味と、1・2（イチニ）1・2（イチニ）と前に進んでいくイメージが、子どもたちが創造する日にふさわしいので。

クイーン・デー
　江崎グリコ㈱（大阪市）が制定。仕事や家事、子育てを頑張った人に、

ひと休みして、ちょっぴり自由な時間を過ごしてもらうのが目的。日付は12（じゅうに＝自由に）と12（じゅうに＝自由に）で「自分をチョコっと自由にする日」との意味と、トランプのクイーン（王女）を表す数字の「12」が並ぶ12月12日に。

ダースの日

森永製菓㈱が制定。同社のチョコレート「ダース」は12粒入りなので、12が重なる日を記念日とした。「板チョコが粒になった」というコンセプトと「12コだからダースです」のキャッチフレーズで1993年の発売以来、多くの人々に愛されている。

明太子の日

韓国伝来の辛子明太子が初めて日本に到来した山口県下関。その下関市で明太子専門業者として、辛子明太子を全国に普及させてきた前田海産㈱が制定。日付は、日本で初めて「明太子」という名称が新聞（関門日日新聞）に登場した1914年12月12日に由来する（『明太子開発史』成山堂刊に記載）。

5本指ソックスの日

むれにくく快適な履き心地の5本指ソックスをPRするため、元祖5本指ソックスの専門店㈱ラサンテが制定。日付は、スペイン生まれの5本指ソックスを、履きやすいバランスの良い形に再開発した同社会長・井戸端吉彦氏が、1974年のこの日に実用新案を提出したことと、クリスマスに近くプレゼントにふさわしい商品なので。

杖の日

握りやすさと安全性を追求した杖「クォーターポイント」などの介護用品の販売やレンタル、住宅の改修など福祉サービスを提供する㈱丸冨士が制定。ひきこもりがちな高齢者や障がい者に、生きがいを持ち杖を使って安全に外出してもらうのが目的。日付は「杖を持ってイッチニ（12）、イッチニ（12）」と歩くイメージから。

12/13

宍道湖中海の生態系を守る日

日本シジミ研究所（島根県松江市）が制定。経済成長期に治水・利水のために傷つき乱れてしまった島根県の宍道湖・中海の汽水生態系を守ることが目的。日付は、反対する多くの市民の努力によって、1963年からおよそ40年間に渡って行われた国家的巨大公共事業「中海・宍道湖干拓・淡水化事業」の正式な中止表明が当時の農林水産大臣よりなされた2002年12月13日から。

師走に遺産(相続)を考える日

スタックインベストメント㈱(大阪市)が制定。毎年この日に相続にまつわる川柳を募集することで、難しくとっつきにくいイメージのある相続を、より身近なものとして捉えてもらうことが目的。年末年始に家族で話し合ったり、自分たちの相続について考えたりする機会にして欲しいという願いが込められている。日付は、師走ということから12月、1と3で「遺(1)産(3)」と読む語呂合わせ。

くにのりたけるが絵に目覚めた日

兵庫県神戸市出身のくにのりたける氏が制定。絵を描くことに苦手意識を持っていたくにのり氏だが、2019年12月13日にホワイトボードにクマの絵を描くと小学4年生の女の子が笑ってくれたことから、自身の下手な絵でも人を笑顔にできる、心を動かせることに気づく。誰もが気軽に自由に絵を表現し、発信できる世界にとの思いが込められている。日付は、くにのり氏がまさに絵に目覚めた日から。

大掃除の日

1年の積もり積もった汚れを落としてきれいに新年を迎えてもらおうと、ビルの運営管理、ハウスクリーニングなどを手がける㈱東和総合サービス(大阪市)が制定。日付は、この日が古くから正月事始め・煤払いの日とされていることから。

「胃に胃散」の日

㈱太田胃散が制定。「いい薬です」のCMでお馴染みの胃腸薬「太田胃散」を通じて、胃を酷使する忘年会シーズンの12月に身体、とくに胃腸を大切にしてもらうのが目的。日付は「胃に(12)胃散(13)」と読む語呂合わせ。

伊達のあんぽ柿の日

⇨「1年間に複数日ある記念日」の項を参照。

12/14

透明資産の日

㈱ホスピタソン(大阪市)が制定。同社が定義する「透明資産」とは「目には見えないけれども、人・商品・サービス・想い・空間・空気などに心地よさを感じて、その人にもう一度会いたい、そのお店にもう一度行きたい、その商品をもう一度買いたいと思ってもらえる資産」のこと。透明資産に気づき、磨いて、伝えていくことが大切という考えを広めるのが目的。日付は同社の創業日(2011年12月14日)で、透明資産という言葉に行き着いた日から。

マダムシンコの日
　㈱カウカウフードシステム（大阪市）が、代表取締役会長のマダム信子氏の誕生日にちなんで制定。自社ブランド「マダムシンコ」はオリジナリティあふれる発想と、深いおもてなしの心で作るひと味ちがう新感覚のスイーツで人気のお店。

12/15

コナカ・フタタの日
　高品質なスーツを企画・製造・販売する㈱コナカ（神奈川県横浜市）が制定。スーツの伝統を守りつつ、求められる時代のニーズにも即応し、選ぶ楽しみと着る喜びを提供する「コナカ・フタタ」ブランドのさらなる認知向上が目的。日付は、㈱コナカと同業の㈱フタタが経営統合した2006年12月15日から。

12/16

フリーランスの日
　日本初のフリーランスの支援を行うプラットフォーム、クラウドソーシングサービス「ランサーズ」を運営するランサーズ㈱が制定。仕事のマッチングだけでなく、スキルアップのためのプログラムの提供などを行い、フリーランスの人に個々の力を高めてもらうのが目的。日付は同社がスタートした2008年12月16日から。

カビ取るデー
　⇨「1年間に複数日ある記念日」の項を参照。

12/17

わちふぃーるどの日
　わちふぃーるどライセンシング㈱（埼玉県富士見市）が制定。「わちふぃーるど」は、作家の池田あきこ氏が創作した架空の国で猫のダヤンたちが繰り広げる物語。そして革製品メーカーで、そのキャラクターグッズなどの製造を行う「わちふぃーるど」。その両方の認知度を高めるのが目的。日付は、ダヤンが不思議な国「わちふぃーるど」に渡った日。また、革製品メーカー「わちふぃーるど」の直営店第一号の自由が丘店の開店日（1983年12月17日）から。

明治ブルガリアヨーグルトの日
　ヨーグルトの本場であるブルガリアから認められたヨーグルトとして、

1973年12月17日に発売された「明治ブルガリアヨーグルト」。その発売元の㈱明治が制定。「ヨーグルトの正統」として、長年にわたり多くの人々に愛され続けてきた「明治ブルガリアヨーグルト」の魅力を伝えるのが目的。

12/18

「食べたい」を支える訪問歯科診療の日

デンタルサポート㈱（千葉市）が制定。歯科医院に通院できない人への訪問歯科診療は、口腔ケア、口腔リハビリなどを行うことで口から食べたいという気持ちを支える。「訪問歯科診療」を多くの人に知ってもらい、いつまでもいい歯を保ち、健康寿命の延伸と生活の質を向上させることが目的。日付は「い（1）つ（2）までも、いい（1）歯（8）」の語呂合わせ。

CACHATTOの日

テレワークソリューション「CACHATTO（カチャット）」の発売20周年を記念して、e-Janネットワークス㈱が制定。CACHATTOは多種多様な端末から、さまざまな業務システムへ安全にアクセスできるサービスで、「いつでも、どこでも、そこがオフィス」を実現する。日付は発売日の2002年12月18日から。

ナボナの日

「ナボナはお菓子のホームラン王です」のCMで知られるナボナなどの和菓子の製造販売を手がける㈱亀屋万年堂が制定。同社は1938年12月18日に創業したことから、この日を看板商品である「ナボナの日」としたもの。

国連加盟記念日

1956年のこの日、国連総会で全会一致により、日本の国連加盟が可決されたことによる。1933年の国際連盟脱退から23年ぶりの国際社会復帰の日ともいえる。

12/19

まつ育の日

トリートメントマスカラシェアNo.1のまつ毛美容液を販売するアンファー㈱が制定。1年間毎日のメイクでさまざまな負担や試練と戦ってきたまつ毛をしっかり労わってあげる日。また、毎日のまつ毛ケア"まつ育"をすることで多くの女性のまつ毛を美しく輝かせることが目的。日付は「まつ（12）いく（19）」の語呂合わせ。

「信州・まつもと鍋」の日

⇨「1年間に複数日ある記念日」の項を参照。

12/20

こうふ開府の日

こうふ開府500年記念事業実行委員会（山梨県甲府市役所）が制定。甲斐の府中、すなわち甲府のまちは、1519（永正16）年12月20日に武田信玄公の父、信虎公が躑躅ヶ崎に館を移して城下町の整備に着手したことに始まる。その記念の日を毎年祝うことで甲府の歴史、伝統、文化、自然を再認識し、郷土愛の醸成、学びの機会を創出し、全国に発信するのが目的。

12/21

トラリピ®の日

㈱マネースクエアが制定。「トラリピ®」は設定した注文をリピートする同社特許の発注機能。この資産運用体験を通じて「日々良いことが繰り返していくことの嬉しさ・喜び」を多くの人に感じてもらうとともに、「1年の終わりに来年以降もリピートさせたいような良い出来事を思い返す日」にするのが目的。日付は、1年で唯一「1・2・2・1」と数字が繰り返す日であること、トラリピ®ができた日であること、同社キャラクター「トラリピくん」の誕生日から。

遠距離恋愛の日

12月21日の1221の両端の1が一人を表し、中央の2が二人を表す。その形から離れている恋愛中の男女にエールを送る日とされる。

12/22

冬至

[年によって変わる] 二十四節気のひとつ。一年中で最も日が短く、ゆず湯に入り、かぼちゃを食べると風邪をひかないといわれる。

視聴率の日

㈱ビデオリサーチが制定。テレビ視聴率とはどれだけの人々にテレビコンテンツが届いているかの指標。記念日に年間の視聴率データを発信し、人々の意識や関心事などを振り返るとともに、テレビコンテンツが人々にとってかけがえのないエンタテインメントであること、視

聴率が公正で信頼性の高い指標であり続ける意義や必要性を考える機会とするのが目的。日付は、同社がテレビ視聴率調査レポート第1号を発行した1962年12月22日から。

スープの日

スープへの関心の喚起と消費拡大を図るため、日本スープ協会が制定。日付は温かいスープをよりおいしく感じることができる冬であり、「いつ（12）もフーフー（22）とスープをいただく」という語呂合わせ。

ジェネリック医薬品の日

NPO法人ジェネリック医薬品協議会が制定。ジェネリック医薬品は、先発医薬品（新薬）の特許が切れたあとに製造される医薬品。有効成分は新薬と同一で、品質・効き目・安全性も同等と認められている。その正しい理解と、意義や役割を多くの人に知ってもらうのが目的。日付は、厚生労働省がジェネリック医薬品承認のための科学的基準を定めた日（1997年12月22日）から。

酒風呂の日

[冬至、年によって変わる] ⇨「1年間に複数日ある記念日」の項を参照。

12/23

東京タワー完工の日

1958年のこの日、東京・港区の芝公園内に東京タワーが完成、その完工式が行われた。333メートルの高さは、パリのエッフェル塔よりも13メートル高く、当時では世界一のタワーであった。展望台があり、多くの人が訪れる東京名所のひとつ。

12/24

クリスマス・イヴ

キリスト降誕の前夜祭。キリスト教の祭礼のひとつだが、日本では宗教とは関係なく年中行事のようになっている。この日が近づくとデパートや商店街、一般家庭でもクリスマスツリーを飾ったり、クリスマスプレゼントを用意したり、クリスマスムードが盛り上がる。

マライア・キャリー「恋人たちのクリスマス」の日

「ヒーロー」「ファンタジー」「ウィ・ビロング・トゥゲザー」など数々の大ヒット曲をもち、世界的人気を誇るアーティストのマライア・キャリー。彼女の代表曲「恋人たちのクリスマス」が2024年でリリース30周年となったことを記念して㈱ソニー・ミュージックレーベルズが制

定。日付は、曲名の「恋人たちのクリスマス」から、恋人たちがともに過ごすクリスマス・イブを記念日に。

12/25

クリスマス

キリストの降誕の日とされる。紀元400年頃から降誕祭が行われるようになったといわれ、ツリーを囲み、プレゼントの交換などをして喜びを分かち合う。日本には宣教師トーレスによって1552（天文21）年に山口に伝えられたという（これより前とする説もある）。

未来を担う水素電池の日

先進エクセルギー・パワー研究会が制定。既存の蓄電池とは異なる優れた特性をもつ水素電池の活用により、石油エネルギーからの劇的な転換がもたらされることを周知するとともに、その未来の実現をめざす企業等の熱い想いを後世に伝えていくことが目的。日付は、同研究会が初めて会合を開催した2018年12月25日から。

12/26

有頂天家族の日

「有頂天家族」製作委員会が制定。森見登美彦氏の小説を原作として㈱ピーエーワークスによって制作されたTVアニメ「有頂天家族」は、京都・下鴨神社にある「糺の森」に暮らす狸の下鴨家を中心に、狸・人間・天狗を描いた奇想天外な物語。作品を語り合う機会や聖地巡礼の思い出などを共有する機会をつくるのが目的。日付は、作中で偽右衛門選挙という一大イベントが開催された12月26日に。

12/27

寒天発祥の日

伏見寒天記念碑を建てる会（京都市）が制定。京都の伏見が寒天発祥の地であることをアピールするとともに京都市伏見区御駕籠町近辺に記念碑を建て、その発祥を後世に伝えていくのが目的。日付は、現在の暦で12月末頃に初めて寒天の元となるところてんが御駕籠町で島津藩に提供されたと推察できることとから12月、伏見を243と読み替え、「24＋3＝27」と見立てて27日とした。

12/28

ディスクジョッキーの日

日本で最初の本格的なディスクジョッキーとして活躍した糸居五郎氏を讃えるため、糸居氏の命日（1984年12月28日）を記念日とした。糸居氏の業績を偲ぶとともに、DJ界の発展を願う日。

12/29

福の日

正月行事の本来の意味や謂われを知ることで福を招いてもらいたいと、㈱紀文食品が制定。日付は、お正月前ということで12月、29で「ふく」と読む語呂合わせ。この日には買い物や大掃除をして正月に備えようと提案している。

12/30

地下鉄記念日

1927年のこの日、日本で初めての地下鉄が東京の上野〜浅草間2.2キロで開通したことに由来する。1925年9月の工事開始から2年3ヵ月で完成した地下鉄は、もの珍しさもあって、この日1日で10万人に近い人が乗車。料金は10銭均一。

12/31

大晦日（おおみそか）

1月から11月までの月末は晦日というが、12月だけは大晦日。一年の締めくくりの日で、かつては暮れの支払日となっていた。

ベルボトム・ジーンズの日

熱狂的なベルボトムジーンズ愛好家でラジオDJの野村雅夫氏のラジオ番組「CIAO765」（FM COCOLO）のリスナーによる「CIAOリスナー友の会」（大阪市）が制定。ベルボトム・ジーンズのかっこよさを知ってもらい、愛する人を増やすことが目的。日付は、野村氏が「大晦日は一年の最後の日、つまりボトム。そして除夜の鐘、すなわちベルが鳴る日だから最もベルボトム（ジーンズ）の日にふさわしい」と発言し、多くの共感が寄せられたことから。

菜の日

⇨「1年間に複数日ある記念日」の項を参照。

年によって日付が変わる記念日

12月第1土曜日

ロマンスの神様の日

　多くのヒット曲をもつ広瀬香美が所属するMuse Endeavor㈱が制定。彼女の大ヒット曲「ロマンスの神様」の「いつまでもずっとこの気持ちを忘れたくない」のフレーズから、夫婦や恋人同士が一年に一度お互いの大切さを再認識し、より強い愛情を育んでいくきっかけにとの思いから。日付は「ロマンスの神様」がリリースされた1993年12月1日にちなみ、冬を感じる12月の第1土曜日に。

12月第2月曜日

Cyber Monday（サイバーマンデー）

　アメリカでは感謝祭（11月の第4木曜日）の休暇明けの翌月曜日はCyber Mondayと呼ばれ、オンラインショッピングの売上が急増する。日本版の「Cyber Monday」をめざして、アマゾンジャパン合同会社が制定。日付は、多くの企業でボーナスが支給される12月の第2週に多くのお客様がサイトを訪れていることから12月の第2月曜日とした。

12月第4日曜日

冬のごちそう「ゆめぴりか」の日

　ホクレン農業協同組合連合会内に事務局を置く、北海道米販売拡大委員会（札幌市）が制定。「ゆめぴりか」は、何度も品種改良を重ねてきた北海道米の技術の集大成ともいえる最高級ブランド米。その豊かな甘味と濃い味わいは北海道内だけでなく全国的にも知られている。冬のごちそう「ゆめぴりか」をさらに多くの人に食べてもらうことが目的。日付は、年末年始の高級ブランド米の需要期に販促を強化し、販売拡大につなげていきたいとの思いから12月の第4日曜日とした。

コラム9

いちばん多く記念日に出会える場所

　テレビのクイズ番組の担当者から「いちばん多く記念日に出会える場所はどこですか」という不思議な問い合わせが来たことがある。「記念日がたくさん載っているカレンダーとか手帳でしょうか」と答えると「いえ、取材ができるような場所がいいんですけど」とのこと。そこでとっさに思いついたのは病院だった。

　「耳の日」とか「鼻の日」など顔の部位の記念日もあれば「背骨の日」「骨盤の日」「胃腸の日」などの身体のなかの記念日もある。さらには「世界血栓症デー」とか「失語症の日」「認知症予防の日」などの病気に関する記念日もあり、医薬品についての記念日も多い。

　すると「病院はなかなか撮影許可が下りないので、ほかにありませんか」と言われてしまった。仕方なく記念日協会のデータでジャンル別の記念日をチェックしていて、食べ物・飲み物に関する記念日がとても多いことを思い出した。

　食べ物では1月1日の「肉汁水餃子の日」から12月29日の「福の日」まで、毎月のものも含めて約900件。飲み物も「日本茶の日」「カルピスの日」「ハイボールの日」など約230件も登録されている。ということはこれらを取り扱っている場所こそ「いちばん多くの記念日に出会える場所」と言ってもよいのではないか。それは間違いなくスーパーマーケットだ。

　「いいにんじんの日」「トマトの日」などの野菜類から「キウイの日」「バナナの日」などの果物類。「ガーナチョコレートの日」「かっぱえびせんの日」などの菓子類。それに「パピコの日」「井村屋あずきバーの日」などのアイス類。「レトルトカレーの日」「ヨーグルトの日」など、数えきれないほど記念日登録されている食品がスーパーマーケットには並んでいる。ちなみに「ご当地スーパーの日」もある。

　また、学校にも記念日が溢れている。「数学の日」「漢字の日」「習字の日」「水泳の日」「九九の日」などの授業で行うことの記念日もあれば「本の日」「図鑑の日」「絵本の日」「ねんどの日」「そろばんの日」など、学習用の道具の記念日も少なくない。

　病院、スーパーマーケット、学校。どれも日本中にある建物で多くの人が利用している。記念日はそれほど身近に存在するものだということをあらためて実感した。

毎月ある記念日

毎月1日

もったいないフルーツの日
㈱ドールが制定。同社では、規格に沿わない、熟しすぎ、傷があるために捨てられてしまう「もったいないフルーツ」を救出するプロジェクトを展開しており、その活動を広めるのが目的。日付は「もったいないフルーツ」を1つでも多く救出する、1本も残さない、1個も無駄にしないとの思いから毎月1日に。

Myハミガキの日
オーラルケア製品を手がけるライオン㈱が制定。口の健康を守り快適な状態を保つためには自分に合ったハミガキを選ぶことが大切。多くの人に「1人1本のMyハミガキ」を習慣にしてもらうのが目的。日付は「1人1本のMyハミガキ」の「1」から、月の初めの1日をハミガキを見直すきっかけにして欲しいとの思いから。

あずきの日
『古事記』にも書かれているほど古くから食べられていたあずき。毎月1日と15日には小豆ご飯を食べる習慣もあった。利尿作用、便通、乳の出にも効果的とされるあずきを食べて健康になってもらえたらと、あずき製品を扱う井村屋グループ㈱（三重県津市）が制定。日付は毎月1日にあずきを食す習慣を広めたいとの願いから。

資格チャレンジの日
行政書士、社会保険労務士などの資格取得の通信講座で知られる㈱フォーサイトが制定。自己啓発、転職、就職などで重要な資格とその取得について、毎月の初日に考え、資格取得に挑戦してより良き人生をめざしてもらうのが目的。

毎月3日

ビースリーの日
婦人・紳士・子ども服製造卸業および小売業などの㈱バリュープランニング（兵庫県神戸市）が制定。日付はFit Better. Feel Better. Look Better.の3つのBetterを意味するストレッチパンツ専門ブランド「B-three（ビースリー）」のコンセプトに由来。

くるみパンの日
日本ではカリフォルニア産くるみの最大の用途が製パンであることから、定期的に「くるみパン」に親しんでもらおうと、カリフォルニアくるみ協会が毎月3日に制定。日付は「毎月来る3日」を「毎月くるみっ

か」と読み「くるみパンの日」としたもの。くるみには、ビタミンやミネラルなどの栄養成分が多く含まれている。

毎月3日・4日・5日

みたらしだんごの日

スーパーマーケットやコンビニエンスストアなどで販売されている「みたらしだんご」を、手軽なおやつとしてもっと食べてもらいたいと、山崎製パン㈱が制定。日付は「み（3）たら・し（4）だん・ご（5）」の語呂合わせから。

毎月5日

長城清心丸の日

生薬主剤の滋養強壮薬「長城清心丸」（中国名・牛黄清心丸）をより多くの人に知ってもらおうと、輸入元のアスゲン製薬㈱が2001年5月に制定。日付は主薬の牛黄（ゴオウ）の語呂合わせから。

毎月6日

メロンの日

メロンのおいしさのPRと消費の拡大を図るため、第2回全国メロンサミットinほこた開催実行委員会（茨城県鉾田市）が制定。日付は、6月が全国的に見てメロンの出荷量がいちばん多い時期であり、6という数字がメロンの形に似ていることから毎月6日に。産地ごとにふさわしい月の6日にアピールをする。

手巻きロールケーキの日

「手巻きロールケーキ」のおいしさを多くの人に知ってもらうため、ロールケーキを全国のスーパーやコンビニなどで販売する㈱モンテールが制定。日付は「手巻きロールケーキ」の断面が数字の6に見えることと、ロールケーキの「ロ」＝「6」の語呂合わせから毎月6日を記念日に。

毎月7日

Doleバナ活の日

㈱ドールが制定。食物繊維、レジスタントスターチ（難消化性でん紛で短鎖脂肪酸を供給し、善玉菌を増殖するとされる成分）、GABA（自立神経のバランスを整える成分）など、身体に良い栄養素が含まれるバナナを継続的に食べて健康になる活動「バナ活」を広めるのが目的。

日付は、バナナは年間を通じて販売されていることと、バナナの「ナナ」（7）から毎月7日に。

毎月7日・8日

生パスタの日
全国製麺協同組合連合会が制定。素材の風味、味、コシなど、生パスタの魅力を多くの人に知ってもらうのが目的。日付は「生＝な（7）ま・パ（8）スタ」と読む語呂合わせから毎月7日と8日に。同連合会ではこれとは別に、7月8日も「生パスタの日」に制定している。

毎月8日

スッキリ美腸の日
腸を整えることで健康と美容が維持増進できる「美腸」を広めるため、(一社)日本美腸協会が制定。同協会では、美腸は「食事・運動・腸もみ」の3つの基本習慣からもたらされるとの考えから、腸を知る講座やセミナーなどを開催。日付は、美腸には年間を通じた取り組みが必要であり、腸の形状から「8」をイメージして毎月8日に。

ホールケーキの日
洋菓子店「パティスリー イチリュウ」を各地に店舗展開する(有)一柳（福岡市）が制定。大切な人との時間を幸せで価値のあるものにし、年に数回しか食べないであろうホールケーキを身近に感じてもらうのが目的。日付は、カレンダーの1日の下には必ず8日があることから、1をロウソク、8を丸いケーキの土台に見立て、ホールケーキを連想させる毎月8日に。

信州地酒で乾杯の日
信州地酒で乾杯の日推進協議会が制定。信州の地酒普及促進・乾杯条例に基づき、長野県で製造される酒類（地酒）の普及促進が目的。日付は、乾杯のときに盃やグラスを寄せる瞬間を上からみると、数字の8と似ていることから毎月8日に。

歯ブラシ交換デー
ライオン㈱が制定。歯ブラシは歯と口の健康を守るうえで欠かせないが、毎日使うと1ヵ月ほどで毛先が開いて歯垢を除去する力が低下してしまうことから、歯ブラシを毎月交換する習慣を広めるのが目的。日付は、歯ブラシの歯（ハ＝8）から毎月8日に。

毎月9日

パソコン検定の日
　検定は特定の資格に必要な知識や能力のレベルをチェックすること。そして「級（9）」を判断することから、毎月9日を記念日としたのは、（一財）全日本情報学習振興協会。

えのすいクラゲの日
　新江ノ島水族館（神奈川県藤沢市）が制定。同館では2011年1月から毎月9日に「えのすいトリーター」（展示飼育職員）がお客さんと相模湾のクラゲの調査を行い、自然環境や生物の多様性について考える活動を行っている。こうした活動をより多くの人に知らせ、関心をもってもらうのが目的。日付はクラゲの「ク」から毎月9日に。

毎月9日・19日・29日

クレープの日
　クレープをもっと身近なおやつにしたいとの願いから、ケーキ、スイーツを製造販売している㈱モンテールが制定。日付は、数字の9がクレープを巻いている形に似ていることから。毎月9の付く日により多くの人にクレープのおいしさを知ってもらうことが目的。

毎月10日

サガミ満天そばの日
　和食麺類のファミリーレストランチェーンを展開する㈱サガミホールディングス（愛知県名古屋市）が、「満天そば」のPRのために制定。「満天そば」はポリフェノールの一種ルチンが豊富で、苦みを克服した韃靼そばの新品種「満天きらり」を使用しているため、おいしくて健康的。日付は、年間を通じて「満天そば」を食べてもらいたいので「満天（テン＝10）」の語呂合わせで毎月10日に。

スカイプロポーズの日
　JPD京都ヘリポートを運営する㈱ジェー・ピー・ディー清水が制定。同社の運航会社によるヘリコプターの遊覧飛行「天空の旅」では、空中でプロポーズをするカップルの成功率が高い。これを「スカイプロポーズ」と名付け、多くの人に結婚を決めるチャンスを提供するのが目的。日付は、天空の天（テン）＝10から毎月10日に。

コッペパンの日
　日本で初めてパン酵母（イースト）による製パン技術を開発した田辺

玄平翁を始祖とする、全日本丸十パン商工業協同組合が制定。アメリカでパンづくりを学んだ玄平翁は1913年に帰国、東京下谷でパン屋を創業。パン酵母を使用してふっくらとしたおいしいパン（コッペパンの元祖）を焼き上げた。丸十のコッペパンをより多くの人に知ってもらうのが目的。日付は丸十の「十」にちなんで毎月10日とした。

糖化の日

老化の原因物質であるAGE（＝Advanced Glycation End Products／終末糖化産物）の数値を知ることで病気の予防に役立ててもらおうと、医師やエイジングケア関連の取り組みを行う企業等で構成されたAGE測定推進協会が制定。AGEはタンパク質と余分な糖が加熱され「糖化」してできる物質で、年齢とともに体内に蓄積され、皮膚の老化や血管障害などを引き起こすといわれている。日付は糖化（とうか）の語呂合わせから毎月10日に。

アメリカンフライドポテトの日

アメリカンフライドポテトのさらなる普及促進のため、米国ポテト協会が制定。日付は、アメリカンフライドポテトの形が1のように細長いこと、アメリカンフライドポテトの原料であるラセットポテトの形が楕円形で0のような形をしていること、ポテトの「ト(10)」の語呂合わせなどから毎月10日とした。

毎月11日

ダブルソフトの日

柔らかな食感が人気のソフト食パン「ダブルソフト」をPRするため、山崎製パン㈱が制定。日付は、ダブルソフトは縦半分に分けやすく、分かれたパンがそれぞれ数字の1に見える＝1（ワン）が2個（ダブル）並ぶことから毎月11日に。

めんの日

数字の1が並ぶこの日は、細く長いめんのイメージにぴったりと、全国製麺協同組合連合会が平成11年11月11日に制定。年間のシンボル的な記念日（11月11日）とともに、毎月11日も麺類への関心をもってもらう日にしようと同会が制定した。11日は「いい」と読めることも理由のひとつ。

ロールちゃんの日

しっとりしたスポンジ生地とボリュームたっぷりのクリームが人気のロールパン「ロールちゃん」のPRのため、山崎製パン㈱が制定。日付は、パッケージに描かれているキャラクター「ロールちゃん」の長い

両耳が数字の11に似ていることから毎月11日。

毎月12日

育児の日
社会全体で子育てについて考え、地域が一体になって子育てしやすい環境づくりに取り組むきっかけの日にと、神戸新聞社が制定。日付は育（いく）で1、児（じ）で2を表すことから毎月12日とした。

パンの日
4月12日の「パンの記念日」を参照のこと。

毎月13日

石井スポーツグループ 登山の日
一人でも多くの人に山に登ってもらい、地球の大自然を肌で感じ「登山」の素晴らしさを体験してもらいたいとの思いから、登山用品の専門店として名高い㈱石井スポーツが制定。日付は、13を「登山（とざん）」と読む語呂合わせから。毎月13日とすることで登山に関するさまざまな啓蒙活動を年間を通じて行っていく。

お父さんの日
毎日働いて一家の大黒柱として頑張っているお父さんに、月に1回、感謝の気持ちを表す日をと㈱ヤクルト本社が制定。「人も地球も健康に」をコーポレートスローガン掲げる同社の、お父さんに健康になってほしいとの願いが込められている。日付は「お父（10）さん（3）」の語呂合わせから。

一汁三菜の日（いちじゅうさんさい）
和食の素材メーカー（フジッコ㈱、ニコニコのり㈱、キング醸造㈱、㈱はくばく、㈱ますやみそ、マルトモ㈱）で構成する「一汁三菜ぷらす・みらいご飯®」が制定。いろいろな料理を組み合わせて、さまざまな栄養素がバランスよくとれる「一汁三菜」という和食のスタイルを子どもたちにつなげていくのが目的。日付は13が「一汁三菜」の読み方に似ていることから毎月13日に。

毎月14日

クラシコ・医師の日
メディカルアパレルの企画・開発・販売を手がけるクラシコ㈱が制定。同社は「世界中の医療現場に、人間的で、感性的で、直感的な革新を生む。」をミッションに、医療用ユニフォームを通して医療現場に「ゆ

たかな一日をつくる、一着」を提供。過酷な現場で働く医療従事者に対して敬愛と感謝の意を表すのが目的。日付は、年間を通じての思いから「医師（14）」の語呂合わせで毎月14日に。

丸大燻製屋・ジューシーの日

丸大食品㈱（大阪府高槻市）が制定。同社の人気商品「燻製屋熟成あらびきポークウインナー」のジューシーな味わいを多くの人に楽しんでもらうのが目的。日付は、年間を通じてその美味しさ、ジューシーさを感じてもらうために「ジュー（10）シー（4）」の語呂合わせで毎月14日に。

毎月16日

いい色髪の日

花王グループカスタマーマーケティング㈱が制定。自分で髪を自由に染められるセルフヘアカラーの正しい使用方法などの情報発信を行い、その楽しさを伝えることで、市場の活性化を図るのが目的。日付は年間を通じてセルフヘアカラーを楽しんでもらいたいとの思いから「いい色」の「色（16）」の語呂合わせから毎月16日に。

十六茶の日

健康16素材をブレンドしたお茶「十六茶」を飲んで、自分の身体や大切な人を思いやる日にほしいと、アサヒ飲料㈱が制定。日付は、年間を通じて飲んでもらいたいので、「十六茶」の名前から毎月16日に。

トロの日

全国で「かっぱ寿司」を運営するカッパ・クリエイト㈱（神奈川県横浜市）が制定。同社の人気食材「トロ」でお客さんに喜んでもらい、各店舗ならびに業界を活気づけることが目的。日付は16を「トロ」と読む語呂合わせで、毎月16日とした。

毎月17日

減塩の日

高血圧の予防や治療において大切な減塩の習慣を推奨するため、NPO法人日本高血圧学会が制定。日付は、世界高血圧連盟が制定した「世界高血圧デー（World Hypertension Day）」、日本高血圧学会が制定した「高血圧の日」の5月17日に由来、年間を通じての減塩という主旨から毎月17日とした。

国産なす消費拡大の日

冬春なす主産県協議会（岡山・高知・徳島・福岡・熊本・佐賀の6県

で構成）が2004年2月9日に制定。4月17日の「なすび記念日」の17日を、毎月なすの消費を増やす日にしようというもの。

いなりの日

多くの人に親しまれているいなり寿司を食べる機会を増やすきっかけに、いなり寿司の材料を製造販売している㈱みすずコーポレーション（長野市）が制定。日付は、いなりの「い〜な」で毎月17日。

毎月18日

防犯の日

日本初の警備保障会社として1962年に創業したセキュリティのトップカンパニー、セコム㈱が制定。企業や家庭などにおける防犯対策を毎月この日に見直して「安全、安心」に暮らしてもらいたいという同社の願いが込められている。日付は18の1を棒に見立てて「防」、8を「犯」とする語呂合わせ。

毎月19日

イクラの日

「かっぱ寿司」を運営するカッパ・クリエイト㈱（神奈川県横浜市）が制定。同社の人気食材「イクラ」をお客様に喜んでもらい、イクラという誰もが知っている食材の記念日を設けて業界全体を活気づけることが目的。日付は、年間を通じてイクラの寿司を味わってもらいたいとの思いから「イク（19）ラ」の語呂合わせから毎月19日に。

いいきゅうりの日（4月を除く）

全国のきゅうりの出荷団体（JA、県連、卸会社）で結成された「いいきゅうりの日プロジェクト」が制定。低カロリーでおいしく、さまざまな料理に活用できるきゅうりの消費拡大が目的。日付は4月を除いた毎月19日で「1（い）い9（きゅう）り」と読む語呂合わせ。4月19日はJAあいち経済連の西三河冬春きゅうり部会が「良いきゅうりの日」を登録していることから除く。

熟カレーの日

熟カレーを発売している江崎グリコ㈱が制定。日付は「熟（じゅく）」と19の語呂合わせから。また、カレールウは毎月20日前後がよく売れることもその理由のひとつ。材料費が安く、調理も手軽なカレーライスは給料日前によく食べられるという。

シュークリームの日

スーパー、コンビニなどで大人気の「牛乳と卵のシュークリーム」を製

造している㈱モンテールが制定。日付はシュークリームの語呂と似ている毎月19日とした。

松阪牛の日

日本を代表する和牛の松阪牛の個体識別管理システムの運用が開始された2002年8月19日にちなみ、毎月19日を記念日としたのは、全国で松阪牛を通信販売する㈱やまとダイニング（千葉県船橋市）。松阪牛のおいしさをアピールし、業界全体を盛り上げるのが目的。

毎月20日

シチューライスの日

ハウス食品㈱が制定。「カレーライス」「ハヤシライス」に次いで、シチューをごはんにかける「シチューライス」という食べ方を提案し、多くの方においしく味わってもらうことが目的。日付は「5（ごはん）×（かける）4（シチュー）＝20」と読む語呂合わせから毎月20日とした。

信州ワインブレッドの日

信州ワインブレッド研究会（長野市）が制定。「信州ワインブレッド」とは、長野県産ぶどうを使用したNAGANO WINEと長野県産小麦を100％使用して作られたパン。ワインの風味がほのかに漂うパンの魅力と、農産物の豊かな長野県をPRするのが目的。日付は、日本ソムリエ協会が提唱する「ワインの日」が毎月20日であり、ワインを囲む食事に「信州ワインブレッド」を食べてほしいとの思いから。

発芽野菜の日

一般の野菜よりも数倍栄養が高く、生活習慣病予防でも注目される発芽野菜（スプラウト）をPRしようと、発芽野菜を手がける㈱村上農園（広島市）が制定。日付は20日をハツガと読む語呂合わせ。

毎月21日

木挽BLUEの日

雲海酒造㈱（宮崎市）が制定。同社が独自開発した「日向灘黒潮酵母」を用いた、すっきりとしてキレがあり、ロックでも飲みやすい本格芋焼酎「木挽BLUE（こびきブルー）」を年間を通して飲んでもらいたいと、全国発売した2017年3月21日にちなんで毎月21日を記念日とした。3月21日はシンボル的な日として別に登録。

ゼクシオの日（XXIOの日）

ゴルフ業界を代表するブランド「ゼクシオ（XXIO）」の誕生20年を記念して、㈱ダンロップスポーツマーケティングが制定。売上ナンバー

ワンを誇る同ブランドの最新情報を毎月発信することが目的。日付は「ゼクシオ」は21世紀の100年ブランドとして、ロゴにローマ数字のXXI（21）を入れて表記することから毎月21日に。

マリルージュの日

途上国の子どもの教育環境の整備と、その母親の雇用支援を行う（一社）One of Loveプロジェクト（代表：歌手・夏木マリ氏、音楽プロデューサー・斉藤ノヴ氏）が制定。その活動趣旨に賛同する生花店が、夏木氏も品種改良に携わった赤いバラ「マリルージュ」の収益などを支援に当てており、マリルージュの認知度を高め、支援活動に活かすのが目的。日付は「世界音楽の日」の6月21日にちなみ、いつも支援を続けている姿勢から毎月21日に。

毎月22日

なないろSMSの日

アミューズメント業界を中心にソリューションサービスを行う㈱ピーアイエックスが制定。同社の「なないろSMS」は、独自の特許技術により一人一人の特性やニーズに合わせて個別にSMS（ショートメッセージサービス）の送信ができるサービス。「なないろSMS」を広め、多くの企業の広告戦略に役立ててもらうのが目的。日付は「SMS」が「2 Month 2」に見えるので毎月22日に。

カニカマの日（6月を除く）

かに風味かまぼこ「カニカマ」のPRのため、水産加工品などの製造で知られる㈱スギヨ（石川県七尾市）が制定。日付は、かにのハサミの形状が漢字の「二二」に似ていることから、毎月22日を記念日とした。なお、6月22日は「かにの日」なので、本物のかにへ敬意を表して除いている。

禁煙の日

タバコの害や禁煙の重要性に関する知識の普及をはかり、禁煙を促して受動喫煙の防止を含む社会的な禁煙の推進を図ろうと、（一社）禁煙推進学術ネットワークが制定。日付は、数字の2を白鳥（スワン＝吸わん）に見立てて、毎月22日をスワンスワン＝吸わん吸わんの「禁煙の日」にという語呂合わせから。

ラブラブサンドの日

日糧製パン㈱（北海道札幌市）が制定。耳なし食パンにさまざまな具をはさんだ、一袋2個入りの「ラブラブサンド」のPRが目的。日付は、22日を「夫婦」と読む語呂合わせから、夫婦で「ラブラブサンド」をプレ

ゼントして日頃の感謝の気持ちを表すとともに、ラブラブなカップルには「ラブラブサンド」を仲良く分け合い、将来夫婦になってほしいとの願いを込めて毎月22日とした。

毎月23日

国産小ねぎ消費拡大の日

国産小ねぎの消費拡大と販売促進のため、小ねぎ主産県協議会（全国農業協同組合連合会のうち、福岡・大分・佐賀・高知・宮城の県本部で構成）が制定。日付は「小ねぎ記念日」が11月23日なので、23日を毎月のものとした。

乳酸菌の日

体に良い乳酸菌を活用した商品をアピールする日にと、カゴメ㈱が制定。毎月23日としたのは、スーパーマーケットなどでの販売促進を通年で行うため。日付は23で「乳酸」の語呂合わせから。

不眠の日

日本人の半数以上がなんらかの不眠症状をもっているといわれる。しかし、そのなかの多くの人が対処方法や改善手段の正しい知識を有していないことから、睡眠改善薬などを手がけるエスエス製薬㈱が制定。不眠の改善について適切な情報発信を行う。日付は2と3で「不眠」と読む語呂合わせから。不眠の症状は一年中起こるので、2月3日に加え、毎月23日も「不眠の日」とした。

毎月24日

ブルボン・プチの日

㈱ブルボン（新潟県柏崎市）が制定。同社が1996年から販売する「プチシリーズ」は、手軽なサイズのビスケットや米菓、スナック類など24種類を展開。そのバラエティ豊かな品揃えが人気の「プチシリーズ」を多くの人に楽しんでもらうのが目的。日付は、24種類にちなんで毎月24日とした。同社は「ブルボン・プチの日」の愛称を「プチの日」としている。

毎月25日

プリンの日

オハヨー乳業㈱（岡山市）が制定。同社にプリンの人気商品が多いことから制定したもので、日付は25を「プリンを食べると思わずニッコリ」の「ニッコリ」と読む語呂合わせから。

毎月26日

ツローの日
釣り用品の総合卸商社、かめや釣具㈱(広島市)が制定。ひとりでも仲間とでも楽しめる釣りは老若男女を問わず愛されている。自然とふれあう釣りの楽しさを広め、釣り人をサポートするのが目的。日付は26を「釣(ツ=2)ろ(ロ=6)ー」と読む語呂合わせで、年間を通じて釣りを楽しんでもらいたいとの思いから毎月26日に。

プルーンの日
世界ナンバーワンの生産・販売量を誇るプルーンメーカーのサンスウィートの日本支社、サンスウィート・インターナショナル日本支社が制定。プルーンの魅力の伝えて販売促進につなげるのが目的。日付は2を「プ」6を「ルーン」と読む語呂合わせから。毎月26日としたのは1年中おいしいプルーンを食べてもらいたいことから。

毎月29日

ふくの日
総合食品商社の㈱日本アクセスが制定。年間を通じてさまざまな季節の食材や四季折々のデザインを取り入れた商品があり、幸福な気持ちになれる和菓子。その魅力を伝えることで小売業の和菓子の販売促進企画を進めるのが目的。日付は幸福な気持ちの福を「ふ(2)く(9)」と読む語呂合わせから毎月29日に。

Piknikの日
飲料ブランド「Piknik(ピクニック)」を販売する森永乳業㈱が制定。Piknikは紙容器に入った乳製品で、さまざまな種類の味があり、そのおいしさと常温で賞味期限が90日という保存性の良さが人気。日付は29日をPiknikの語尾の「ニック」と読む語呂合わせから。親しみやすい飲み物なので毎月29日に。

毎月30日

サワーの日
甲類焼酎を炭酸で割って飲む「サワー」のPRと、サワー市場全体の活性化のため、宝酒造㈱(京都市)が制定。日付は、年間を通じて月末に同僚や友人、家族と一緒に「サワー」を飲んで絆を深めてほしいとの思いと、30を「サ(3)ワ(輪=0)ー」と読む語呂合わせから毎月30日に。

EPAの日

㈱ニッスイが制定。EPAとは魚に多く含まれるエイコサペンタエン酸の略称で、中性脂肪を減らしたり、動脈硬化などの予防をする働きがある。日付は、肉中心の生活を送る現代人に肉（29）を食べた次の日（30）には魚を食べてEPAを摂取し、バランスのよい食生活をという思いを込めて、毎月30日に。

毎月第3木曜日

「森のたまご」の日

コクとうまみ、鮮度と栄養価で人気の鶏卵「森のたまご」を製造販売する、たまご＆カンパニー㈱が11月18日と毎月第3木曜日に制定。ブランドたまごの定番と称される「森のたまご」の素晴らしさを多くの人に知ってもらうのが目的。「森のたまご」の「森」の字には「木」が3つあることから第3木曜日とした。

毎月第3土曜日

オコパー・タコパーの日

「オコパー・タコパー」とは、お好み焼パーティ・たこ焼パーティのこと。お好み焼とたこ焼はみんなで調理を楽しめて食卓が盛り上がるだけでなく、食材費も安くできる素晴らしい団らんメニューであることから、お好み焼粉、たこ焼粉を製造販売する㈱日清製粉ウェルナが制定。日付は家計に優しい料理なので、給料日前となることの多い毎月の第3土曜日としたもの。

年によって月が変わる記念日

10日の金曜日

10日金曜日は東金（とうがね）の日

東金商工会議所（千葉県東金市）が制定。東金の名前は、江戸幕府開闢前に徳川家康が鷹狩りに来るときの文書に「東金に行く」との記述があり、戦国時代に酒井氏が城を構えた際に東金の地名が登場する。この由緒ある地名を全国に知らせ、東金の商工業の振興を図るのが目的。日付は10日（とおか）が金曜日となる日の語感や、字面が東金（とうがね）と似ているので「10日金曜日は東金（とうがね）の日」に。

24日の金曜日

エムセラ・尿失禁改善の日
　医療機器の製造・輸入販売などを行うBTL Japan㈱（大阪市）が制定。尿失禁で悩む人に同社が販売する尿失禁治療機器の「エムセラ」を知ってもらい、骨盤底筋の強化と健康維持を図ってもらうのが目的。尿失禁について相談しやすい環境づくりもめざす。日付は24を「尿（2）失（4）」と読み、金曜日の金を「禁」に替え、合わせて「尿失禁」と読み「24日が金曜日となる日」に。

29日の金曜日

エムスカルプト・筋肉強化の日
　医療機器の製造・輸入販売などを行うBTL Japan㈱（大阪市）が制定。同社が販売する筋力トレーニングや運動の代わりに筋肉を増やす治療用の医療機器「エムスカルプト」の認知度を高め、多くの人に筋肉強化と健康維持を図ってもらうのが目的。日付は「筋肉」の文字を入れ替えて「29（肉）日が金（筋）曜日となる日」に。

キン肉マンの日
1979年に集英社の「週刊少年ジャンプ」に連載されて以来、多くのファンを獲得した日本を代表する漫画・アニメ作品『キン肉マン』（ゆでたまご原作）の記念日をと、集英社が2008年に制定。日付はキン（金曜日）と肉（29日）を組み合わせたもの。

筋肉を考える日
森永製菓㈱が制定。日常生活を元気に、健康に過ごすのに大切な筋肉。その筋肉の材料としてタンパク質（プロティン）が必須であることから、筋肉の重要性を考えるとともにタンパク質との関係性を知って、日常的にタンパク質を摂ってもらうのが目的。日付は「筋肉」から「金（筋）曜日が29（肉）日になる日」に。

コラム10
周年記念は歴史の記録と記憶

　日本記念日協会では「記念日登録制度」とともに「周年記念登録制度」も設けている。企業や団体の創業、創立、設立。学校の開校。人物の誕生。商品の発売。サービスの開始。自治体の制度施行など、さまざまなものの始まりからの年月を記録し、後世に伝えていく制度だ。新聞広告やテレビのCMなどで「創業120周年記念」「発売50周年記念商品」「生誕90周年企画」「市制誕生70周年」などのコピーを見聞きしたことがあるのではないか。それぞれ○○周年とアピールすることで多くの人の目を引き、そんなに歴史がある企業ならと安心感を与えたり、節目の年なら特別な内容に違いないと期待を持ってもらえたりするなど、周年記念の効果は大きい。

　長野県の信濃毎日新聞社は2023年に創刊150周年を迎え、周年記念登録をしたのだが、いくつもの記念事業を展開して多くの人に共感をもって迎えられた。

　また、日本記念日協会の周年記念登録制度はその年だけでなく、来年も再来年もさらにその翌年もと毎年周年の年数を1年ずつカウントアップして表示するので、何年にもわたり記録として残していくことができ、周年の年数に応じての企画も立てられる。

　ところで日本にはその始まりから100年以上経ついわゆる老舗といわれる企業が2万社以上あるという。しかし、100年以上というのはわかりやすい、納得しやすい目安だからであって、業種、業態によっては30年でも20年でも老舗と名乗ってはいけないわけではない。とくにIT企業や新しいビジネスモデルで事業展開するスタートアップ企業などでは、10年も経てばその分野の老舗的なポジションにいることもある。

　その事業や活動を続けてきた歴史を振り返り、多くの人の記憶に留めてもらえる周年記念。自分たちの企業や団体の存在を対外的にアピールすることで、長年培ってきた信頼度の向上にも役立つ。また一方でこれから自分たちの歴史を築いていくという意味から、新しく始めた店や事業が1年経ったときに1周年記念として登録したり、結婚式の日をゼロ周年として登録すれば翌年の1周年記念もその先の10周年も20周年も結婚記念日を忘れないだろう。周年記念登録は過去の誇りと未来への約束の表現方法のひとつなのだから。

1年間に複数日ある記念日

とちぎのいちごの日
1月25日／2月25日／3月25日

JA全農とちぎに事務局を置く栃木いちご消費宣伝事業委員会が制定。1968年からいちごの生産量日本一を誇る栃木県。「とちおとめ」「スカイベリー」などおいしい栃木のいちごをより多くの人に食べてもらうのが目的。日付は、流通の多い1月から3月を対象とし、「と (10) ちぎのいちご (15)」の語呂合わせを10＋15＝25に置き換えて、各月の25日を記念日とした。

主婦休みの日
1月25日／5月25日／9月25日

年中無休で家事や育児に頑張る主婦が、ほっと一息ついて自分磨きやリフレッシュする日。女性のための生活情報紙を発行する㈱サンケイリビング新聞社が中心となり制定。日付は、主婦が忙しくなる年末年始、ゴールデンウィーク、夏休みが明けたあとの25日。家事や育児を主婦に任せがちなパパや子どもたちが家事に取り組み、その価値を再認識する日に。

菜の日
1月31日／3月31日／5月31日／7月31日／8月31日／10月31日／12月31日

「1日5皿分 (350グラム) 以上の野菜と200グラムの果物を食べましょう」と呼びかける (一社) ファイブ・ア・デイ協会が制定。野菜中心の健康的な食生活を広めるのが目的。記念日名は野菜の「菜」から、日付は31を野菜の「菜」と読む語呂合わせで各月31日に。

巻寿司の日
立春の前日（2月3日頃）／立夏の前日（5月4日頃）／立秋の前日（8月6日頃）／立冬の前日（11月6日頃）

季節の始まりを表す立春、立夏、立秋、立冬の前日に巻寿司を丸かぶりすると幸福が訪れるとされることから、巻寿司の材料となる玉子焼、味付干瓢などを製造販売する㈱あじかん（広島市）が制定。

えいようかんの日
3月1日・6月1日・9月1日・12月1日

井村屋グループ㈱（三重県津市）が制定。同社の「えいようかん」は賞

味期間が5年間もある羊羹で、備蓄保存に最適。万一の災害に備えて「えいようかん」のような備蓄食品の定期点検を行うとともに、消費した分を補充するローリングストックに対する意識を高めてもらうのが目的。日付は「防災の日」の9月1日をはじめとして、年4回の「防災用品点検の日」に合わせたもの。

防災用品点検の日
3月1日／6月1日／9月1日／12月1日
関東大震災の起きた9月1日をはじめとして、季節の変わり目となる年4回、防災用品の点検を行い災害に備えようと、防災アドバイザーの山村武彦氏が提唱。

マルヨのほたるいかの日
3月10日／4月3日
漁獲量日本一の兵庫県産「ほたるいか」のPRのため、海産物食品を製造するマルヨ食品㈱（兵庫県香美町）が制定。日付の3月10日は、ほたるいかの水揚げが本格的に始まることと山陰地方の山（さん＝3）で3月、ほたるいかの足が10本で10日。4月3日は、ほたるいか漁の最盛期が4月で、山陰地方の山（さん＝3）で3日に。

ミールオンデマンドの給食サービスの日
3月16日／9月4日
高齢者福祉施設や病院などに配食を行う㈱ミールオンデマンド（岡山県倉敷市）が制定。同社が展開するセントラルキッチン方式のクックチル食材による給食直営サービスを広めるのが目的。日付は、3と16で「ミール」、9と4で「給食」と読む語呂合わせから。

家族と終活を話し合う日
春の彼岸入り（3月18日頃）／秋の彼岸入り（9月20日頃）
葬儀・墓地・終活事業などを手がける㈱ニチリョクが制定。人生の終わりに向けて準備をする「終活」について、家族や大切な人に伝え、話し合う日。日付は、彼岸の時期は家族がお墓参りなどで集まることが多く、終活について話しやすいという考えから、春と秋の「彼岸の入りの日」とした。

酒風呂の日

3月21日／6月21日／9月23日／12月22日

[年によって変わる] 日本酒製造の責任者である杜氏と同じ読み方の冬至や、四季の節目である春分、夏至、秋分の日に「湯治」として酒風呂に入り、健康増進を図ろうと、銘酒「松尾」の蔵元、㈱高橋助作酒造店（長野県信濃町）の高橋邦芳氏が制定。

大人の日

4月22日／11月22日

アメリカの世界的食品メーカー・ハインツの日本法人、ハインツ日本㈱が制定。自社商品「大人むけパスタ」「大人むけスープ」をPRし、「大人な時間・気分」の演出を食卓から応援していく。日付は4月22日が「よい夫婦の日」、11月22日が「いい夫婦の日」で「大人の日」となることから。

洗車の日

4月28日／11月28日

洗車を行い、愛車を「良い艶をもったクルマにしましょう」と、（一社）自動車用品小売業協会が制定。日付は、4月28日で「ヨイツヤ（良い艶）」、11月28日で「イイツヤ（良い艶）」と読む語呂合わせから。

畳の日

4月29日／9月24日

全国畳産業振興会が制定。畳のもつ住宅材としての素晴らしさや、敷物としての優れた点をアピールするのが目的。日付は、イ草の美しい緑色から長年「みどりの日」として親しまれていた4月29日と、環境衛生週間の始まりの日であり「清掃の日」である9月24日。

まがたまの日

6月9日／9月6日

古くから健康を守り、魔除けとなり、幸運を招くとされる勾玉。その出雲型勾玉を皇室や出雲大社に献上している㈱めのや（島根県松江市）が制定。日付は数字の6と9の形がまがたまの形と似ていることから、6月9日と9月6日を「まがたまの日」とした。

カビ取るデー
6月16日／12月16日
洗濯槽クリーナー「カビトルネード」を販売する㈱リベルタが制定。カビや汚れが気になる6月の梅雨の時期と、12月の大掃除の時期に記念日を制定することで、洗濯槽のカビをクリーナーを使ってきれいにすることはもとより、ほかのカビも取る意識を高めてもらうのが目的。日付は6月と12月のカビを「ト（10）ル（6）＝取る」の語呂合わせで年2日の16日に。

ふくしま夏秋きゅうりの日
7月1日／8月1日／9月1日
福島市のふくしま未来農業協同組合（JAふくしま未来）が制定。同組合は機械選果場の整備、独自の取り組みなどで新規就農者の増加を図り、2023年度の夏秋きゅうりの販売額が日本一に。ふくしまの夏秋きゅうりの美味しさをPRするのが目的。日付は販売額が日本一になったことと、きゅうりの形が1をイメージさせることから、収穫期にあたる7月、8月、9月のそれぞれ1日を記念日とした。

調性で音楽を楽しむ日
7月12日／12月7日
「調性記念日制定プロジェクト from 虹音日記」が制定。「調性」とは音楽概念である。これは音楽の血液型のようなもので、1つの楽曲は基本的に1つ以上の調性をもつ。個性的で彩り豊かな調性を中心にさまざまな音楽を楽しむという新しい視点を提供し、調性を身近なものとして音楽を楽しんでもらうことが目的。記念日の日付7月12日・12月7日は、「調性」がドからシまでの12種類の音の中から特定の7音を選び出す、12通りの組み合わせであることから。

ふくしま桃の日
7月13日／7月26日／8月8日
フルーツ王国ふくしまを支える「ふくしまの桃」のPRのため、ふくしま未来農業協同組合（福島市）が制定。同JA管内の伊達郡桑折町(こおりまち)は皇室に献上する「献上桃」の産地としても有名。日付は「ふくしまの桃」がおいしい7月から8月を対象とし、人気品種の「あかつき」の個体番号が「れ-13」であることにちなみ、7月13日を起点に13日周期で7月26日、8月8日の3日を記念日とした。

愛知のいちじくの日
7月19日／8月19日／9月19日／10月19日

日本一の出荷量を誇る愛知県産のいちじくのPRのため、JAあいち経済連が制定。日付は愛知県産のいちじくが多く出回る7月から10月までを対象とし、「いちじく(19)」の語呂合わせから各月の19日とした。いちじくは食物繊維、ビタミン、ミネラルが豊富で、独特の甘みがある。

南郷トマトの日
8月6日／9月10日

会津よつば農業協同組合（福島県会津若松市）が制定。「南郷トマト」は南会津町、只見町、下郷町で夏秋期に栽培され、なかでも「南郷トマト 秋味」は全国有数の食味と品質で知られる。その知名度向上とブランドの確立、生産地の魅力を発信するのが目的。日付は「南郷トマト」が福島県初の地理的表示（GI）保護制度に登録された日（2018年8月6日）から8月6日と、南郷の「南」が9画で、トマトの「ト(10)」の語呂合わせの9月10日の年2日に。

いい菌バランスの日
11月8日／1月18日

オハヨー乳業㈱が制定。人間の身体には多くの生きた菌が存在し、これらの菌のバランスは体の調子に深く関連しているといわれている。ヨーグルトに含まれる乳酸菌などの善玉菌を積極的に摂るなど、生きた菌のチカラを味方につけるきっかけにしてもらうのが目的。日付は「い(1)い(1)バ(8)ランス」と読む語呂合わせから11月8日と1月18日を記念日に。

伊達のあんぽ柿の日
12月13日／1月13日／2月13日

福島県伊達市の「あんぽ柿」出荷100周年を記念して、ふくしま未来農業協同組合（福島市）が2023年に制定。同組合が生産量日本一を誇る「あんぽ柿」は、燻蒸後に乾燥させて作る干し柿で、甘さとジューシーさが特徴。日付は、最盛期の冬の期間で燻蒸製法の確立・普及に携わった人が13人であり、発祥地の福島県伊達市梁川町五十沢の「いさ(13)」から12月・1月・2月の13日。

「信州・まつもと鍋」の日
12月19日／1月19日／2月19日

長野県の松本市、松本大学、JA松本ハイランド、JA松本市が連携して、松本の農産物で名物鍋を作る「おいし信州ふーど・信州まつもと鍋開発プロジェクトチーム」が制定。松本のおいしい食材の鍋で幸せになってもらうのが目的。日付は鍋がおいしい冬を表す12月、1月、2月で、食べ物の「食（いく）」の語呂合わせでそれぞれの月の19日とした。

年によって日付が変わる記念日

天赦日

天赦日（てんしゃにち）は開運財布の日

「財布屋」の名で財布職人手作りの高品質の「開運財布」を製造販売する㈱美吉屋（大阪市）が制定。「天赦日」とはすべてにおいて吉となる暦の上で最も縁起が良い日。年により日付が変わり年に5日から6日ほどしかない。開運をもたらす「開運財布」を購入するにふさわしい「天赦日」を広めて多くの人に前向きに過ごしてもらうのが目的。

資料編

人生の節目の行事……………………326
結婚記念日一覧………………………328
賀寿(長寿祝い)一覧…………………329
二十四節気および雑節の日付………330
二十四節気と七十二候一覧…………332
索引……………………………………336
日本記念日協会の記念日登録制度について
……………………………………357

人生の節目の行事

帯祝い	妊娠5か月目の戌の日に「岩田帯」と呼ばれる腹帯を巻いて、安産を願う。多産、安産で知られる犬にあやかり、戌の日に行う。
出産祝い	赤ちゃんの誕生を祝い、妊婦の出産をねぎらう。母子の状態が落ち着くのを待って、お七夜から初宮参りまでを目安に行う。
お七夜	赤ちゃんが生まれた日から数えて七日目のお祝いで、この日に命名を行うことも多い。平安朝の貴族社会などで行われた産養い（3日目、5日目、7日目、9日目）の名残といわれている。
初宮参り	生後初めて産土神さま（生まれた土地の守護神）または氏神さまにお参りすること。男児は生後31日目、女児は33日目に行うのが一般的だが、50日目、100日目に行われる地方もある。
お食い初め	生後100日目に行われる儀式で、赤ちゃんが「一生食べるものに苦労しないように」との願いを込めて、赤飯、尾頭付きの鯛、煮物、吸い物などを膳に並べる。関西では「歯固め」ともいう。
初正月	生まれて初めて迎える正月の祝い。男児には破魔弓、女児には羽子板を贈る。
初節句	生まれて初めて迎える節句の祝い。男児は端午の節句（5月5日）、女児は上巳の節句（3月3日）に盛大に祝う。
初誕生	赤ちゃんが健やかに育つことを願って、1歳の誕生日に行う祝い。年齢計算はかつては正月を越すたびに年をとる「数え年」に基づいていた。

七五三	それまでの子供の成長に感謝し、将来の幸せを祈るもので、11月15日前後に行われる。男児は3歳と5歳、女児は3歳と7歳に行う。かつては数え年に基づいていたが、近年は満年齢に基づくことも多い。日にちは、江戸幕府将軍・徳川綱吉の長男徳松の祝いが11月15日に行われたことに由来する。
十三参り（じゅうさんまいり）	主に関西の行事で、もともとは女児の13歳のお祝いだったが、近年は男女問わず行われる。かつては旧暦3月13日に智慧と慈悲の象徴である虚空蔵菩薩（こくうぞうぼさつ）にお参りしたが、現在は新暦の4月13日前後にお参りする。
成人式	大人の仲間入りを祝う20歳の儀式。かつては、男児は15歳で「元服」、女児は13歳で「髪上」の儀式を行っていた。
厄年	数え年で、男性は25歳と42歳、女性は19歳と33歳となる年は災難に見舞われやすいと考えられ、当該年を「本厄」、その前後を「前厄」「後厄」と呼ぶ。厄災を避けるため、厄除けや厄払いを受ける習慣がある。

結婚記念日一覧

　結婚記念日を祝うのはもともとイギリスの習慣で、この日に記念日名にちなんだものを夫婦で贈り物を交換することになっている（当初は5年、15年、25年、50年、60年の節目のみであったといわれる）。日本への導入は意外に早く、明治天皇が1894（明治27）年3月9日に「銀婚式」（大婚二十五年祝典）を実施している。

　下表は一般的なイギリス式の呼称（国によってさまざまな呼称がある）。記念日に冠される「物」は、基本的には柔らかいものから硬いもの、あるいは徐々に高価なものに変わっていく傾向がみられる。

1周年	紙婚式	10周年	アルミ婚式	35周年	珊瑚婚式
2周年	綿婚式	11周年	鋼鉄婚式	40周年	ルビー婚式
3周年	革婚式	12周年	絹婚式	45周年	サファイア婚式
4周年	花婚式	13周年	レース婚式	50周年	金婚式
5周年	木婚式	14周年	象牙婚式	55周年	エメラルド婚式
6周年	鉄婚式	15周年	水晶婚式	60周年	ダイヤモンド婚式
7周年	銅婚式	20周年	磁器婚式	70周年	プラチナ婚式
8周年	青銅婚式	25周年	銀婚式		
9周年	陶器婚式	30周年	真珠婚式		

賀寿（長寿祝い）一覧

記念日ではないが、賀の祝いのひとつである長寿祝いを紹介する。「還暦」「古希」といった祝い歳は、中世以降に慣用されるようになったという。なお還暦は、本来は数え年で祝うものだが、現在では満年齢で祝うことも多い。祝い歳の名称と意味は以下のとおり。

61歳	還暦（かんれき）	十干十二支が一巡して生まれ年の干支に戻ること。本卦還りともいう。「生まれ直し」を意味することから、赤色の頭巾や座布団を贈る習慣がある（赤色は魔除けの色）。華甲とも（「華」の字を分解すると、十が6つ、一がひとつで61となるため。「甲」は「甲子」の意で十干十二支のはじまりを表す）。
70歳	古希（こき）	唐の詩人・杜甫の曲江詩にある「人生七十古来稀」（人生70年生きる人は古くからまれである）に由来。お祝いの色は紫色。
77歳	喜寿（きじゅ）	「喜」の草書体が七十七と読めることから。お祝いの色は紫色。
80歳	傘寿（さんじゅ）	「傘」の略字「仐」が八十と読めることから。お祝いの色は紫色。
88歳	米寿（べいじゅ）	「米」の字を分解すると八十八と読めることから。「米の祝い」とも。お祝いの色は黄色。
90歳	卒寿（そつじゅ）	「卒」の略字「卆」が九十と読めることから。お祝いの色は紫色。
99歳	白寿（はくじゅ）	「百」の字から「一」を引いた「白」を九十九と見なせることから。お祝いの色は白色。
100歳	百寿（ももじゅ）	文字どおりの意味。「ひゃくじゅ」の読みもあり。紀寿ともいう（「紀」は1世紀＝100年を表す）。
108歳	茶寿（ちゃじゅ）	「茶」の字を分解すると、十が2つと八十八となり合わせて100となることから。
111歳	皇寿（こうじゅ）	「皇」の字を分解すると、「白」を99、「王」を12と見立てられるため。「川寿」とも（「川」の字を111に見立てて）。
120歳	大還暦（だいかんれき）	還暦を二巡したという意味。「昔寿」とも（「昔」の字を十が2つと百と読めるため）。

二十四節気および雑節の日付

二十四節気

暦の上で気候の移り変わりを示したもので、全部で24ある。太陽が春分点から出発して再び春分点に達するまでの1年を24等分し、それぞれに節気を設けている。なお、もともと古代中国で成立したものなので、地域や時期によっては、時期や気候が合致しない場合がある。

二十四節気	令和7年 (2025年)	令和8年 (2026年)	令和9年 (2027年)	令和10年 (2028年)	令和11年 (2029年)
小　寒	1月5日	1月5日	1月5日	1月6日	1月5日
大　寒	1月20日	1月20日	1月20日	1月20日	1月20日
立　春	2月3日	2月4日	2月4日	2月4日	2月3日
雨　水	2月18日	2月19日	2月19日	2月19日	2月18日
啓　蟄	3月5日	3月5日	3月6日	3月5日	3月5日
春　分	3月20日	3月20日	3月21日	3月20日	3月20日
清　明	4月4日	4月5日	4月5日	4月4日	4月4日
穀　雨	4月20日	4月20日	4月20日	4月19日	4月20日
立　夏	5月5日	5月5日	5月6日	5月5日	5月5日
小　満	5月21日	5月21日	5月21日	5月20日	5月21日
芒　種	6月5日	6月6日	6月6日	6月5日	6月5日
夏　至	6月21日	6月21日	6月21日	6月21日	6月21日
小　暑	7月7日	7月7日	7月7日	7月6日	7月7日
大　暑	7月22日	7月23日	7月23日	7月22日	7月22日
立　秋	8月7日	8月7日	8月8日	8月7日	8月7日
処　暑	8月23日	8月23日	8月23日	8月22日	8月23日
白　露	9月7日	9月7日	9月8日	9月7日	9月7日
秋　分	9月23日	9月23日	9月23日	9月22日	9月23日
寒　露	10月8日	10月8日	10月8日	10月8日	10月8日
霜　降	10月23日	10月23日	10月24日	10月23日	10月23日
立　冬	11月7日	11月7日	11月8日	11月7日	11月7日
小　雪	11月22日	11月22日	11月22日	11月22日	11月22日
大　雪	12月7日	12月7日	12月7日	12月6日	12月7日
冬　至	12月22日	12月22日	12月22日	12月21日	12月21日

＊上記日付は節入りの日で、各節気は次の節気の前日までをいう。

雑節
ざっせつ

二十四節気の他に1年の季節の移り変わりを的確に表すために生まれたもの。節分、八十八夜、入梅、半夏生、土用などで、年中行事となっているものが多い。

雑節	令和7年(2025年)	令和8年(2026年)	令和9年(2027年)	令和10年(2028年)	令和11年(2029年)
土　　　用	1月17日	1月17日	1月17日	1月17日	1月17日
節　　　分	2月2日	2月3日	2月3日	2月3日	2月2日
彼　　　岸	3月17日	3月17日	3月18日	3月17日	3月17日
社　　　日	3月20日	3月25日	3月20日	3月24日	3月19日
土　　　用	4月17日	4月17日	4月17日	4月16日	4月17日
八 十 八 夜	5月1日	5月2日	5月2日	5月1日	5月1日
入　　　梅	6月11日	6月11日	6月11日	6月10日	6月10日
半 　夏 　生	7月1日	7月2日	7月2日	7月1日	7月1日
土　　　用	7月19日	7月20日	7月20日	7月19日	7月19日
二 百 十 日	8月31日	9月1日	9月1日	8月31日	8月31日
二 百 二 十 日	9月10日	9月11日	9月11日	9月10日	9月10日
彼　　　岸	9月20日	9月20日	9月20日	9月19日	9月20日
社　　　日	9月26日	9月21日	9月26日	9月20日	9月25日
土　　　用	10月20日	10月20日	10月21日	10月20日	10月20日

＊土用の日付は「入り」の日で、この日を含めて18～19日間が土用の期間となる。
＊彼岸の日付は「入り」の日で、この日を含めて7日間が彼岸の期間となる。
＊八十八夜、二百十日、二百二十日の日数は、二十四節気の立春（2月4日ごろ）から数えたもの。
＊「土用丑の日」については、本文7月末尾の項を参照のこと。

二十四節気と七十二候一覧

七十二候とは、二十四節気それぞれを三分割し、季節の移り変わりをより細かく表現したものである。二十四節気同様、もともとは古代中国で考案されたものであるが、日本に導入されてからは日本の気候風土に合わせて変更されている。

二十四節気	候	月日(頃)	七十二候 (名称・読み方)	意　　味
立春 (りっしゅん) (2月4日頃)	初候	4～8日	東風解凍 (はるかぜこおりをとく)	春の風が氷を解かす
	次候	9～13日	黄鶯睍睆 (こうおうけんかんす)	鶯が鳴きはじめる
	末候	14～18日	魚上氷 (うおこおりをいずる)	水中の魚が氷の間から出てくる
雨水 (うすい) (2月19日頃)	初候	19～23日	土脉潤起 (つちのしょううるおいおこる)	地面が水分を含んでしっとりしてくる
	次候	24～28日	霞始靆 (かすみはじめてたなびく)	霞が棚引きはじめる
	末候	1～5日	草木萌動 (そうもくめばえいずる)	草木が芽生えはじめる
啓蟄 (けいちつ) (3月6日頃)	初候	6～10日	蟄虫啓戸 (すごもりむしとをひらく)	巣ごもっていた虫が外に出てくる
	次候	11～15日	桃始笑 (ももはじめてさく)	桃の花が咲きはじめる
	末候	16～20日	菜虫化蝶 (なむしちょうとなる)	青虫が成長して蝶になる
春分 (しゅんぶん) (3月21日頃)	初候	21～25日	雀始巣 (すずめはじめてすくう)	雀が巣を作りはじめる
	次候	26～30日	桜始開 (さくらはじめてひらく)	桜の花が咲きはじめる
	末候	31～4日	雷乃発声 (かみなりすなわちこえをはっす)	雷が鳴りはじめる
清明 (せいめい) (4月5日頃)	初候	5～9日	玄鳥至 (つばめきたる)	燕が南から飛来する
	次候	10～14日	鴻雁北 (こうがんかえる)	雁が北へ帰る
	末候	15～19日	虹始見 (にじはじめてあらわる)	虹が初めて見える

穀雨 (こくう) (4月20日頃)	初候	20～24日	葭　始　生 (あしはじめてしょうず)	水辺に葦が生えはじめる
	次候	25～29日	霜　止　出　苗 (しもやんでなえいずる)	霜が降りなくなり、苗が育ってくる
	末候	30～4日	牡　丹　華 (ぼたんはなさく)	牡丹の花が咲く
立夏 (りっか) (5月5日頃)	初候	5～9日	蛙　始　鳴 (かわずはじめてなく)	蛙が鳴きはじめる
	次候	10～14日	蚯　蚓　出 (みみずいずる)	ミミズが地上に這い出る
	末候	15～20日	竹　笋　生 (たけのこしょうず)	竹の子が生える
小満 (しょうまん) (5月21日頃)	初候	21～25日	蚕　起　食　桑 (かいこおきてくわをはむ)	蚕が桑の葉を盛んに食べはじめる
	次候	26～30日	紅　花　栄 (べにばなさかう)	紅花が盛んに咲く
	末候	31～5日	麦　秋　至 (むぎのときいたる)	麦が熟して黄金色になる
芒種 (ぼうしゅ) (6月6日頃)	初候	6～10日	蟷　螂　生 (かまきりしょうず)	カマキリが生まれる
	次候	11～15日	腐　草　為　蛍 (くされたるくさほたるとなる)	腐った草がホタルになる
	末候	16～20日	梅　子　黄 (うめのみきなり)	梅の実が黄色くなる
夏至 (げし) (6月21日頃)	初候	21～26日	乃　東　枯 (なつかれくさかるる)	夏枯草(かこそう)が枯れる
	次候	27～1日	菖　蒲　華 (あやめはなさく)	あやめの花が咲く
	末候	2～6日	半　夏　生 (はんげしょうず)	半夏が生えはじめる
小暑 (しょうしょ) (7月7日頃)	初候	7～11日	温　風　至 (あつかぜいたる)	熱い風が吹いてくる
	次候	12～16日	蓮　始　開 (はすはじめてひらく)	蓮の花が咲きはじめる
	末候	17～22日	鷹　乃　学　習 (たかすなわちがくしゅうす)	鷹の幼鳥が飛び方を学びはじめる
大暑 (たいしょ) (7月23日頃)	初候	23～27日	桐　始　結　花 (きりはじめてはなをむすぶ)	桐の実が固くなる
	次候	28～1日	土　潤　溽　暑 (つちうるおいてむしあつし)	土がじめじめして蒸し暑い
	末候	2～6日	大　雨　時　行 (たいうときどきふる)	時として大雨が降る

節気	候	日付	名称	説明
立秋（りっしゅう） （8月7日頃）	初候	7～12日	涼　風　至（すずかぜいたる）	涼しい風が吹きはじめる
	次候	13～17日	寒　蟬　鳴（ひぐらしなく）	ひぐらしが鳴きはじめる
	末候	18～22日	蒙　霧　升　降（ふかききりまとう）	深い霧が立ち込める
処暑（しょしょ） （8月23日頃）	初候	23～27日	綿　柎　開（わたのはなしべひらく）	綿の萼（がく）が開く
	次候	28～1日	天　地　始　粛（てんちはじめてさむし）	ようやく暑さが収まる
	末候	2～7日	禾　乃　登（こくものすなわちみのる）	粟や稲などが実る
白露（はくろ） （9月8日頃）	初候	8～12日	草　露　白（くさのつゆしろし）	草に降りた露が白く光って見える
	次候	13～17日	鶺　鴒　鳴（せきれいなく）	せきれいが鳴きはじめる
	末候	18～22日	玄　鳥　去（つばめさる）	燕が南へ帰る
秋分（しゅうぶん） （9月23日頃）	初候	23～27日	雷　乃　収　声（かみなりすなわちこえをおさむ）	雷が鳴らなくなる
	次候	28～2日	蟄　虫　坏　戸（むしかくれてとをふさぐ）	虫が巣ごもりしはじめる
	末候	3～7日	水　始　涸（みずはじめてかるる）	田んぼから水を抜いて乾かす
寒露（かんろ） （10月8日頃）	初候	8～12日	鴻　雁　来（こうがんきたる）	雁が飛来する
	次候	13～17日	菊　花　開（きくのはなひらく）	菊の花が咲く
	末候	18～22日	蟋　蟀　在　戸（きりぎりすとにあり）	キリギリスが家のなかで鳴く
霜降（そうこう） （10月23日頃）	初候	23～27日	霜　始　降（しもはじめてふる）	霜が降りはじめる
	次候	28～1日	霎　時　施（こさめときどきふる）	時雨が降るようになる
	末候	2～6日	楓　蔦　黄（もみじつたきばむ）	紅葉や蔦の葉が色づきはじめる
立冬（りっとう） （11月7日頃）	初候	7～11日	山　茶　始　開（つばきはじめてひらく）	山茶花が咲きはじめる
	次候	12～16日	地　始　凍（ちはじめてこおる）	大地が凍りはじめる
	末候	17～21日	金　盞　香（きんせんかさく）	水仙の花が咲く

小雪 (しょうせつ) (11月22日頃)	初候	22～27日	虹蔵不見 (にじかくれてみえず)	虹が見られなくなる
	次候	28～2日	朔風払葉 (きたかぜこのはをはらう)	北風が木の葉を払う
	末候	3～6日	橘始黄 (たちばなはじめてきばむ)	橘の葉が黄色くなる
大雪 (たいせつ) (12月7日頃)	初候	7～11日	閉塞成冬 (そらさむくふゆとなる)	天地の気が塞がって真冬になる
	次候	12～15日	熊蟄穴 (くまあなにこもる)	熊が冬眠する
	末候	16～21日	鱖魚群 (さけのうおむらがる)	鮭が群がって川を遡上する
冬至 (とうじ) (12月22日頃)	初候	22～26日	乃東生 (なつかれくさしょうず)	夏枯草が芽を出す
	次候	27～31日	麋角解 (さわしかつのおる)	大鹿の角が落ちる
	末候	1～5日	雪下出麦 (ゆきわたりてむぎのびる)	雪の下で麦が芽を出す
小寒 (しょうかん) (1月6日頃)	初候	6～9日	芹乃栄 (せりすなわちさかう)	芹が繁茂する
	次候	10～14日	水泉動 (しみずあたたかをふくむ)	地中で凍った泉が動きはじめる
	末候	15～19日	雉始雊 (きじはじめてなく)	雉の雄が雌を求めて鳴きはじめる
大寒 (だいかん) (1月20日頃)	初候	20～24日	款冬華 (ふきのはなさく)	蕗の花が咲きはじめる
	次候	25～29日	水沢腹堅 (さわみずこおりつめる)	沢の水が厚く凍る
	末候	30～3日	鶏始乳 (にわとりはじめてとやにつく)	鶏が卵を産みはじめる

索　引

「*」付きの日付は二十四節気や雑節などに準じているため、年によって日付が変わります。

あ行

アース・ウインド＆ファイアー「セプテンバー」の日　9.21
アースナイトデー　11.24
アート引越センターの日　1.23
アーモンドの日　1.23
アーモンドミルクの日　5.30
INF菱ラスの日　12.2
愛妻感謝の日　1.31
愛菜の日　1.31
愛しとーとの日　10.10
愛車の日　5.25
アイシングクッキーの日　11.9
アイスクリームの日　5.9
愛する小倉トーストの日　9.10
愛するチンチラの日　1.18
愛知のいちじくの日　7-10月の19日
愛知の新たまねぎの日　4.10
アイデアの日　6.1
ITコーディネータの日　2.1
IT断食の日　11.9
愛と平和のわくわくワークスDay　8.9
アイドルコピーダンスの日　9.26
IBDを理解する日　5.19
「愛ひとつぶ」の日　11.22
I love kyudo福岡の日　1.29
アイラブミー記念日　2.20
I Love Youの日　8.31
青汁の日　10.26
青森のお米「青天の霹靂」の日　10.10
青森のお米「つがるロマン」の日　10.26
赤いサイロの日　3.16
赤からの日　8.2
赤しその日　7.7
赤ちゃん＆こども「カット」の日　3.8
赤ちゃんの日　10.10
赤塚FFCの日　11.9
赤べこの日　11.3
秋のメープルもみじの日　9.12
秋のロールケーキの日　9.9
空き家整理の日　8.31
空き家ゼロにの日　8.2
空き家の将来を考える日　5.26
アクションスポーツの日　3.21*
アクティオ・建設機械レンタルの日　5.15
アクワイアの日　12.6
吾郷会の日　10.24
アコーディオン「Bébé Medusa」の日　9.18
アサイーの日　9.16
朝活の日　8.4
浅田飴の日　9.6
アジフライの日　3.21
芦屋のフィナンシェ世界一の日　10.1
あずきの日　毎月1日
アスパラガスビスケットの日　8.8
ATHREE CANVASの日　8.8
AsReaderの日　8.5
汗の日　8.28
汗マネジメントの日　7.8
アセロラの日　5.12
アダプト・プログラム記念日　9.29
新しいメディアを考える日　11.1
あたり前田のクラッカーの日　5.5
あったか旭川まんの日　1.25
attacaグランエイジの日　10.15
アップルペイント外壁塗装の日　10.20
アテックスルルドの日　5.1
穴子の日　7.5
あなたのイメージアップの日　11.1
あなたの進路を考える日　4.6
アニバーサリースカイダイビングの日　8.4
あにまるすまいるの日　11.22
アニメの日　10.22
姉の日　12.6
アバの日　4.6
あびのんのんの日　8.11
アフタヌーンティー文化の日　9.3
油の日　8.23
アペロを楽しむ日　7月第1金曜
甘酒ヌーボーの日　11.22*
甘酒の日　1.20*
天塩 塩むすびの日　4.6
Amazonアプリストアの日　11.28
アマタケサラダチキンの日　7.1
甘党男子の日　5.5
アマニの日　7.2
雨宮天（天ちゃん）の日　10.10
雨漏り点検の日　6.11
網の日　2.2
飴の日　9.6
アメリカンドッグの日　10.9
アメリカンフライドポテトの日　毎月10日
鮎の日　6.1
アライドテレシス・ネットワークの日　3.9
アラの日　3.31
あられ・おせんべいの日　11.7
ありあけハーバーの日　8.8
ありがとう派遣社員の日　10.1
アリンコのいいロールケーキの日　11.6
アルカリイオン水の日　7.11
あるこうの日　12.12
アルソア美肌ラインの日　5.28
アルティメットの日　7.7
アルバムセラピーの日　12.8
アルバムの日　12.5
アルファベットチョコレートの日　10.26
アルプスの少女ハイジの日（ハイジの日）　8.12
アロエヨーグルトの日　12.10
アロハの日　1.31
アロマの日　11.3
アロマフレグランス「ANNE」の日　7.1
阿波尾鶏の日　8.8
アンガーマネジメントの日　6.6
あんこうの日　10.22
アンコンシャスバイアスに

気づこうの日	8.8	
あんしんの恩送りの日		
	10.23	
安全安心砂場の日	3.10	
アンチエイジングの日		
	11.14	
安藤百福の日	3.5	
アンドリューのエッグタルトの日	8.8	
あんぱんの日	4.4	
アンパンマンの日	10.3	
いい泡の日	11.8	
いい育児の日	11.19	
いい石の日	11.14	
いいイヤホン・ヘッドホンの日	11.18	
いい医療の日	11.1	
いい色髪の日	毎月16日	
いい色・色彩福祉の日	11.16	
いいいろ塗装の日	11.16	
いいいろの日	11.16	
いい囲炉裏の日	11.16	
いい色・琉球びんがたの日	11.16	
いい岩魚（イワナ）の日	10.7	
いい印鑑の日	11.1	
いいインコの日	11.15	
いいえがおの日	11.25	
いいお産の日	11.3	
いい推しの日	11.4	
いい音・オルゴールの日	11.10	
いいおなかの日	11.7	
いいお肌の日	11.8	
いい女の日	11.7	
いい音波でいい歯の日	11.8	
いいかんぶつの日	11.20	
いいきゅうりの日（4月を除く）	毎月19日	
いい菌バランスの日	11.8, 1.18	
いいくちの日	1.19	
いい靴の日	11.9	
いい血圧の日	11.2	
いい酵母の日	11.5	
EGSスリースマイルの日	3.25	
イージーパンツの日	8.21	
いい刺しゅうの日	11.4	
いい姿勢の日	11.4	
いい地盤の日	11.28	
いい獣医の日	11.11	
いい熟成ワインの日	11.19	
いい塾の日	11.19	
いい上司（リーダー）の日	11.14	
いいショッピングQoo10の日	9.10	
いい大家の日	11.8	
飯田焼肉の日	11.29	
いいチームの日	11.26	
いい地球の日	11.9	
イイツーキンの日	11.20	
いい椿の日	1.28	
いい出会いの日	11.11	
いい頭皮の日	11.10	
いい肉の日	11.29	
いいにごり酢の日	11.25	
いいニッパーの日	11.28	
いい入札の日	11.23	
いい尿の日	11.24	
いいにらの日	11.12	
いいにんじんの日	1.12	
いいねの日（エールを送る日）	11.8	
いいパートナーシップの日	11.8	
いい歯ならびの日	11.8	
e-POWERの日	11.8	
EPAの日	毎月30日	
いいビール飲みの日	11.16	
いいひざの日	11.13	
いい瞳の日	11.13	
イーブイの日	11.21	
いい夫婦の日	11.22	
いいフォローの日	11.26	
いい服の日	11.29	
いいフグの日	11.29	
いい夫妻の日	11.23	
いいふたりの日	11.2	
イーブックの日	11.29	
いいプルーンの日	11.26	
いいフルフルの日	11.22	
いいブロッコリーの日	11.26	
いい風呂の日	11.26	
いい文具の日	11.29	
いい部屋の日	1.18	
いい街の日	11.1	
いい学びの日	11.7	
いいマムの日	11.6	
いいみょうがの日	6.13	
いいもち麦の日	11.6	
いい焼き芋の日	11.13	
いいよの日	11.4	
いいレザーの日	11.3	
いいWAの日	7.1	
遺影撮影の日	1.8	
イエローハット（黄色い帽子）の日	8.10	
イオイオ（iO・iO）の日	10.10	
イオナの日	10.7	
イオン液体の日	11.11	
イオンタウンの日	9.1	
イオンレイクタウンの日	10.2	
いか塩辛の日	10.19	
壱岐焼酎の日	7.1	
イギリスの名車Miniバースデーの日	8.26	
育休を考える日	9.19	
いぐさの日	6.1	
育児の日	毎月12日	
イクメンの日	10.19	
イクラの日	毎月19日	
イケダンの日	6月第3日曜	
いけばなの日	6.6	
イケボ音声の日	11.23	
遺言の意味を考える日	1.13	
遺言の日	1.5	
居酒屋で乾杯の日	4.1	
井さんの日	11.3	
石井スポーツグループ 登山の日	毎月13日	
石狩鍋記念日	9.15	
医師に感謝する日	11.14	
石ノ森章太郎生誕記念日	1.25	
いじめ防止対策を考える日	9.28	
いずし時の記念日	9.8	
出雲ぜんざいの日	10.31	
出雲そばの日	2.11	
伊勢の神棚の日	10.19	
いただきます、やますの日	11.11	
イタリア料理の日	9.17	
イタリアワインの日	6.2	
いちご大福の日	4.15	
イチジク浣腸の日	1.19	
一汁三菜の日	毎月13日	
市田柿の日	12.1	
一太郎の日	8.28	
一番くじの日	1.9	
一無、二少、三多の日	1.23	
胃腸の日	12.11	
イチロクの日	1.6	
一刻者（いっこもん）の日	9.4	
一室入魂の日	1.25	
一緒に話そうお金の日	8.7	
いつでもニットの日	12.10	
いつも見てるよ空からの日	12.3	
遺伝性乳がん卵巣がん（HBOC）を考える日	11.8	
糸魚川・七夕は笹ずしの日	7.7	
糸魚川・ヒスイの日	5.4	
イトウの日	1.10	
イトーヨーカドーの日	8.10	
愛しいお風呂の日	10.26	
糸引き納豆の日	1.10	
糸ようじの日	8.18	
いなりの日	毎月17日	

索引

索引

項目	日付
「胃に胃散」の日	12.13
犬用おやつ「うなぎのあたまサクサク」の日	11.1
いのちの日	3.11
祈りの日	3.27
イベリコ豚の日	11.15
今の日	10.10
今、夫婦が生まれる結婚指輪の日	10.22
井村屋あずきバーの日	7.1
井村屋カステラの日	11.1
井村屋ゆであずきの日	10.1
妹の日	9.6
芋煮会の日	10.2
イヤホンガイドの日	1.10
イヤホンの日	1.8
イラストレーションの日	1.11
医療従事者のための手荒れ予防の日	10.10
「医療的ケア児・者」支援の日	9.18
医療用ウィッグの日	10.19
入れ歯感謝デー（歯科技工の日）	10.8
岩下の新生姜の日	11.11
イワショウ塗装の日	10.7
巖手屋の日	10.5
岩室温泉・黒湯の日	9.6
インクルーシブを考える日	1.20
インターネットを学ぶ日	10.1
インターホンの日	4.28
インターンシップの日	1.10
インターンの日	1.10
インフィオラータ記念日	10.13
INFOBARの日	10.31
インフラ・ミライデー	12.6
ヴァイスシュヴァルツの日	3.29
VIOケアの日	5.10
ヴィラデスト・田園記念日	4.16
ウィルキンソンの日	7.15
ウイルソン・バドミントン・キセキの日	8.19
ウェザーリポーターの日	11.1
ウェディングビデオの日	7.21
ウエディングフォトの日	8.10
魚がし日本一・立喰い寿司の日	6.19
烏骨鶏の日	7.21
宇佐からあげの日（USA☆宇佐からあげ合衆国建国記念日）	7.12
牛とろの日	9.16
雨水	2.19*
うすいえんどうの日	5.4
うずしおベリー記念日	11.15
うずらの日	5.5
うそつきマスカラの日	4.1
有頂天家族の日	12.26
美しいまつ毛の日	11.11
ウッドデッキの日	4.18
うどんと和菓子をいっしょに食べる日	6.10
うなぎの未来を考える日	5.22
うな次郎の日	7.26
UNO（ウノ）の日	1.11
うまい棒の日	11.11
うま味調味料の日	7.25
海の日	7月第3月曜
梅酒の日	6.10*
梅の日	6.6
梅干の日	7.30
うらかわ夏いちごの日	7.15
裏旬ぶどうの日	3.23
裏ビックリマンの日	10.1
閏日	2.29
潤う瞳の日	8.8
ウルトラマンの日	7.10
運動器の健康・骨と関節の日	10.8
「エアーかおる」の日	6.28
エアコン丸洗いのクリピカの日	9.15
映画の日	12.1
榮太樓飴の日	10.3
HAE DAY	5.16
HMPAの日	3.4
エイトレッド・ワークフローの日	9.26
エイの日	8.1
April Trueの日	4.2
エイプリルドリームの日	4.1
エイプリル・フール	4.1
永平寺胡麻豆腐の日	5.12
えいようかんの日	3, 6, 9, 12月の1日
栄養の日	8.4
エイリアンの日	4.26
AI音声活用の日	11.12
A.I.VOICEの日	2.22
ALDの日	10.2
ACアダプターの日	4.10
AGAスキンクリニック・フサフサの日	11.23
A.T. & N.T.夫妻交際日（周年記念）	11.30
笑顔表情筋の日	3.25
駅すぱあとの日	2.22
駅弁の日	4.10
エクエルの日	4.2
エクサガンハイパーの日	8.18
エクステリアの日	11.28
ecuvo.（えくぼ）の日	11.25
エコチュウの日	2.5
エコリングの日	8.5
SIAA抗菌の日	9.9
S-903納豆菌の日	9.3
SKBケースの日	11.18
エスニックの日	5.29
エスプレッソの日	4.16
エスロハイパーの日	8.18
エチケットブラシの日	10.27
絵手紙の日	2.3
江戸切子の日	7.5
干支供養の日	2.11
エナジードリンクBARKの日	8.9
NFD花の日	12.10
えのすいクラゲの日	毎月9日
えのすいの日	4.16
海老の日	9月第3月曜
F&E酵素の日	5.3
FXの日	10.8
エプロンの日	8.8
絵本の日	11.30
MIBの日	5.18
M&Aの日	12.10
エムスカルプト・筋肉強化の日	29日の金曜
エムセラ・尿失禁改善の日	24日の金曜
M22 IPLの日	5.22
MBSラジオの日	9.6
LKM512の日	5.12
LG21の日	2.1
LDLコレステロールの日	10.11
エルトン・ジョンの日	10.5
LPガスの日	10.10
LPG車の日	10.10
遠距離恋愛の日	12.21
円満離婚の日	2.29
縁結びの日	11.5
おいしいあなごの日	11.5
おいしい小麦粉の日	9.23
おいしい魚「アイゴ」を食べる日	11.5
美味しいすっぽんの日	10.14
おいしいバターの日	8.21
おいしいラーメン 神座の日	7.19

おいもほりの日	10.23	
オイルフィルターの日	7.10	
黄金糖の日	5.10	
王子マリンロード430の日	4.30	
おうちで美顔器の日	9.9	
近江ちゃんぽんの日	9.7	
近江日野商人の日	2.5	
オウムとインコの日	6.15	
おおいた和牛の日	9.4	
オーガナイズの日	5.30	
オーガニック化粧品の日	8.29	
オーガビッツの日	8.29	
おおきにの日	9.2	
大阪東部ヤクルトの日	10.2	
オオサンショウウオの日	9.9	
大掃除の日	12.13	
オーツミルクの日	10.23	
オーツ麦の日	2.2	
オーディオブックの日	3.3	
オートパーツの日	8.2	
オートファジーの日	2.12	
大戸屋・定食の日	1.8	
オートレース発祥の日	10.29	
オオヒシクイの日（トットの日）	10.10	
オーミケンシ・レーヨンの日	3.4	
大晦日	12.31	
大麦の日	6.6	
お母さんが夢に乾杯する日	7.30	
お菓子のみやきん駒饅頭誕生日	9.27	
お片付けの日	10.10	
おかでんチャギントンの日	3.16	
おかねを学ぶ日	8.29	
岡山県牛窓産 冬瓜の日	7.10	
岡山県産桃太郎トマトの日	10.10	
岡山市・プロヴディフ市姉妹都市（周年記念）	5.12	
おかやま米の新米記念日	10月第3土曜	
おからのお菓子の日	1.30	
おからの日	4.8	
オキシクリーンの日	3.14	
オキシ漬けの日	3.14	
沖縄慰霊の日	6.23	
沖縄黒糖の日	5.10	
沖縄産コーヒーの日	12.1	
沖縄長生薬草の「薬草の日」	8.9	
沖縄復帰記念日	5.15	
屋外広告の日	9.10	
オクラの日	8.7	
おくる防災の日（防災用品を贈る日・送る日）	3.11	
お香の日	4.18	
お香文化の日	11.5	
お好み焼の日	10.10	
オコパー・タコパーの日	毎月第3土曜	
オコメールの日	11.23	
おさかなのソーセージの日	11.11	
おじいさんの日	2.2	
推し推しの日	4.4	
おしぼりの日	10.29	
おしりたんてい・いいおしりの日	11.4	
お赤飯の日	11.23	
おそろいの日	11.11	
オゾンの日	11.3	
おだしの日	10.28	
お茶漬けの日	5.17	
oggi ottoの日	8.8	
おでんの日	2.22	
お父さんの日	毎月13日	
男前豆腐の日	4.4	
大人のダイエットの日	11.7	
大人の日	4.22, 11.22	
オトのハコブネの日	6.17	
音の日	12.6	
お取り寄せの日	10.4	
おなかキレイの日	7.9	
おなかと腸活の日	4.7	
おなかを大切にする日	10.7	
おにぎりの日	6.18	
鬼除け鬼まんじゅうの日	2.3*	
おばあさんの日	8.8	
お墓参りの日	9.23*	
小浜水産グループ・カンパチの日	8.8	
お風呂の日	2.6	
おへそケアの日	7.2	
お弁当始めの日	4.10	
おむすびの日	1.17	
おむつの日	6.2	
オムレツの日	6.2	
オメガ3の日	1.23	
思い出横丁の日	11.24	
思いやり手洗い洗車の日	7.6	
おもちの日	10.10	
おもちゃ花火の日	8.7	
おもてなしの心の日	11.8	
親子丼の日	8.5	
親子の日	7月第4日曜	
親父の日	8.20	
おやつの日	8.8	
親バカ愛の日	8.8	
オリーゼの日	5.16	
おりがみの日	11.11
オリザの米油の日	8.18
オリジナルジグソーパズルの日	8.26
オリジナルTシャツの日	3.1
折りたたみ傘の日	3.16
折箱の日	2.22
オリンピックデー	6.23
オリンピックメモリアルデー	2.7
オレンジデー	4.14
オロナミンCの日	7.3
音楽NFTの日	11.5
音健の日	4.7
恩師の日（「仰げば尊し」の日）	3.24
温泉マークの日	2.22
温泉むすめの日	3.15
恩納もずくの日	7.4
オンライントレードの日	4.1
オンライン花見の日	3.27
オンライン麻雀の日	4.26

か行	
カーサキューブの日	9.2
カーセキュリティVIPERの日	8.18
ガーナチョコレートの日	2.1
カーネルズ・デー	9.9
カープ黄金時代の幕開けの日	7.19
カーペンターズの日	4.22
介護の日	11.11
KAiGO PRiDE DAY	2.22
海藻サラダの日	9.24
買促の日	8.4
怪談の日	8.13
回転寿司記念日	11.22
回転レストランの日	9.6
貝の日	4.8
甲斐の銘菓「くろ玉」の日	9.6
開発支援ツールの日	6.14
香りの記念日	10.30
鏡の日	11.11
鏡開き	1.11
かき揚げの日	11.4
柿の日	10.26
学習机の日	2.9
確定拠出年金の日	10.1
家具の町東川町・椅子の日	4.14
角ハイボールの日	10.8
カクレシアワセの日	9.4
家計の見直しの日	3.7
鹿児島黒牛・黒豚の日	9.6

索引

葛西まつりの日 10月第3日曜	鎌倉作務衣の日 3.6	菊芋ルネサンスの日 12.6
カシスの日 7.23	かみ合わせの日 5.5	「聴く」の日 4.20
ガシャポンの日 8.8	紙コップの日 5.2	キクマサピンの日 11.1
ガスの記念日 10.31	紙飛行機の日 5.8	きしめんの日 10.26
かずの子の日 5.5	カミングアウトデー 10.11	気象記念日 6.1
カスピ海ヨーグルトの日 11.18	亀田の柿の種の日 10.10	希少糖の日 11.10
化石の日 10.15	亀屋清永の日 10.16	キシリクリスタルの日 3.3
かぜ備えの日 9.29	Come on 虎ノ門の日 7.8	キズナアイが生まれた日 6.30
カセットこんろとボンベの日 10.7	からあげクン誕生日 4.15	木曽路「しゃぶしゃぶの日」 4.2
家族クイズで円満相続の日 8.10	カラーの日 1.6	木曽路「すきやきの日」 4.8
家族写真の日 10.23	カラオケ文化の日 10.17	木曽路「肉の日」 2.9
家族と暮らす動物の幸せを考える日 4.29	からしの日 7.16	木曽路「ふぐの日」 2.9
家族と終活を話し合う日 3.18*, 9.20*	カラスの日 9.6	喜多方ラーメンの日 7.17
加須市うどんの日 6.25	カリカリ梅の日 11.10	北川製菓ドーナツの日 6.6
堅あげポテトの日 11.8	カリフォルニア・レーズンデー 5.1	北本トマトカレーの日 8.21
肩コリを労わる日 4.22	カリフォルニアワインの日（California Wine Day） 9.9	喫煙所サイネージの日 9.1
ガチ勢の日 5.20	かりゆしウェアの日 6.1	キッズの日はキズケアの日 5.5
CACHATTOの日 12.18	かりんとうの日 11.10	キッチン・バスの日 11.2
ガチャの日 2.17	カルシウムの日 5.2	キットカットのオトナの日 10.7
ガチャピン・ムックみんなともだちの日 4.2	カルピスの日 7.7	キットパスの日 11.11
カチューシャの唄の日 3.26	カレーの日 1.22	キップ パイロールの日 8.16
鰹節の日 11.24	カレンダーの日 12.3	黄ニラ記念日 2.12
カツカレーの日 2.22	河内こんだ・埴輪の日 8.28	キヌアの日 2.20
楽器の日 6.6	カワスイ「ナマズ」の日 2.22	きのこの山の日 8.11
ガッツポーズの日 4.11	川西ダリヤ園開園記念日 9.21	木原昇・トランペットソロの日 5.7
かっぱえびせんの日 8.10	川根茶の日 4.21	黄ぶなの日 9.27
カップスターの日 1.18	川の恵みの日 11.1	紀文・いいおでんの日 10.10
カップルの日 2.2	カワマニの日 3.31	きみしゃんいりこの日 11.11
家庭用消火器点検の日 1.19	肝炎療養コーディネーターさんありがとうの日 12.3	きもので祝う女性の日 3.3
ガトーショコラの日 9.21	咸宜園の日 2.23	きものの日 11.15
かながわ畜産の日 11月第1日曜	環境・エネルギーに取り組むブルーの日 2.6	キャタピラン（靴ひも）の日 9.21
カナダ・メープルの日 10.5	冠元顆粒の日 3.1	キャットリボン（猫のピンクリボン）の日 10.22
カナデルチカラの日 7.18	菅公学生服の日 1.25	G.A.P.記念日 9.16
カニカマの日（6月を除く）毎月22日	韓国キムチの日 11.22	GAPとSDGs農業の日 11.14
かに看板の日 2.1	看護の日 5.12	キャディーの日 10.18
かにの日 6.22	冠婚葬祭互助会の日 3.15	キャラディネートの日 8.28
ガパオの日 6.8	関西吹奏楽の日 5.5	キャンドルナイトの日 6.21*
かばんの日 8.9	がん支えあいの日 6.21	キャンドルを楽しむ日 11.1
カビ取るデー 6.16, 12.16	元日 1.1	九一庵の日 9.1
カフェオーレの日 8.1	漢字の日 12.12	救缶鳥の日 9.9
株式会社明治機械製作所（周年記念） 1.6	感謝の日 3.9	救急の日 9.9
株式会社明治の明治ミルクチョコレート（周年記念） 9.13	寒天の日 2.16	球根で求婚記念日 9.5
	寒天発祥の日 12.27	球根の日 10.10
カフスボタンの日 9.23	寒の土用丑の日	九州あご文化の日 10.15
花粉対策の日 1.23	関門橋の日 11.14	吸水ショーツの日 9月第1水曜
がま口の日 8.8	管理会計の日 9.13	牛たんの日 9.10
鎌倉アロハの日 6.8	寒露 10.8*	給湯の日 9.10
鎌倉五郎の日 5.6	甘露煮の日 6.2	弓道の日 9.10
	gimoの日 3.3	球都桐生の日 9.10
	キウイの日 9.1	
	機関誌の日 10.27	
	起業を応援する日 6.27	

340

97の日	9.7	クールジャパンの日	7.31	グリーンツーリズムの日		
牛乳の日	6.1	クエン酸の日	9.3		3.28	
旧友の日	6月第2日曜	QUOカードで「ありがとう」を贈る日		グリーンデー	9.14	
休養の日	9.8		3.9	グリーン電力証書の日 11.1		
きゅうりのキューちゃんの日		九九の日	9.9	グリーンリボンDAY	10.16	
	9.9	串カツ記念日	9.4	クリエイトの日	7.10	
教師の日	10.5	串カツ田中の日	11.11	くりこ庵・たい焼きの日		
矯正歯科月間の日	6.1	串の日	9.4		1.15	
行政書士記念日	2.22	串家物語の日	9.4	クリスタルジェミーの日		
「共創する未来」の日	8.3	九十九島せんぺいの日	9.19		9.13	
兄弟姉妹の絆の日		九十九島の日	9.19	クリスタルボウルの日	6.6	
	7月第4日曜	くじらの日	9.4	クリスマス	12.25	
きょうだいの日（シブリングデー）		釧路ししゃもの日	11.7	クリスマス・イヴ	12.24	
	4.10	くず餅の日	9.2	クルージングの日	9.6	
京和装小物の日	4.15	くちびるの日	2.2	ぐるぐるグルコサミンの日		
ギョーザの日	3.8	靴市の日	9.21		9.6	
魚群探知機の日	12.3	KUKKIAの日	9.5	グルテンフリーライフの日		
キョロちゃんの日（森永チョコボールの日）		Cook happinessの日	9.8		9.10	
	9.6	くっつくFM東海ラジオの日		クルミッ子の日	9.30	
きらきらベジ・ケールの日			9.29	くるみパンの日	毎月3日	
	11.8	グッドスーツの日	4.1	クレアおばさんのシチューの日		
霧島湯路223の日	2.23	靴磨きの日	9.23		10.31	
KIRISHIMA No.8の日	8.8	くつやの日	9.28	クレイ沖縄のクワンソウの日		
ギリシャヨーグルトの日		"くつろぎ"の日	9.26		9.3	
	9.1	国生みの日	7.5	クレイジーソルトの日	9.21	
きりたんぽの日	11.11	くにさき七島藺の日	7.10	クレイ美容の日	9.1	
きりたんぽみそ鍋の日		くにのりたけるが絵に目覚めた日		クレープの日		
	11.30		12.13		毎月9, 19, 29日	
切抜の日	3.1	国実の日	9.23	クレームの日	9.6	
キリン一番搾りの日	11.11	くまのプーさん原作デビューの日		クレーンゲームの日	3.3	
きれいな髪のいいツヤの日			10.14	クレバの日（908DAY）	9.8	
	11.28	熊本甘夏の日	4.1	クレバリーホームの日	9.8	
禁煙の日	毎月22日	熊本ばってん下戸だモンの日		黒あめの日	9.6	
菌活の日	5.24		9.21	クロイサの日	9.6	
「銀河のしずく」の日	4.29	組踊の日	9.3	黒い真珠・三次ピオーネの日		
キンカンの日	11.23	組立家具の日	11.27		9.6	
金銀の日	8.2	グミの日	9.3	黒霧島の日	9.6	
キングドーナツの日	10.13	クミンの日	9.30	9696（クログロ）の日	9.6	
金券の日	10.9	供養の日	9.4	クロコくんの日	9.6	
銀座コージーコーナー・ミルクレープの日		クラシアンの日	3.10	黒酢の日	9.6	
	3.19	クラシコ・医師の日		X-BLEND CURRYの日	9.6	
金鳥「コンバット」の日			毎月14日	黒生メルティの日	1.20	
	5.10	クラシックカーの日	11.3	黒にんにくの日	9.6	
キン肉マンの日		「暮らしに除菌を」の日	12.3	黒の日	9.6	
	29日の金曜	グラスタワーの日	6.22	黒舞茸の日	9.6	
筋肉を考える日		蔵出しTシャツデー	6.10	黒豆の日	9.6	
	29日の金曜	クラッピーの日	8.8	黒門市場の日	11.18	
キンレイ感謝の日	11.23	グラノーラの日	10.2	黒ラベルの日	4.1	
勤労感謝の日	11.23	グラフィックTシャツの日		クロレッツの日	9.6	
クイーン・デー	12.12		7.9	クロレラの日	9.6	
クイーンの日（QUEENの日）		クラブツーリズム・ひとり旅の日		桑の日	9.8	
	4.17		11.11	Care222の日	2.22	
食いしん坊の日	9.14	クラフトビールの日	4.23	計画と実行の日	9.5	
クイズの日	9.12	グランド・ジェネレーションズ デー	9月第3月曜	軽貨物の日	10.24	
クイックルの日	9.19			敬護の日	11.15	
グーグーの日	9.9	クリーナーの日	9.7	警察相談の日	9.11	
クータ・バインディングの日		クリープハイプの日	9.8	携帯ストラップの日	4.1	
	9.8	グリーフを考える日	11.23	啓塾	3.6*	
クーパー靱帯の日	9.8	クリーム＆の日	11.22	警備の日	11.1	

経理の日	3.31	
計量記念日	11.1	
軽量の日	9月第3月曜	
競輪発祥の日	11.20	
敬老の日	9月第3月曜	
ケーブルテレビの日	6.16	
ゲーム・オブ・スローンズの日	8.1	
夏至	6.21*	
ケシミンの日	4.3	
化粧品カーボンフットプリントの日	11.1	
血管内破砕術（IVL）の日	8.31	
血管内皮の日	7.11	
結婚相談・トゥルーハートの日	2.8	
血栓予防の日	1.20	
Get Wildの日	4.8	
ケロミンの日	6.3	
減塩の日	毎月17日	
健康オートミールの日	10.3	
健康住宅の日	6.20	
健康食育の日	8.18	
健康に役立つ咀嚼の日	10.30	
健康美脚の日	9.9	
健康ミネラルむぎ茶の日	5.9	
建国記念の日	2.11	
建設業DX推進の日	4.1	
源泉かけ流し温泉の日	5.26	
現代作法の日	3.4	
けん玉の日	5.14	
建築設備士の日	11.18	
ケンハモ「メロディオン」の日	2.1	
憲法記念日	5.3	
ケンミン食品株式会社創業日（周年記念）	3.8	
源流の日	11.16	
恋がはじまる日	5.1	
湖池屋ポテトチップスの日	8.23	
ごいしの日	5.14	
恋と革命のインドカリーの日	6.12	
鯉の日	5.1	
語彙の日（ごいの日）	5.1	
こいのぼりの日（鯉のぼりの日）	5.5	
恋の予感の日	5.1	
こいのわの日	5.10	
こいまろ茶の日	9.1	
「小岩井 生乳（なまにゅう）100％ヨーグルト」の日	4.21	
コインの日	5.1	
コインランドリーの日	5.28	
香育の日	5.19	
合格の日	5.9	
高級食パン文化月間	4.8-5.9	
高級食パン文化の日	4.8	
口腔がん検診の日	11.15	
口腔ケアの日	5.9	
工具の日	5.9	
香薫の日	5.9	
高血圧の日	5.17	
高校生パーラメンタリーディベートの日	3.18	
工事写真の日	5.16	
こうじの日	8.8	
口臭ケアの日	5.4	
工場扇の日	3.22	
工場夜景の日	2.23	
酵水素328選の日	3.28	
香水の日	10.1	
紅茶の日	11.1	
国府津（こうづ）の日	5.2	
合板の日	11.3	
抗疲労の日	5.16	
こうふ開府の日	12.20	
幸福の日	5.29	
甲府UFOの日	2.23	
KOBE JAZZ DAY 4/4	4.4	
神戸プリンの日	2.1	
荒野行動の日	5.5	
高野豆腐の日	11.3	
高齢者安全入浴の日	2.4	
ゴーゴーダンスの日	5.5	
コージーコーナーの日	5.2	
ゴーシェ病の日	5.4	
ゴースト血管対策の日	10.20	
珈琲牛乳の日	4.20	
コーヒーの日	10.1	
ゴーフルデー	5.5	
氷の日	6.1	
氷みつの日	6.1	
ゴールドデー	5.14	
小型家電リサイクルの日	6.9	
呼吸の日	5.9	
穀雨	4.20*	
悟空の日	5.9	
国際CAVAデー	7.12	
国際健康カラオケデー	11.3	
国際子どもの本の日	4.2	
国際母語デー	2.21	
国際盲導犬の日	4月最終水曜	
国産小ねぎ消費拡大の日	毎月23日	
国産とり肉の日	10.29	
国産なす消費拡大の日	毎月17日	
国産ブナ材の日	2.7	
国消国産の日	10.16	
極上の日	5.9	
コクの日	5.9	
黒板の日	5.9	
国分寺ペンシルロケット記念日	4.12	
国連加盟記念日	12.18	
国連・国際平和デー	9.21	
国連デー	10.24	
ココアの日	11.7*	
午後の紅茶の日	5.5	
志授業記念日	4.25	
こころのヘルスケアの日	4.1	
心をスイッチいいブックの日	11.29	
心を注ぐ急須の日	9.4	
古材の日	5.31	
五三焼カステラの日	5.3	
五十音図・あいうえおの日	5.10	
小正月	1.15	
ゴジラの日	11.3	
個人タクシーの日	12.3	
伍代夏子の日	7.25	
こだますいかの日	5.5*	
ごちポの日	5月第3日曜	
コツコツが勝つコツの日	5.2	
ごっつの日	5.2	
骨董の日	9.25	
コットンの日	5.10	
骨盤臓器脱 克服の日	9.9	
骨盤の日	5.28	
コッペパンの日	毎月10日	
骨密度ケアの日	5.23	
子連れの日	5.20	
こてっちゃんの日	5.12	
ご当地キャラの日	5.11	
ご当地スーパーの日	5.11	
ご当地レトルトカレーの日	3.2	
五島の日	5.10	
ごとぐるの日	5.19	
ことばの日	5.18	
「子どもたちに言葉のシャワーを」の日	5.18	
子どもニコニコ笑顔育の日	5.25	
こどもの日	5.5	
こどもの目の日	6.10	
子どもを紫外線から守る日	4.12	
コナカ・フタタの日	12.15	
コニシ記念日	5.24	
小ねぎ記念日	11.23	
小ネタの日	4.8	
こはくの日	5.8,5.9	
小鉢の日	5.8	

ご飯がススムキムチの日	2.26	サービス介助の日	11.1	差し入れの日	3.4
ごはんパンの日	5.8	最強王図鑑の日	6.12	さしみこんにゃくの日	7.1
コピーライターの日	11.11	西京漬の日	3.9	サステナブルファッションの日	8.8
木挽BLUEの日	3.21	最硬の盾の記念日	3.15	サステナブルU.S.ソイの日	11.1
木挽BLUEの日	毎月21日	サイコロキャラメルの日	10.9	サッカーの日	11.11
呉服の日	5.29	崔さんの日	3.13	ざっくぅの日	3.9
ゴボチの日	11.11	サイズの日	3.12	SACの日	3.9
5本指ソックスの日	12.12	再石灰化の日	3.1	雑穀の日	3.9
駒ヶ根ソースかつ丼の日	4.27	斎藤茂吉記念日	5.14	雑誌の日	3.4
胡麻祥酎の日	5.29	SideMサイコーの日	3.15	札幌ホテル夜景の日	10.1
小松菜の日	5.27	菜の日	1,3,5,7,8,10,12月の31日	さつま揚げ（つけあげ）の日	3.20
ごまの日	11.5	Cyber Monday（サイバーマンデー）	12月第2月曜	さつま島美人の日	4.6
530（ゴミゼロ）の日	5.30	サイフの日	3.12	サトウ記念日	3.10
コミュニティファーマシーの日	5.5	サイボーグ009の日	7.19	里見の日	3.13
米粉を使った四角いシュークリーム「myblock」の日	4.18	サイマ（310）の日	3.10	佐土原ナスの日	6.4
コメッ子記念日・米粉の日	4.4	採用担当者へありがとうを伝える日	3.14	サニクリーンの日	3.29
コメドの日	5.10	サヴァ缶の日	3.8	サニの日	3.2
コメニケーションの日	11.23	サウナの日	3.7	鯖すしの日	3.8
小諸・山頭火の日	5.19	佐伯ごまだしの日	11.10	サバの日	3.8
コラーゲン・トリペプチドの日	9.10	サカイのまごころの日	10.17	サぱの日	3.8
コラーゲンの日	1.26	サカつくの日	2.23	サブレの日	3.20
コラーゲンペプチドの日	11.12	さかなの日	3.7	36（サブロク）の日	3.6
こりを癒そう「サロンパス」の日	5.18	サガミの八味唐がらしの日	8.3	サボテンの日	3.10
コルセットの日	8.8	サガミのみそ煮込の日	3.25	サミーの日	3.31
ゴルフ記念日	5.28	サガミ満天そばの日	毎月10日	サムライの日	11.11
コロコロの日	5.6	作業服の日	3.29	さやえんどうの日	3.8
コロッケの日	5.6	佐久鯉誕生の日	1.6	紗の日	3.8
ごろっとサーモンの日	5.10	ザグザグの日	3.9	サラサーティの日	3.30
コロネの日	5.6	さくさくぱんだの日	3.9	サラダ記念日	7.6
小分けかりんとうの日	5.9	さくさくポテトスナックの日	3.9	サルわかコミュニケーションの日	11.1
婚活作戦会議の日	1.14	サクナの日	3.9	ザ・ローリング・ストーンズの日	2.14
婚活の日	5.2	さく乳の日	3.9	サロネーゼの日	3.6
コンクリート住宅の日	5.10	佐久の日・ケーキ記念日	3.9	サワークリームの日	3.8
コンケンの日	8.1	サク山チョコ次郎の日	3.26	サワーの日	毎月30日
「金色の風」の日	5.29	さくらさくみらいの日	3.9	算額文化を広める日	1.23
コンタクトセンターの日	9.20	さくらねこの日	3.22	Ⅲ型コラーゲンの日	11.1
コンタクトレンズの日	9.10	さくらの日	3.27	産業カウンセラーの日	11.23
こんにゃくの日	5.29	さくらんぼの日	6月第3日曜	産業用ワイパーの日	8.18
こんにゃく麺の日	5.20	サクレの日	3.9	サンクスサポーターズデー	3.9
コンビニATMの日	10.8	酒酵母の日	6.30	Thanks life day	11.23
コンペイトウの日	7.7	鮭の日	11.11	三幸の日	3.5
梱包の日	11.8	酒風呂の日	3.21*, 6.21*, 9.23*, 12.22*	産後ケアの日	3.5
さ行		さけるチーズの日	3.9	Sangoportの日	3.5
さーたーあんだぎーの日	3.14	笹かまの日	7.7	産後ママスマイルデー	3.5
サーチファンド誕生の日	4.1	ささみの日	3.3	産後リカバリーの日	10.10
		ササミ巻きガムの日	2.3	山菜の日	3.31
		サザンイエローパインの日	3.31	33ガレージの日	3.3
		サジーの日	3.4	三姉妹の日	3.4
				酸蝕歯の日	3.4
				サン・ジョルディの日	4.23
				三択の日	3.3
				サンダルバイバイの日	7.30

サンテロ天使の日	10.4	子宮頸がんを予防する日		字幕普及の日	10.9
3.9サキュレントデー	3.9		4.9	シマリスの日	11.11
サンドブラスト彫刻の日		子宮体がんの日	3.9	四万十鶏の日	4.10
	3.10	ジグソーパズルの日	3.3	しみゼロの日	4.30
サントリー赤玉の日	4.1	歯垢なしの日	4.7	シミ対策の日	4.3
三の日	3.3	四国・幸福の日	4.29	事務の日	4.6
散髪の日	3.8	仕事も遊びも一生懸命の日		シャー芯の日	1.11
三板（サンバ）の日	3.8		6.21*	シャイニーカラーズの日	
ザンパの日	3.8	資産形成を考える日	4.3		4.12
サンミーの日	3.31	猪肉の日	4.4	シャウエッセンの日	8.10
残薬をへらす日	3.8	シジミの日	4.23	社会鍋の日	11.30
３４山陽不動産の日	3.4	磁石の日	10.1	じゃがりこの日	10.23
サンヨーの日	3.4	歯周病予防デー		試薬の日	3.9
三陸たこせんの日	8.8	自助の日	5.28	ジャグラーの日	5.5
三輪車の日	3.3	シシリアンライスの日	4.4	JAZZりんごの日	6.28
サンロッカーズの日	3.6	シスターストリート記念日		車窓サイネージの日	5.31
サンワの日	3.8		10.5	社長の日	4.10
指圧の日	4.8	システム管理者感謝の日		ジャックポットの日	11.11
しあわせ写真の日	4.4		7月最終金曜	社内報の日	10.5
しあわせニッコリ食で健康		四川料理の日	4.20	ジャパニーズウイスキーの	
長寿の日	4.25	しそ焼酎「鍛高譚（たんたかたん）」の日	12.9	日	4.1
幸せの日	4.4	シダックス栄養士会・Talkで結の日	10.9	ジャパンパラリンピックデー	8.24
CROの日	9.1	七五三	11.15	しゃぶしゃぶ・日本料理	
CO₂減減の日	4.2	七福神の日	7.29	木曽路の日	9.1
飼育の日	4.19	七味の日	7.3	シャボン（せっけん）の香	
シーザーサラダの日	7.4	シチューライスの日		りの日	4.8
シーザーの日	4.3		毎月20日	ジャマイカ ブルーマウンテンコーヒーの日	1.9
C.C.レモンの日	4.4	視聴率の日	12.22	ジャムの日	4.20
C1000の日	2.6	しっかりいい朝食の日	4.11	収育の日	4.19
シーチキンの日	5.25	失語症の日	4.25	住育の日	10.19
シートの日	4.10	指定自動車教習所の日	6.25	11月18日は電線の日	
シーバの日	4.8	自転車ヘルメットの日	5.1		11.18
シーモネーター・天狗の日		自動車中古部品の日	9.28	終活を考える日	10.1
	10.9	自動車保険の日	2.14	シュークリームの日	
シールの日	4.6	自動販売機の日	3.21		毎月19日
シェアサイクルの日	4.3	信濃の国カレーの日	10.25	ジューCの日	10.4
JDDA・ダンスミュージックの日	9.9	「信濃の国」県歌制定の日	5.20	充実野菜の日	10.10
Jリーグの日	5.15	信濃毎日新聞（周年記念）		習字の日	11.2
ジェニの日	12.12		7.5	じゅうじゅうカルビの日	
ジェネリック医薬品の日		シニアピアノの日	6.6		10.10
	12.22	歯肉炎予防デー	4.29	終戦の日	8.15
ジェラートの日	8.27	歯肉ケアの日	4.29	柔道整復の日	4.14
シェリーの日	9.6	老舗の日	10.20	18リットル缶の日	5.18
塩っぺの日	7.22	自然薯芋の日	11.21	秋分	9.23*
塩と暮らしの日	7.3	自然薯の日	11.16	秋分の日	9.23*
塩ふき昆布（えびすめ）の		視能訓練士の日		十六茶の日	毎月16日
日	10.1		6月第1月曜	ジュエリーデー	11.11
歯科インプラントで健康維持の日	11.11	柴犬とおっさんの日	4.8	シュガーバターの木の日	10.8
歯科技工士記念日	9.24	芝の日	4.8	熟カレーの日	毎月19日
視覚障害者ガイドヘルパーの日	12.3	獣肉（ジビエ）の日	10.29	熟成ウインナー TheGRANDアルトバイエルンの日	
資格チャレンジの日		しぶしの日	4.24		10.9
	毎月1日	自分史の日	8.7	熟成肉の日	10.9
歯科治療法EZ4の日	4.4	自分を愛してハッピーデー		ジュジュ化粧品の日	10.10
信楽たぬきの日	11.8		4.8	JUJUの日	10.10
「四季」の日	11.12	脂肪０％ヨーグルトの日	4.4	数珠つなぎの日	10.10
磁気の日	11.11	シマエナガの日	1.20*		

シュタゲの日	7.28	ジョルテの日	12.2	水難訓練の日	7月第3月曜
出発の日	4.8	しらすの日	5.4	水分補給の日	5.15
酒盗の日	4.10	シリアルの日	5.29	SWEET SIXTEEN 文化の日	4.16
ジュニアシェフの日	12.8	しるこサンドの日	4.3	数学の日	3.14
主婦休みの日	1, 5, 9月の25日	ジルコニウムの日	4.10	スーツセレクトの日	11.11
シュライヒフィギュアの日	9.18	しろえびせんべいの日	4.10	スーツを仕立てる日	3.2
潤滑油の日	7.10	白黒猫さんの日	3.30	スートブロワ記念日	5.8
じゅんさいの日	7.1	白だしの日	7.29	スーパーカーの日	11.1
JUN SKY WALKER(S)の日	5.21	しろたんの日	8.8	スープの日	12.22
春分	3.21*	白の日	4.6	スカーフの日	3.4
春分の日	3.21*	師走に遺産（相続）を考える日	12.13	スカイプロポーズの日	毎月10日
障害者が複数いる家庭に思いをはせる日	12.10	シワ対策の日	4.8	スカルプDの発毛DAY	1.1
障害者の日	12.9	シンガーソングライター・小林未奈の日	3.7	スカルプの日	10.1
障害者優先調達推進法の日	6.27	新学社・全日本家庭教育研究会の「家庭教育を考える日」	7.14	図鑑の日	10.22
少額短期保険（ミニ保険）の日	3.2	新型インフルエンザ対策の日	4.13	すっき戸の日	10.18
生姜の日	6.15	成吉思汗たれの日	4.22	すき焼き通の日	10.15
小寒	1.6*	鍼灸の日	4.9	スクーバダイビングの日	5.24
将棋の日	11.17	THINK SOUTHの日	12.11	スクフェスの日	4.15
消救車の日	1.7	人工内耳の日	9.9	宿毛の柑橘「直七」の日	10.7
承継を考える日	2.2	新子焼きの日	4.5	スケートパトロールの日	5.3
証券投資の日	10.4	宍道湖中海の生態系を守る日	12.13	スケッチブックの日	9.21
小暑	7.7*	人事戦略を考える日	11.22	凄麺の日	10.29
浄水器の日	4.13	人事の日	2.2	スジャータの日	3.23
小雪	11.22*	「信州 火山防災の日」	9.27	進めようDXの日	10.10
小児がんゴールドリボンの日	4.25	信州地酒で乾杯の日	毎月8日	スズラン印の日	10.20
消費者がつくったシャンプー記念日	11.13	信州ハム「グリーンマーク」の日	5.4	スター・ウォーズの日	5.4
消費者の日	5.30	「信州・まつもと鍋」の日	12-2月の19日	スターリングシルバーの日	9.25
消費者ホットライン188の日（いややの日）	5.18	信州ワインブレッドの日	毎月20日	スタジオキャラットの日	4.27
消費生活協同組合の日	7.30	新宿日本語学校・にほんごの日	11.5	スタジオコフレの日	5.20
商品検査の日	10.1	人事労務の日	6.6	すたみな太郎の日	3.7
消防記念日	3.7	新選組の日	3.13	スタンプラリーの日	8.8
情報サイト・COMUGICOの日	7.6	神前結婚式の日	7.21	スッキリ美腸の日	毎月8日
消防車の日	4.23	仁丹の日	2.11	スティックパンの日	11.11
小満	5.21*	新茶の日	5.2*	STICK MASTERの日	2.8
醬油豆の日	8.8	京鼎樓の小籠包の日	3.27	スティッチの日	6.26
昭和かすみ草の日	7.20	新聞折込求人広告の日	9.8	ステーブルコインの日	7.5
昭和の日	4.29	新聞広告の日	10.20	「ステハジ」の日	6.8
ショートフィルムの日	6.4	しんぶん配達の日	7.14	ステンレス316Lジュエリーの日	3.16
書家・金澤翔子さん誕生日	6.12	辛ラーメンの日	4.10	ステンレスボトルの日	4.10
食育の日	4.19	人力車発祥の日（日本橋人力車の日）	3.24	ストウブ・ココットの日	9.10
食と野菜ソムリエの日	4.9	スイートピーの日	1.21	Stop迷惑メールの日	7.10
食品サンプルの日	3.26	水泳の日	8.14	すとぷりの日	6.4
植物エキスの日	5.5	水事（すいじ）無しの日	6月毎週水曜	ストレッチウェルの日	10.7
食文化の日	10.1	水上バイクの日	7.13	ストレッチパンツの日	2.2
食物せんいの日	10.1	すいとんで平和を学ぶ日	8.15	スナックサンドの日	9.15
女子大生の日	8.21			スニーカーの日	2.22
処暑	8.23*			スパークリング日本酒の日	6.21
書道の日	11.2			Spartyのパーソナライズ記念日	1.21

項目	日付
スパの日	2.8
ズブロッカの日	10.26
スペインワインの日	9.8
スペースインベーダーの日	6.16
スポーツアミノ酸の日	10月第2日曜
スポーツアロマの日	7.24
スポーツウエルネス吹矢の日	11.28
スポーツ環境・クリーンファーストの日	9月第1日曜
スポーツシートの日	4.10
スポーツの日	10月第2日曜
スポーツボランティアの日	9.6
スマイルトレーニングの日	10.13
スモアの日	8.10
スライドシャフトの日	9.6
3×3の日	3.3
スリッパを楽しむ日	3.8
スリムの日	3.6
スリランカカレーの日	3.5
スロット・ハナビの日	8.7
スンドゥブの日	10.2
セアダスの日	4.28
性教育を考える日	7月第3月曜
青春七五三	5.15
成人の日	1月第2月曜
清明	4.5*
生命保険に感謝する日	11.23
生命保険の日	1.31
生理学の日	7.10
税理士相互扶助の日	10.26
清流の日・小川の日	4.8
生理をジェンダーレスで考える日	5.28
世界ありがとうの日	7.15
世界一周の日	6.21
世界ウェーブストレッチリングの日	10.18
世界エイズデー	12.1
世界格闘技の日	6.26
世界KAMISHIBAIの日	12.7
世界環境デー	6.5
世界気象デー	3.23
世界禁煙デー	5.31
世界血栓症デー	10.13
世界食料デー	10.16
世界赤十字デー	5.8
世界で初めて組織的に視覚障害者教育が始まった日	9.18
世界てんかんの日	2月第2月曜
世界に一つだけの晴れの国リンドウ記念日	8.18
世界保健デー	4.7
世界リンパ浮腫の日	3.6
世界老人給食の日	9月第1水曜
セカンドオピニオンを考える日	2.14
関ケ原合戦の日	9.15
石炭の日「クリーン・コール・デー」	9.5
石油の日	10.6
ゼクシオの日（XXIOの日）	毎月21日
セクレタリーズ・デー	4月最後の7日間そろった週の水曜
セコムの日	7.5-6
切削工具の日	7.5
摂食嚥下障害克服のためのゴックンの日	5.9
接着の日	9.29
切腹最中の日	3.14
節分	2.3*
ゼネラル・オイスターの岩牡蠣の日	6.9
セブン-イレブンの日	7.11
ZEPPET STOREの日	7.16
背骨の日	5.27
ゼラチンの日	7.14
ゼリーの日	7.14
セルフケアの日	4.7
CELFの日	7.2
セルフハグでもっと自分を好きになる日	8.9
セルフメディケーションの日	7.24
セルフレジの日	11.18
ゼロミートの日	3.10
千切り大根の日	2.17
全国なまずサミット・なまずの日	7.2
ぜんざい・おしるこの日	2.8
センサの日	10.3
洗車の日	4.28, 11.28
泉州阪南さわらの日	4.20
千представ	
千枚せんべいの日	10.10
洗浄の日	10.3
先生ありがとうの日	11.25
仙台牛の日	10.9
仙台市天文台の日	2.1
洗濯を楽しむ日	10.19
禅寺丸柿の日	10.21
銭湯の日	10.10
ZENTの日	10.10
鮮度保持の日	7.23
セントラル浄水器の日	7.17
ZENRING DAY	10.18
霜降	10.23*
ぞうさんの日	11.16
そうじの達人未来の日	12.1
ソースの日	11.7
ソーセージの日	11.1
草の日	9.3
ソープカービングの日	6.21
総務の日	6.1
即席カレーの日	11.27
ソサイチ（7人制サッカー）の日	7.7
組織風土の日	11.20
卒業アルバムの日	7.24
そばの日	10.8
ソフティモ・黒パックの日	9.6
ソフトウェアバグの日	8.9
ソラコム・SIMの日	4.6
そろばんの日	8.8

た行

項目	日付
ダースの日	12.12
ダーツの日	11.1
ダイアナの靴の日	9.2
タイガーボードの日	3.1
大寒	1.20*
大工さんの日	11.22
大暑	7.23*
大豆の日	2.3
大雪	12.7*
大切な問いに向き合う日	10.1
大腸がん検診の日	9.1
大腸を考える日	9.26
タイツの日	11.2
大都技研の日	7.11
鯛の日	10月第2月曜
大福の日	2.9
太平洋戦争開戦の日	12.8
タイムカプセル・信毎ペンの庫の日	10.22
タイヤゲージの日	4.7
タイヤの日	4.8
ダイヤモンド原石の日	4.22
太陽光発電の日	6.21*
太陽の子保育の日	6.21
タイルの日	4.12
タオルの日	4.29
高岡食品工業株式会社の麦チョコ（周年記念）	7.1
だがしの日	3.12
高菜の日	7.7
滝修行の日	7.4
抱きまくらの日	8.9
たくあんの日	11.11
タクシーサイネージの日	4.1
宅配ピザの日	9.30
宅配ボックスの日	5.1

竹内洋岳・8000m峰14座登頂の日	5.26	チー坊の日（チチヤスの日）	6.1	つけまの日	6.6
たけのこの里の日	3.10	知恵の輪の日	9.9	つづく服。の日	9.29
だじゃれの日	9.1	地下鉄記念日	12.30	つっぱり棒の日	2.8
畳の日	4.29, 9.24	地球の日（アースデー）	4.22	包む（ラッピング）の日	2.26
立ち飲みの日	11.11	チキン南蛮の日	7.8	伝筆の日	2.10
Touch your heartの日	8.10	ちくわぶの日	10.10	つなぐ日	4.27
タツノオトシゴの日	7.7	地質の日	5.10	TSUBAKIの日	2.8
タッパーの日	4.27	チタンアクセサリーの日	2.2	つぼイノリオ記念日	6.9
伊達のあんぽ柿の日	12-2月の13日	父の日	6月第3日曜	つぼ漬の日	2.2
伊達巻の日	5.24	父の日はうなぎの日	6月第3日曜	坪庭の日	2.8
七夕	7.7	地熱発電の日	10.8	詰め替えの日	6.25
谷川岳の日	7.2	地方港混載の日	11.1	ツヤツヤ髪の毛の日	2.8
多肉植物の日	11.20	チャーハンの日	8.8	吊り橋の日	8.4
田主丸・河童の日	8.8	着うたの日	12.3	つるむらさきの日	7.26
たのしくドライブする日	5.5	着信メロディの日	12.1	ツローの日	毎月26日
ダノンBIOの日	8.10	Chatworkの日	3.1	DHAの日	6.22
タピオカの日	11.9	チューインガムの日	6.1	TMS・感動新婚旅行の日	4.25
足袋の日	10.8	中央シャッターの日	7.2	TMS・感動ハネムーンの日	8.26
ダブルソフトでワンダブル月間	11.1-30	中華まんの日	1.25	DMMぱちタウンの日	8.8
ダブルソフトの日	毎月11日	中元	7.15	Dcollection・黒スキニーの日	9.6
タブレット通信教育の日	11.20	中国茶の日	7.8	低GI週間	11.1-7
「食べたい」を支える訪問歯科診療の日	12.18	中性脂肪の日	10月第3土曜	低GIの日	11.1
たべっ子どうぶつの日	5.5	チューリップを贈る日	1.31	ティシューの日	10.4
食べものを大切にする日	9.9	銚子丸の日	11.2	ディスクジョッキーの日	12.28
たまごかけごはんの日	10.30	超熟の日	10.1	ディスコの日	7.22
たまご蒸しパンの日	10.1	長城清心丸の日	毎月5日	ディズニーツムツムの日	2.6
試し書きの日	11.22	挑人の日	8.8	ディズニー マリーの日	2.22
ダヤンの誕生日	7.7	調性で音楽を楽しむ日	7.12, 12.7	低用量ピルで生理ケアの日	7.28
多様な性にYESの日	5.17	腸内フローラの日	1.26	データセンターの日	12.1
樽酒の日	1.11	調味料の日	11.3	データ見える化の日	10.3
タルタルソースの日	11.14	朝礼の日	10.10	データをつなぐ日	2.9
ダレデモダンスの日	3.6	貯金箱の日	10.10	デーツの日	12.2
たわしの日	7.2	直売所（ファーマーズマーケット）の日	10.2	手織りの日	7.7
探究の日	10.9	チョコチップクッキーの日	5.23	「適サシ肉」の日	1.15
短鎖脂肪酸の日	3.4	チョコミントの日	2.19	テクノホスピタリティの日	6.28
端午の節句	5.5	チョコラBBの日	8.8	デコポンの日	3.1
炭酸水の日	4.8	チョロQの日	9.9	デコレーションケーキの日	7.12
断酒宣言の日	11.10	ちらし寿司の日	6.27	デジタルノマドの日	8.8
誕生記念筆の日（赤ちゃん筆の日）	8.20	治療アプリの日	8.21	デジタル放送の日	12.1
誕生日は母と写真を撮る日	8.10	チロリアンの日	10.10	手帳の日	12.1
弾性ストッキングの日	10.26	チンアナゴの日	11.11	鉄道の日	10.14
ダンテ	5.10	珍味の日	11.23	鉄の記念日	12.1
たんぱく質の日	9.11	ツインテールの日	2.2	てっぱん団らんの日	6.10
ダンボール・アートの日	12.12	杖立温泉・蒸し湯の日	6.4	鉄分の日	11.26
チーかまの日	11.13	杖の日	12.12	手と手の日	10.10
地域と共に成長の日	8.17	塚田牛乳SENDの日	7.20	デドバの日	10.18
知育菓子の日	7.19	月化粧の日	5.21	デニムの日	10.26
チーズ鱈の日	2.23	月でひろった卵の日	7.14	デニャーズの日	2.22
		次に行こうの日	2.15	手羽先記念日	6.14
		月のうさぎの日	4.10	手羽トロの日	6.16
		月見酒の日	旧暦8.15	てぶくろの日	10.29
		ツクールの日	2.15	手巻寿司の日	9.9
		佃煮の日	6.29		

索引

347

手巻きロールケーキの日 毎月6日	東京タワー完工の日 12.23	とくしまNAKAドローンの日 10.6
デリバリー弁当の日 6.1	東京都平和の日 3.10	ドクターエアの日 11.30
テリヤキバーガーの日 5.15	東京二八そばの日 2.8	Dr. シーバのエラスチンの日 8.8
デルぱち君の誕生日 8.8	東京ばな奈の日 2.17	ドクター・ショール フットの日 2.10
テレビ時代劇の日 7.1	『東京リベンジャーズ』・東京卍會結成記念日 6.19	床ずれ予防の日 10.20
テレビ放送記念日 2.1	統計の日 10.18	ところてんの日 6.10
天下一品の日 10.1	刀剣乱舞・審神者の日 3.28	土佐文旦の日 2.13
電気記念日 3.25	闘魂アントニオ猪木の日 10.1	都市農業の日 11.2
電気自動車の日 5.20	陶彩の日 10.31	図書館記念日 4.30
天空のスイーツの日 10.9	糖鎖の日 10.3	土地家屋調査士の日 7.31
天才の日 10.31	冬至 12.22*	とちぎのいちごの日 1-3月の25日
電子コミックの日 8.16	糖質ゼロの日 10.4	杜仲の日 10.2
電子書籍の日 2.17	「堂島ロール」の日 6.16	特許翻訳を学ぶ日 10.10
天使のエステの日 10.4	東条川疏水の日 11.23	とってもいい朝食の日 10.11
天使のささやきの日 2.17	等身大フォトの日 10.4	ドットライナーの日 10.10
天使のシャンパンの日 10.4	東スポの日 4.1	とっとり０９２９（和牛肉）の日 9.29
天使の日 10.4	東筑軒の立ち食いうどん・そばの日 11.11	ドットわん・犬の納豆の日 7.10
点字ブロックの日 3.18	盗難防止の日 10.7	トップガンの日 5.13
天赦日は開運財布の日 天赦日	豆乳で作ったヨーグルトの日 7.8	トッポの日 10.10
天津飯の日 10.18	豆乳の日 10.12	十歳の祝いの日 3.7
DENTALANDの日 6.4	等伯忌 2.24	ととのえの日 11.11
電柱広告の日 5.28	頭髪記念日 10.8	トナーの日 10.7
テンテの日 10.10	東ハトの日 10.8	トニックの日 10.29
テンデンスの日 10.10	陶板名画の日 10.8	鳥羽の日 10.8
電動アシスト自転車「ViVi」の日 6.6	頭皮ケアの日 10.1	「跳び」の日 10.2
電動工具の日 10.1	豆腐干の日 10.20	どぶろくの日 10.26
転倒予防の日 10.10	動物看護の日 6.28	徒歩の日 10.4
天女の日 10.24	動物虐待防止の日 9.23	トマトアンドオニオンの日 10.10
天皇誕生日 2.23	豆腐バーの日 10.28	トマトサワーの日 10.30
電波の日 6.1	透明資産の日 12.14	トマトの日 10.10
天ぷら粉の日 10.1	透明美肌の日 10.8	トムとジェリーの誕生日 2.10
天ぷらの日 7.23*	東洋羽毛・羽毛ふとんの日 8.10	ドムドムハンバーガーの日 10.6
ten.めばえの日 1.10	桐葉菓の日 10.8	トムの日 10.6
でん六の日 10.6	登録販売者の日 10.6	ドメインの日 3.15
電話健康相談の日 10.1	糖をはかる日 10.8	共家事の日 11.23
ドアリーの日 8.8	TOEICの日 10.19	共に守るマスクの日 10.9
トイコーの日 10.15	10日金曜日は東金（とうがね）の日 10日の金曜	ドモホルンリンクル「しみキレイ」の日 4.3
ドイツパンの日 10.3	TOTO（トト）の日 10.10	ドモホルンリンクル「しわキレイ」の日 4.8
ドイツワインの日 4.28	トートバッグの日 10.10	土用丑の日 土用丑の日
トイトイトイクリニックの日 10.1	ドーピング０の日 10.8	とよかわ大葉「いい大葉の日」 11.8
トイドローンを楽しむ日 8.8	TOEFLの日 10.26	豊（とよ）の日 10.4
トイレクイックルの日 10.19	ドール・極撰の日 5.9	豊橋「つまもの」の日 4.12
トイレットロールの日 10.11	ドール・スウィーティオパインの日 8.1	トライの日 10.1
トイレの日 11.10	Doleスムージーの日 6.10	ドライバーの日 10.18
トゥインクルレースの日 7.31	Doleバナ活の日 毎月7日	ドラゴンクエストの日 5.27
to suitの髪リフトの日 10.5	ドール・フィリピン産パパイヤの日 8.8	トラックの日 10.9
トゥー・チェロズの日 1.20	時の記念日 6.10	とらふぐ亭の日 2.9
ドゥーワップの日 7.12	「とく子さん」の日 10.9	
糖化の日 毎月10日	特撮の日 7.7	
童画の日 5.8	徳島県にんじんの日 4.12	
東京水道の日 12.1	徳島県れんこんの日 11.8	

ドラベ症候群の日	6.23	夏越ごはんの日	6.30	225の日	2.25
ドラムの日	10.10	名古屋コーチンの日	3.10	ニイミの日	2.13
どらやきの日	4.4	那須塩原市牛乳の日	9.2	苦汁（にがり）の日	9.10
トラリピの日	12.21	なすび記念日	4.17	にかわの日	11.7
トランクルームの日	10.9	謎解きの日	5.9	ニキビケアの日	7.27
ドリアの日	10.29	謎肉の日	7.29	ニキビの日	5.21
ドリーム号の日	6.10	ナツイチの日	7.21	肉汁水餃子の日	1.1
Dream Zoneのラジオを楽しむ日	8.17	ナツコイの日	7.7	肉まんの日	11.29
ドリカムの日	7.7	なつこの日	7.25	ニゴロー集う「にごり酒」の日	2.5
ドリップコーヒーの日	10.22	夏チョコの日	7月第3月曜	ニゴロブナの日	2.5-7
鳥と人との共生の日	8.10	ナッツのミツヤの日	3.28	ニシキアナゴの日	11.11
とりなんこつの日	7.5	ナッツミルクの日	7.23	錦通り・ニッキーの日	4.21
TORQUEの日	10.9	夏トマトの日	8.8	にじさんじの日	2.3
トレシーの日	10.4	夏の恋を熱くするラブラブハートの日	8.10	虹の日	7.16
ドレッシングの日	8.24	夏の長野県産レタスの日	7.2	二重とびの日	2.10
トレハロースの日	10.8	夏ふーふースープカレーの日	7.22	にじゅうまるの日	2.10
ドローンサッカーの日	7.24	夏を色どるネイルの日	7.16	二世帯住宅の日	2.10
ドローンパイロットの日	10.8	なないろSMSの日	毎月22日	煮たまごの日	2.5
とろけるクッキーの日	10.9	七草	1.7	日南一本釣りかつおの日	3.21
とろけるハンバーグの日	5.4	七転八起の日	7.8	ニッパーの日	2.8
どろソースの日	10.6	ナナシーの日	7.4	ニッポン放送 ワイドFM 93の日	9.30
トロの日	毎月16日	ななつのしあわせミックスナッツの日	3.7	2並びの日（セカンドラインの日）	2.22
とろみ調整食品の日	10.3	『七つの大罪 黙示録の四騎士』の日	7.4	二百十日	9.1*
永遠の愛を繋ぐ婚約指輪の日	10.1	なにやろう？自由研究の日	7.28	二百二十日	9.11*
永遠の日	10.8	ナビの日	7.1	2分の1成人式の日	2.1
トンカツの日	10.1	ナブコの日	7.25	日本遺産の日	2.13
とんがりコーンの日	5.25	ナプロアースの日	7.26	日本記念日協会創立記念日	4.1
とんこつラーメンの日	10.2	鍋と燗の日	11.7*	日本骨髄増殖性腫瘍の日	9月第2木曜
ドンコの日	3.3	鍋の日（なべのひ）	11.7	日本三景の日	7.21
ドンペンの日	9.8	ナボナの日	12.18	日本重症筋無力症の日	6.2
問屋の日	10.8	ナポリタンの日	4.29	日本酒女子会の日	2.14
な行		なまえで未来をつくる日	11.7	日本酒の日	10.1
内科の日	7.1	生クリームの日	9.6	日本巡礼文化の日	4.15
内航船の日	7.15	生サーモンの日	7.30	日本女性医師デー	11.7
内視鏡の日	7.14	生酒の日	6.25	日本製肌着の日	11.17
ナイススティックの日	7.13	生パスタの日	7.8	日本製ファッションの日	2.2
ナイスバディーの日	7.8	生パスタの日	毎月7-8日	日本茶の日	10.1
内臓脂肪の日	7.14	生ハムの日	11.11	日本直販の日	6.6
名入れギフトの日	7.10	涙の日	7.3	日本手ぬぐいの日	3.21
ナオトの日	7.10	波の日	7.3	日本点字制定記念日	11.1
NAOMIの日	7.3	「なわ」の日	7.8	日本刀の日	10.4
永くつながる生前整理の日	7.29	南郷トマトの日	8.6, 9.10	日本入浴協会・よい風呂の日	4.26
ながさき平和の日（長崎市）	8.9	「なんしょん？」の日	7.4	日本のキャビアの日	9.15
Nagase Viitaの日	5.11	難聴ケアの日	11.3	日本の食文化・燻製（スモーク）の日	9.9
中津ハモの日	8.30	ナンの日	7.6	日本初の点字新聞「あけぼの」創刊記念日	1.1
長瀞観光の日	7.16	No.2の日	2.2	日本バドミントン専門店の日	8.10
長野県きのこの日	11.11	難病の日	5.23	日本ヒートアイランド対策協議会の日	7.10
長野県ぶどうの日	9.23	なんもしない日	6.3		
長野県りんごの日	11.22	似合う色の日	2.16		
長湯温泉「源泉のかけ流し」記念の日	5.24	新潟米の日	10.25		
渚の日	7.3	NISAの日	2.13		

日本列島たこせんべいの日	3.8	
にゃんまるの日	2.22	
ニューギンのよいパチンコの日	4.18	
乳酸菌のくすりの日	2.12	
乳酸菌の日	2.3	
乳酸菌の日	毎月23日	
ニュータウンの日	9.15	
入梅	6.10*	
ニューパルサーの日	2.28	
乳房再建を考える日	10.8	
尿もれ克服の日	2.20	
２連ヨーグルトの日	2.2	
にわとりの日	2.8	
庭の日	4.28	
人間ドックの日	7.12	
忍者の日	2.22	
妊娠の日	2.4	
認知症予防の日	6.14	
にんにくの日	2.29	
ぬか床の日	1.20*	
ヌヌコ記念日	2.25	
布おむつの日	6.11	
ネイルの日	11.11	
ネオバターロールの日	8.1	
ネオロマンスの日	9.23	
ネオンサインの日	7.15	
ねぎらいの日	11.23	
猫背改善の日	2.22	
ネゴツィエットが金属アレルギーの事を知って欲しい日	3.16	
猫と人の日	11.28	
猫の健康診断の日	2.22	
猫の日	2.22	
熱中症対策の日	5.5	
ネット銀行の日	10.12	
ネット生保の日	5.18	
根張星（ねばりスター）の日	9.2	
ねんどの日	9.1	
年度末	3.31	
農協記念日	11.19	
農山漁村女性の日	3.10	
ノウフクの日	11.29	
納本制度の日	5.25	
ノーコード開発の日	6.25	
ノーベンバーラブデー	11.30	
乃木坂46の日	2.22	
野沢菜の日	11.1	
野島（のしま）の日	8.8	
のど飴の日	11.15	
のどぐろ感謝の日	9.6	
能登ヒバの日	1.8	
信長の野望の日	3.30	
飲むオリーブオイルの日	10.3	
海苔の日	2.6	

は行

パークの日（駐車場の日）	8.9	
ハーゲンダッツの日	8.10	
パーシーの日	8.4	
BARTH中性重炭酸入浴の日	10.13	
BARTHナイトルーティンの日	9.10	
パーソナルトレーナーの日	8.7	
ハードコアテクノの日	8.5	
Heart Safe Cityの日	9.29	
ハートつながるキッドビクスの日	8.10	
ハートトラストの日	8.10	
パートナーの日	8.7	
ハートの日	8.10	
バーバパパの日	4.22	
パーフェクトの日	8.21	
ハーブの日	8.2	
ハープの日	8.2	
パーマの日	8.1	
パールミルクティーの日	8.3	
ハイアルチの日	10.21	
ハイエイトチョコの日	8.18	
配管くんの日	8.1	
ハイキューの日	8.19	
バイキングの日	8.1	
ばい菌ゼロの日	2.10	
バイクエクササイズの日	6.16	
俳句記念日	8.19	
ハイサワーの日	8.3	
廃車リサイクルの日	8.14	
はいチーズの日	8.22	
ハイチオールの日	8.1	
配置薬の日	8.1	
ハイチュウの日	8.12	
バイトルの日	8.10	
ハイドロ銀チタンの日	2.22	
パイナップルの日	8.17	
梅肉エキスの日	6.1	
バイバイフィーバーの日	10.10	
ハイビスカスの日	8.1	
ハイブリッドキャリアの日	11.11	
ハイボールの日	8.10	
パインアメの日	8.8	
バウムクーヘンの日	3.4	
「歯が命」の日	8.1	
はがねの日	4.1	
ハグ〜ンの日	8.9	
歯ぐきの日	11.8-9	
白杖の日	10.15	

箔装飾の日	8.9	
HAKUの日	4.30	
パグの日	8.9	
ぱくぱくの日	8.9	
白馬そばの日	2.8-10	
白露	9.8*	
バケットリストの日	11.3	
箱そばの日	8.5	
ハコボーイの日	8.5	
はしご車の日	8.5	
橋の日	8.4	
箸の日	8.4	
はじめます宣言の日	1.11	
はじめようの日	3.21	
橋本会計の安心会計の日	7.7	
ハジ→の日	8.4	
走ろうの日	8.4	
ハスカップの日	7.7	
パステル和（NAGOMI）アートの日	8.25	
パソコンお直しの日	7.4	
パソコン検定の日	毎月9日	
パソコン工房の日	8.5	
パソコン資格の日	10.10	
裸石の日	8.14	
肌トラブル救急（QQ）の日	9.9	
肌には知る権利がある記念日	4.20	
秦野名水の日	10.17	
働く人の健康記念日	10.10	
歯ヂカラ探究月間（1日〜30日）	9.1-30	
八十八夜	5.2*	
八丈島から南大東島への上陸記念日	1.23	
パチスロの日	8.4	
パチスロ・ハナハナの日	8.7	
パチ7の日	8.7	
パチパチパニックの日	8.8	
パチマガスロマガの日	7.7	
はちみつ100％のキャンデーの日	10.8	
爬虫類の日	8.8	
パチンコ＆スロット喜久家創立記念日	4.1	
パチンコ実践バラエティ番組『くずパチ』の日	9.28	
ぱちんこの日	8.8	
パチンコ・パチスロメーカー「SANYO」の日	3.4	
初午いなりの日	2.11	
発炎筒の日	8.10	
二十日正月	1.20	
発芽大豆の日	11.20	
発芽野菜の日	毎月20日	
バックカメラで事故防止の日	8.9	

バック・トゥ・ザ・リサイクルの日	10.21	歯ブラシ交換デー	毎月8日	ビーズの日	8.2
初恋の日	10.30	歯ブラシの日	8.24	ビースリーの日	毎月3日
発酵食品の日	8.8	バブルランの日	8.26	ヒーターの日	11.10
発酵の日	8.5	VAM（バム）の日	8.6	ビーチサンダルの日	8.3
八丁味噌の日	8.3	刃物の日	11.8	ビーチの日	7.31
八天堂の日	8.10	はもの日	8.3	ヒートテックの日	11.10
ハット（小屋）の日	8.10	ハヤシの日	9.8	ビートルズの日	6.29
「はっと」の日	8.10	はやぶさの日	6.13	ぴーなっつ最中の日	10.18
服部植物研究所・コケの日	8.10	はらこめしの日	10.8	VIVUS GOLFの日	5.2
服部製紙アルカリ電解水の日	10.1	パラスポーツの日	8.25	ビーフンの日	8.18
初荷	1.2	ハラスメントフリーの日	8.2	B.LEAGUEの日	9.22
葉っぱの日	8.8	パラソーラの日	8.4	ビールサーバーの日	3.8
はっぴいおかん・大阪いちじくの日	1.19	貼り合わせキッチンスポンジ・キクロンAの日	7.1	ヒーローの日	1.16
ハッピーサマーバレンタインデー	8.14	ハリー・ポッターの誕生日	7.31	ピカールのクロワッサンの日	9.6
ハッピーパーツデー	8.2	はり（鍼）・きゅう（灸）・マッサージの日	8.9	ヒカリをカナタに届ける日	8.25
ハッピーリボンデー	8.8	針供養	2.8	ひかわ銅剣の日	7.12
はっぴの日	8.1	バリ取りの日	8.10	Piknikの日	毎月29日
発泡スチロールの日	7月第3月曜	バリ舞踊の日	6.1	美熊くん誕生日	3.3
はつみ（823）の日	8.23	ぱりんこの日	8.5	ひざイキイキの日	2.22
発明の日	4.18	バルーンの日	8.6	ひざ関節の日	2.25
初夢の日	1.2	春のサニーレタスの日	3.2	ピザ テン.フォーの日	10.4
派手髪の日	4.30	春のちらし寿司の日	3.3	ピザの日	11.20
ハテナの塔の日	8.17	HULFT（周年記念）	1.4	ピザまんの日	10.13
HADOの日	8.10	バルブの日	3.21	美術を楽しむ日	10.2
鳩の日	8.10	パレットの日	11.12	美人証明の日	12.2
はとむぎの日	8.10	バレンタインデー	2.14	ビスコの日	8.8
パトレイバーの日	8.10	ハロウィン	10.31	常陸牛の日	3.5
花泡香の日	8.7	ハロウィン月間はじまりの日	10.1	左利きグッズの日	2.10
花冠記念日	4月第1土曜	ハローベビー・デー	2.23	ビックマーチの日	3.9
花キューピットの日	4.13	HelloWineの日	10.20	びっくりぱちんこの日	7.7
花慶の日	8.7	パワプロの日	8.26	ビックリマンの日	4.1
話す日	8.7	半襟の日	1.15	ひっつみの日	12.3
花園ラグビーの日	9.22	ハンカチーフの日	11.3	ビデオの日	11.3
バナナの神様・バナナジュースの日	8.10	半夏生	7.2*	人と犬・愛犬笑顔の日	11.10
バナナの日	8.7	ハンコの日	8.5	人と色の日・自分色記念日	10.16
鼻の日	8.7	パン粉の日	8.5	ひとのわの日	11.1
花文化の日	8.7	はんざき祭りの日	8.8	ひとみの日	1.3
はなまるうどんの日	8.7	晩餐館焼肉のたれの日	6.12	ひな人形飾りつけの日	2.19*
花やしきの日	8.7	はんだ付けの日	7.25	ひな祭り	3.3
歯並びの日	8.8	パンチニードルチャレンジの日	10.10	美白デー	3.14
馬肉を愛する日	8.29	ハンドクリームの日	11.10	美白の女神の日	8.9
バニラヨーグルトの日	8.24	ハンドケアの日	10.11	美肌に導く、化粧水の日	9.9
パネットーネの日	12.1	手（ハンド）の日	8.10	日比谷サローの日	3.6
ばねの日	8.10	パンの記念日	4.12	ビフィズス菌の日	12.2
ハハとコドモの日	8.5	パンの日	毎月12日	ビフィズス菌ヨーグルトの日	11.1
母の日	5月第2日曜	ハンバーガーの日	7.20	皮膚の日	11.12
パパの日	8.8	ハンバーグの日	8.9	美眉育成の日	11.19
パピコの日	8.5	パンプスの日	2.10	ひものの日	1.10
パフェの日	6.28	帆布の日	8.2	119番の日	11.9
パブスタの日	8.8	パンわーるどの日	11.6	118番の日	1.18
ハブの日	8.2	ピアノ調律の日	4.4	百十郎の日	1.10
バブの日	8.2	PDF（Portable Document Format）の日	6.15	110番の日	1.10
				日やけ止めの日	3.20
				ビヤホールの日	8.4
				美容記念日	1.25

表彰で感謝を伝える日 11.23	福の日 12.29	フリーランスの日 12.16
美容鍼灸の日 4.8	ふくの日 毎月29日	ふりかけの日 5.6
美容脱毛の日 10.10	福山城築城記念日 8.28	プリキュアの日 2.1
ひらく、いい鼻の日 1.18	富士急の日 2.29	ブリスの日 9.27
平田村あじさい記念日 7.14	富士山の日 2.23	プリの日 3.21
ビリー・ジョエル「ピアノ・マン」の日 11.2	武士の日 6.4	プリン体と戦う記念日 4.7
ひろさきふじの日 10.1	節々の痛みゼロを目指す日 1.30	プリンの日 毎月25日
広島県民米「あきろまん」の日 10.15	不二家パイの日 3.14	フルーツカービングの日 6.21
ひろの童謡の日 10.5	襖の日 10.10	フルートの日 2.10
ピロリ菌検査の日 4.14	二重（ふたえ）の日 2.10	ブルーベリーの日 8.8
ビン牛乳の日 11.26	二桁かけざん九九の日 9.9	プルーンの日 毎月26日
ピンクデー 4.4	豚丼の日 2.10	フルクルの日 2.9
ファーストバスデー 1.26	豚饅の日 11.11	フルタ製菓株式会社（周年記念） 8.1
ファイトの日 5.10	プチクマの日 6.24	ブルダック炒め麺の日 4.13
ファイナルファンタジーⅦの日 1.31	プチプチの日 8.8	フルタ生クリームチョコ 10.14
ファイバードライの日 5.18	フットケアの日 2.10	フルタの柿の種チョコの日 10.26
ファイバードラムの日 9.8	フットサルの日 5.5	フルハーネス型安全帯普及の日 8.24
ファイバーヒートの日 11.10	筆アートの日 2.10	フルハイトドアの日 8.10
ファシリティドッグの日 7.1	筆「手書き文字」の日 11.23	ブルボン・プチの日 毎月24日
ファッションお直しの日 7.4	不動産鑑定評価の日 4.1	フレイルの日 2.1
	不動産電子契約の日 5.18	ブレーキパッドの日 8.10
ファミ通の日 9.1	太客倶楽部の日 2.10	プレスリリースの日 10.28
ファミマのフラッペの日 6.17	太物の日 2.10	プレミアム・アウトレットの日 10.10
ファミリーカラオケの日 9月第2土曜	ふとんの日 10.10	プレミアム美肌の日 3.8
VRの日 2.2	船穂スイートピー記念日 1.27	プレミンの日 10.10
封筒の日 2.10	ふなぐち 菊水一番しぼり（現・菊水ふなぐち）（周年記念） 11.27	フレンチ・クレープデー 2.2
フードドライブの日 1.15		フレンドリーデー 4.14
フードの日 2.10	ブナピーの日 7.10	風呂カビ予防の日 5.26
フードバンクの日 11.23	麩の日 2.2	ブログの日 2.6
夫婦円満の日 2.20	ふふふの日 2.22	プログラミング教育の日 6.19
フェイス＆ボディペインティングの日 11.16	不眠の日 2.3	ふろしきの日 2.23
笛吹市桃源郷の日 4.10	不眠の日 毎月23日	フロスを通して歯と口の健康を考える日 2.6
フェムテックを学ぶ 2.19	冬にんじんの日 11.24	
フォークソングの日 4.9	冬のごちそう「ゆめぴりか」の日 12月第4曜	ブロックス(Blokus)の日 8.10
フォーサイトの日 4.3	ぶよの日 2.10	
フォーの日 4.4	フライドチキンの日 11.21	プロフェッショナルの日 2.6
フォトの日 4.10	プライヤの日 2.18	
フォトフェイシャルの日 4.10	プラじいの誕生日 9.20	プロポーズで愛溢れる未来を創る日 12.4
フォニックスの日 4.29	ブラジャーの日 2.12	
フォントの日 4.10	プラスサイズハッピーデー 10.10	プロポーズの日 6月第1日曜
深川マイ・米・デー 11.1		ぷろぼりす幸子の日 3.25
ふきとりの日 2.10	プラズマクラスターの日 11.11	フロリダグレープフルーツの日 2.26
吹き戻しの日 6.6	プラズマレーザーの日 4.3	文化財防火デー 1.26
福が留まる福の日 8.8	プラチナエイジの日 7.5	文化の日 11.3
ふくしま夏秋きゅうりの日 7-9月の1日	ブラックウルフ・黒髪の日 9.6	文化放送の日 11.3-4
ふくしま桃の日 7.13, 7.26, 8.8	ブラックサンダーの日 9.6	文具はさみの日 8.3
	ブラックジンジャーの日 7.10	豊後高田市移住の日 1.10
福神漬の日 7.29	ブラックチョコレートの日 4.14	豊後高田市恋叶ロードの日 2.13
	BLACK 無糖の日 6.10	
	ブラックモンブランの日 5.7	
	フランスパンの日 11.28	

豊後高田市全力発展の日	
	8.10
豊後高田昭和の町の日	4.29
文鳥の日	10.24
フンドーダイ・煮物の日	2.6
ふんどしの日	2.14
ペア活の日	11.2
ヘアサロンサイネージの日	
	6.1
ヘアドネーションの日	11.11
ペアリングの日	8.8
ベイクチーズタルトの日	
	11.1
平成はじまりの日	1.8
ベイブレードの日	3.21
平和記念日 (広島市)	8.6
ベーグルの日	8.8
ベースの日	11.11
へきなん赤しその日	6.14
碧南人参の日	1.23
ヘコアユの日	11.11
ペッカー・山ちゃんのリズムの日	
	8.13
別所線の日	5.25
ペットたちに「感謝」する日	
	11.22
ペットに無添加良品の日	
	6.10
ペットの健康診断の日	10.13
ベッドの日 (good sleep day)	
	9.3
ヘッドホンの日	2.22
ペットも救急の日	9.9
Pepper誕生日	6.5
ベビーシャワーの日	6.6
ベビースターの日	8.2
ベビーチーズの日	
	6月第1日曜
ベビーリーフ記念日	4.8
へべすの日	9.6
ベベダヤンの誕生日	2.10
ペヤングソースやきそばの日	
	3.13
HEALTHYA・日本製腹巻の日	
	11.7
ヘルスケアオープンイノベーションデー	
	6.10
ベルトの日	12.10
ベルボトム・ジーンズの日	
	12.31
弁護士費用保険の日	5.15
ポイ活の日	7.1
ポイントカードの日	10.1
貿易記念日	6.28
暴君ハバネロの日	11.17
防災意識を育てる日	3.11
防災とボランティアの日	
	1.17
防災の日	9.1

防災用品点検の日	
	3, 6, 9, 12月の1日
ホウ酸処理の日	8.3
芒種	6.6*
放送記念日	3.22
ほうとうの日	4.10
防犯カメラの日	7.8
防犯対策の日	5.18
防犯の日	毎月18日
棒ラーメンの日	11.11
法律扶助の日	1.24
ボウリングの日	6.22
ホームインスペクションの日	
	3.14
ホームセキュリティの日	
	1.5
ホームパイの日	8.1
ホールケーキの日	毎月8日
簿記の日	2.10
北斗の拳の日	9.13
ポケトークの日	10.9
Pokémon Day	2.27
保険クリニックの日	9.29
補幸器の日	1.10
ホゴネコの日	5.25
保護わん・保護にゃんの日	
	12.12
ほしいもの日	1.10
保湿クリームの日	9.16
ほじょ犬の日	5.22
ポスチャーウォーキングの日	
	6.15
ポスティングの日	11.10
ホスピタリティ・デー	3.24
ボタンの日	11.22
補聴器の日	6.6
北海道たまねぎの日	11.2
北海道のソウルフードを食べる日	
	3.1
北海道ばれいしょの日	8.4
北海道米「ななつぼし」の日	
	7.2
北海道米「ふっくりんこ」の日	
	2.9
北海道よつ葉記念日	4.28
ポッキー&プリッツの日	
	11.11
ホットケーキの日	1.25
ホットサンドを楽しむ日	
	3.23
ホットプレートごはんの日	
	2.2
ホッピーの日	7.15
ポップコーンの日	9.9
ポテコなげわの日	8.8
補綴 (ほてつ) の日	4.12
ポテトサラダの日	10.10
ポニーテールの日	7.7
骨の健康デー	3.3

ほぼカニの日	4.1
ほめ育の日	10.19
褒め言葉カードの日	1.14
ホヤの日	4.8
ポリフェノールの日	11.26
ポリンキーの日	3.3
ほるもんの日	11.3
ホワイトティーデー	8.21
ホワイト・デー	3.14
盆	8.15
盆送り火	8.16
ボンカレーの日	2.12
本家白川けいちゃんの日	
	9.18
ポンコツの日	6.3
本仕込の日	5.1
ボン・ジョヴィの日	5.21
Pontaの日	3.1
本の日	11.1
本みりんの日	11.30
盆迎え火	8.13
翻訳の日	9.30
ほんわかの日 (家族だんらんの日)	
	6.6

ま行

マーガリンの日	10.24
麻雀の日	8.1
マープの日	11.1
麻婆豆腐の素の日	6.6
マーマレードの日	5.14
まぁるい幸せチョコパイの日	
	4.4
マイクロニードル化粧品の日	
	11.12
マイコファジストの日	5.15
まいどおおきに食堂の日	
	1.10
まいどなの日	4.17
Myハミガキの日	毎月1日
マウスの誕生日	12.9
前畑ガンバレの日	8.11
魔王魂の日	5.1
まがたまの日	6.9, 9.6
マカロニサラダの日	1.11
マカロンの日	10.9
巻寿司の日	
	2.3*, 5.4*, 8.6*, 11.6*
巻き爪ケアの日	4.2
巻き爪を知る治す予防する日	
	7.10
まくらの日	1.6
まけんグミの日	9.28
まごの日	10月第3日曜
MOTHERチャレンジの日	
	8.8
マシュマロの日	4.6
まずい棒の日	10.1
マスカラの日	9.8

マダムシンコの日		12.14
街コンの日		2.2
町家の日		3.8
まつ育の日		12.19
まつげ美人の日		11.11
マッコリの日		
	10月最終木曜	
マッサージクッションの日		
		9.4
松阪牛の日	毎月19日	
松崎しげるの日		9.6
マッシュルームの日		8.11
真っ白なそば・更科そばの日		
		3.4
抹茶新茶の日		5.22
抹茶の日		2.6
松本山賊焼の日		3.9
マテ茶の日		9.1
窓ガラスの日		10.10
的矢かきの日		4.1
マドレーヌの日		
	7月第3月曜	
マナーインストラクターの日		10.7
マナーの日		10.30
マネーキャリアの日		12.10
招き猫の日		9.29
豆の日		10.13
マヨサラダの日		3.1
マヨネーズの日		3.1
マライア・キャリー「恋人たちのクリスマス」の日		
		12.24
マリルージュの日	毎月21日	
丸亀市×サン・セバスティアン市「チャコリの日」		4.9
丸源餃子の日		5.5
マルサン豆乳の日		3.12
丸大燻製屋・ジューシーの日	3.16, 毎月14日	
マルちゃん正麺の日		11.7
マルちゃん焼そばの日		8.8
マルヨのほたるいかの日		
	3.10, 4.3	
真ん中の日		7.2
マンリーデー		1.14
見合いの日		3.10
meethの日		3.2
ミートソースの日		3.10
ミードの日		3.10
未唯mieの日		3.1
ミールオンデマンドの給食サービスの日	3.16, 9.4	
ミールキット（Kit Oisix）の日		7.18
ミールタイムの日		3.6
魅学アカデミーのミューズの日		9.9
みしまバーニャの日		1.28
水循環に思いをはせる日		
		11.8
水通しの日		3.10
ミス日本の日		4.22
みずの日		4.3
水の日		8.1
水虫治療の日		6.4
みそおでんの日		10.5
みたらしだんごの日		
	毎月3-5日	
道の駅の日		4.22
道の日		8.10
ミックスジュースの日		3.9
ミックの日		3.19
みつこの日		3.25
三ツ矢サイダーの日		3.28
三ツ矢の日		3.28
みどりの日		5.4
ミドルの日		3.16
水俣病啓発の日		5.1
南アフリカワインの日		2.2
ミニーマウスの日		3.2
ミニオンの日		3.20
ミニストップの日		3.2
箕輪町安全安心の日		5.12
未病の日		3.20
耳かきの日		3.3
mimi no hi（ミミの日）		3.3
耳の日		3.3
脈の日		3.9
宮崎カーフェリーの日		4.15
宮崎ぎょうざの日		8.29-31
宮崎県長距離フェリー航路（周年記念）		3.1
みやざき地頭鶏の日		2.10
宮崎ブランドポークの日		
		10.10
みやざきマンゴーの日		5.25
宮島水族館の日		8.1
雅の日		3.8
ミュージカル『キャッツ』の日		11.11
ミユキ野球教室の日		3.17
妙義山の日		11.4
みよた壱満開の日		3.3
未来郵便の日		3.1
未来を担う水素電池の日		
		12.25
ミリオンゴッドの日		5.10
ミルクキャラメルの日		6.10
ミルクの日のミルクの時間		
		3.6
ミルトンの日		3.10
Miru（見る）の日		3.6
ミロの日		3.6
miwaの日		3.8
眠育の日		3.19
民生委員・児童委員の日		
		5.12
みんつくの日		3.29
ミントの日		3.10
みんなで考えるSDGsの日		
		3.17
みんなで重力の謎を考える日		10.6
みんなでたべよう「おろしそば」の日		5.11
みんなでつくろう再エネの日		9.24
みんなで土砂災害の減災を願う日		7.7
みんなでニッコリみんなで健康長寿の日		3.25
みんなニッコリの日		2.5
みんなのあんバターの日		
		8.22
みんなの移住の日		1.10
みんなの親孝行の日		8.5
みんなの銀行の日		3.7
みんなの保育の日		4.19
民放テレビスタートの日		
		8.28
民放の日（放送広告の日）		
		4.21
ムーニーちゃんのお誕生日		
		7.7
ムーミンの日		8.9
昔 ピュアな乙女達の同窓会の日		3.21*
麦チョコの日		7.1
麦とろの日		6.16
麦みそ食文化の日		6.30
無垢の日		6.9
婿の事業承継の日		6.5
虫ケア用品の日		6.4
虫の日		6.4
虫歯予防デー		6.4
蒸しパンの日		6.4
蒸し豆の日		6.4
無人航空機記念日		12.10
娘婿を励ます日		6.6
むち打ち治療の日		6.7
夢中でトレーニングの日		
		6.29
無痛分娩を考える日		6.2
六連の日		6.6
無添加住宅の日		6.10
無添加の日		6.10
無電柱化の日		11.10
無糖茶飲料の日		6.10
ムヒの日		6.1
村杉温泉・風雅の宿「長生館」大庭園の日		10.28
ムロツヨシの日		6.24
室蘭カレーラーメンの日		
		4.25
名玄のセルフうどんの日		
		10.8

明治エッセルスーパーカップの日	9.20	モンチッチの日	1.26	ユニベアシティの日	1.21
明治おいしい牛乳の日	4.23	モンモリロナイトの日	9.1	輸入洋酒の日	4.3
明治ブルガリアヨーグルトの日	12.17	**や行**		夢ケーキの日	8.8
明治プロビオヨーグルトR-1の日	12.1	ヤガイペンシルの日	11.11	夢をえがくバルーンアートの日	11.11
明治北海道十勝カマンベールの日	10.6	焼うどんの日	10.14	夢をかなえる日	10.6
銘店伝説誕生の日	2.24	焼おにぎりの日	10.8	ゆり根の日	11.21
メイトーの日	5.10	焼き鳥の日	8.10	よいお肌の日	4.18
名木伝承の日	11.1	焼肉開きの日 3月第4土曜		良いきゅうりの日	4.19
メーデー	5.1	焼ビーフンの日	1.31	よい酵母の日	4.15
メープルもみじの日	5.26	野球の日	8.9	良いコラーゲンの日	4.15
夫婦で妊活の日	2.23	約束の日	8.18	よいトマトの日	4.10
夫婦の日	2.2	夜光貝の日	8.5	酔い止めの日	4.10
メガネの日	10.1	野菜の日	8.31	良いPマンの日	4.9
メディア・リテラシーの日	6.27	やさしごはんの日	8.3-5	養育費を知る日	4.19
メディキュットの日	9.10	ヤシノミ洗剤の日	8.4	ようかんの日	10.8
meviyの日	8.8	八ヶ岳の日	11.8	葉酸の日	4.3
メリーのサマーバレンタインデー	7.7	奴（やっこ）の日	8.5	養子の日	4.4
メロンの日	毎月6日	やっぱり家の日	8.1	溶射の日	4.28
メンズ脱毛を応援する日	11.20	屋根の日	8.8	揚州商人スーラータンメンの日	9.14
メンズメイクアップの日	5.5	山形さくらんぼの日	6.6	洋食の日	8.8
明太子の日	12.12	山ごはんの日	8.5	洋食器の日	7.12
メンチカツの日	3.7	山佐の日	8.3	腰痛ゼロの日	4.20
めんの日	11.11	山田邦子の日	9.25	ヨーグルトの日	5.15
めんの日	毎月11日	やまとことばの日	8.18	よーじやの日	4.28
面発光レーザーの日	3.22	やまなし桃の日	7.19	ヨード卵の日	4.10
メンマの日	2.1	山の日	6月第1日曜	よくばり脱毛の日	9.8
毛布の日	11.20	山の日	8.11	よごそうデー	4.5
網膜の日	9.23	ヤマモトヤ・玉子サンドの日	10.1	横引シャッターの日	4.5
萌の日	10.10	ヤマモトヤ・無人売店の日	10.14	よさこい祭りの日	8.10
もえぴな記念日	7.27	ヤマヨシの日	8.4	よしもとカレーの日	11.23
木製ハンガーの日	2.8	ヤムヤムズの日	8.6	予祝の日	4.9
文字・活字文化の日	10.27	八幡浜ちゃんぽん記念日	3.28	四つ葉の日	4.28
もったいないフルーツの日	毎月1日	やわもちアイスの日	10.10	夜泣き改善の日	4.7
もつ鍋の日	11.7	ヤンヤンつけボーの日	11.11	予防医学デー	11.5
もつ焼の日	7.13	有機農業の日	12.8	予防接種記念日	2.14
MONOの日	11.1	UCCカプセルコーヒーの日	10.10	夜なきうどんの日	11.7*
モノマネを楽しむ日	9.6	勇者の日	11.11	4カット写真の日	4.4
モビリティメディアの日	10.1	郵政記念日	4.20	4Cの日	8.8
MOMO尻の日	8.8	夕陽の日	9.23*	40祭の日	11.4
桃の節句	3.3	UFOキャッチャーの日	6.24	4℃の日	4.4
モラエス忌	7.1	YUKIZURIの日	11.1	四輪駆動の日	4.4
モリシの日	6.14	雪の宿の日	8.10	**ら行**	
森永・天使の日	10.4	雪国だいふくの日	11.18	ラーほーの日	11.21
森永乳業・ソイラテの日	10.13	ゆず記念日「いい風味の日」	11.23	ラーメンの日	7.11
「森のたまご」の日	11.18	湯たんぽの日	11.7*	ラーメンフォークの日	10.4
「森のたまご」の日	毎月第3木曜	ゆでたまごの日	2.1	雷山地豆腐の日	8.8
もろみみその日	6.3	ゆとりうむの日	7月第3火曜	ライスパワーNo.11の日	11.11
		unisizeの日	3.12	ライソゾーム病の日	9.22
		uni（ユニ）の日	10.1	ライトニング・マックィーンデイ	9.5
		UDF（ユニバーサルデザインフード）の日	7.11	LINEスタンプの日	10.4
				「ラヴィット」の日	3.29
				〈ラ・カスタ〉スキャルプケアデー	10.10
				ラジオ体操の日	11.1

ラッキー１番・ラッピー君の誕生日	1.11	
らっきょうの日	6.6	
「ラブベジ」の日	3.1	
ラブラブサンドの日	毎月22日	
LOVOTの日	8.8	
ランドセルの日	3.21	
ランドセルリメイクの日	3.15	
リアルタイム中古車オークションの日	6.29	
リアル脱出ゲームの日	7.7	
リードオルガンの日	6.1	
リーブ21・発毛の日	8.20	
リーブ21・シャンプーの日	4.2	
理学療法の日	7.17	
リコピンリッチの日	8.5	
リジョブの日（いい縁につながる日）	11.2	
リゼクリニックの日	10.16	
リゾートウェディングの日	8.1	
リゾ婚の日	8.1	
立夏	5.5*	
立秋	8.7*	
立春	2.4*	
立冬	11.7*	
立冬はとんかつの日	11.7*	
リニモの日	3.6	
リノベーションの日	11.8	
リプトンの日	5.10	
リフレの日	2.20	
ReBorn60の日	6.10	
リボンシトロンの日	6.10	
リボンナポリンの日	5.23	
留学の日	11.12	
琉球王国建国記念の日	2.1	
琉球もろみ酢の日	9.3	
リユースの日	8.8	
漁師の日	7月第3月曜	
両親の日	9.30	
緑茶の日	5.2*	
緑茶ハイを楽しむ日		
緑内障を考える日	6.7	
リラクゼーションドリンク「CHILL OUT」の日	4.20	
リラクゼーションの日	10.30	
relay（リレイ）でつなぐ事業承継の日	2.9	
リンパの日	6.30	
ルミナス医療脱毛の日	10.24	
瑠璃カレーの日	8.20	
るるぶの日	6.20	
lulumoの日	6.6	
冷コーの日	7.1	
冷凍めんの日	10.10	
令和はじまりの日	5.1	
歴史シミュレーションゲームの日	10.26	
歴史シミュレーションゲーム『三國志』の日	12.10	
レクリエーション介護士の日	9.15	
レゲエミュージックの日	8.10	
レゴの日	5.5	
レッカーの日	10.19	
レディース・ユニフォームの日	2.4	
レトルトカレーの日	2.12	
レモンサワーの日	3.8	
レンジフードの日	2.10	
ROYAL&MGMイチローくんの日	6.6	
ろうごの日	6.5	
労働契約を考える日	6.10	
朗読の日	6.19	
ロースイーツの日	6.12	
ローストビーフの日	6.10	
ローズの日	6.2	
ローソンの日	6.3	
ロートの日	6.10	
ロープの日	6.2	
ローメン記念日	6.4	
ロールアイスクリームの日	6.1	
ロールキャベツの日	10.4	
ロールケーキの日	6.6	
ロールちゃんの日	毎月11日	
ログホームの日	6.9	
ロケ弁の日	6.10	
ロゴマークの日	6.5	
ロコモコ開きの日	7.11	
路地の日	6.2	
ロスゼロの日	4.14	
ロゼット「セラミド」の日	2.1	
「ロッキー」の日	11.21	
ロックアイスの日	6.9	
ロックの日	6.9	
ロディの日	2.14	
露点計の日	6.10	
露天風呂の日	6.26	
ロトくじを楽しむ日	6.10	
ロハスの日	6.8	
ロブサルツマン・パジャマの日	9.23*	
ロボット掃除機『ルンバ』の日	6.8	
ロマンスナイトの日	9.10	
ロマンスの神様の日	12月第1土曜	
ロマンスの日	6.19	
Romiの日	6.3	
ロムの日	6.6	
路面電車の日	6.10	
ロングセラーブランドの日	3.15	
ロングライフ紙パックの日	8.9	
ロンパースベア１歳の誕生日の日	11.1	
YEGの日	11.11	

わ行

Wi-Fiルーター見直しの日	11.11
WY WY（ワイワイ）記念日	11.11
和菓子の日	6.16
我が家のカギを見直すロックの日	6.9
ワキ汗治療の日	7.25
和栗の日	9.30
わくわくトイの日	10.1
ワクワクの日	9.9
和光堂ベビーフードの日	9.10
ワコールのパンツの日	8.2
輪島ふぐの日	2.9
和食の日	11.24
和太鼓の日	10.10
WATALISの日	5.15
わちふぃーるどの日	12.17
和ちょこの日	2.8
ワッフルの日	12.1
ワニ山さんの日	8.2
和の日	10.1
和服の日	10.29
笑ってOne for Allの日	11.11
わらびもちの日	4.26
わらべうた・子守唄の日	5.5
わらべうた保育の日	12.3
ワンオーガニックデイ	10.29
1on1記念日	10.1
ワンカップの日	10.10
ワンクの日	1.19
わんこそば記念日	2.11
１ドア２ロックの日	1.26
わんにゃんリボンデー	12.8
ONE PIECEの日	7.22
湾宝の日	8.8
わんわん ありがとうの日	11.1
わんわんギフトの日	11.11
ワンワン服の日	11.29
ヱビスの日	2.25

日本記念日協会の記念日登録制度について

　一般社団法人日本記念日協会では記念日文化の発展を願い、従来の記念日はもちろん、新たに誕生した記念日、これから制定される記念日の登録制度を設けています。
　団体、企業、個人で独自の記念日を「日本記念日協会」に登録したいとお考えの方は、記念日の名称・日付・由来・目的などの必要事項を「記念日登録申請書」にお書き込みのうえ、日本記念日協会までお申し込みください。
　日本記念日協会の記念日登録審査会で日付・由来などを審査し、登録認定の合否を決定させていただきます。
　「記念日登録申請書」は公式ホームページからダウンロードできます。ご記入いただいた申請書は、オンライン（登録申請書受付フォーム）でお送りください。

●日本記念日協会の記念日登録制度に登録認定された場合
(1) 日本記念日協会の公式ホームページに協会認定記念日として、名称・日付・由来・リンク先などが掲載されます。
(2) 登録された記念日をオフィシャルに使用する際、イベントの告知などにおいて「日本記念日協会登録済」と謳うことができます。
(3) 登録された記念日を証明する「記念日登録証」をお送りします。
(4) 新聞・テレビ・雑誌・インターネット・ラジオなどのマス・メディアに対するアプローチも含め、実践的なPR活動において大いに役立ちます。

●記念日登録料について
　日本記念日協会では、公式ホームページに表示される回数などを考慮して、登録条件ごとに登録料を設定しています。登録審査会で合格となるまでは審査費などの費用はかかりません。金額などくわしくは当協会にお問い合わせください。

㊟なお、審査合格後にお振り込みいただいた登録料は返却いたしません。
　また、登録後に申請団体、企業などがその活動を休止したとき、あるいは記念日文化を侵害する行為・事象があったと日本記念日協会が判断したときは、登録が抹消されることがあります。

●「記念日登録申請書」「周年記念登録申請書」のご請求、お問い合わせ
一般社団法人日本記念日協会(代表理事・加瀬清志)
TEL 050-3033-1662
公式ホームページ　https://www.kinenbi.gr.jp/

※日本記念日協会では企業・団体などの創業、創立、設立、開設した年月日、人物・商品・サービスなどが誕生、発売された年月日、自治体・学校などが制定、開校された年月日など、さまざまなものの始まりを記録し、その歴史を記憶する「周年記念登録」制度も実施しています。「周年記念登録」についても上記にお問い合わせください。

一般社団法人
日本記念日協会認定

記念日登録申請書

記入日（西暦）　　　年　　　月　　　日

申請者名（フリガナ） （企業名／団体名）	
申請者住所	〒
担当者（部署名・氏名（フリガナ））		
連絡先　電話番号	固定：　　　　　　　携帯：
連絡先　E-Mail	
Webサイトの URL	

登録希望の記念日名	記念日の日付
名　称（フリガナ）	

記念日登録の目的と日付の由来（※補足資料別添可）

〈登録の目的〉

〈日付の由来〉

記念日のイベント企画・予定・実例など

代理店の有無	□ あり（以下記入）	□ なし（以下記入不要）
代理店名		
代理店住所	〒	
担当者（部署名・氏名（フリガナ））		
連絡先　電話番号	固定：	携帯：
連絡先　E-Mail		

〈備考〉

編者紹介

一般社団法人日本記念日協会

記念日についての研究、情報収集、広報活動などを行い、社会に対して文化的、産業的貢献を目指している団体。主な活動は、記念日の登録および周年記念の登録、記念日のデータの販売、記念日に関するコンサルティングなど。1991年設立。日本記念日協会URL https://www.kinenbi.gr.jp/

著者紹介

加瀬清志（かせ きよし）

一般社団法人日本記念日協会代表理事。1953年生まれ。長野県佐久市在住。1991年の協会設立以前から放送作家として記念日を研究。協会設立後はその運営、記念日データの管理責任者。記念日をテーマとした講演活動、企業や自治体の活性化のアドバイザーなども務める。主な著書に『ビジネス記念日データブック』『365日・今日は何の日？ 記念日ハンドブック』(以上、日本経済新聞社)、『すてき記念日・アニバーサリーに食べたい39のケーキ物語』『記念日に飾りたいすてきな花束』(以上、あすか書房)、『日本三大ブック』(共著、講談社) など。プロデュース作品に『パパラギ』(立風書房) など。

編集協力：(日本記念日協会・事典担当スタッフ) 岡崎優子／田宮智康／西康介／吉田健太

すぐに役立つ 366日記念日事典 [第5版] 下巻

2009年4月22日	第1版第1刷発行
2013年12月20日	改訂増補版第1刷発行
2016年8月20日	第3版第1刷発行
2020年7月30日	第4版第1刷発行
2025年4月1日	第5版第1刷発行

編　者　　日本記念日協会

著　者　　加　瀬　清　志

発行者　　矢　部　敬　一

発行所　　株式会社 創　元　社
https://www.sogensha.co.jp/
本社　〒541-0047 大阪市中央区淡路町4-3-6
Tel.06-6231-9010　Fax.06-6233-3111
東京支店　〒101-0051 東京都千代田区神田神保町1-2 田辺ビル
Tel.03-6811-0662

印刷所　　TOPPANクロレ株式会社

©2025 Kiyoshi Kase, Nihon Kinenbi Kyoukai, Printed in Japan
ISBN978-4-422-02118-8 C0000

本書の全部または一部を無断で複写・複製することを禁じます。
落丁・乱丁のときはお取り替えいたします。

JCOPY 〈出版者著作権管理機構 委託出版物〉
本書の無断複製は著作権法上での例外を除き禁じられています。複製される場合は、そのつど事前に、出版者著作権管理機構(電話03-5244-5088、FAX 03-5244-5089、e-mail:info@jcopy.or.jp)の許諾を得てください。